Ullstein Materialien

Ullstein Materialien
Ullstein Buch Nr. 35033
im Verlag Ullstein GmbH,
Frankfurt/M – Berlin – Wien

Ungekürzte Ausgabe

Umschlagentwurf:
Kurt Weidemann
Alle Rechte vorbehalten
© 1974 by Verlag Ullstein GmbH,
Frankfurt/M – Berlin – Wien
Propyläen Verlag
Printed in Germany 1980
Druck und Verarbeitung:
Ebner Ulm
ISBN 3 548 35033 X

CIP-Kurztitelaufnahme
der Deutschen Bibliothek

Zeit und Theater / Günther Rühle. –
Ungekürzte Ausg. –
Frankfurt/M, Berlin, Wien: Ullstein.
NE: Rühle, Günther [Hrsg.]
Bd. 6. Diktatur und Exil: 1933–1945. –
1980.
   ([Ullstein-Bücher] Ullstein-Buch;
   Nr. 35033: Ullstein-Materialien)
   ISBN 3-548-35033-X

Günther Rühle

Zeit und Theater 1933–1945

Band VI

Diktatur und Exil

Ullstein Materialien

Inhalt

	Text in Band VI	Kommentar in Band VI
Hans Rehberg Der Siebenjährige Krieg	439	808
Ferdinand Bruckner Die Rassen	501	819
Ernst Toller Pastor Hall	585	836
Gerhart Hauptmann Elektra	633	848
Günther Weisenborn Die Illegalen	661	861

Hans Rehberg
Der Siebenjährige Krieg

Schauspiel

Personen

Preußen
Friedrich der Große
Prinz Heinrich
General von Retzow
Major Ewald von Kleist
Graf Donnersmarck
Leutnant Quast
Eichel
Offiziere, Soldaten, Schauspieler, Musiker, Masken, Juden

England
Gesandter Mitchell

Österreich
General Laudon
General Graf Daun
Fürst Starhemberg ⎫
Graf Kolowrat   ⎪
Graf Kinsky   ⎬ *Adjutanten Laudons*
Graf Hardegg   ⎭
Geheimrat von Fritsch
Drei Leichenfledderer

Rußland
Zarin Elisabeth
Zar Peter III.
Zarin Katharina II.
Fürst Orlow
General Saltikow
General Tschernitscheff
Bojaren, Diener, Kammerfrau Katharinas

VORSPRUCH

Die Flügel der Adler
Sind euer Traum und die Ferne.
Doch nicht zu vergleichen
Mit denen des Genius.

Was fängt der Vogel?
Hasen!

Der Genius aber
Packt Götter beim Schopf
Und reißt
In den sausenden Strom
Sie empor
Und – läßt sie fallen.
Er mordet?

Doch selten nur,
Sehet, nur selten
Kommt auch er selber
Ungebrochen herab.

Aus schäumenden Kronen
Des Waldtals raunt es,
Und der Quell singt silbrig:
Wenn ich erst Bach bin.
So lebt die Natur
Harmlos.

Anders der Genius!
Ihn zwingen die Flügel!
Aber gewaltiger noch
Zwingt er sie wieder.
Ihm leuchtet die Sonne!
Aber gewaltiger noch
Stürmt er ins Dunkel.

Und ihr?

Wenn er ermüdet
Ausruht bei euch
Oder gebrochen
Und lächelnd träumt:
Ihr liebkostet ihn,
Götter und Menschen,
Dann liebt seine leuchtende Beute
Und weckt ihn nicht auf.
Denn zwischen den Taten
Ist alles nur Schlaf
Und fremde Gebärde. –

Wer mehr will,
Fügt ihm ein Leid zu,
Götter und Menschen!

ERSTER AKT

Erste Szene

Nacht auf einem Schlachtfeld. Drei Leichenfledderer. Sie sind kaum zu erkennen.

Erster: Es ist ein schändlicher Beruf, die Leichenfledderei. Am Anfang, im Jahre 1756, Karl, war es ein Geschäft, das eine Familie von sechs Köpfen ohne viehische Anstrengung ernährte. Karl, heut, nach drei Jahren, setzt man zu. Die Zahl der Toten ist gestiegen, aber ihre Wohlhabenheit ist gesunken.
Sie gönnen einander kein irdisches Quartier, sie geben kein Pardon, ihre Wut ist beträchtlich, aber ihre Armut ist grenzenlos.

Zweiter: Eugen, hast du dir nichts gespart in all den Jahren?

Erster: Ah – gewonnen – zerronnen.

Zweiter: Eugen, warum hast du nicht an deine Familie gedacht? Du konntest dir im Jahre 58 ausrechnen, daß die Soldaten im Jahre 59 so wenig in ihren Taschen haben werden, daß der Krieg im Jahre 1760 aus sein muß.
Eugen, wer in seiner Wirtschaft keine hohen Kanten hat, auf die er etwas zurücklegt, der sollte sich nicht wundern, wenn er plötzlich vor dem Nichts steht.

Dritter: Ja, das Nichts.

Zweiter: Eugen, das Nichts ist die Ratte der Pharaonen. Wenn ein so armer König wie der König Friedrich von Preußen und eine so arme Kaiserin wie die Kaiserin Maria Theresia von Österreich miteinander Krieg machen, was kann dann auf die Dauer für Leute, wie wir es sind, schon herauskommen?!

Dritter: Das Nichts.

Erster: Ich hatte doch auf die Kaiserin Elisabeth von Rußland gehofft.

Zweiter: Eugen, wie dumm du bist. Der russische Soldat hat Gemüt, aber keine Kostbarkeiten. Wenn eine Leiche einen ganz gewissen Schnapsgeruch hat –

Dritter: Die Kaiserin Elisabeth säuft sich zu Tode.

Zweiter: Woher weißt du das, Eitel Fritz?

Dritter: Von einem russischen Offizier.

Zweiter: Haha! Verkehrst du in so vornehmen Kreisen?

Dritter: Nur. Ich fleddere nur Offiziers, Karl. Darum werde ich auch

nie vor dem Nichts stehen wie Eugen. Deine Rechnung, Karl, habe ich mir angehört, ohne etwas dazu zu sagen. Aber ich muß dir verlautbaren, sie ist falsch, denn du hast die heroische Seele nicht in Rechnung gestellt. Der König Friedrich von Preußen wird so lange kämpfen, bis die Kaiserin Elisabeth von Rußland gestorben ist. Und dann wird er siegen.

Erster: Von wem weißt du das, Eitel Fritz?

Dritter: Von einem preußischen General, dem ich versprach, sein Bild der Frau Generalin zu schicken. Aber die Kaiserin von Rußland wird nicht sterben. Denn sie weiß, daß er auf ihren Tod wartet, und die Tatsache, daß er sie eine Hure nannte, gibt ihr Gewalt über den Tod.

Zweiter: Ist sie eine?

Dritter: Eine große.

Erster: Von wem weißt du das, Eitel Fritz?

Dritter: Von einem russischen Soldaten, der ihr Liebhaber war und in Ungnade fiel. Ja, meine Freunde, das ist Politik. Richtet euch nach dem, was ich euch sage, in euren Ausgaben. Eure Einnahmen bestimmt das Schicksal. Aber habt keine Furcht, der Krieg wird noch lange dauern, denn die Kaiserin wird nicht sterben, und der König wird nicht nachgeben.

Seht, der Mond wird das Gewölk bald durchbrechen, und wir haben noch tausend Fuß im Geviert vor uns. Hütet euch vor dem Rattenbiß!

(Sie wollen aufbrechen. Da aus der Ferne Schritte.)

Stellt euch tot!

Laudon: Ihr seid um Nichts gestorben, meine Kameraden.

Dritter: Das ist der General Laudon.

Laudon: Wenn Saltikow fünftausend Russen, meine Kameraden, fünftausend Männer eurem General gegeben hätte, dann brauchte er nicht durch die jammervolle Nacht zu laufen und die Wolken anzubellen.

Dritter: Das ist der rothaarige General Laudon.

Laudon: Wo ist die morgendliche Lerche, die so verheißungsvoll gejubelt hat.

Dritter: Er phantasiert.

Laudon: Ach, die Natur und eures Generals Kanonen, wie war das zu einem jauchzenden Konzerte aufeinander abgestimmt! Doch was der Morgen sang, verstummt am ersten Strahl der Nacht, weil Schurken oder Gott den andern vor dem Untergang bewahrten.

Dritter: Der andre ist der große Friedrich.

Zweiter: Er wird Dukaten bei sich haben.

Laudon: Wen man verhöhnen darf, verhöhnt der Mensch.
Zweiter: Wenn er allein ist –
Dritter: So redet man nur, wenn man allein ist.
Laudon: Keine roten Haare und kein Gesicht, wie man's wegwerfend einem Mann Laudon gegeben hat –
Dritter: Es ist Laudon!
Laudon: Dann hätte dieser Schurke nicht gewagt, mir die Soldaten zu verweigern. Dann läge Friedrich jetzt am Boden und ackerte den Fels der Hölle, kläglich um Erbarmen schreiend.
Dritter: Macht euch fertig. Ich rede ihn an. – General! – – – Herr General Laudon, wir sind drei aufrichtige Bewunderer Ihrer Feldherrnkunst und benutzen die dunkle Gelegenheit, Ihnen unsre Verehrung zu Füßen zu legen.
Laudon: Wer seid ihr?
Dritter: Drei Männer, prächtig gewachsen, satt, gewandt, kühn und der Nacht verschwägert.
Laudon: Was wollt ihr?
Dritter: Sie haben doch dem König von Preußen, den Sie heute geschlagen haben, einmal Ihre unentbehrlichen Dienste angeboten. Wissen Sie, warum er Sie fortgeschickt hat?
Laudon: Nein.
Dritter: Was schenken Sie armen Bewunderern für eine diesbezügliche Auskunft?
Laudon: Seid ihr Soldaten?
Dritter: General, wer wie du allein zwischen der Felderernte seiner Befehle steht, fragt nicht soviel. Aber ich will dir die erste Auskunft umsonst geben, damit du siehst, daß hier drei Männer sind, die den Lauf der Welt von einer Warte betrachten, die hinter die Dinge zu sehen erlaubt. – Der König von Preußen schickte dich fort, weil du rote Haare hast und dein Gesicht platt wie ein Dukaten ist, den du mir schenken mußt.
Laudon: Ah!
Dritter: Seufze nicht, General, ein Dukaten ist für solche Auskunft nicht zuviel. Aber warum haben dir Fermor und Saltikow keine fünftausend Russen gegeben, als du den geschlagenen König von Preußen verfolgen wolltest?
Zweiter: Mach's kurz!
Dritter: Still! – Diese Antwort ist den Rest deiner Börse wert.
(Man sieht den Degen Laudons blitzen.)
Laudon: Nun?

Dritter: Die Generale Fermor und Saltikow werden sich hüten, den König von Preußen zu vernichten, denn der Thronfolger der Kaiserin Elisabeth, der Peter, ist der Freund des Königs von Preußen. Merkst du etwas?
Laudon: Ja – ja.
Dritter: Dann bist du in meiner Schuld. General, du wirst auf deiner Brust einen goldenen Stern mit Diamanten tragen. Dieser Stern ist meine Beantwortung des letzten Rätsels wert, das ich dir lösen will. Warum besiegst du nicht den König von Preußen?
Laudon: Nun?
Dritter: Weil er eine Seele hat.
Laudon: Und ich?
Dritter: Du hast nur einen Willen. Aber der Wille, General, der Wille ist kein Instrument, die Götter zu besiegen. – Nun gib uns.
Zweiter: Los!
(Sie stürmen auf Laudon. Einer schreit, Laudon hat ihn erstochen.)
Dritter: Karl, er hat keinen Humor! Vorsicht!
(Der zweite schreit auf.)
Laudon: Hyänen!
Dritter (aus der Ferne): Ernst Gideon Laudon! Zuerst Elisabeth! Und dann der rote Gideon! Der den Humor nicht hat, die Prophetie der Nachthyänen zu begleichen. Fluch über Gideon Laudon! Verrat an ihm! Fluch über Gideon Laudon! Hahahaha!
(Schweigen. Es wird Morgen. Eine Lerche jubiliert. Die Sonne rötet den Himmel.)
Laudon: Still, Vogel, still. Vogel, du dort oben, still, in meinen Ohren ist ein Lied, ein Klagelied am Himmel. Still, kleine Lerche, still, Gedanken verweinen meinen Mut, und Furcht und Trauer ist in meiner Seele.

Zweite Szene

Zimmer, in dem ein Festgelage gewesen ist. Junge Offiziere: Starhemberg, Kolowrat, Kinsky.

Kolowrat: Laudon behandelt dich wie einen Sohn.
Starhemberg: Das ist wohl sein Vergnügen. Mein Vater hätte den preußischen Heinrichbrief nie nach Wien geschickt.
Kolowrat: Sein Sieg macht ihn nicht glücklich.
Starhemberg: Das ist sein Vergnügen.

Kinsky: Starhemberg, deine Kaltschnäuzigkeit ist ungeziemend.
Starhemberg: Kinsky, meine Urteilskraft ist mein Vergnügen.
Kolowrat: Frage ihn nicht nach dem Phaethon-Brief!
Starhemberg: Wie's mir beliebt, Kolowrat.
Kinsky: Laßt ihn. Es ist nichts mit ihm zu machen. Er ist zu jung, zu gut gestriegelt, zu lieb gefüttert, um nicht über jedes Hindernis zu springen. Und leider ist der General zu nachsichtig, um dem jungen Hengst nicht alles zu verzeihen.
Starhemberg: Weiter!
Kinsky: Hochmütiger Herr, manch blinder Mann hat ein besseres Gefühl für Abstand als der übermütig Sehende. Der Spalt, in den man fällt, kann tief, kann flach sein.
Starhemberg: Amen.
Kinsky: Starhemberg, du bist betrunken.
Starhemberg: Riecht das eine servile Nase?
Kolowrat: Toll!
(Kinsky springt nach seinem Degen und zieht. Starhemberg zieht ebenfalls. Kinsky besinnt sich und steckt den Degen ein.)
Starhemberg: Narr!
Kinsky: Unverschämter!
(Kinsky zieht. Sie fechten stumm und erbittert. Kinsky schlägt Starhemberg den Degen aus der Hand. Starhemberg will ihn aufheben. Kolowrat tritt blitzschnell auf den Degen.)
Kinsky: Unverschämter –
(Hardegg tritt ein.)
Hardegg: Freunde, ich habe das ganze Schlachtfeld abgeritten, habe die Fackel geschwungen und Laudon gerufen, und nichts hat geantwortet. Ich habe nur erfahren, daß er bei Saltikow war, und Saltikow soll ihm fünftausend Mann abgeschlagen haben, mit denen er den König verfolgen wollte.
Starhemberg: Haha!
Hardegg: Da lachst du?
Starhemberg: Die Erde, die um die Sonne kreist, wollte die Sonne in ihre Erdbahn zwingen, weil sie nicht mehr ihr Trabant sein wollte. Aber es gelang der Erde nur, den Mond zu fangen, der gerade durch den Weltraum irrte. Laudon wollte den großen Friedrich vernichten, aber es gelang ihm nur, den Sieg von Kunersdorf zu fangen und einen Brief! Das ist der Mond, das ist die Sonne nicht! Der ewige Trabant Laudons ist Kunersdorf und dieser Brief, und der Trabant des Königs ist Laudon. Der Hagel der Erkenntnis hat den braven Mann ver-

nichtet. Weint, ihr erlebt ein Trauerspiel, und bindet Trauerfahnen an den Kranz –
(Starhemberg nimmt einen von den Tannenkränzen, die auf der Erde liegen, und bindet an ihn sein Taschentuch.)
und stülpt ihn ins Gesicht!
(Tut es.)
Das ist noch ein Europa! Herab vom Turm des Siegs! Noch einmal in die Morgenröte, und dann wird keine Lerche über seinem Feld stehn. Haha!
Kolowrat: Er ist verrückt.
Hardegg: Was ist in dich gefahren?
Starhemberg: Phaethon!
Hardegg: Wer?
Starhemberg: Du hast Laudon gesucht und hast nicht überlegt, daß der sich selbst erst sammelt.
Hardegg: Ist er verrückt?
Kinsky: Nein.
(Ein Soldat tritt ein.)
Soldat: Da draußen steht ein Mann.
Hardegg: Was für ein Mann?
Soldat: Ein Mann ohne Uniform.
Hardegg: Nackend?
Soldat: Sozusagen.
Hardegg: Was will er?
Soldat: Wenn er will, wie er aussieht, nichts Gutes.
Hardegg: Bring ihn herein.
(Soldat ab. Kommt mit dem dritten Fledderer zurück.)
Dritter: Halten zu Gnaden.
Hardegg: Was will Er?
Dritter: Halten zu Gnaden, sind die Herren Grafen die Herren Adjutanten des Herrn General Laudon?
Hardegg: Ja.
Dritter: Dann bin ich richtig. Halten untertänigst zu Gnaden, der Herr General Laudon redet mit dem Mond.
Hardegg: Hat Er ihn gesehen?!
Dritter: Gehört, gehört, Ew. Gnaden.
Hardegg: Wo?
Dritter: Am Ort der Tat, auf dem Schlachtfeld. Ein Offizier mit Namen Hardegg schrie auf dem Schlachtfeld: General Laudon, und ich lief ihm nach. Aber er verschwand meinen Augen, und ich fragte mich

nach diesem Herrn Offizier durch und wurde hierher angewiesen und möchte nun mitteilen, daß der Herr General Laudon mit dem Mond geredet hat und lebt, weil ich dachte, daß diese Nachricht den Herrn Offiziers einen Dukaten wert sein könnte.

Hardegg: Mann, hier, ich danke Ihm, Er hat recht.

(Hardegg gibt ihm seine Börse.)

Dritter: Ich danke Ew. Gnaden sehr, ich denke, daß der Herr General seine Unterhaltung mit dem Himmel bald beschlossen haben wird und wieder –

(Man hört Schritte, es wird »Habt acht« gerufen. Der Fledderer geht schnell aus dem Lichtkreis und verschwindet. Laudon ist eingetreten. Seine Uniform ist zerrissen, sein Haar verwildert.)

Laudon: Wer war das?

Hardegg: General, das war ein braver Mann.

Laudon: Was wollte er?

Hardegg: Er bot seine Dienste an.

Laudon: Was für? Wozu?

Hardegg: Dazu kam er nicht mehr, General.

Laudon: Ihr habt gefeiert?

Kolowrat: General –

Kinsky: Mein General –

Laudon: Starhemberg, der König soll verzweifelt sein, er soll das Kommando abgegeben haben, er will abdanken, er wollte Gift nehmen. Enten oder Adler?

Starhemberg: Enten.

Laudon: Gibt es Meldungen über seine Position?

Starhemberg: Nein.

Laudon: Hast du nach mir suchen lassen?

Starhemberg: General, ich nicht.

Laudon: Du bleibst mein liebster Freund. Wenn Sterbende auf einem Kampffeld schreien, dann überstürzt mich das beklemmende Gefühl, daß wir nur Menschen sind. Peinlich ist es, wenn der Gesunde klagend das Feld der Ehre nach Gesunden abreitet. Starhemberg, wir werden bescheidener von uns denken müssen und Rußland schmeicheln und hätscheln wie ein liebes Kind und alle Hunde und Schurken ungezogene Kinder nennen.

Man fluche mir. –

Starhemberg: General –

Laudon: Was willst du, mein Sohn?

Starhemberg: Hast du der Kaiserin geraten, den schmierigsten Brief

eines Prinzen Heinrich über seinen Bruder, den König Friedrich, den Brief: Phaethon ist gestürzt, an diesen König zu schicken?
Laudon: Ja.
Starhemberg: Mein General, wer ist der Feind? Der Feldherr und König?
Laudon: Der Mensch.
Starhemberg: General, verstehst du mich ganz?
Laudon: Ich dich? – Ich dich nicht verstehen? Furchtbar, mein Sohn, und groß ist der Mensch Friedrich. Den Stern muß ich treffen!
Kolowrat: General –
Starhemberg: General, darf ich zum König reiten und ihn fragen, ob er den Kometen, den Feldherrn Laudon –
Laudon: Was?
Starhemberg: ... oder den Stern, den Menschen Laudon, vernichten will?
Laudon: Reite! – – Mein Gott – – Starhemberg – – du.
Starhemberg: General?
Laudon: Durchlaucht, wer seine menschlichen Gefühle gegen irgendeine Möglichkeit zu siegen setzt, ist unbrauchbar.
Starhemberg: Jawohl.
Laudon: – – Gehen Sie nach Wien, und dienen Sie den schönen Damen!
Starhemberg: Jawohl.
Laudon: Und klagen Sie, daß General Laudon einen Mann vernichten will!
Starhemberg: Jawohl.
Laudon: Ihr Name wird auf der Hofburg mehr als meine Taten gelten! – – – Aber – Ihren Degen!
Kolowrat: General –
Laudon: Seinen Degen!
Kinsky: General, du warst wie ein Vater zu ihm.
Laudon: Nie!
Kinsky: General, ein Wort von dir, er ist ein Kind –
Laudon: Warum stehn Sie noch hier?
  (Starhemberg ab. Kinsky ab.)
  Die Berichte der Patrouillen?
Kolowrat: Hier.
Laudon: Danke! – – Danke!
  (Kolowrat bleibt stehn.)
Kolowrat: Mein General, der Tag von Kunersdorf ist doch dein Sieg gewesen und Starhemberg ein Knabe, dem der Jammer dieses Krieges

und der Sieg und die Verzweiflung seines Generals Gedanken zeugten und verwirrten. Ich ruf ihn!
Laudon: Sind rote Haare Menschen ein Gleichnis der bösen Natur, die eine Brust bewohnt?
Kolowrat: Mein General, du hast gesiegt!
Laudon: Mich hätte niemand vor dem Brief geschützt!
Kolowrat: Jeder, mein General!
Laudon: Dann trifft er!
(Ein Stein fliegt durchs Fenster. Laudon springt zurück. Hebt den Stein auf und liest den Zettel, der an ihm ist. Öffnet das Fenster. Spricht leise:)
Fluchst mir? – – – – Wozu? Ich bin's.
Kolowrat: Was war das?!
Laudon: Dies Feuer spürt man – *(schlägt aufs Herz),* doch es wärmt sich niemand daran, und die Sterne werfen Splitter ins Haus, Rittmeister. Doch die Girlanden des Ruhms knüpft der Mensch, und dem Fluch widersteht der Mensch. – Ich danke Ihm.
(Kolowrat ab. Hardegg blieb im Dunkel stehn.)
Ich hasse den Menschen. Ich hasse –
(Laudon sieht Hardegg.)
Was hat Er zu melden?
(Hardegg stürzt vor und küßt Laudon die Hand. Der zieht sie zurück.)
Hardegg: Ich suchte dich – General.
Laudon: Ja – das ist nicht zu ändern.
Hardegg: Ich bitte um Vergebung, mein General.
Laudon: Ob er zurückkommt?
Hardegg: Wer, mein General?
Laudon: Der Mond ist heute viel zu klein und blaß. Gute Nacht, Hardegg. *(Gibt ihm die Hand und ab.)*

Dritte Szene

Friedrich sitzt starr und steif, den Blick in die Unendlichkeit gerichtet. Decken umhüllen ihn. Vor ihm steht ein Tisch. Darauf liegen Landkarten. Draußen lebhaftes Sprechen. Major von Kleist tritt ein. Danach Eichel.

Friedrich: Wer war Phaethon?
Kleist: Der Sohn des Sonnengottes, Ew. Majestät, der seines Vaters Wagen auf der Bahn des Himmels fahren wollte –

Friedrich: Phaethon ist gestürzt!

Kleist: Sein Schicksal, Ew. Majestät, hat gleichwohl eine Welt verändert. Völker gingen zugrunde, Völker wurden zu Asche, Gebirge brannten. Aber die frechen Zweifler seiner Zeit mußten gestehen: Er ist der Sohn des Gottes Helios! Unglücklich zwar, doch seine Götterherkunft aller Welt beweisend, war Phaethon ein Gott. Und wenn auf einem Grabstein, Ew. Majestät, das Wort: »Nicht ganz sich behauptend, erlag er großem Bestreben« steht, dann weiß die Nachwelt, einer aus Phaethons Geschlecht liegt hier, und er hat seine Welt verändert. Und keiner, der sich Frömmigkeit vor Menschengröße in der Brust bewahrte, wird ohne Ehrfurcht weiterziehn.

(Schweigen.)

Eichel: Das Konsortium wartet, Ew. Majestät.

Friedrich (liest): Der achtzehnte wird für Brandenburg auf ewig unheilvoll sein.

Eichel: Die Juden sind auf Befehl Ew. Majestät hierhergeeilt und warten.

Friedrich: Phaethon ist gestürzt!

Friedrich (liest): Phaethon hat für seine Person Sorge getragen und sich zurückgezogen, bevor der Verlust der Schlacht völlig entschieden war. *(Friedrich hüllt sich tiefer in die Decken ein.)* Ich bebe, wenn ich einen Brief erbreche, wenn eine Tür sich öffnet, fällt es mich eisig an, und die Stimmen meiner Freunde sind entseelt. Laß Er sich hören, Eichel.

Eichel: So Ew. Majestät die Spuren der Verzweiflung nicht verwischen, werden die Juden den Finanzplänen Ew. Majestät einen Widerstand entgegensetzen, der nur mit höhrem Zins gebrochen werden wird. Das Geld ist billiger, wenn Ew. Majestät Gesicht von großen Plänen leuchtet und Phaethon vergißt.

Friedrich: Ja, ich will schlafen.

Eichel: Dazu ist keine Zeit. Je eher Ew. Majestät die Münzen prägen lassen, um so schwerer wird ihr Gewicht in die Waage des Kriegsglücks fallen.

Friedrich: Ich will schlafen und die Erinnerung im Lethestrom ersäufen.

Eichel: Die Seele ist noch nicht im Hades; und die vollkommene griechische Welt wird Ew. Majestät gefährlich.

Friedrich: Ach, Asphodeloswiese!

Eichel: Wie dürfen Ew. Majestät sich nach der Wiese sehnen, auf der die Blume Asphodelos widrig und traurig wächst?!

Friedrich: Warum vergeß ich's nicht?

Eichel: Weil Ew. Majestät zum eignen Unheil mythologisch bohren.

Friedrich: Phaethon ist gestürzt!
(Er schlägt mit der Faust auf den Brief, der vor ihm liegt.)
Kleist: Er ist kein Grieche.
Friedrich: Kleist –
(Friedrich steht auf.)
Kleist: Ew. Majestät?
Friedrich: Ein Preuße ist nicht schlechter als ein Grieche. – – Das Leben ist so groß nicht, um seine Jahre abzuleben.
Eichel: Die Unterwelt ist nur der Wechsel des Orts!
Friedrich: So?
Eichel: Die Schatten sind so ungesellig wie die Menschheit! Warum nach Lethe dürsten, wenn Taten, Siege, Leben die Niederlagen auch vergessen machen!
Friedrich: Ihr werdet ungeduldig.
Kleist: Ew. Majestät Armee glaubt an den Genius des Königs nach wie vor.
Friedrich: Mir fehlt das kostbare Metall des Kriegs. Major von Kleist, nur auf den Wiesen des Hades wächst noch Gold für mich.
Kleist: Die Juden warten.
Friedrich: Wer?
Kleist: Die Juden, Ew. Majestät.
Friedrich: Die graben tiefer als ein Christ.
Kleist: Nach Gold.
Friedrich: Weil sie furchtlos sind.
Kleist: Um Gold, Ew. Majestät, um Gold.
Friedrich: Die Juden. –
(Eichel ab. Die Juden kommen herein. Eichel kommt nach. Friedrich sieht die Juden erstaunt und rund herum an.)
Friedrich: Kaum glaubhaft. – Der Krieg hat aus meinen Juden Fürsten gemacht.
Ephraim: Der Krieg, Ew. hohe Majestät, ist der Sohn des Muts, des Leides und der Größe. Wir säen, wir ernten, wir tragen an ihm.
Friedrich: Er ist der einäugige Jude Ephraim, er ist Moses Isaac, und er heißt Daniel.
Ephraim: Ew. hohen Majestät Gedächtnis hat die Kraft der Bibel.
Moses: Die Tiefe der Propheten, die Süße der erlauchten Geister –
Friedrich: Der Krieg ließ von unserm alten Bild nichts übrig, Ephraim.
Ephraim: Seit sich die Seele ins Gesicht begeben hat.
Moses: Der Jude Ephraim hat ein feines Wort gefunden.
Friedrich: Der Solitär auf deinem Zeigefinger, Jude, der Dreck an

meinen Stiefeln, die starke Kette auf dem Bauch, mein krummer Rücken, das Wohlsein deiner Wangen, meine Falten, der feurige Glanz eurer Augen, Juden, der abendliche Schein der meinen, eure gepflegten Bärte, eure seidenen Gewänder, die feinen Leder eurer Stiefel, mein Rock, das alles ist des Krieges Gleichnis, das ich mit solcher Heftigkeit noch nie empfand. Ihr könntet euch über euren König nicht beklagen, Juden! Ihr schriebet nie: Phaethon ist gestürzt!
Ephraim: Es wär' der Ruin!
Friedrich: Oh, Jude. – – Schnupft Er?
(Die drei verbeugen sich. Friedrich zieht eine goldene Dose und gibt sie Ephraim. Der nimmt eine Prise und gibt sie weiter. Daniel will sie dem König zurückgeben.)
Friedrich: Behalte Er's.
Daniel: Hohe Majestät, de Ehre –
Friedrich: Ihr sollt Münzen prägen. Ich biete euch drei vom Hundert der Münzausprägung, wenn ihr die englischen Subsidien mit Kupfer so vermischt, daß aus zwei vier, aus fünf zehn und aus fünfzig hundert wird.
Ephraim: Drei Perzent? Fünf Perzent, hohe Majestät.
Friedrich: Das wären zehn vom Hundert aus der vollen Münze. Aber redet.
Ephraim: Fünf Perzent von der Münze werden nicht zehn Perzent sein, Ew. hohe Majestät.
Friedrich: Rede!
(Ephraim greift in die Tasche und wirft volle Münzen auf den Fußboden.)
Ephraim: Das ist denn, untertänigst, der Klang der guten Sache. Das hört der Goi, das hörn die Jüden gern. Gewicht, Gehalt und Prägung sind ein Wort, ein Geist. *(Wirft schlechte Münzen hin.)* So aber, hohe Majestät, klingt die schlechte Sache. Und wem wird's angerechnet, daß sich im Scheidewasser die gute Prägung nicht zum Gehalt bekennt? Dem Ephraim! Der fromme Jude Ephraim kommt in den Haß der Völker! Kann Israel um drei Perzent sich fluchen lassen? Nein!
Von außen schön, von innen schlimm,
Von außen Friederich, von innen Ephraim!
Ein schlechter Reim, ein böser Vers. Und der Jüden Schlaf wird leise. Und dann nur drei Perzent? – Der gerechte Gott wird fragen: Ephraim, gehst du um drei Perzent ins Feuer? Der Goi wird dein Haus anzünden. Er wird deine Töchter schänden, Ephraim. Deine

Söhne morden! Und du hast drei Perzent verschenkt, Ephraim! Leichtfertiger Sohn einer Hündin! – – – Oh, oh, oh, ist's möglich? Daniel, ist's möglich?

Daniel: Es is nich möglich.

Ephraim: Isaac, ist's möglich?

Isaac: Es is nich möglich.

Friedrich: Fünf vom Hundert, Ephraim.

Ephraim: Heb sie auf, Daniel.

(Daniel hebt die Münzen auf.)

Die hohe Majestät verbietet, die leichte Münze in Preußen abzusetzen. Das ist der Verlust bei dem Geschäft.

Friedrich: Was hat dein Gott für Einwände, Jude?

Ephraim: Die Jüden laufen von Stadt zu Stadt, sie laufen von Haus zu Haus, die Jüden wandern von Dorf zu Dorf, und der Schweiß rinnt für den großen König. Sie haben für leicht Geld fünfzig Millionen in Gold aus Rußland, aus Polen, aus Ungarn mit der Gewalt der Beredsamkeit und der List Davids gezogen. Für wen? Für den großen König. Warum? Für den Krieg, für den Sieg. Kontribution ist das in fremder Herren Länder für den König. Aber die Geschäftsfreunde in Warschau und die Geschäftsfreunde in Prag sagen: Nichts werden wir mehr für den König Ephraims tun, wenn er die Münzen, die leichten, die schlechten, in Preußen nicht verkauft.

Friedrich: Fünf vom Hundert! – – Die Generals!

(Friedrich ab. Eichel geht hinaus. Kommt mit den Generalen zurück.)

Heinrich: Wie lange darf man warten?

Kleist: Seine Majestät arbeitet.

Heinrich: Verse? – – Bleibt die Armee?

Kleist: Für eine Nacht, Hoheit.

Heinrich: Macht Testamente, Generals. Die Armee soll ruhn?

Kleist: Bis auf die Bäcker. Morgen wird marschiert.

Heinrich: Und Daun?

Kleist: Muß schlagen.

Heinrich: Befiehlt Seine Majestät die theresianische Armee?

Kleist: Seine Majestät hat diesen Vorschlag einmal der Kaiserin gemacht.

Heinrich: Dem General von Retzow wurde der Degen abgenommen, weil er den Berg nicht nahm.

Kleist: Ew. königlichen Hoheit Taten berechtigen Sie, ungerecht zu sein.

Heinrich: Major von Kleist! –

Kleist: Darf ich zu Ende reden?

Heinrich: Wenn Sie zu Ende gedacht haben.
Kleist: Ew. königlichen Hoheit Schärfe regte mich an. Es gibt Könige und uns!
(Friedrich tritt ein.)
Friedrich: Die Juden warten draußen.
(Die Juden gehen rückwärts und sich verbeugend ab.)
Friedrich: Generals –
Alle: Guten Abend, Ew. Majestät.
Friedrich: Generals, selten werden Kerzen wieder eine so erlesene Schar beleuchten. – Wir kämpfen gegen Frankreich, Schweden, Österreich und die Reichsarmee. Nicht nannte ich Rußland. Denn Rußland unter der Zarin Elisabeth, Generals, ist der Alp, der Tod, wenn sie nicht bald verreckt. Die andern sind nur Feinde, sie ist Schicksal. Wenn ich des Himmels aufgetürmte Wolken seh', dann denke ich an Rußland. Wenn die Nacht unheimlich ihren Sohn, den Knaben Schlaf, heraufführt, dann sehe ich hinter den beiden den Bruder des Schlafs, den Tod, den Vollender des Schlafs, schleichen. Und die Nacht ist Elisabeth.
(Retzow tritt ein.)
General von Retzow, wo ist Ihr Degen?
Retzow: Ew. Majestät, ich bin auch ohne Degen ein braver Offizier.
Friedrich: Nehmen Sie meinen.
(Retzow preßt Friedrichs Degen an die Brust und küßt den Griff.)
Friedrich: Ihr, meine Generals, die erste große Tat, bekenn' ich, wird geleistet, wenn wir zu jung sind, um das Erhabene der Größe zu begreifen. Nichts ahnend ziehn wir aus und leisten das Bedeutende. Der Ruhm davon ist blasser als die Tat.
Ihr, meine Generals, das zweite große Werk beginnen wir notwendig und gereift und führen's gut zu Ende, weil das Genie sich nach der Tat begreift. Jetzt ist der Glanz des Ruhms um uns. Die Menschheit hängt uns volle Namen um, und wir genießen staunend. Vom Weltgeist aber sind wir nicht erschüttert.
Erst wenn die Unerbittlichkeit sich naht, wenn sich der große Vogel vom Berg des mühelosen Ruhms der ersten Taten hebt und ohne Unschuld, dennoch ohnerdrückt von der Unendlichkeit, die Zügel der verborgnen Zukunft festhält, Ihr, meine Generals, und nicht wie Phaethon sie fahren läßt, dann heißt der Mensch mit Glück unsterblich. Wenn scheinbar, scheinbar seine Augen kalt nur Sterne zählen, die noch zu erreichen sind, wenn er, sein mütterliches Erbteil höh-

nend, wünscht, daß Söhne anderer Mütter sterben, dann wird ein Mensch unsterblich. Dazu gehört die Einsamkeit.

Niederlagen, Siege, Verzweiflung meines Staates, Kleinmut anderer und das Triumphgeschrei der Feinde macht mich fragen: Brechen wir den Krieg mit Europa ab?

(Schweigen.)

Ich möchte eine eindeutige Antwort haben, Generals. Haben Sie die Kraft, Europa Schlesien abzuringen und damit meiner Väter wie der Ihren Hinterlassenschaft auf Wunsch und Sehnsucht zu erfüllen? Das wäre die Vollendung einer dritten Tat und die Unsterblichkeit.

Heinrich: Ew. Majestät Worte lassen keine Antwort zu.

Friedrich: Herr Bruder, mein Herz verlangt nach einem Schwur. Sie aber machen unverbindlich große Worte.

Heinrich: Die Grenzen der Worte Ew. Majestät sind zu weit gezogen, um bei Männern etwas anderes als Tränen, Bleichsein und Ergebung auszulösen. Ew. königliche Majestät, erlauben Sie Ihrem Bruder zu sagen, daß wir ohne Willen sind.

Die Vernunft, Generals, gebietet, Frieden zu schließen. Der unheilvolle Zustand Ihrer Staaten fordert Frieden. Die Truppen sind zur Niederlage mehr geeignet als zum Sieg. Geld haben Ew. Majestät nicht mehr, und unseres Vaterlandes Bürger sind verarmt. Das Gebet zu Gott ist: Frieden!

Doch was ist das alles vor dem Gedankenflug des Königs! Das Wort Unsterblichkeit, mein Bruder, bedeckt als Schnee die zarte Hoffnung aller andern Wünsche.

Friedrich: Sie widersprechen mir.

Heinrich: Sie irren sich.

Friedrich: Sie widersprechen mir auf einem großen Umweg.

Heinrich: Ich bin mir dessen nicht bewußt.

Friedrich: Man darf doch nicht, Prinz Heinrich, vor einem Mann zwiespältige Worte machen, wenn er sich hingibt.

Heinrich: Man soll nicht eines Prinzen Wort bezweifeln, Ew. Majestät.

Friedrich: Wer das Gefühl im Busen hat, es ließ sich leben ohne Sieg, den werde ich nicht halten. Ich habe genügend Mittel, um im Unglück meine Freunde mitzunehmen.

Heinrich: Nehmen Ew. Majestät ein Gift für Offiziers der preußischen Armee als ein Heilmittel? Wenn –

Friedrich: Herr Bruder! Phaethon ist doch gestürzt!

(Heinrich weicht erschrocken zurück.)

Heinrich: Mein Brief an Amélie. – –

Herr Bruder, es haben größere Könige als Sie größere Provinzen aufgegeben!

Friedrich: Aber es haben noch niemals große Generals über einen unglücklichen Fürsten solchen Brief geschrieben!

Heinrich: Noch niemals, Ew. Majestät, hat ein Bruder seines Bruders Herzenswunsch so hart durchkreuzt, wie Ew. Majestät es taten.

Friedrich: Prinz Heinrich!

Heinrich: Ich habe keine Furcht. Das Leben ist nicht solch tiefer Reiz, und mein empörtes Herz hat seine Rechentafel fortgeworfen! Mein Bruder August Wilhelm siecht dahin!

(Die Offiziere gehen alle nacheinander hinaus.)

Er nahm kein Gift! Er war nur unglücklich gegen einen Feind. Das ist kein Fall, der einem andern nicht begegnet! Aber der Brief, Ew. Majestät, an ihn ist ohne Beispiel! Ihr Brief ist – –

(Heinrich sucht in seinen Taschen. Seine Hände fliegen.)

»Sie wissen nicht, was Sie wollen, noch was Sie tun. Sie werden stets nur ein erbärmlicher General sein. Kommandieren Sie einen Harem; wohlan! Aber solange ich lebe, werde ich Ihnen nicht das Kommando über zehn Mann anvertrauen. Wenn ich tot sein werde, so machen Sie alle Dummheiten, die Sie wollen; aber solange ich lebe, sollen Sie den Staat dadurch nicht mehr schädigen.«

Friedrich: Ein harter Brief.

Heinrich: Es ist der gleiche Geist, der meinen Brief: Phaethon ist gestürzt, diktierte. Beklagen Sie sich nicht! Sie haben diesen Haß in mir erzeugt. Wir hatten einen Vater, dessen Härte die Familienbande aufgelöst hat. Du solltest bis in die Tiefe deines Herzens wissen, was ein Wort bedeutet. Friedrich, die Hoffnung deines Vaterlandes war, daß sich der Himmel deiner Brust erschließt und seine gnadenvolle Luft dich bilden wird. Die Tage aber haben uns gezeigt, daß Kattes Tod die Saat der Hölle in eines Bruders Seele aufgehn ließ. Wo soll das enden!

Friedrich: Ich bekam Ihren Brief aus Wien.

Heinrich: Mein Gott!

Friedrich: Bekäm' ich ihn von unsrer Schwester Amélie, so wär' in dieser Brust, die Sie vom Sumpf der Hölle ausgefüllt vermuten, für Ihre Worte Raum, sie zu bewegen und betrübt zu sein. So aber überragt Ihr Brief Bezirke, wo ich Bruder bin.

Heinrich: Wollen Ew. Majestät mir den Degen abnehmen lassen!

Friedrich: Nein! – Meine Achtung vor Ihrem militärischen Genie läßt mich den Phaethon vergessen. Und meine Hoffnung, die Liebe meines

Bruders Heinrich zu erringen, ist nicht abgestorben. Den Brief an August Wilhelm schrieb der König. Den Brief an Amélie schrieb ein entsetzter General. Beklagen wir die Menschen, die so schreiben. Verachten wir den König und den General noch nicht. – – – Die Offiziers, Hoheit, lassen Sie auf den König Vivat rufen. Ich will meinen Bruder in Gedanken brüderlich umarmen.

Heinrich: Sie verhöhnen mich!

Friedrich: Das ist die Waffe der Verratnen! Lassen Sie die Generals auf den König von Preußen Vivat rufen, da ich sonst nicht sicher bin, ob die Armee den Streit der Fürsten übersteht! Zum Heil des Vaterlandes, Hoheit.

(Heinrich ab.)

Stürz später, Seele, bändige deine Trauer, häng dir den Lorbeer um, den ich an deine Wände hing.

(Eichel tritt ein.)

Eichel: Mein Herr, mein König.

(Draußen: Vivat! Vivat! Vivat!)

Friedrich: Die Juden.

(Friedrich lächelt. Eichel küßt ihm die Hand.)

Wir siegen –

Eichel: Oh, Majestät – –

Friedrich: Er kann doch auch nicht reden.

(Eichel ab, die Juden treten ein mit Eichel.)

Ihr prägt die Münzen um fünf vom Hundert und verkauft kein Stück in meinen Ländern.

(Die Juden verbeugen sich.)

Alle: Fünf Perzent, hohe Majestät.

(Adjutant tritt ein.)

Adjutant: Ew. Majestät, Fürst Starhemberg, ein Adjutant des Generals Laudon.

Friedrich: Die Juden gehen.

(Die Juden rückwärts ab.)

Friedrich: Kommt der Fürst im Auftrag?

Adjutant: Es scheint nicht so, Ew. Majestät. Der Fürst macht einen sehr verworrenen Eindruck.

Eichel: Ich rate Majestät, vorsichtig zu sein.

Friedrich: Kennt ihn jemand?

Adjutant: Major von Kleist hat den Fürsten vor dem Kriege in Wien kennengelernt. – Er sieht verzweifelt aus und ist ohne Degen, Ew. Majestät. Einmal weicht er den Blicken aus, dann sieht er jeden

durchdringend und entschlossen an, dann wieder malt sich tiefste Bestürzung in seinen Zügen ab. Er ist jung, er ist aus den Angeln gehoben.

Friedrich: Vom Krieg, Eichel. – – Er komme.

(Adjutant ab. Starhemberg.)

Wie heißen Sie, mein Herr?

Starhemberg: Starhemberg, Ihro Majestät.

Friedrich: Und sind?

Starhemberg: War Adjutant des Generals Laudon.

Friedrich: Darf ich Ihnen eine Erfrischung anbieten?

Starhemberg: Ich kam mich zu erfrischen, Ihro Majestät.

Friedrich: Sie wenden eine Frage, die um Wein und Obst geht, ins bedeutend Menschliche, wenn nicht ins Göttliche, Durchlaucht?

Starhemberg: Jawohl, Ihro Majestät, jawohl.

Friedrich: Sie tragen einen Namen.

Starhemberg: Und eine Frage auf dem Herzen.

Friedrich: Eine Frage? Wohl eine Frage, die nur der feindliche König beantworten kann?

Starhemberg: Jawohl, Ihro Majestät.

Friedrich: Das gibt es. Ich will nach Wissen und Gewissen, und wenn es meine Ehre zuläßt, antworten. Ich bitte.

Starhemberg: Ihre Majestät die Kaiserin hat auf den Rat des Generals Laudon den Brief Phaethon an Sie geschickt. Ich fragte den General: Warum?

Friedrich: Sie fragten, warum er diesen Rat gegeben habe? *(Leise:)* Eichel, wie der Mann mich haßt.

Starhemberg: Jawohl. Der General antwortete mir, er müsse den Menschen treffen, den Menschen Friedrich, nicht den Feldherrn, Ihro Majestät.

Friedrich: Denn den hat er besiegt.

Starhemberg: Jawohl.

(Friedrich lächelt.)

Und ich wollte Sie fragen, ob auch Sie, Ihro Majestät, den Menschen und nicht den General Laudon treffen wollen.

Friedrich: Warum?

Starhemberg: Der Krieg –

Friedrich: Wie alt sind Sie?

Starhemberg: Neunzehn Jahre.

Friedrich: Wie lange im Krieg?

Starhemberg: Drei Jahre.

Friedrich: Entsetzlich, Eichel. Wir alten Männer sind entsetzlich, Eichel. Sie fingen einen Satz an, Durchlaucht, der Krieg –
Starhemberg: Ihro Majestät, der Krieg vernichtet, was der Mann an Zärtlichkeit für alles Lebende besitzt.
Friedrich: Nicht nur, nicht nur, mein Sohn. Sie sind ohne Degen?
Starhemberg: Ich – – –
Friedrich: Nehme ich ihn in meine Dienste, Eichel?
Eichel: Zu weich.
Friedrich: Durchlaucht, der General hat Ihnen sicherlich geraten, nach Wien zu gehen und dort die Damen zu scharmieren.
(Starhemberg wendet sich mit einem Ruck ab.)
Er sprach von einem Harem!
(Schweigen.)
Ich kenne das, Durchlaucht! –
(Friedrich zieht den Phaethon-Brief, den er auffällig in den Ärmelaufschlag gesteckt hatte, während Prinz Heinrich bei ihm war, und liest aus ihm.)
Diesen Brief schickte mir Ihr General. Er bittet Sie, ihm zu verzeihen und Ihren Degen bei ihm abzuholen.
Starhemberg: Mein General Laudon!
Friedrich: Das ist um so größer gedacht, als er recht hat. Den Menschen muß der Kriegsherr treffen, Durchlaucht, nur den Menschen. Ihn lieben, hassen, verachten, sonst schlägt die Welt über unserm Haupt zusammen, denn eine Zahl ist sie für Gott allein, und wir vermögen nur Geringes in die Zahl zu bringen. Der große Mensch Laudon, Durchlaucht, zielt nach mir, dem Mann, nicht nach der Zahl, dem Feldherrn. Das ist meine Ehre! Ich aber widersteh' dem Anprall der Gedanken, Würfe, Taten des großen Manns Laudon. Ich, nicht der Feldherr. Wer einen Führer oder König liebt oder haßt, der haßt und liebt noch nichts. Den Menschen treffen, lieben, hassen, das heißt leben.
Starhemberg: Oh, Majestät, wie kann ich meines Generals Liebe wiedergewinnen?
Friedrich: Durchlaucht, Ihr General bekennt sich schuldig, da er Ihnen, der Sie jung und edel sind, nicht genügend auseinandersetzte, was er meinte. – –
(Starhemberg stürzt aufs Knie und küßt Friedrichs Rocksaum.)
Vielleicht begegnen wir uns in der Schlacht.
Starhemberg: Oh, Majestät, wenn das geschähe, dann –
Friedrich: Ihr Diener!
(Starhemberg steht auf, verweilt, stürzt aus dem Zimmer.)

Eichel, schreiben Sie sofort an den Hasser Laudon, was ich dem Knaben gesagt habe und daß ich herzlich bäte, ihn in Gnaden wiederaufzunehmen. Der beste Reiter befördere den Brief. Die Seele dieses Knaben Durchlaucht will ich retten, August Wilhelm. Der Tag geht festlich aus, Eichel, ich habe Bittres abgetragen.
(Friedrich ab.)
(Eichel allein.)
Eichel: Ach, wenn dies Jahrhundert, Friedrich, dich verflucht und deine Würde nicht begreift, wenn dies Jahrhundert deine wilden Taten nur durch das trübe Glas des Leids betrachten kann, das du ihm auferlegtest, König, es werden Deutsche einmal deine Menschlichkeit verkünden aller Welt! Und ewig immer wieder, bis zu dem Tag, wo die Posaune angesetzt wird, um den letzten dieses göttlichen Geschlechts und Volks der Deutschen abzurufen. Sieg! Was ist Schlachtensieg?! Ahnungsvoller General Laudon! Noch höher mußt du greifen und Sterne aneinanderschlagen.
(Er setzt sich. Er schreibt.)
An den General Laudon!

ZWEITER AKT

Erste Szene

Im Kreml. Bojaren. Rechts Peter, Katharina und Orlow.

Orlow: Wenn du von einem König träumst, schließ uns nicht aus.
Peter: Haha!
Orlow: Denn deine Träume werden unsre Taten sein.
Peter: Sie müssen's.
Katharina: Muß, mein Gemahl?
Orlow: Neben dem Thron steht ein Sarg.
Peter: – – – Für wen?!
Orlow: – – – Das weiß Gott.
(Elisabeth, auf zwei Soldaten gestützt, tritt ein. Es stößt ihr leise auf.)
Peter: Betrunken.
Elisabeth: Man hänge ihn mit einem Paukenschlag vor meinem Fenster dort.

(Ein Diener, der grinste, fällt auf die Knie.)
Diener: Mütterchen!
Elisabeth: Ab! –
(Die Wache reißt ihn hoch.)
Diener: An einem Paukenschlag hat nie ein Mann gehangen! Ein Strick ...
Elisabeth: Mit einem Strick. Und ab! – – –
(Die Wache mit dem Diener ab.)
Diener (draußen): Mütterchen –
Elisabeth: Man soll nicht grinsen, wenn es mir aufstößt. Ich hasse das. – Es haben sich an Jahren zwei, an Zeiten viele aufgereiht, da meine beiden Feldherrn Fermor und Saltikow den bösen König bei Kunersdorf zerschlugen. Des Königs Kreatur mit rotem Haar, Laudon, der einst in meinem Dienste stand, von mir ausgespien wie das!, versagte zur Vernichtung seine Hilfe.
Saltikow: Noch mehr, Zarin!
Elisabeth: Schon gut, Saltikow. Wie alles hat die Sache zwei Gesichter, tausend Zungen und nur eine Folge: Der König lebt.
Saltikow: Verflucht, er lebt!
Elisabeth: Ein schwarzer Himmel überwölbt ein gellendes Europa. Die Farbe ist so kräftig aufgetragen, daß nicht ein Ton der schmerzlichen Posaunen zum Throne Gottes dringt. Der Greuel ist kein Ende.
(Paukenschlag.)
Er hängt. – – – Die Generale Saltikow und Fermor sind hohle Köpfe und werden mir aus Sibirien schreiben, warum ein roter Schuft wie Laudon die Frucht des Siegs verdarb.
Saltikow: Mütterchen –
Elisabeth: Tschernitscheff, du bist mit Newawasser abgekühlt, du wirst die Heere gegen Preußen führen. Schicke mir die Botschaft, du habest ihn besiegt, nicht ohne sein Ohr.
Tschernitscheff: Lacht nicht! Das linke?
Elisabeth: Welches Ohr steht mehr von seiner Hundeschläfe ab?
Tschernitscheff: Das linke.
Saltikow: Gibt es nichts Beßres, Mütterchen?
Elisabeth: Die Nase. Er hat nur eine Nase.
Saltikow: Noch etwas Beßres, Mütterchen!
Elisabeth: – – – – – Saltikow! Hahaha! Trink aus meiner Flasche!
(Er trinkt triumphierend. Elisabeth flüstert Tschernitscheff ins Ohr. Der lacht schallend.)
Tschernitscheff: Saltikow!

(Tschernitscheff gibt es leise weiter. Alles lacht. Zarin beobachtet über die Flasche hinweg.)
Elisabeth: Das schicke mir. – Die Generale melden sich beim Gouverneur. – – – Es ist Zeit.
(Fermor, Saltikow ab.)
Der Tod ist mir begegnet.
Peter: Du hast ihn fortgeschickt.
Elisabeth: Er hat nach dir gefragt.
Katharina: Laß dich nicht reizen.
Elisabeth: Bojaren – wenn ich schlafe, schläft es nicht in mir. Der Schlaf ist matt, der Nächte Dunkelheit ist beißend hell. So ist mein Schlaf kein Labsal. Ich liebte Fledermäuse, weil ihr Flug mit dem Gesang der Nächte eins ist. Heute haß ich diese Vögel, denn sie schlafen mit dem Tag und fressen mit der Nacht.
Wenn ich liebe, habe ich kein Gefühl.
(Klopft dem Soldaten neben sich die Wange.)
Das Leben ist ein Höfling. Sind Höflinge getreu?
Peter: Nein.
Elisabeth: Haha! Die Pompadour ist Frankreichs Konkubine. Der Kaiser Franz bewirtet meine Freundin Marie Theres. Und ich –
Bojare: Du bist die Göttin dieses Landes.
Elisabeth: Der König sagt, ein Ungeheuer. Ihr lacht? Er druckt: Der Bär ist boshaft, und Europas Honig ist so süß. Wehe Europa!
Alle: Wehe Europa!
Elisabeth: Zarewitsch!
Alle: Wehe Europa!
Elisabeth: Und er soll beten. Aber was?
Bojare: Um Sieg über Rußland!
Elisabeth: Nein, um meinen Tod. Mir schaudert. – Wischt euch die Tränen. Pfui, daß ein Mensch so betet!
Alle: Pfui! Pfui!
Bojare: Was will sie?
Elisabeth: Pfui, daß ein Gebet nach einem Menschen zielt. *(Sie schluchzt.)* Pfui, daß er in Rußland Männer findet, die seine Hände stützen.
Katharina: Vorsicht, mein Herr Gemahl.
Alle: Pfui! Pfui!
Elisabeth: Ich soll in die Grube fahren!
Alle: Nie!
Elisabeth: Ich soll verfaulen!
Alle: Pfui! Pfui!

(Sie trinkt. Sie steht auf. Sie schwankt. Sie lacht.)
Elisabeth: Fühlt meinen Leib! – – – Kommt nur heran! Kommt herauf! Ist er nicht fest? Hat er nicht Kraft!
Orlow: Dein Leib ist fester als die Felsen, die am Himmel leuchten.
Elisabeth: Dann wird er in die Hölle fahren. – Der König nennt mich eine Hure!
(Schweigen. Sie sieht umher.)
Orlow: Zarin! Göttin!
Elisabeth: Doch sterb' ich nach dem König.
(Sie klatscht in die Hände, und ein Ballett, von beiden Seiten kommend, tanzt. Düster die Zarin auf dem Thron. Der Tanz wird wild. Die Bojaren tanzen auf der Stelle mit. Geigen brechen ab. Hohenfriedberger. Marschkolonnen. Tänzerinnen wie gebannt. Sie fliehen durcheinander. Kolonnen kommen immer näher. Auf beiden Seiten Friedrichs Garde. Solotänzer in der Maske Friedrichs. Garde steht. Tänzerinnen fliehen. Garde exerziert. Das geht in den russischen Nationaltanz über. Bojaren klatschen den Takt. Immer wilder. Musik schweigt. Garde steht. Dem Solotänzer wird von oben ein Degen zugeworfen. Er zieht, dreht sich zum Thron um. Zarin steht auf, flüstert dem Soldaten neben ihr ins Ohr, der zieht seine Pistole und erschießt den Tänzer. Musik setzt ein. Bricht ab. Zarin betrachtet die Leiche. Reißt ihr die Maske ab.)
Elisabeth: Vor mir, Zarewitsch, vor mir! Wenn das der Himmel nicht versteht – *(geht auf den Thron zurück)*, dann will ich schuldig sein, und er mag siegen. An des Satans üblen Pforten, König, erwart' ich dich und frage, ob ich eine Hure bin! – – Wahrlich, ich werde ihm ein Bett der Qual bereiten, Rußland.
(Wirft die Maske Peter vor die Füße. Sieht die Tänzer an. Sie gehen.)
Katharina: Geh auch.
Peter: Nein. Ich will das Ende sehn.
(Die Zarin springt auf und faßt sich ans Herz.)
Elisabeth: Der Tod streift im Revier. – – Pst – er geht, ihn träumte nur, und nicht von mir. In Wahrheit, meine Freunde, nach einem Herzen ganz allein sehnt sich mein Herz, nach seinem Herzen.
Peter: Es reut dich!
Katharina: Du Narr!
Elisabeth: Peter, sein Herz – *(Sie lächelt. Schweigen.)* und meines Herzens Mühle, die Steine, die der Haß und die Beleidigung so groß gemacht haben, daß sie des Mondes Größe doppelt übertreffen, die schärfer als die ungehemmte Sonne am Gebirge mahlen, werden ihn

zermahlen. Wer diese Sehnsucht stillt, teilt alle Freuden, die eine Fürstin und ein Weib zu schenken hat.
(Peter geht zu ihr.)
Peter (leise): Scheusälige.
Elisabeth: Man braucht mir nicht zu schmeicheln.
Peter: Wenn du dich sehen könntest!
Elisabeth: Ich scheue nichts. Ich sah in alles.
Peter: Nie in dein Gesicht.
Elisabeth: Ich kenne mein Gesicht wie du das deine, wenn es meine Pläne dem König verrät. Wir haben zwei Gesichter und scheuen beide nichts, mein Freund.
Peter: Dein großer Vater war der beste Freund des Vaters meines Freundes.
Elisabeth: Ich lasse dich bewachen. – Orlow! – Bringe an den König eine Botschaft – – Zar Peter melde froh den Tod Elisabeths und biete seine Hilfe, schenke ihm alle Eroberungen und was er sonst verlange.
Orlow: Zarin!
Elisabeth: Orlow –. Tschernitscheff wird ihn belehren, daß ich lebe. So treffen wir sein Herz.
Peter: Hast du vor dem Himmel keine Furcht?!
Elisabeth: Nein – keine, keine Furcht. – – Reite!
Orlow: Wann?
Elisabeth: Morgen.
Peter: Die Gnade Gottes wache an deinem Tag und nehme aus der Nacht das Gift des Todes. Die Wahrheit aber überflügle nicht die Botschaft.
Elisabeth: So treffe ich, was keiner sonst auf Erden kann, sein Herz und Leben, Orlow. – – Dich lasse ich bewachen –.

Zweite Szene

Maskenfest im Breslauer Schloßsaal. Links und rechts eine Säule, in der eine Nische ist. In jeder Nische sitzt ein Liebespaar und schnäbelt. Musik und Tanz. Preußische Fahnen dekorieren den Saal.

Erster Harlekin: Hallo, Ew. Harlekinschaft, auf dem Salzring ist eine Gesellschaft eingetroffen, die sich die russische Ambassadeurgesellschaft nennt.
Zweiter Harlekin: Sind sie prächtig angezogen?
Erster Harlekin: Wäre ihre Pracht Susanne im Bade, so lief dir das

Wasser im Munde zusammen, daß du in deinem eignen Munde baden könntest!
Zweiter Harlekin: Herbei! Herbei! Sie sollen sich beeilen!
(Erster will ab.)
Hallo! Hallo! Noch einen Augenblick!
(Er zieht einen Zettel.)
Zuerst kommt Daun und singt das Kanonenlied. Dann ist das Flötenkonzert zu Sanssouci an der Reihe, mit dem persönlichen Auftreten des beliebten schlesischen Schnupftabakdosenschauspielers Hm, Hm, Hm. Gut, gut. Sie sollten vor zwölf Uhr, vor der Demaskierung hier sein, und wenn sie prächtig sind, wie du sagst, will ich ihnen einen Sonderauftritt machen, der die beliebte Schnupftabakdose in den Schatten stellt. Beim Stecken des Dionys!
Erster Harlekin: Die Leute nehmen sich ernst!
Zweiter Harlekin: Beim Stecken des Dionys!
(Zweiter ab.)
Erster Harlekin: Da habe ich mir eine schöne Sache aufgehalst. Hätte ich doch die seufzende Witwe nicht nach Hause gebracht! Dann hätte ich sie nicht getroffen und hätte –
(Erster ab ins Gewühl. Heinrich und Donnersmarck treten auf.)
Heinrich: Wozu ein Maskenfest?
Donnersmarck: Der König muß seine Lustigkeit an die schlesischen Marktweiber verhökern und einen diesbezüglichen Adel bluffen, Hoheit.
Heinrich: Sag Rittmeister zu mir.
Donnersmarck: Jawoll.
(Linke Nische, in der Starhemberg mit einem Mädchen sitzt.)
Sie: Wirst du mir deinen Namen nennen?
Starhemberg: Oh, nie, ich schwöre bei deiner Süßigkeit.
Sie: Dann werde ich geizig sein –
(Er will sie küssen. Sie wehrt sich.)
Starhemberg: Ich heiße Starhemberg! – Verdammt!
Sie: Pst! – Jesus Maria!
(Hält ihm den Mund zu. Küßt ihn.)
Heinrich: Wer glaubt ihm seine Lustigkeit?
Donnersmarck: Niemand. Links von uns – sitzt die kleine Schaffgottsch. In der Nische. Vorsicht!
(Donnersmarck stellt sich neben die Nische.)
Ihre Mutter ist graubärtig und haßt die Preußen.
Heinrich: Haha!

Donnersmarck: Aber auch silberbärtige Mütter haben kein Elixier erfunden.
Heinrich: Wogegen?
Donnersmarck: Die Sehnsucht! Aber sonst ist die Alte eine Kupplerin, wenn sie Ruhm oder Geld wittert.
(Das Mädchen schlägt ihn mit dem Absatz gegen seine Wade.)
Au!
Heinrich: Du redest wie ein Gassenjunge.
Donnersmarck: Und es ist erst die Häfte von dem, was ich weiß. Wenn ich eine Tochter hätte, die einen Kupferpfennig wert ist, heiratete ich den Silberbart und schlüge meine Tochter als Dukaten los.
Heinrich: Und dann?
Donnersmarck: Ließe ich mich scheiden.
(Sie gehen.)
Die hat genug.
(Er reibt sich die Wade.)
Heinrich: Hat sie dir etwas getan?
Donnersmarck: Körbe, Hoheit.
(Sie tauchen ins Gewühl. Friedrich in einem Mantel mit Windmühlenflügeln. Bei ihm Eichel als Sancho Pansa.)
Friedrich: Sancho Pansa.
Eichel: Er hört.
Friedrich: Ich muß an Rheinsberg denken!
Eichel: Ist Don Quichotte glücklich?
Friedrich: Ja! Endlich, endlich kein Krieg, keine Toten! – – Was ist das? Haha! Eichel!
Eichel: Pst!
(Ein riesengroßer sehr dicker Mann tritt auf. Es ist die Maske Dauns. Er sieht durch ein Fernrohr. Aus seinem Haar starren Kanonen, die immer wieder aufblitzen.)
Daun: Musik – abgesessen!
(Die Musik schweigt.)
Ist hier im Saal der Alte Fritz?
Friedrich: Sind Sie Herr Daun?
Daun: Haha! Erkennt Er mich?
Friedrich: Am Bauch und Rücken.
(Gelächter.)
Daun: Wer ist Er selbst?
Friedrich: Don Quichotte!
Daun: Hat der gegen Windmühlenflügel gekämpft?

Friedrich: Die Sie an meinem Mantel sehen.
Daun: Will Er eins mit mir singen?
Friedrich: Nein, Herr. Ihnen bleiben die Töne immer in der Kehle stecken, und ich müßte allein singen. Das ist nichts!
Daun: Ah! Herr, singen wir eins!
Zweiter Harlekin: Meine Damen und Herren, Graf Daun, der dem König von Preußen die Ehre gibt, persönlich zu erscheinen, wird mit Don Quichotte, einem spanischen Granden, zur Belustigung des werten Publiko eine Aria singen.
Friedrich: Ew. Gnaden, nehmt bitte mit meinem Kampfgenossen Sancho Pansa vorlieb, der eine vorzügliche Stimme hat. Lassen Sie den singen, der zum Singen geboren ist, Ew. Gnaden.
Daun: Nur heran! Singe Er! Will Er singen?
Friedrich: Er ist mein Knecht! Er muß! Ich mache ihm die Texte, und er wird singen. Aber hüten Sie sich vor dem Schmelz seiner Stimme, die die Eisblöcke der Ihren in nichts zerschmelzen wird.
(Beifall.)
Zweiter Harlekin: Ich habe die Ehre, den Damen und Herren zu unterbreiten, daß die beiden gewaltigen Kämpen, die größten Narren der kriegerischen Geschichte ihrer Zeit, einander gegenübertreten.
Friedrich: Der Harlekin hat mich erkannt.
Eichel: Unmöglich!
Zweiter Harlekin: Es singen Graf Daun, Exzellenz! Und Sancho Pansa, Knecht des edlen Don Quichotte, nach dem Texte seines Herrn. Meine Herren, wer einen Stoßdegen oder eine Hellebarde führt, wird gebeten, sie nicht an den Künstlern zu probieren. Beim Stecken des Dionys! Der eine ist kein Sänger von Profession und der andere ein preisgekrönter Dichter. Sie sind unschuldig! Platz, Platz gemacht der Unterhaltung und dem Witz der Stunde! Wir bitten!
(Harlekin verbeugt sich. Daun setzt sich in Positur.)
Daun: Wer fängt an? Er oder ich? Ich trete zurück!
(Friedrich flüstert Zeile um Zeile den Text, Eichel singt.)
Eichel:
Der dicke Daun tritt gern zurück.
Er weiß wohl selbst nicht, wie's geschieht.
Gleichwohl, er ist das beste Stück
Im andern Stall, und eifrig zieht
Der dicke Daun am dünnen Seil
Des schweren Kriegs, ihr Damen!
(Beifall. Friedrich und Eichel verneigen sich. Daun verneigt sich auch.)

Zweiter Harlekin: Wer's noch nicht weiß: Herr Don Quichotte hat in der Schlesischen Zeitung gelesen, daß Herr Daun sich lieber zurückzieht als vorwärtsgeht. Was mancher Mutter Tränen erspart.
Heinrich: Das ist der König!
Donnersmarck: Es wäre schmachvoll!
Eichel:
Jedoch seitdem des Papstes Hut,
Der, eingesprengt, viel Wunder tut,
Die hohe Stirn des Grafen drückt,
Ist Fritz vom Krieg nicht mehr entzückt.
Denn plötzlich, ach, mit Sieg und Heil
Aus jeder Schlacht die andern kamen.
Heinrich: Er ist es nicht!
Donnersmarck: Unmöglich.
Zweiter Harlekin: Den Damen und Herren zur Kenntnis, das war eine Anspielung auf den geweihten Hut und Degen, den der Herr Papst auf irgendeinen Sieg dem Grafen Daun geschenkt haben. Wir bitten, edler Don!
Eichel:
Wann wendet sich das düstre Blatt?
Der Alte Fritz hat's furchtbar satt!
Die Mär ist aus! Die Mär fängt an!
Doch diese singt der andre Mann.
(Tobender Beifall. Friedrich, Eichel, Daun verneigen sich.)
Zweiter Harlekin: Don Quichotte, Sancho Pansa, Sterne der Sterne am Himmel des Maskenfestes zu Breslau, wenn euch der König trifft, wird er sich königlich bedanken. Ihr habt zur Heiterkeit des Festes fürstlich beigetragen! Es lebe der Don! Und sein singender Knecht Sancho Pansa!
Alle: Vivat! Hoch! Vivat!
Friedrich: Ich komm' in Schweiß und Laune, Sancho! – Bin ich erkannt?
Eichel: Noch nicht.
Zweiter Harlekin: Und nun?
Alle: Und nun?
Zweiter Harlekin: Der grause Graf?
(Die Uhr schlägt elf. Dann dreiviertel.)
Es ist spät, meine Damen und Herren, es ist spät, und der Zufall, der die Welt regiert, hat eine prächtige Korona in diese Stadt geführt, die ich Ihnen zu zeigen nicht versäumen möchte. Man hört von lebenden Bären, echten Raubmördern, goldnen Läusen, und ein Glanz – ich

schweige! Treten Sie ab, Herr Graf, Ihr Lied war schön, wir danken!
(Daun stürzt davon.)
Und jetzt lädt uns der König zu einem Flötenkonzert in Sanssouci!
(Lauter Beifall. Die Tür geht auf. Schweigen. Drei Musiker treten auf. Sie nehmen auf den Stühlen, die sie sich mitbrachten, Platz und stimmen ihre Instrumente. Friedrich dreht heimlich seinen Mantel um. Er ist purpurn und mit Sonne, Mond und Sternen übersät.)
Friedrich: Wer ist dieser Harlekin?
Eichel: Ich weiß es nicht.
Friedrich: Wie gut, daß mein Mantel zwei Seiten hat. Jetzt geh, Sancho.
Zweiter Harlekin: Seine Majestät der König von Preußen wird spielen, aber er möchte nicht erkannt werden und hat sich darum eine Maske umgehängt.
(Beifall und Gelächter.)
Erster Harlekin: Seiner Majestät des Königs von Preußen Adagio war so schön, daß die Kerzen nicht verbrannten noch flackerten –
Zweiter Harlekin: ...und reizende Larven, die Kavaliere, vergaßen, in den Halsausschnitt ihrer Nachbarin zu sehen, was sie beim Scherzo immer taten! Beim Stecken des Dionys! Das ist die Wahrheit!
(Gelächter. Der Schauspieler in der Haltung und Uniform Friedrichs tritt auf. Atemloses Schweigen. Der Schauspieler trägt eine schwarze Halbmaske. Geflüster.)
Erster Harlekin: Edle Maske.
Zweiter Harlekin: Ein Adagio!
Alle (klatschen): Ein Adagio!
(Die Musiker sind zwei Junge und ein Alter.)
Der Alte: Mein allergnädigster Herr und König.
Friedrich: So sehe ich aus, Sancho?
Eichel: Nicht ganz.
Maske: Er hat sich's anders vorgestellt? Nicht bucklig?
Der Alte: Ja – ja –
Maske: Weiß Er, woher das kommt?
Der Alte: Der allmächtige Gott prüft den König.
Friedrich: Eichel!
Maske: Sehr lange. Setzt euch. Spielen wir.
Friedrich: Es ist leicht, einen König zu spielen. Wer ist die Maske?
Eichel: Ein Schauspieler, Majestät, aus Schlesien.
Friedrich: Eine gute Provinz werden wir da erobern.
(Die Musik spielt ein Adagio. Die Uhr schlägt. Die Musik schweigt. Der zweite Harlekin zählt laut die Schläge. Bei elf:)

Zweiter Harlekin: Masken – *(Zwölf Uhr.)* ab!
(Alles reißt die Masken herunter. Der Schauspieler hat ein gewöhnliches Gesicht. Eine Sekunde lang sucht alles den König. Dann tiefe und ehrerbietige Verbeugung. Der König lächelt glücklich. Gibt dem und jenem die Hand. Geht durch die Reihen. Starhemberg drückt sich an die Säule.)
Friedrich: Edelleute und Bürger Schlesiens, meine Kameraden, ich sah euch leiden, sah die Euren sterben, und nun, da ich euch tanzen sehe, überwältigt mich das Glück des Friedens.
Starhemberg: Er uns!
Friedrich: Tanzt, springt und singt und eßt zu meinen Lasten, und, werte Mütter, seid mit den Töchtern nicht zu strenge, die Offiziers sind nicht zu wild.
(Gelächter.)
Des Krieges Leiden sind vor einem Mädchenbusen schnell vergessen, hinter leichtem Vorhang steht das bunte Leben so bereit, ihr, meine Freunde, so bereit zu Tanz und Scherzen. – Wenn auch das Herz unter scharfen Rutenschlägen oft bis an den Himmel stöhnt, der Stern des Friedens strahlt hinter Wolken ewig und bricht beim echten Schrei der Kreatur so bald hervor – so bald.
Starhemberg: Der König –
Friedrich: Die Jugend seufzt nach Einsamkeit und hadert mit den Göttern, wenn sie liebt und Freunde hat. Die Jugend, lächelt nicht zu überlegen, meine Freunde, stürzt sich in den Strudel und jubelt: Vergnügen, Freunde, Seligkeit der Seligkeiten. Und das ist das Leben!
Starhemberg: Ich bin entdeckt!
Friedrich: Ach, meine Freunde, Schmerz und Lust sind zwei unschuldige Geschwister, die im Herzen kindlich miteinander spielen. Bald fängt die Lust den Schmerz, bald fängt der Schmerz die Lust. Und unser Herz weint oder jubelt mit dem Sieger.
Starhemberg: Bei Gott!
Friedrich: Doch heute hat die Schwester Lust den Bruder Schmerz gefangen und hält ihn fest, so fest, daß Monde Sonnen sind und Sonnen heitre Götter. Musik!
(Musik. Beifall. Orlow mit Gesandtschaft tritt ein. Friedrich starrt ihn an. Harlekin, der voranging, erstarrt. Orlow verneigt sich tief.)
Eichel!
(Friedrich streckt seine Hände nach beiden Seiten aus. Alles weicht aus. Friedrich noch einmal. Die Bühne wird leer. Starhemberg, Heinrich, Eichel, Orlow. Orlow kniet.)

Orlow: Kein Traum, erhabner König, ich bin auch heute keine Traumgestalt. Ich beuge meine Knie ehrerbietig. Ihro Majestät Freund ist der Herr und Zar aller Reußen. Meine hohe Zarin ist abgerufen worden.
(Orlow gibt Friedrich den Brief.)
Starhemberg: Kaiserin Marie Theres!
(Friedrich weicht zurück. Eichel bricht den Brief auf. Der König liest ihn.)
Friedrich: Ein Bündnis? – Mein Gott. – Zweimal bekam ich diese Nachricht. Nie durch einen edlen Orlow. Zweimal war's ein Gerücht.
Orlow: Nicht heute, Ihro Majestät.
Starhemberg: Muß ich's in meiner Brust vergraben?
Friedrich: Heinrich, das Glück zerschneidet schmerzhaft meine Brust, ach, daß kein Dank die arme Lippe überströmt und daß kein Jubel dem verdorrten Mund entkommt. *(Er wischt sich über die Augen.)* Trockne Tränen.
Starhemberg: Mir stockt das Herz!
Orlow: Wär er doch außer sich vor Freude.
Friedrich: Begreifen Sie, Fürst Orlow, ein zerschlißner Geist, ein krankes Herz.
Orlow: – – Verfluchte Stunde.
Friedrich: Was ist dem Knecht der Krone übrig, als sein Gesicht in Staub zu tauchen. –
(Er bückt sich, faßt auf den Fußboden und streicht über sein Gesicht.)
Orlow: Verflucht, mir splittert die Vernunft.
Friedrich: Sechs Jahre Krieg, und Rußland steht auf meiner Seite.
Starhemberg: Gegen wen kämpft die Kaiserin!
(Friedrich steht und sinnt. Wendet sich scharf zu Orlow.)
Friedrich: Fürst Orlow, der Mensch ist grauenhaft in seinem Haß. Ein General der Kaiserin Marie Theresia schickte an mich einen Brief, der Saat und Luft hier drinnen mit der Pest verdorben hätte, wenn nicht das Schicksal meiner Seele eherne Pforten rechtzeitig zugeworfen hätte.
Starhemberg: Phaethon!
Orlow: Noch einmal, Schicksal!
Friedrich: Ein junger Offizier, ein Knabe noch, war von der Untat erschüttert und fragte mich, warum sein General den Brief an mich geschickt hat.
Starhemberg: Ach, unvergessener Tag.
Orlow: Nie zu vergessender.

Friedrich: Fürst Orlow, denkend an mein eignes bittres Unrecht, in einem Brief von mir begangen, der Brief hat einen teuren Mann ermordet, habe ich dem General durch eine Lüge des edlen Knaben Herz ans Herz zurückgelegt.
Starhemberg: Was?!
Orlow: Und ich?
Heinrich: Nichts vergessen!
Friedrich: Seitdem sind Briefe, dies ist der dritte Bote, dieses Mal an mich, für mich der Menschheit Mittel, weh zu tun.
Orlow: Verfluchte Stunde!
Friedrich: Doch dieser tut so wohl, wohl ist noch nicht das rechte Wort dafür. Ich will ein beßres suchen.
 (Starhemberg stürzt aus seiner Ecke.)
Starhemberg: Majestät!
Friedrich: Starhemberg, Sie sind Spion?
Starhemberg: Nein, nein, Jesus Maria, das bin ich nicht, bei meinem Gott, das bin ich nicht!
Friedrich: Fürst Starhemberg, der allzustreng verstandne Gott hat Spaniens hohe Kraft verdorrt. Es ist ihm lästig, wenn wir bei Tat und Untat rufen: *Au nom du Père – au nom du Fils – et au nom du Saint Esprit!*
 (Friedrich schlug machtvoll und genau das Kreuz in die Luft.)
 Wie soll ich das verstehn? Was wollen Sie in Breslau?
Starhemberg: Sechs Jahre Krieg, Ihro Majestät.
Friedrich: Was heißt das?
Starhemberg: Drei Jahre lang bin ich im Krieg und nie auf einem Fest gewesen.
Friedrich: Und?
Starhemberg: Da ritt ich mit Kolowrat zu Ihrem Maskenfest, um einmal die Schönheit, Ihro Majestät, um des Lebens Schönheit zu genießen.
Friedrich: Ich kenn' noch tiefre Gründe für das Recht eines Generals, mir jenen Brief geschickt zu haben. Haß ist keine Blume. – Denn ihm hat die Natur das Gesicht vom Herzen abgetrennt.
Eichel: Durchlaucht, Seine Majestät der König bittet Sie, auf ihn zu warten.
 (Starhemberg mit Eichel ab.)
Orlow: Majestät –
Friedrich: Die Zarin ließ mich erschießen?
Orlow: Wie?!

Friedrich: Sind Sie nicht dabeigewesen?
Orlow: – Nein.
Friedrich: Wie starb die Zarin?
Orlow: Schnell.
Friedrich: Sie lebte eigentümlich. Ich habe sie gefürchtet. Sie hat mich gehaßt. Wir hatten beide recht. Heinrich, die Wandlung meines *(Friedrich umarmt den Prinzen. Eichel tritt ein.)* Schicksals wird auch Ihnen den Genuß der Schönheit Ihres Lebens wiedergeben. – – Weil mir das Glück so übermenschlich nach unmenschlichem Geschehnis widerfahren ist, wäre ich gern allein.
(Friedrich verneigt sich.)
Orlow: Ihro Majestät – die Zarin lebt.
Heinrich: Du Hund! – Du – Hund!
(Der König schwankt. Eichel fängt ihn auf.)
Orlow: Die Zarin lebt. – Ich bin der Söldner ihres Willens, und wenn ich dies Geständnis, Hoheit, machte, dann spielt der Hund in mir mit seinem Leben. Die Zarin opferte im Haß den schönsten und liebsten Tänzer, weil sie mit Händen greifen wollte und mit Augen sehen, daß der Gehaßte, der sie eine Hure nannte, vor ihr stirbt. Majestät, Sie haben sie beleidigt. Majestät, Sie sind edel, zu groß, zu göttlich, um dieses nicht zu tragen. Tragen! Und wenn Sie im gerechten Haß vermögen, mich nicht zu verraten, bin ich dankbar. In Ihren Augen lebt noch mehr als Krieg. Das traf mich. Das hat mich erschüttert und – zernichtet. Vergebung, Ihro Majestät – die Zarin lebt.
Friedrich: Ist es gegen Ihre Order, mir das zu sagen?
Orlow: Ja.
Friedrich: Die Zarin forderte nicht, mit anzusehen, wie sich der König von Preußen benimmt, wenn Schlag und Hieb nach seiner Brust geführt wird.
Orlow: Nein.
Friedrich: Es ist die reinste, götterklarste Wahrheit?
Orlow: Es ist die Unwahrheit!
Friedrich: Verworfenheit! Pfui! Pfui! Verworfenheit!
(Schweigen.)
Mein Gott, ich glaubte, ein harter Mann zu sein. Schmiedet mich, Götter! – Weg! Weg! Sie haben frei Geleit! Ich lache! Fürst Orlow! Der Scherz – – Verworfenheit – Weg mit ihm!
(Orlow ab. Mitchell tritt ein.)
Sir! Die Freundschaft Preußens mit Britannien ist Europas höchste Männlichkeit! Die Weiber! Ach –

Mitchell: Frankreich, Sire – hat keine Scheu vor Rußland.
Friedrich: Ich auch nicht, Sir!
Mitchell: Das muß ich verstehen. England hat Lord Bute an die Spitze der Regierung gestellt. Und Lord Bute, Sire, sagt seine Unterstützung auf.
Friedrich: Wem?
Mitchell: Ihnen, Sire.
Friedrich: Sie zahlen keine Subsidien?
(Heinrich ab.)
Mitchell: Lord Bute nicht, Sire.
Friedrich: Sie wollen mit Frankreich Frieden schließen?
Mitchell: Lord Bute will es.
Friedrich: Sie haben Kanada fest in der Hand?
Mitchell: Ja.
Friedrich: Sie haben den Franzosen auch Ostindien endgültig entrissen?
Mitchell: Wir besitzen es.
Friedrich: Dann wäre ja die Welt verteilt.
Mitchell: Zur Hälfte.
Friedrich: Mehr habe ich nicht gewollt. Ist England glücklich?
Mitchell: Ich hoffe, Sire.
Friedrich: Dann bin auch ich es. Ich freue mich, in den Zeiten der Not Englands Freund gewesen zu sein und ihm die Hälfte der Welt zu erobern geholfen zu haben. Wo eine Hälfte ist, wird sich die andre finden.
Mitchell: Das hofft Lord Bute. Sire –
Friedrich: Sir, die Welt geht weiter. Ich kann den ungeheuren Wagen lenken.
Mitchell: Sire –
Friedrich: Mein Ohr ist ausgebrannt –
(Mitchell mit Eichel ab.)
wie meine Seele. – – Das ist kein Maskenfest. – Mir schaudert bis ins Mark. – Mein Gott, wächst auf den Feldern meiner Ehre die Saat der Feigheit, und scheint die Sonne so verführerisch auf sie herab, daß Feigheit mir glänzend dünkt? – Will ich vor einem Scherz der Hölle weichen! Was ist verändert? Nichts! Der Würfel zeigt die Zahl des Untergangs, und ich hab' nicht die Kraft, ihr einen Punkt zu graben. – Erde! Schick mir einen Boten, Himmel, die Raben, eine Botschaft, eine Botschaft –
(Heinrich tritt ein.)
Der Stahl des Widerstands ist zerknickt, und meine Ehre ist angezündet, ach –

(Friedrich sieht Heinrich.)
Sie bringen mir nichts Gutes.
Heinrich: Ihro Majestät, England rang Frankreich zu Boden. Es hetzte neunzig Millionen Europäer auf fünf Millionen Preußen, um Nordamerika ungestört Frankreich rauben zu können. Das kostete England jährlich Subsidien, die Sie beglückt empfingen. Unser Ahn, der Große Kurfürst, hat Eroberungen herausgegeben und nichts von seinem Ruhm verloren. Lassen Sie Schlesien.
Friedrich: Die Botschaft war ein Scherz.
Heinrich: Rußlands Botschaft, Ihro Majestät. Englands nicht. Wenn Sie heute mit Österreich Frieden schließen, so werden Sie morgen nicht in Gefahr sein, alles zu verlieren. Ihre Freunde sind tot. Unsre Mutter ist tot, Ihre Lieblingsschwester ist tot. Ihre Regimenter, an deren Fahnen Sie jede Schlacht als Sieg banden, sind tot. Ihre Regimenter fürchten Sie mehr als die des Grafen Daun. Und Sie selbst, Majestät?
Friedrich: Ein Abenteurer.
Heinrich: Ich kann nicht widersprechen. Ich habe Sie der Liebe, der Treue, der Tapferkeit, der Freundschaft fluchen hören. Sie verdammten die Kreatur und sich. Und Sie sind nahe daran, Gott zu verfluchen.
Friedrich: Welchen Ausweg kennen Sie?
Heinrich: Mein Dienst versagt. Es wäre das beste, wenn Ihro Majestät mich ziehen ließen, wo kein Lärm der Schlacht, kein Staatsgespräch mir mehr begegnet. Ich bitte Sie, mich gehen zu lassen.
Friedrich: Es ist möglich, Sie dem Henker zu übergeben. – – Hoheit! Es ist unmöglich, Sie zu entlassen! Wenn Sie fliehen, werde ich Sie fangen. Wenn Sie sich umbringen, werden Sie nicht schlafen.
(Friedrich nimmt eine Fahne von der Wand.)
Schwören Sie. Fassen Sie die Fahne an! Schwören Sie: Ich diene –
Heinrich: Ich diene –
Friedrich: über den Tod hinaus –
(Heinrich nickt.)
meinem Bruder, dem König von Preußen –
Heinrich: – Preußen –
Friedrich: weil er mich liebt
(Schweigen. Heinrich nickt.)
über –
Heinrich: über –
Friedrich: mein Begreifen –
Heinrich: mein Begreifen.
(Friedrich legt die Fahne hin.)

Friedrich: Die Erde wird uns gehören, wenn nicht uns, nach uns – uns. Die Offiziers!
(Heinrich ab. Das Licht verlöscht.)

Dritte Szene

Schlafzimmer Katharinas.

Elisabeth: Leg dich nicht schlafen.
Katharina: Ich werde wachen.
Elisabeth: Er sank in seines Domestiken Eichel Arm.
Katharina: Ja.
Elisabeth: Das war alles! – Liebst du Orlow? – – – Du hast ihn hiergehabt. – Als der Zarewitsch dich mit Poniatowski überraschte – war ich auf deiner Seite.
Katharina: Ich danke dir ewig, Mütterchen.
Elisabeth: Wenn er Orlow bei dir überrascht, werde ich auf deiner Seite stehn. Aber du mußt mir dafür etwas versprechen. –
Katharina: Alles, Mütterchen –
Elisabeth: Alles? – Was ist das? – Alles oder nichts? Was ist das? – Ist dein richtiger Name Sophie gewesen?
Katharina: In Zerbst, Mütterchen.
Elisabeth: Vergiß den zarten Namen Sophie und heiß nur Katharina.
Katharina: Ich bin gehorsam.
(Elisabeth küßt sie.)
Elisabeth: Schaudert dir vor deiner Zarin?
Katharina: Nein.
Elisabeth: Du lügst schon wieder. Mir schaudert auch vor mir. Doch habe ich das Gift der Überwindung, seit Orlow wieder da ist, ausgetrunken. Dein Orlow ist ein kühner Mann. Dein Mann ist feige. Verstehn?
Katharina: Nein, Mütterchen.
Elisabeth: Dann mußt du nachdenken. – Wenn mich der Tod auf seinen platten Schultern abträgt, dann muß der Zar mir nachlaufen und schreien: Selige Elisabeth! Denn ich muß einen Zeugen haben, der Gott unverdächtig ist und aussagt, daß ich fromm und züchtig war.
Katharina: Oh, Mütterchen, Gott ist mit Fürsten nachsichtig.
Elisabeth: Nein! Er ist es nicht! Er richtet. Wer keine unverdächtigen Zeugen hat, ist verloren.
Katharina: Wie soll der Zarewitsch dir nachlaufen? Wie soll ein Lebender –

Elisabeth: Er soll nicht leben.
Katharina: Mütterchen!
Elisabeth: Na, meine Dame? Die Wolke, die über Rußland schneit, sah deine Heimat, das milde, kleine Zerbst. Der Schnee ist trotzdem kalt und hüllt die weiten Fluren furchtlos ein. Und du? Wenn du ihn nicht ermorden wirst, dann geht er mit dem König! Und ich will zwischen dir und Orlow liegen, ewig, niederträchtig kalt, wie Schnee, wenn du ihn nicht ermordest. In diesem Land wächst Eis um ein Gemüt, das sich nicht warm bekleidet. Du hast vergessen, daß mich der König eine Hure nannte! Vergiß nicht, daß du eine bist!
Katharina: Zarin!
Elisabeth: Warum mit Namen sparen, wenn eine Sache einen Namen hat?! Du wirst nur dann gefürchtet sein, Katharina, wenn du den Thron allein besetzt. Er wird dem Zaren schmeicheln. Und der Zar? – Erwarte nichts, Sophie.
(Elisabeth lächelt höhnisch und geht. Schweigen. Orlow tritt ein.)
Orlow: Der goldne Falke träumt. – Die feuchten Schwingen der Nacht machen die Flügel schwer.
Katharina: Oh, Elisabeth –
Orlow: Hier ist kein Ort des süßen Nichtstuns, wo Endymion schläft, Geliebte.
Katharina: Orlow! Orlow! Du hattest recht! – Das ist's. – Nicht morden –
Orlow: So jammert jetzt Elisabeth.
Katharina: Wer konnte zweifeln, daß dieser große König des Himmels Liebling ist!
Orlow: So jammerte Elisabeth.
Katharina: Ich bin nicht eine –
Orlow: So spät bist du noch auf?
Katharina: Du? – – Die Lampen sind zu gut gefüllt.
Orlow: Besucht dich niemand?
Katharina: Die Nacht, Geliebter.
Orlow: Die Nacht ist eine Frau.
Katharina: Sei froh.
Orlow: Ein Menschenherz hat nichts zu fürchten, wenn es vom Nachtgewand nach einem Tag zum Schlaf gezwungen wird, der ohne Sünde war.
Katharina: Wer kann sich dessen rühmen?
Orlow: Der selig Liebende. Wir sind am Tage ohne Sünde. Doch in der Nacht –

Katharina: Bedauerst du die Nächte?
  (Eine Tür geht.)
Katharina: Der Zarewitsch!
Orlow: Still!
  (Er versteckt sich hinter einem Vorhang. Peter tritt ein.)
Peter: Du hast rote Wangen. – War jemand hier?
Katharina: Eine Frau.
Peter: Wer?
Katharina: Die Nacht.
Peter: Die Nacht geht laut.
Katharina: Wenn nicht, so wiche der Tag nicht vor der Nacht.
Peter: Du hast bleiche Wangen.
Katharina: Dann bohren meine Gedanken.
Peter: Was für?!
Katharina: Die Sorge über Rußland.
Peter: Wir haben einen Sohn. – – Wer ist sein Vater?
Katharina: Der Mann, den Rußland haßt.
Peter: Du auch?
  (Schweigen.)
  Wer ist der Vater?
Katharina: Jeder, Zarewitsch, den du willst. Jeder, den du nennst. Und wenn du Gewißheit haben willst, dann frage den König von Preußen oder das Weib, mit dem du die Nacht verbringst, oder die Soldaten – oder frag Rußland. Frage ganz Rußland, wer deines Sohnes Vater ist. Aber hüte dich, daß Rußland nicht mit einer Frage antwortet. Fürchte die Frage, Zarewitsch, hüte dich! Du bist nicht klug!
Peter: Was fragten die Untertanen?
Katharina: Warum du sie verachtest!
Peter: Darauf finde ich keine Antwort?
Katharina: Du Narr!
Peter: Was bin ich?
  (Katharina weicht bis zum Vorhang, hinter dem Orlow steht.)
Katharina: Zarewitsch, lege der erprobten Roheit Zügel an, oder ich rufe die Nacht zu Hilfe, deren Söhne Tod und Schlaf sind. Tod und Schlaf stehen nahe beieinander. Geh schlafen, schlaf, geh schlafen, es ist nicht gut, in dieser Stunde noch zu wachen.
Peter: Was gibt dir den Mut, frech zu sein?
Katharina: So fragt ein Feigling.
Peter: Gute Nacht. – – Will man mich umbringen? – – Gute Nacht, Katharina. – – Wenn sich die Vorhänge bewegen und die Dielen

vom Schritt der Geister dieses Hauses tönen, wenn Weiber länger auf sind, als der Natur entspricht, dann wächst wie ein Korallenstock in mir lautlos, doch hart, der Grundsatz zu verachten, was ich einst beherrschen werde. Gute Nacht, Katharina.
(Er geht. Orlow stürzt vor.)
Orlow: Das ist ein Grundsatz! Zarewitsch! Den schlag' ich an die Türen!
Katharina: Du – tu, was du willst, das ist gut, was du willst.
(Ein Gong dröhnt mächtig. Elisabeth draußen.)
Elisabeth: Schnaps, Schnaps, Bojaren!
(Gong.)
Hat keiner Schnaps und Liebe für Mütterchen Elisabeth, Bojaren!
(Gong. Ein Schrei.)
Er kommt!
(Eine Tür wird zugeschlagen. Eilige Schritte. Peter.)
Peter: Fürst Orlow?
Orlow: Fürst Alexei Orlow!
Peter: – – Die Metze ist in Preußen ein sechzehntel Scheffel, ein andres Maß woanders, doch überall ein Weib. Nicht wahr?
(Die Kammerfrau Katharinas tritt ein.)
Kammerfrau: Die hohe Zarin ist ungeduldig, fürstliche Gnaden.
Peter: Warum?!
Kammerfrau: Die hohe Zarin sagte nur, sie sei ungeduldig und in Eile.
Orlow: Zarewitsch, deine Gemahlin soll zum Kartenspiel.
Peter: Ha! – Haha! – Bei Poniatowski bist du um den Hochverratsprozeß gekommen. Dieses Mal wird's bitterlich wie Perubalsam. Wartet.
(Peter ab.)
Katharina: Alexei!
Orlow: Willst du Kaiserin werden?
Katharina: Ich –
Orlow: Zwei verkommne Seelen belasten nichts! – Denk russisch! Das Land ist unendlich, kleine Taube, und wartet auf den Kühnsten! Der Kühnste ist Alexei Orlow!
Katharina: Geh, komm wieder –
Orlow: Zarin!
(Umarmt sie. Ab.)
Katharina: Hast du's verstanden?
Kammerfrau: Ja.
Katharina: Ich will nicht, was der verwegne Orlow will.
(Schweigen. Lauschen. Schweigen. Die Tür reißt Orlow auf. Lacht unbändig.)

Orlow: O Götter, Götter, haha, Götter! Es ist nicht zu fassen! Er weint! Er schluchzt! Götter! Götter! Er ist fassungslos. Der Kopf geneigt, die Lichter sind verdreht, und er umkreist den toten Baum mit weiten Fluchten. Haha, haha, und schämt sich! Hu! Haha! Das ist der Zar! Der hochgeweihte Hirsch im Februar! Hu!
(Schweigen. Schlurfende Schritte. Schweigen. Wieder Schritte. Schweigen.)
Orlow: Hohe Zarin, die Zarin ist tot, es lebe der Zar!
(Orlow kniet und küßt ihr die Hand. Kammerfrau kniet und küßt ihr den Rocksaum.)
Kammerfrau: Mütterchen – Zarin –
Katharina: Alexei –
(Orlow steht auf.)
Orlow: Der Tau auf deiner Zunge, der süße morgendliche Tau ist mein. Sophie ist heute lieblicher als Katharina. Geliebteste Sophie –
Katharina: Großer Gott –
(Katharina hängt in Orlows Armen.)
Orlow: Nur was du fühlst, wird Tat. Gute Nacht, ich werde von dir träumen –
(Orlow küßt sie.)

DRITTER AKT

Erste Szene

Zimmer Peters.

Katharina: Unterschreibe die Abdankungsurkunde, Zar.
(Peter liest.)
Peter: Noch ein Wort.
Orlow: Kein Wort mehr!
Peter: Noch bin ich Zar!
Orlow: Beweise das!
Peter: Katharina?
(Schweigen. Peter unterschreibt. Orlow nimmt die Urkunde.)
Orlow: Haha!
Katharina: Was tragen Sie für eine Uniform?
Peter: Meines Regiments von Syburg Uniform.

Katharina: Die Garnison?
Peter: Magdeburg.
Katharina: Und dieser Orden?
Peter: Der preußische Orden vom Schwarzen Adler.
Katharina: Das Band?
Peter: Gleichfalls.
Katharina: So steht er vor dem Spiegel, Orlow. – So sehn Sie sich am liebsten? – – – Ich habe in Übereinstimmung mit meinem Staatsrat beschlossen, Ihnen Ihre Wünsche zu gewähren. Sie sollen ein Lustschloß haben. Sie sollen Ihre Mätresse Woronzow haben. Auch Ihren Affen, Ihre Geige. Die Briefe, die Ihnen der König von Preußen geschrieben, werden Sie mir überlassen.
Peter: Nein!
Katharina: Sie fassen nicht den Ernst des Tages. Sie wissen nicht mehr, daß Sie mich ins Gesicht geschlagen haben. Die Schmach ist sühnbar. Geben Sie mir des Königs Briefe.
Peter: Nein.
Katharina: Fürst Alexei, lassen Sie uns allein. – – Ich habe Sie einmal geliebt. Der König von Preußen hat meine Wangen einmal gestreichelt, als ich noch ein kleines Mädchen war. Die Erinnerung macht mich geduldig. – – Wo sind die Briefe?
Peter: Mein Herz hängt daran.
Katharina: Soll ich befehlen? – Es bleibt kein Geheimnis vor der Welt, wenn ich Sie auspeitschen lasse. Ersparen Sie uns das Gespött der Menschheit.
Peter: Wenn Sie mich wegen der Briefe auspeitschen, dann wird mich der König von Preußen rächen.
Katharina: So? – Sie drohen mir erschrecklich. – Wenn Sie mir nicht die Briefe geben, werde ich meinem Feldherrn Tschernitscheff befehlen, die Armee des Königs von Preußen nicht nur zu verlassen –
Peter: Sondern?
Katharina: Sich mit Österreich zu vereinigen.
Peter: Er wird sie vernichten.
Katharina: Nennt mich der König eine Hure!?
Peter: Haha!
Katharina: Orlow! – – – Der Herr ist ungehorsam und hat von Rußland nicht so viel begriffen, wie Schwarzes unter einem Nagel Raum hat. Er treibt mit einem fremden Fürsten Hochverrat. Belehren Sie ihn.
Orlow: Folgen Sie mir, bitte.

Peter: Wohin? Warum?

Katharina (leise): Alexei – geben wir ihm Zeit.

Peter: Katharina – – hast du mich nie beleidigt? – Habe ich dich nie geliebt? – Waren die blauen Schwingen der Freundschaft in unsern Augen niemals groß und weit für den Wind der Liebe geöffnet, und trugen sie uns nicht empor?

(Peter vor Friedrichs Bild.)

Sire, was soll ich tun? – – – Zarin, wir sind Deutsche. –

Katharina: Nein.

Peter: Zarin, Sie empfinden deutsch. –

Katharina: Nennt mich der König eine Hure!?

Peter: Nein! – – Sire, Sie haben mich gewarnt!

Katharina: Alexei!

(Katharina weint und geht. Der dritte Fledderer tritt ein.)

Orlow: Er ist mein Sekretär. Dem übergib die Briefe.

(Peter weicht zurück und starrt den Fledderer an.)

Er hat eine gute Handschrift.

(Fanfarenstoß.)

Die Zarin!

(Orlow ab.)

Peter: Was willst du?

Fledderer: Nichts.

Peter: Wie heißt du?

Fledderer: Eitel Fritz.

Peter: Der Name deiner Familie?

Fledderer: Der Name meiner Familie ging im Sturm und Wechsel der Zeiten unter.

Peter: Wo?

Fledderer: Auf den Schlachtfeldern Europas.

Peter: Kennst du den König von Preußen?

Fledderer: In seinen Taten.

Peter: Ich bin sein Freund. – Wie kamst du nach Rußland?

Fledderer: Mein Stern hat mich hierher gebracht.

Peter: Sterne?

Fledderer: Herr, sind wir in einem Trauerspiel, wo den Hanswürsten der Logik und den Nichtskönnern der Grundsätze alles Wie und Was bewiesen werden soll?

Peter: Was brachte dich zu Orlow?

Fledderer: Die Sympathie.

Peter: Kannst du preußisch marschieren?

Fledderer: Ja.
(Peter nimmt die Geige, spielt einen Marsch. Fledderer marschiert.)
Peter: Schlecht. – – Gnade – Erbarmen – ach – Erbarmen –
(Peter fällt auf die Knie.)
Fledderer: Hast du Schnaps?
Peter: Flieh mit mir –
Fledderer: Hast du Torte?
Peter: Ja.
Fledderer: Bringe sie her.
(Peter geht rückwärts. Holt Torte.)
Vertrau mir doch. Hab doch Humor. Hast du Tabak?
Peter: Nein.
(Fledderer zieht eine Zigarre und zerbricht sie. Gibt Peter. Sie rauchen.)
Fledderer: Sehr gut. – – – Erste Sorte. Die Torte – Gott, ist das Torte. Iß doch. Hast du eine Philosophie?
Peter: Nein.
Fledderer: Aber Angst, was?
(Peter nickt.)
Haha! – Du, der König hätte keine Angst.
Peter: Doch.
Fledderer: Nein. Kennst du eine Anekdote von ihm?
Peter: Nein.
Fledderer: Die meisten sind gelogen. Er ist groß, und die Leute sind klein. Man wird lange Geschichten aus diesen Anekdoten machen. Aber sie werden alle schlecht sein und dem Volk diesen großen König verkupfern. Siehst du, das ist eine Philosophie. – – Der König wäre mir längst an die Gurgel gefahren.
(Peter tut es. Fledderer stößt ihn zurück.)
Mann, bist verrückt geworden! Du bist doch nicht der König! Der Orden gefällt mir. – – Du, das ist ein Rahmen! Götter! Welch ein Rahmen!
(Fledderer nimmt ein Bild des Königs in einem diamantbesetzten Rahmen, das auf einem Tisch steht. Peter schließt die Augen.)
Peter: Stell das Bild hin.
(Fledderer tut es staunend.)
Ich danke dir.
Fledderer: Es hat nichts zu sagen. Du scheinst doch eine Philosophie zu haben. Spiel eins.
Peter: Flieh mit mir!

Fledderer: Ich will erst tanzen.
Peter: Der König wird dich belohnen! Ich bitte dich. Ich bitte dich –
Fledderer: Nein. Erst spielen.
Peter: Ach, die Zeit verrinnt. Wenn Orlow mit der Zarin wiederkommt, bin ich verloren.
(Peter kniet.)
Ich fleh' dich an. Gnade – ich –
(Der Fledderer stürzt auf ihn zu und erwürgt ihn. Er steht auf. Betrachtet ihn.)
Fledderer: – – Nun glaubte ich, die Fledderei sei abgeschlossen, und hoffte, daß mir in Zukunft nur der Lebende Tribut zu zahlen hat. Ich dachte, der trübste Abschnitt meines Lebens sei beschlossen, und nun juckt mich bei der ersten Leiche die gemeine Versuchung. – – Ja – wir Menschen fallen immer wieder ins alte Loch zurück, als läge dort die Seligkeit begraben. Pfui – der Himmel mag's vergeben.
(Sucht in den Taschen Peters.)
Ach, lassen wir's, der Satz, um den ich mordete, war hoch genug, ein andres Leben anzufangen. Warum noch nach der Sünde sündigen!
(Geht zum Bild und steckt es ein. Löscht die Kerzen bis auf eine. Faßt in die Taschen Peters.)
Verzeih mir Gott – es ist nicht anders. Es sitzt zu fest im Handgelenk. Du flackerst, alter Mond? Haha!
(Die Kerze flackert. Ein Fenster wurde von draußen geöffnet. Orlow. Wind. Der Fledderer steht langsam auf. Sie sehen sich an.)
Komm, Lieber, durch die Tür, der Wind verlöscht die Kerze.
(Der Fledderer springt zu und bläst die Kerze aus. Orlow schießt. Ein Schrei. Schweigen. Orlow lacht. Schweigen. Orlow ab. Ein Schatten steigt durchs Fenster.)
Nacht, wenn du nicht Nachtgeschöpfe schirmtest – wo wär' dann die Treue.
(Der Fledderer ab.)

Zweite Szene

Sommergarten. Tag. Friedrich an einen Baum gelehnt. Er schläft.

Eichel: Die Welt ist wieder heiter. O wunderbarer Tag, der Lärm der Schlacht wird deinen Gleichmut nicht verderben, und deine Brüder werden fröhlich sein wie du.
(Friedrich lächelt.)

Gott ist nun endlich doch gerecht.
(Friedrich lacht. Eichel drehte sich zu ihm um. Ein Adjutant.)
Adjutant: Seine Exzellenz, der Herr General von Tschernitscheff.
Eichel: Seine Majestät bittet.
(Adjutant ab. Tschernitscheff kommt.)
Seine Majestät der König schläft.
(Tschernitscheff verbeugt sich vor Friedrich.)
Tschernitscheff: Seiner Majestät Schlaf ist heilig.
Eichel: Sie sind ernst gestimmt?
Tschernitscheff: Daß Sie nicht mehr erwachten, Sire. Der Zar ist tot. Erwachen Sie nicht, Sire, der Zar ist tot. – – Nicht träumen, nicht so träumen, der Zar ist tot.
(Friedrich lächelt.)
Eichel: Er liebt ihn.
(Adjutant an.)
Adjutant: Die Generals warten.
Eichel: Wenn Seine Majestät der Generals bedarf, wird er sie rufen.
(Adjutant ab. Friedrich erwacht.)
Friedrich: Tschernitscheff, die Sonne ließ mich schlafen. Ich danke dir, schöne Sonne, tausendmal. Der Mond war nicht so freundlich. – Wir haben eine Schlacht vor uns. Ach – Eichel, die Generals warten?
Eichel: Ja, Ihro Majestät.
Friedrich: Wir sind zu dreien genug. – Ein Brief. –
(Friedrich gibt Tschernitscheff einen Brief. Der liest.)
Tschernitscheff: Sire!
Friedrich: Der Sieg des Prinzen Heinrich ist nicht so wichtig. Wichtig ist der brüderliche Brief! Eichel!
Eichel: Es ist wahr, Ihro Majestät.
Friedrich: Sonst stand zwischen jeder Zeile: Ich fluche dir! Mein Bruder ist ein Kind und Feldherr. Er seufzt im Glück und weint im Unglück.
Tschernitscheff: So sind Kinder, Sire.
Friedrich: Also meine Offiziers und ich sind froh, mit den Truppen eines edlen Mannes in die Schlacht zu gehen. – – Wir haben fünfundsiebenzigtausend Mann. – Ich ließ den Grafen Wied mit einem starken Korps in den Rücken Dauns marschieren. Dessen rechter Flügel steht bei Burkersdorf. Die unbearbeitete Natur der steinigen und schroffen Berge ist befestigt. Es wird ein schwerer Kampf. –
(Eichel gibt dem König ein Zeichen.)
Ja?
Eichel: Der General ist unbewegt.

(Friedrich sieht Tschernitscheff an.)
Friedrich: General, mein Schlaf war tief und hat die eine Hälfte meiner Seele noch bedeckt. Verzeihen Sie, Eichel gab mir einen Wink, ich weiß nicht, was ich soll.
Tschernitscheff: Sire – der Zar ist tot.
Eichel: Herrgott!
(Friedrich nimmt Tschernitscheffs Hand. Schweigen.)
Friedrich: Versteh' ich Sie?
Tschernitscheff: Ermordet, Sire. –
(Friedrich läßt die Hand los. Schweigen.)
Friedrich: Wer ist der Zar?
Tschernitscheff: Die Zarin Katharina.
Friedrich: Sehen Sie, mein Leib hat noch nicht ausgeschlafen.
(Friedrich streckt seine Hände aus.)
Die Hand erzittert.
Tschernitscheff: Sire, die meine auch.
Eichel: Verstummen Sie nicht, Majestät –
Tschernitscheff: Sire, Sie verstehen nicht das Herz der Botschaft. Seine kaiserliche Majestät regiert nicht mehr.
Friedrich: Oh –
(In der Ferne übt ein Pauker.)
Oh, Sie täuschen sich in mir. Ich bin nur sparsam und schrei nicht über eine Leiche. Sie hatten angenommen, es zerspaltete meinen Geist, wenn ich so Fürchterliches höre. Nein.
Tschernitscheff: Sire, ich schrie!
Friedrich: Nein, so sind wir nicht mehr, nein. Ich wußte, daß die Stunde kommt, wo Verrat und Glück, wo Mord und Unglück, wo Kometen, Krieg, Frieden und verlorne Schlachten nicht mehr sind als ein Grashalm und ein Sieg. Haha! Hahaha!
Tschernitscheff: Sire, es weiß noch niemand.
Friedrich: Sie schluchzen? Eichel! Eichel! Sind wir Weiber?! Ist unser Name Don Quichotte nicht die gewöhnliche Musik des Schicksals?! Was ist neu?!
(Schüttelt Eichel.)
Ich hasse Ihn! – – Die Wölfe heulen! – Eichel!
(Läßt ihn los.)
General, der Herr ist bleich um mich, nicht für mich. – – Hier habe ich eine wahrhaft schöne Waffe, die ich Ihnen schenken wollte. Benutzen Sie sie, stechen Sie den Gott, den ich nicht kenne, damit ins Herz.

(Friedrich nimmt einen goldenen diamantbesetzten Degen vom Tisch.)
Tschernitscheff: Wie anders, Sire, wäre diese Stunde. –
Friedrich: Nichts! Wir kennen das! Ein Ahn war so verzweifelt, daß er dem französischen Gesandten Rébenac einen Degen schenkte, weil der *Roi soleil* die Stadt Straßburg vom deutschen Leib gerissen hatte. Ich sage: weil! Nicht: als! So grausam sind wir gegen uns. Nehmen Sie –
Tschernitscheff: Sire, Sire. –
Friedrich: Oh, wer ist glücklicher als der, der Freunden etwas schenkt.
Tschernitscheff: Sire, Ihre Worte stimmen nicht.
Friedrich: Doch, Herr, genau!
(Pauker.)
Tschernitscheff: Sire, sind wir ohne Hoffnung?
Friedrich: Ganz und gar.
Tschernitscheff: Sie greifen Daun nicht an?
Friedrich: Womit?
Tschernitscheff: So geben Sie den Krieg auf?
Friedrich: Den Krieg? Mein Element?
Tschernitscheff: Sire, ich versteh' nicht mehr.
Friedrich: Wir werden noch die Ehrensalven Österreichs über unsern Gräbern belauschen.
Tschernitscheff: Sire, es ist frevelhaft, wie Sie sich selbst vernichten.
Friedrich: Ich seh' den Frevel, General, in einer andern Macht aufblühn wie Mohn. Sie sind ungerecht!
Eichel: Was will die Zarin? Kennt die Zarin die Briefe, die Seine Majestät an Ihren toten Herrn geschrieben hat?
Tschernitscheff: Ja.
Eichel: Dann muß Ihre allergnädigste Fürstin das Herz meines Königs lieben.
Friedrich: Haha!
Eichel: Mein Souverän hat Ihren Herrn beschworen: Lieben Sie die Zarin. Haben Sie Achtung vor der hohen Frau. Da kann doch nichts verloren sein, General.
(Friedrich lacht.)
Friedrich: Tollkühnes Vögelchen!
Tschernitscheff: Sire, die hohe Zarin hält den Frieden zwischen Preußen und Rußland aufrecht.
(Friedrich sieht Tschernitscheff groß und schweigend an.)
Eichel: Und die russische Armee?
Tschernitscheff: Die hat Befehl, sofort abzurücken.

Friedrich: Wer weiß das außer Ihnen?
Tschernitscheff: Niemand.
Eichel: Majestät!
Friedrich: Mein Herr, der General kann nicht die Absicht haben, für den König von Preußen auf seinen Kopf zu verzichten. Ein Kopf hat immer seinen Wert.
Tschernitscheff: Wenn der König seinen Kopf annimmt, Sire, verzichtet der General.
(Friedrich greift in die Luft.)
Friedrich: Ist groß, das Angebot. –
Tschernitscheff: Die hohe Zarin befürchtet, daß sie eine Mörderin genannt wird.
Friedrich: Nein, Orlow.
Tschernitscheff: Sie liebt Orlow.
Friedrich: Ein Weib muß lieben.
Eichel: Was werden Sie tun?
Tschernitscheff: Was fordern Sie, Sire?
Friedrich: Eichel –
(Friedrich streicht über Eichels Ärmel.)
Nach meinem Plan sollte die Armee auf meinem rechten Flügel stehn.
Tschernitscheff: Ja.
Friedrich: Ja. Ich kann Daun erst in drei Tagen angreifen.
Tschernitscheff: In drei Tagen, Sire.
Friedrich: Ja. Wenn der russische General auf Proviant warten muß und seine Armee Gewehr bei Fuß auf meinen rechten Flügel stellte, dann hätte ich trotzdem fünfundsiebenzigtausend Soldaten. Verstehen?
Tschernitscheff: Ja, Sire.
Friedrich: Nur dastehn! Weiter nichts!
Tschernitscheff: Das Gesicht zum Feind.
Friedrich: Mehr nicht. – Ach – das wäre wunderbar.
Eichel: Wenn es Laudon durchschaut?
Friedrich: Dann ist es zu spät für ihn.
Tschernitscheff: Sire, ich werde niemals einem größern Fürsten dienen.
Friedrich: Ja – nur dastehn.
Tschernitscheff: Und wenn Ihre Armee geschlagen wird?
Friedrich: Stehen bleiben. Unheimlich stehen bleiben, General.
Tschernitscheff: Und wenn ich angegriffen werde?
Friedrich: Nur stehen bleiben, General.
Eichel: Wenn Laudon es merkt, daß die russische Armee nicht kämpfen wird –

Friedrich: Er ist begrenzt. Hat wenig Phantasie.
Eichel: Wenn er weiß, daß General Tschernitscheff Befehl hat abzurücken?
Friedrich: Dann glaubt er's nicht.
Eichel: Und wenn er's glaubt?
Friedrich: Dann weiß er's. – – Er sieht nicht tief genug. – Sie werden dem Grafen Daun entsetzlich sein.
(Friedrich nimmt Tschernitscheffs Hand und drückt sie an sein Herz. Friedrich ab.)
Eichel: General, ich glaube nicht der Heiterkeit des Königs und glaube nicht an sein Orakel. Des Königs Augen sind vor Schmerz und Kummer kalt und tot gewesen. Ich bin sein Knecht. Und was sein königlicher Sinn ihm nicht erlaubt zu fragen, erlauben Sie dem Knecht. – Er hat die Götterkraft, im Dunkel abzuwarten, ob die Sonne aufgehen wird. Ich muß es wissen. Seien Sie versichert, daß ich kein Wort von Ihren Worten dem König wieder sage. Was unter Dienern ausgemacht wird, ist ihr Geheimnis. Und ich schwöre Ihnen, mein General, bei allem, was mir heilig ist, wie Ihre Antwort ausfällt, was später auch geschehen mag, hier bleibt es ewig eingesargt. Was werden Sie tun, wenn mein König unglücklich ist?
Tschernitscheff: Sterben.
Eichel: General, das ungeheuerliche Schicksal dieser Jahre hat das wahre Gefühl, das Ahnenkönnen und das Vertrauen in die Ahnung plangewalzt. Es ist kein frecher Zweifel, der mich veranlaßt, Sie noch einmal zu fragen: Sterben Sie allein, für sich, aus Gram, weil man nicht leben kann, wenn solch ein König den Acheron befährt?
Tschernitscheff: Ich sterbe an der Spitze einer ehrliebenden Armee.
Eichel: Der russischen?
Tschernitscheff: Ja.
Eichel: Sie werden der Armee erzählen, daß der Zar tot ist und was die Zarin Ihnen befohlen hat?
Tschernitscheff: Ja.
Eichel: Und dann werden Sie die Armee fragen, was sie tun will?
Tschernitscheff: Ja.
Eichel: Und was wird sie antworten?
Tschernitscheff: Ehre oder Tod.
Eichel: Dann werden Sie ganz herrlich reden, mein General. Ach, ich bin ein armer Knecht.
(Eichel küßt Tschernitscheff die Hand. Der umarmt Eichel.)
Tschernitscheff: Du bist der größte Diener.

(Er küßt Eichel auf beide Wangen. Friedrich tritt auf.)
Friedrich: Eichel! – – – Mein General, können Sie Menuett tanzen?
Tschernitscheff: Wie, Sire? – – Das kann ich nicht.
Friedrich: Es sind Zigeuner angekommen. General, ich will Sie lehren, Menuett zu tanzen.
Tschernitscheff: Heute, Sire?
Friedrich: Warum nicht? Zigeuner!
(Musik. Friedrich tanzt drei Schritte.)
Ich bin doch müde, General, und weiß nicht, ob ich einem toten Freunde mit meinem Tanze Ehre antu. Leutnant von Quast!
(Der Leutnant kommt.)
Tanz Er –
(Der Leutnant tanzt. Eichel kniet weit vorn.)
Eichel: Nimm die Verzweiflung von meines Königs Seele.
Friedrich: In Rheinsberg war ich ein begehrter Tänzer. In Moskau habe ich auch getanzt. Sie sahen's?
Tschernitscheff: Ja, Sire.
Friedrich: War's gut?
Tschernitscheff: Vollendet.
Eichel: Allmächtiger Gott, die Berge sind der Adler Wohnung, Ebene und Baum, von wo sie zur Sonne fliegen.
Friedrich: Alles ist lange her. Und die mich tanzen ließ, ist tot. Und doch geht es nach ihrer Melodie. Elisabeth –
(Er zieht den Hut.)
ob du an deine Leiche meine Schärpe bindest?
Eichel: Verlaß den Adler nicht.
Friedrich: Ich tanze gern, mein General. Mein Vater tat es auch und war ein harter Mann.
Eichel: Amen.
Friedrich: Der Quast tanzt gut.
Eichel: Amen.
(Eichel steht auf. Friedrich sah ihn die ganze Zeit über an.)
Friedrich: Bei mir zu Gast sind Sie der erste Tänzer, General.
Tschernitscheff: Oh, Sire –
Friedrich: Eichel, mein Tanz hat ihm genügt. – – Hört auf!
(Quast hört auf zu tanzen. Die Musik verstummt.)
Der Quast hat gut getanzt. Mir mag der Himmel helfen. –
(Friedrich ab.)

Dritte Szene

Zimmer mit einem Bett. Feuerschein der Schlacht im Fenster. Geschützdonner. Geheimrat von Fritsch und ein Offizier am Fernglas.

Fritsch: Wie steht die Schlacht?
Hardegg: Die Schlacht steht gut.
Fritsch: Woran sehen Sie das, Graf Hardegg?
Hardegg: Der Himmel regnet Bomben und Granaten, und ihr zerplatztes Eisen befördert Preußen in den Himmel. Das ist der Rundlauf, der die Kaiserin entzückte.
Fritsch: Sie wissen, daß, wenn diese Schlacht verlorengeht, die Kaiserin keine Möglichkeit besitzt, den Krieg weiterzuführen?
Hardegg: Herr Geheimrat, man müßte es an die Wolken schreiben.
Fritsch: Nein. Die Preußen haben scharfe Augen. – Sieben Jahre! Die Finanzen hoffnungslos. Die Weiber hoffnungslos. Die Witwen hoffnungslos. Die Waisen hoffnungslos. Und alles geht um eine einzige Provinz! Jetzt endlich sieht man's ein, daß Krieg und Frieden doch zwei Dinge sind. Jetzt endlich sagen sie: die Fratze Krieg, das Antlitz Frieden. Man kann in sieben Jahren das Bild des Himmels umgestalten, die Welt vom Anblick der Verwüstung reinigen kann man nicht. Wieviel Tränen sind in Österreich geflossen, und welche Kräfte des Geistes und der Herzen wurden an ein Phantom verschwendet. Wie viele Schlesien hätten wir gewonnen, wenn wir Schlesien aufgegeben hätten. Hier die hohe Frau und dort ein Mann, der, ob besiegt, ob siegend, mehr gekämpft hat und größern Ruhm erwarb, als je ein anderer Mensch um seinen Ruf versammelte. War das das Ziel? Ist das erstrebenswert? Die Gräber starren in Europa, die Kreuze glänzen düster, und wenn wir siegen?
Hardegg: Die Schlacht steht gut!
Fritsch: Der Ausgang kann nicht gut sein.
Hardegg: Sie reden mit einem Soldaten, Herr Geheimrat, der sieben Jahre lang sein Leben eingesetzt hat, dessen Freunde draußen bluten und der nicht weiß, daß Schlesien auf dem Spiel steht! Was ist Schlesien?! Was die Ehre und die Entscheidung für Jahrhunderte? Was haben Sie in dieser Zeit getan?
Fritsch: Wann waren Sie in Wien?
Hardegg: Vor sieben Jahren!
Fritsch: Wie wollen Sie dann ermessen, was die Männer der Regierung für das Vaterland geleistet haben? –

Hardegg: Haha!
Fritsch: Ist's die Armee gewesen, die jede Schlacht als letzte angekündigt hat? Ist's die Armee gewesen, die an die hohe Frau Sieg um Sieg gemeldet hat? Sind wir's gewesen, die sorgend fragten: Hält das der König wirklich aus? Ist's die Armee gewesen, die uns schrieb: Unmöglich! Morgen bricht das Ungewitter über Preußen aus! Ihr habt die Kaiserin im Widerstand bestärkt. Nicht wir! Auf euch die Schuld! In euer Herz –
(Lärm auf der Treppe. Die Tür wird aufgerissen.)
(Starhemberg tritt ein.)
Starhemberg: Hier ist ein Bett!
(Laudon wird hereingetragen.)
   Vorsichtig, Kolowrat!
Hardegg: General –
Starhemberg: Still! – General – General – – –
Kolowrat: Er ist bewußtlos. – Wer sind Sie?
Fritsch: Geheimrat von Fritsch.
Starhemberg: Könnten Sie das Zimmer räumen, Herr Geheimrat?
Fritsch: Nein!
Starhemberg: Warum nicht?
Fritsch: Von hier seh' ich die Schlacht.
Starhemberg: Ist das notwendig?
Fritsch: Es ist notwendig.
Starhemberg: Wie Sie meinen. Aber in der ersten Linie ist die Schlacht besser zu beobachten, Herr Geheimrat.
Fritsch: Ich habe nicht die Aufgabe der Soldaten.
Starhemberg: Sondern?
Fritsch: Die des Friedens.
Starhemberg: Wie? Frieden? – Ich heiße Starhemberg –
Fritsch: Ich bin von Fritsch und Ihrer Majestät, unser allergnädigsten Kaiserin, Gesandter.
Starhemberg: An wen?
Fritsch: Den König von Preußen.
(Laudon stöhnt.)
Starhemberg: General –
Kolowrat (zu Hardegg): Er fiel ganz plötzlich vom Pferde.
Laudon: Starhemberg –
Starhemberg: Herr, der Friede hätte sich beeilen sollen. Wenn er zu spät kommt, dann ist für uns der Friede Pest, der Krieg die Gnade. Wehe!
Fritsch: Es kommt auf Sie nicht an, Durchlaucht.

Starhemberg: General – hörst du mich?
Laudon: Die Schlacht?
  (Starhemberg springt zum Fernglas.)
Starhemberg: Wir sind im Vorteil, General!
Laudon: Auf – welchem Flügel?
Starhemberg: Dem rechten, General!
Laudon: Ah!
Starhemberg: Hast du Schmerzen, General?
Laudon: Die Schlacht?
Starhemberg: Die Russen stehen noch immer in Reserve.
Laudon: Warum denn?! – Starhemberg!
Starhemberg: Der König schont sie.
Hardegg: Er ist eifersüchtig.
Starhemberg: Tschernitscheff will nichts opfern!
Laudon: Das alte Lied.
Starhemberg: General!
  (Schweigen.)
Laudon: Die Schlacht!
Starhemberg: Sie kämpfen – Mein Gott! – Der König!
Laudon: Ach –
Starhemberg: General, er sieht sich um.
Laudon: Wohin?
Starhemberg: Er sieht die Russen an. Ah!
Laudon: Was ist!
Starhemberg: Ich sah ihn wieder.
Laudon: Den König?
Starhemberg: Er schüttelt sich.
Laudon: Was war?
Starhemberg: Er wechselt sein Pferd.
Laudon: Ich hasse ihn.
Starhemberg: Der Schimmel war zu weiß.
Laudon: Tot?!
Starhemberg: Nein, nein! Doch, General – der Schimmel ist tot.
Laudon: Der Schmerz, der Leib umklammert mein Gemüt, daß ich nicht fliegen kann. Zurück, hinab, Laudon –
Starhemberg: Das Regiment Nadasdy tritt zum Sturm an. – General, die Preußen ohne Fahnen. Ohne Tressen! Verflucht! Wie sie stürmen, wie sie stürmen! Die holen die verlorne Ehre wieder. – Sie fliehen!
Laudon: Wer? – – Starhemberg!
Starhemberg: Nadasdy flieht. Die Preußen greifen nach unsern Fahnen.

Laudon: Kolowrat – er liebt den König. Er ahnt nicht, daß die Krümmung seines Leibes den Verrat ausdrückt, der seine edle Seele hin und her zerrt. Starhemberg, geh in die Schlacht!
Starhemberg: Was sagst du, General?
Laudon: Ich habe Durst.
Starhemberg: Hardegg! Wasser!
Laudon: Der hat keine roten Haare – der hat kein plattes Fischgesicht. – Bot mein Gemüt sich nicht dem König an? War ich nicht tief von ihm bewegt?
Starhemberg: General, er ist zu groß!
Laudon (zu Kolowrat): Was will der Mann?
Starhemberg: Die Schlacht steht wieder so, als schleudere uns der Himmel ins Gesicht: Ihr seid verwegen!
Kolowrat: Geheimrat von Fritsch aus Wien.
Starhemberg: Ach – Österreich –
Laudon: Von wo?
Starhemberg: Vorwärts! Der Himmel kann auch lügen!
Kolowrat: Aus Wien.
(Laudon steht mühsam auf.)
Starhemberg: General, die Russen stehn!
Laudon: Mein Herr?
Starhemberg (zum Fenster hinaus): Hardegg! Zum Grafen Daun: Die Russen stehn noch immer! Angreifen, Hardegg! General –
(Starhemberg dreht sich um und verstummt.)
Laudon: Der Herr Geheimrat sind aus Wien?
Fritsch: Ja.
Laudon: Bringt wichtige Dinge?
Fritsch: Gewichtiges, Herr General.
Laudon: Betreffend die Nation?
Fritsch: Den Frieden.
Laudon: Bei Sieg und Niederlage?
Fritsch: Ja.
Laudon: Verzicht auf die Provinz?
Fritsch: Erraten.
Laudon: Wie?
(Laudon geht zum Fernglas.)
Graf Daun vermutet hinter diesen Russen List, Tücke, Wunder, Ungeheures, Starhemberg.
(Ein Offizier stürzt herein.)
Offizier: Wo ist Laudon?

(Laudon dreht sich um.)
Pardon! Herr General, der Zar ist tot. Graf Daun bittet um Rat, ob er unter diesen Umständen die Russen angreifen oder schonen soll?
Fritsch: Woran starb denn der Zar, Herr Offizier? Aus Freundlichkeit gegen uns? Aus Tücke gegen den König von Preußen? Aus Liebe zu Österreichs Generals, die Krieg, nur Krieg und nichts wie Krieg verlangen können? Sagen Sie dem Grafen Daun, die Kaiserin will Frieden, nichts wie Frieden, und der Angriff bedeute nichts wie Tod, nur Tod der liebsten Landeskinder, die Frieden brauchen!
Laudon: Ich komme, sagen Sie dem Grafen Daun, ich käme.
(Offizier ab.)
Frieden, Herr Geheimrat? Anklage? Im Namen derer, die auf dem Feld der Ehre blieben, gestern, heute und in Zukunft, der Friede sei verdammt, wenn er dem Tapfern flucht. Im tiefsten Ernst geredet, Herr Geheimrat, wenn Sie dem König ohne Würde gegenübertreten, dann fordert er ganz Österreich! – Ich hoffe, daß mein Wort so gültig ist wie Ihre Friedenssehnsucht. Starhemberg – du bleibst.
Starhemberg: Mein General –
Laudon: Die Schwäche ist vorüber. – Du wirst mich auf dem rechten Flügel finden, gegenüber Tschernitscheff.
(Laudon mit Kolowrat ab.)
Fritsch: Durchlaucht –
(Starhemberg geht zum Fernglas. Kolowrat tritt ein.)
Starhemberg: Ja?
Kolowrat: Er braucht mich nicht.
Fritsch: Durchlaucht –
Starhemberg: Kolowrat, die Russen rühren sich nicht.
Kolowrat: Kinsky kam vorbei und sagte: Er denkt nur Tschernitscheff und vergißt, daß ihm der König gegenübersteht.
Starhemberg: Graf Daun?
Kolowrat: Ach – Starhemberg!
Starhemberg: Sieh durchs Glas.
(Er tut es.)
Kolowrat: Sie stehn.
Starhemberg: Ich seh's.
Fritsch: Verdammt!
Kolowrat: Der linke Flügel geht zurück.
Starhemberg: Am rechten steht der General.
Kolowrat: Wo?
Starhemberg: Er schickt sie alle fort. –

Kolowrat: Er streichelt Condé –
Starhemberg: Aber wie, Kolowrat – wie –
Kolowrat: Der König reitet auch ein Pferd Condé!
Starhemberg: Er wendet – er reitet –
   (*»Ehre oder Tod«-Rufe kommen näher. Trommeln, Lärm von flüchtenden Soldaten. Schlachtmusik und Hurrarufe.*)
   Mein Herr, das Feld der Taten und der Ehre wird von Österreich geräumt. Der Gott des Kriegs legt die Entscheidung nun in Ihre Hand.
Fritsch: Verbunden, Durchlaucht.
Starhemberg: Befehlen Sie, daß ich den König von Preußen zu Ihnen bringe?
Fritsch: Ich wäre Ihnen sehr verbunden, Durchlaucht.
Starhemberg: Kolowrat.
   (*Kolowrat ab.*)
Fritsch: Ew. Durchlaucht –
Starhemberg: Der König, seien Sie unbesorgt, wird kommen.
Fritsch: Das ist meine Sorge nicht. Denn wie könnte er zögern!
Starhemberg: Ich habe sonst keine Sorge, die ich mit Ihnen teilen werde.
   (*Lärm auf der Treppe.*)
   Seine Majestät der König!
   (*Starhemberg macht die Tür auf. Schritte. Friedrich, verdreckt und ernst. Er sieht sich um. Starhemberg salutiert. Hinter Friedrich Eichel und die Generale.*)
Friedrich: Starhemberg!
Starhemberg: Ihro Majestät –
Friedrich: Wo ist Ihr großer General?
Starhemberg: Mein General, Ihro Majestät, reitet in den Frieden.
Friedrich: Wie angenehm wäre es für mich gewesen, ihn zu umarmen.
Starhemberg: Ja.
Friedrich: Und Sie, mein Herr?
Fritsch: Geheimrat von Fritsch, im Auftrage Ihro Majestät der Kaiserin und Königin.
Friedrich: Generals!
Fritsch: Was ist der Preis des Friedens, Ihro Majestät?
Friedrich: – – – Was glauben Sie?
Fritsch: – – – Was glauben Ihro Majestät?
   (*Quast tritt ein.*)
Friedrich: Quast?
Quast: Seine Exzellenz General von Tschernitscheff.
   (*Friedrich sieht Eichel an. Ab mit den Generalen.*)

Eichel: Seine Majestät der König bittet Sie, mir die Friedensvorschläge Ihrer Majestät der Kaiserin und Königin zu unterbreiten.
(Quast tritt ein.)
Quast: Seine Majestät der König bittet Ew. Durchlaucht, zu ihm zu kommen.
(Eichel und Fritsch allein.)
Eichel: Haben Sie Vollmachten?
Fritsch: Ja.
Eichel: Darf ich sie sehen? – – – Gibt Ihro Majestät die Kaiserin und Königin den Anspruch auf Schlesien auf?
Fritsch: Ja.
Eichel: So bin ich befugt, mit Ihnen die Friedenspräliminarien vorzubereiten. Was verwirrt Sie?
Fritsch: Ich –
Eichel: Sie hatten mehr erwartet?
Fritsch: Ja.
Eichel: Hatten Sie erwartet, daß Seine Majestät der König Böhmen fordert?
Fritsch: Nein. Ich glaubte, daß Ihro Majestät der Kaiserin und Königin Friedensangebot erschüttern werde.
Eichel: Frieden ist des Krieges andrer Zustand.
(Friedrich tritt auf.)
Friedrich: Eichel, verzichtet die hohe Gegnerin auf Schlesien?
Eichel: Ja, Ihro Majestät.
Friedrich: Schreiben Sie dem Minister mit Eilkurier, ich bäte die Landräte der verwüsteten Gebiete, nach Sanssouci zu kommen. Ich sei in sieben Tagen dort und wünschte eine genaue Aufstellung der Verluste und Bedürfnisse ihrer Bezirke.
In Dresden stehen meine Minister den Ministern Ihrer Kaiserin zur Verfügung.
(Fritsch rückwärts ab.)
Eichel – der Friede –
Eichel: Er ist.
Friedrich: Die Klammer um mein Herz will sich nicht öffnen.
Eichel: Die Weisheit der Natur geht Schritt um Schritt.
(Quast tritt ein.)
Friedrich: Ja!?
Quast: Ein General, Ihro Majestät.
(Laudon tritt ein. Schweigen.)
Friedrich: Wer ist das? – – Wann sahen wir uns?

Laudon: In Sanssouci.
Friedrich: Wie ist Ihr Name? – Was ist Ihr Wunsch?
Laudon: Mein Name – – ist Laudon.
Friedrich: Der General Laudon?
Laudon: Die Größe der Verwandlung offenbart sich plötzlich. Wir mußten viel erfahren, um uns so anzusehen.
Friedrich: Herr General, mein Herz ist nicht bereit, dem Glück in seiner Größe zu begegnen. Vielleicht kommt noch die Zeit, wo wieder Hütten in ihm stehen, um Gäste zu empfangen. Jetzt treibt nur Eis in ihm – *(Eichel ab.)* und auf dem Eis gedeiht nichts. Die Ehre des Besuchs verspür' ich tief und ganz. Für Liebe oder Freude ist's zu kühl geworden. Die Flügel, die Flügel hat des Schicksals scharfe Schere abgeschnitten. –
Ich bewundere Sie, wenn's Ihnen anders geht, Herr General, denn Sie sind gleichfalls grau geworden. Zum Neid bin ich zu müde.
Laudon: Ihro Majestät schickten mich schon einmal fort.
Friedrich: Wollen Sie mich lehren, mich zu hassen?
Laudon: Nein.
Friedrich: Es ist erschöpft – *(Zeigt auf sein Herz.)* General, es ist erschöpft. Die sieben Jahre haben mich erschöpft. Und meine Achtung vor der Größe der verbrachten Jahre, die Ihren Namen ruhmvoll aufgeschrieben haben, verhindert mich, die Wahrheit zu verschweigen.
(Laudon verbeugt sich. Friedrich reicht ihm die Hand.)
So alt sind wir geworden, General.
(Laudon ab.)

Ferdinand Bruckner
Die Rassen

Schauspiel in drei Akten

Personen

Karlanner
Tessow
Siegelmann
Rosloh
Geheimrat Max
Helene, *seine Tochter*
Eine Stimme
Staatsanwalt
Lehrerin
Chargierter
Landjäger
Knabe
Amtsgerichtsrat
Obersekretär
Ein Anführer
Studenten

*Eine westdeutsche Universitätsstadt,
März und April 1933.*

ERSTER AKT

Szene 1

Vorgarten der Universität.

Karlanner (sie sitzen auf einer Bank): Du glaubst, ich soll sie nicht heiraten, weil sie Jüdin ist?
Tessow (warm): Frag nicht so blöd.
Karlanner (leicht): Ich mache, was ich will.
Tessow: Das hört jetzt für uns alle auf. – Bist du je in unserm Gärtchen im März gesessen? An den kahlen Ästen, wie sie sich gegen den Himmel abzeichnen, könnte man anatomische Ähnlichkeiten suchen. Das übt, du.
Karlanner (wickelt sich stärker in seinen Mantel): Wie lang war ich nicht auf der Universität.
Tessow (nickt): Wie lang haben wir uns nicht gesehn.
Karlanner: Seit in allen Sälen die Politik herrscht, büffle ich lieber zu Haus.
Tessow: Aber meine Briefe hättest du beantworten können? Ich wäre dir schon früher auf die Bude gerückt, wenn ich nicht gefürchtet hätte, der Dame zu begegnen. Heute war ich selbst darauf gefaßt. Heute kommt es auf jede Stimme an.
Karlanner: Bei mir wirst du dich schneiden.
Tessow: Bei dir kommt es mir außerdem auf dich an. Du mußt zurück, warst lang genug in Palästina.
Karlanner (lacht)
Tessow: Lach nur. Wer aber ist in Wirklichkeit aus den Federn geradezu gesprungen, als ich zur Tür eintrat? Wahrscheinlich hast du längst auf mich gewartet. *(Sieht ihn an.)* Sag's ruhig, es hört dich niemand.
Karlanner: Du hast also den Rummel auf der Universität fleißig mitgemacht? Bist vielleicht selbst ein Rosloh geworden?
Tessow: Jedenfalls habe ich mir abgewöhnt, über Rosloh zu lachen.
Karlanner: Das ist schon etwas.
Tessow: Auch dir wird das Lachen vergehn.
Karlanner: Ich brauche mich nur zu erinnern, daß Rosloh nach vierzehn Semestern noch nicht die erste Staatsprüfung zustand gebracht hat.
Tessow: Wie nebensächlich das jetzt ist.

Karlanner: Dafür bringt er in den Hörsälen ganz andre Sachen zustand. Was kümmert er mich. Ich mache in zwei Monaten meinen Doktor.
Tessow: Wenn die heutigen Wahlen den Sieg bringen, kommt alles ganz anders, paß auf.
Karlanner: Dann verhungern wir noch rascher?
Tessow: Dann verhungern wir überhaupt nicht mehr.
Karlanner: Die Roslohs werden uns gerettet haben.
Tessow (nickt): Die Kämpfer.
Karlanner (lacht): Die Kämpfer.
Tessow: Sie haben uns gerettet.
Karlanner: Die Trommler.
Tessow: Selbst zum Nationalgefühl war die Propaganda in einem Deutschland nötig, wie es nunmehr hinter uns liegt.
Karlanner: Ohne diese Straßenhändler des Nationalgefühls, ohne diese geistlosen Schreier hätte ich mich wahrscheinlich nicht so zurückgezogen.
Tessow: Du meinst: ohne diese geistvolle Jüdin.
Karlanner: Wie du willst.
Tessow (warm): Karlanner. Ich kenne sie doch, flüchtig.
Karlanner: Also.
Tessow: Ich weiß, was sie dir war. Das ändert nichts.
Karlanner: Sie hat sich meinetwegen mit ihrer Familie zerschlagen, sie steht jetzt völlig allein da.
Tessow: Wird unbedingt anerkannt.
Karlanner: Sie hatte ihren eignen Mercedes, während sie sich jetzt kaputtstenotypiert.
Tessow: Alle Achtung.
Karlanner: Wenn meine Nachhilfestunden versagen, hilft sie mir aus. Schließlich: so leicht sieht man ihr auch nicht an, daß sie Jüdin ist.
Tessow (nickt): Alle Achtung.
Karlanner: Soll ich meinen Kopf, den Roslohs zuliebe, ins Mitteialter stecken, um mir vorzumachen, daß ein und derselbe Gott eine Aufgabe darin sehn kann, seine eigenen Gläubigen als Juden und Christen gegeneinander zu hetzen?
Tessow: Aufs Biologische kommt es an, nicht auf Gott. Das übersah der gute alte religiöse Antisemitismus, deswegen konnte er auch nie ans Ziel kommen.
Karlanner: Welches Ziel?
Tessow: Die Nation.
Karlanner: Die Nation verlangt –

Tessow: – die Reinheit unseres innersten Bestandes.

Karlanner: Ein wertvoller Mensch wird sie trüben? Mach dich nicht lächerlich.

Tessow: Wenn du, ein Deutscher, eine Jüdin heiratest, vergrößerst du den Sumpf der biologischen Erbmischung. In diesem Sumpf der Mischungen ist der deutsche Geist beinah ersoffen. Mag sie ein patenter Kerl sein: ihre Substanz kann sie schließlich nicht ändern. Ein Apfel sieht rosig aus, und dabei sitzt drin der Wurm.

Karlanner (lacht): Der Wurm.

Tessow: Ein verborgener Wurm ist es. Genau ein Wurm, der innen alles faul macht.

Karlanner: Mich hat sie immerhin nur besser gemacht.

Tessow: Du weißt, was sie aus dir gemacht hat.

Karlanner: Faul war ich früher.

Tessow: Früher warst du ein Deutscher. Ich erinnere mich doch.

Karlanner: Seit ich sie kenne, habe ich mich in kein anderes Bett mehr gelegt, das sind zwei Jahre. Auch das Trinken habe ich seit damals aufgegeben. Die Prüfungen gehn seither am Schnürchen. Der Kopf, der immer gedöst hatte, ist klar: Ich spür' ihn gar nicht.

Tessow: Wenn du dir aber eine andere aussuchst –

Karlanner: Man kann es sich nicht aussuchen.

Tessow: Auch das hat sie dir eingeredet. Es gibt nur sie auf der Welt.

Karlanner (leise): Tessow – ja.

Tessow: Sie hat dich schön um den Finger gewickelt. Da frißt wieder ein Herr der Sklavin aus der Hand.

Karlanner (lacht): Du trommelst.

Tessow: Du bist nicht der einzige. Eine Nation von Herren, nur weil sie nicht wußte, daß sie die Herrenrasse ist, hat sich von ein paar Sklaven um den Finger wickeln lassen. Jetzt ist das vorüber: weil uns endlich bewußt wurde, wer wir sind. Auch dir muß klar werden: der Herr bist du. Wenn du noch eine Bestätigung dazu brauchtest, sind es gerade die zufliegenden Jüdinnen, die eine so feine Witterung für Rasse haben.

Karlanner: Mir ist sie nicht zugeflogen.

Tessow: Wie die Motten zum Licht, fliegen sie einem blonden Kopf zu.

Karlanner: Ich hatte sie damals in ihrem Motorboot gesehn, und ich war ihr nach.

Tessow (lacht): Im Rudern hast du das Motorboot eingeholt. Aber es liegt eben in der Jüdin, daß sie sich aufdrängt. Doch versteht sie es, unter allgemeinem Aufsehn den Eindruck zu erwecken, daß man sich

ihr aufdrängt. Auch das gehört zu den so gefährlichen jüdischen Geheimnissen.

Karlanner: Schon bei unserm ersten Spaziergang hat sie mir sofort gesagt, daß sie Jüdin sei. Es war zu spät. Wer dachte auch vor zwei Jahren daran.

Tessow: Die Jüdin ist dabei in Wirklichkeit nur allzu rasch bereit, sich der ihr überlegenen Rasse zu beugen. Deswegen meide ich ja auch die Jüdin. Einerseits steckt sie voll hintergründiger Gefahren, andrerseits macht sie es einem zu leicht.

Karlanner (Pause. Stürzt sich auf ihn)

Tessow (hält ihn fest): Karlanner.

Karlanner: Ich könnte dich erwürgen.

Tessow: Soll ich dich an unsre Kindheit erinnern?

Karlanner (Ausbruch): Ich halte es nicht aus.

Tessow: Wegen einer Jüdin?

Karlanner: Dich und alle – ich halte es nicht aus.

Tessow: Dann erwürg vor allem sie. Läßt sich aus seinem angestammten Boden reißen, läßt sich in ein Treibhaus sperren – wer hielte das aus. *(Stößt ihn auf die Bank.)* Wenn ich dich so sehe, ist mir, als hätte ich dich im letzten Augenblick vor dem Erstickungstod an die frische Luft geschleppt. Wer wäre auch dazu berufener gewesen als ich. Wenn wir tagelang als Knaben an den Rheinufern strichen und die Feuersteine suchten, wenn wir mit den Taschenmessern auf sie schlugen, daß es funkte, was sagtest du damals? So hart möchte ich einmal werden wie dieser Stein und so von Funken voll. Damals habe ich dich beneidet, ich habe dich sogar bewundert. Du warst mehr als nur ein Jahr älter. Es ist lang her.

Karlanner: Sei still.

Tessow: Dich jetzt zu bewundern, wäre schwer. Und die Härte? Ich danke.

Karlanner: Setz dich zu mir.

Tessow: Endlich ist der Augenblick zum Hartsein gekommen, zum Funkenschlagen. Da willst du den Anschluß versäumen wegen eines Weibes?

Karlanner: Wie du Weib aussprichst.

Tessow: Alles nur Weiber. Aber eine gewisse Bedeutung dieser Dame gebe ich ohne weiteres zu. Sie hat dich sozusagen aufgepäppelt, wie die Hindin ein Wolfsjunges. In den sinnlosen Jahren, die endlich hinter uns liegen, hattest du gewissermaßen einen Halt. Wird anerkannt und Schluß.

Karlanner: Also Schluß, Tessow.

Tessow: Während sonst die ganze Jugend Deutschlands bisher auf falschen Plätzen stand, auf gar keinem Platz. Wir hatten keine Väter. Für dich war aushilfsweise diese Dame da, aber ein Vater hätte sie im voraus überflüssig gemacht.

Karlanner: Er ist im Krieg gefallen.

Tessow: Meiner ist zurückgekommen, er war Ingenieur, er wurde Photographengehilfe, dann stand er in einer Fabrik vor dem Schraubstock, dann wurde er arbeitslos: Ein Demokrat frißt jede Schande, es lebe die Freiheit, und dann nahm er sich das Leben. Hatte ich einen Vater? *(Leise:)* Das hört jetzt endlich auf.

Karlanner (nickt): Ein Demokrat frißt jede Schande.

Tessow: Demokraten können überhaupt keine Väter sein. Was haben sie uns alles zu fressen gegeben.

Karlanner: Ein paar Vokabeln und nichts dahinter.

Tessow: Individualismus, Freiheit, pazifistische Menschheitssüchtelei.

Karlanner: Aber niemals den Inhalt dazu. Unsere Demokraten haben sich eingebildet, daß die Worte genügen. Und wir sind ihnen hereingefallen.

Tessow: Ich schon lang nicht mehr.

Karlanner: Wenn ich denke: Bis zur letzten Wahl habe ich immer schön brav meine Stimme einer demokratischen Partei gegeben.

Tessow: Fragen wir nicht, unter wessen Einfluß.

Karlanner: Sie hat sich nie darum gekümmert.

Tessow: Sie wissen es so einzurichten, daß nicht sie es waren. Auch du mußt endlich in die einzige Partei.

Karlanner: Jetzt hast du einen Vater?

Tessow: Einen, der sich um mich kümmern will. *(Lächelt.)* Um mich? Ich bin nichts. Um uns alle: um Deutschland.

Karlanner (leise): Deutschland.

Tessow: Deutschland – das ist die neue Brutwärme der Gemeinschaft.

Karlanner: Wenn ich Deutschland sage, habe ich immer ein Gefühl von Musik. Nicht nur unsere Dichter – auch unsere Landschaft, unsere alten Bauten sind Musik.

Tessow: In Wirklichkeit ist die deutsche Seele eine Zusammensetzung aus Musik und Disziplin.

Karlanner: Sogar unsere Philosophen. Unsere Pessimisten. Welche Musik in Schopenhauer.

Tessow (sie träumen): An Musik allein verfaulst du. Aber Musik und Disziplin zusammen machen dich zum Herrn der Welt.

Karlanner: Die schönste Musik: Deutschland ist für mich die Erinnerung an die Kindheit. Nie wieder habe ich das Wort Deutschland so empfunden wie damals, als wir die Lieder in der Schule sangen, zusammen über die Felder strichen und später die Soldaten in den Krieg ziehn sahn. Noch heute, wenn ich diese alten Lieder höre, »Die Wacht am Rhein«, »Heil dir im Siegerkranz«, so sinnlos sie auch geworden sind –

Tessow: Sinnlos?

Karlanner: Noch heute wird das Gefühl Deutschland in meiner Brust durch sie sofort lebendig. Aber dieses Deutschland ist längst verschollen.

Tessow: In der Demokratie war es verschollen. Jetzt steht es wieder auf: das Reich. Ein neues, großes, festliches Reich. Dann wirst du auch unsre alten Lieder nicht mehr sinnlos nennen. Du hast sie dir ja nur erhalten, weil sie in ihrem tiefsten Sinn deutsch waren: Musik und Disziplin. – Die Jüdin befiehlt dir, den Kopf zu schütteln. Was kann auch sie unter Disziplin verstehn.

Karlanner (leise): Laß sie jetzt aus dem Spiel.

(Hörer gehn in die Universität, einige grüßen.)

Karlanner (Pause): Ich werde überhaupt nicht wählen.

Tessow: Du wirst Deutschland wählen: Endlich heraus aus der Einsamkeit. *(Umschultert ihn.)* Hat dich diese böseste Einsamkeit nie gepackt: Wir alle so auseinander, wir ließen uns gegenseitig verhungern.

Karlanner (nickt): Weil ich viel allein bin.

Tessow: Siehst du.

Karlanner: Auch deswegen wollte ich bald heiraten.

Tessow: Konnte ich denn arbeiten bei dem Gedanken: Tausende von Ärzten krepieren bereits, nun kommst du dran. Das ist jetzt vorüber: Wir alle haben uns jetzt wiedergefunden. Wir alle bekommen Brot.

Karlanner: Diese erwartungsvollen Gesichter auf der Straße konnte ich nicht mehr sehn.

Tessow: Bist lieber zu Haus in Krämpfen gelegen.

Karlanner: Aber da brauchte nur sie mir einzufallen, und ich konnte wieder arbeiten.

Tessow: Von ihr wollen wir nicht mehr sprechen.

Karlanner: Sie gab mir diese Ruhe wieder, die den Alltag schön macht. Durch sie ist alles vorhandener.

Tessow (lacht): Vorhandener.

Karlanner: Die ganze Existenz ist vorhandener. *(Zärtlich:)* Im Augenblick, zum Beispiel, sucht sie eine Wohnung für uns. Sie hat nur

Sonntag Zeit. Wenn ich den Doktor mache, ist die Wohnung schon da.
Tessow: Das Plätzchen. Der Alltag. Das Joch.
Karlanner: Das Joch?
Tessow: In einer bürgerlichen Epoche war vielleicht das Plätzchen ein Ziel. Doch nicht in einer heroischen.
Karlanner: In einer heroischen.
Tessow: Sollte es noch einen Deutschen geben, der nichts davon gemerkt hat?
Karlanner (lächelt): Oder solltest du träumen?
Tessow: Wenn du ein Deutscher bist, wirst du endlich den Traum allen jüdischen Vorhandenheiten vorziehn. – Der scheinbare Halt, der die Madame für dich war, hat dich im Grunde nur gehindert, den wirklichen zu suchen. Ich fand ihn in Luther. Deswegen hatte ich es auch leichter als du, aus der Demokratie nach Deutschland zurückzukehren.
Karlanner: Luther, der die Bibel übersetzte?
Tessow: Luther, der das deutsche Wesen durch seine deutsche Sprache schuf für hundert Ewigkeiten.
Karlanner: Indem er die hebräische Bibel übersetzte.
Tessow (lacht): Die hebräische Bibel.
Karlanner: Um die deutsche Sprache zu schaffen, mußte er erst hebräisch lernen.
Tessow (lacht): Bist du irrsinnig?
Karlanner: Die hundert Ewigkeiten fangen bei den Juden an, es ist Geschichte, es ist Wissenschaft.
Tessow: Es ist jüdisch, weiter nichts.
Karlanner: Jetzt trommelst du wieder. Daß ich mir die Vernunft nicht rauben lassen will, ist jüdisch.
Tessow (nickt): Jüdisch.
Karlanner: Ich brauche nur einen Augenblick zu denken –
Tessow: Auch das: jüdisch.
Karlanner: Bin ich irrsinnig oder du?
Tessow: Für den Juden heißt denken: auseinandernehmen, immer wieder auseinandernehmen, bis nur mehr Staub übrig bleibt. Für den Deutschen aber heißt denken: die Möglichkeiten zu erfüllen suchen, also: füllen.
Karlanner: Was füllen?
Tessow: Frag: und es ist wieder jüdisch. Einen Inhalt kann man nicht erklären. Ihn erklären wollen, würde heißen – *übertrieben* –, ihn ausleeren.

Karlanner: Solange ich meine fünf Sinne beisammenhabe –
Tessow: – bleibst du ein Demokrat.
Karlanner (überrascht): Ein Demokrat?
Tessow (stark): »Der Wind bläset, wo er will, und du hörest sein Sausen wohl. Aber du weißt nicht, von wannen er kommt und wohin er fähret.« Wie solltest du ahnen, was das ist: der Glaube, wenn du immer in deinem Zimmer hockst? In der kleinsten von den tausend Versammlungen der letzten Zeit hättest du es gelernt. Kommt es auf die fünf Sinne an – *voll* –, nicht darauf, daß endlich wieder eine Idee da ist, für die man sein Leben einsetzen kann?
Karlanner (schwer)
Tessow: »Es geschah schnell ein Brausen vom Himmel, da wurden alle voll des einen Geistes.« Des einen Geistes, Karlanner. »Der Herr aber tat hinzu täglich, die da selig wurden, zu der Gemeine.« Wir mußten bis an den Abgrund, um den einzigen Sinn des Lebens zu entdecken: die Gemeine. An der Überfülle des Geistes waren wir verhungert, an der Selbstsucht, die er großgezüchtet hat. *(Atmet auf.)* Ich bin endlich nicht mehr ich.
Karlanner (langsam): Und was bist du?
Tessow: Ein Stück der großen Kameradschaft.
Karlanner (nickt): Weiter nichts.
Tessow: Weiter nichts. Meinetwegen ein Stück Vieh in der Herde. Nur nicht mehr der frühere Tessow.
Karlanner (eher fern): Vielleicht ist es überhaupt nur möglich, daß man sein Leben für eine Idee einsetzt, wenn man nach ihrem eigentlichen Sinn nicht frägt.
Tessow: Denk nicht schon wieder.
Karlanner: Die Idee als solche, das Wort wird Sinn, macht besessen und fanatisiert die Menschen –
Tessow: – zu der Gemeinde.
Karlanner: Zu einer Gemeinde.
Tessow: Sonst hast du nicht gelebt. Ein Materialist kann nicht gelebt haben. *(Leise:)* Quäl dich nicht länger. Diese Sehnsucht, das heroische Gefühl in der Brust, hat nicht nur Anspruch auf alle Opfer –
Karlanner (fern)
Tessow: – aus ihr, aus unsrer eigensten Brust heraus ist die Sonne über Deutschland aufgegangen, unsre Sonne: die Sonne der Jugend.
(Siegelmann.)
Tessow: Wir sind ja heute zusammen. Aber du wärest nicht du, wenn du mich nicht längst verstanden hättest.

Siegelmann (lüftet den Hut, setzt sich zu ihnen): Karlanner?
Tessow: Ein neues Zeitalter fängt heute an. Der heroische Mensch pfeift auf die Plätzchen. *(Sie grüßen höflich zurück.)*
Siegelmann: Bist du schon soweit?
Karlanner (seine Gedanken bleiben woanders): In zwei Monaten promoviere ich.
Siegelmann: Bei wem?
Karlanner: Beim Carmer natürlich.
Siegelmann: Solltest dich rechtzeitig erkundigen.
Tessow (rasch): Mach uns nur nicht den Kopf voll mit deinen Vermutungen.
Siegelmann: Vermutungen sind es nicht.
Tessow: Wozu bist du heute hergekommen?
Siegelmann: Sie erklären ausdrücklich, sie wollten nicht länger »den Lehrstoff schlürfen von den Zitzen einer jüdischen Sau«. Ich kann es dir schwarz auf weiß zeigen.
Tessow: Was suchst gerade du bei einem Festvortrag über die »Göttlichkeit der deutschen Wahl«?
Siegelmann (immer still): Ich bin Deutscher.
Tessow: Wahrscheinlich willst du dich nach dem Vortrag richten, wie du wählen sollst.
Karlanner: Ich habe nicht genau hingehört.
Tessow: Unsinn.
Siegelmann: Als verfolgte uns ein Verhängnis. Ohnehin sind die meisten von uns zu spät angetreten. Jetzt sollen wir wieder ein Semester verlieren. *(Tessow kehrt ihm den Rücken.)* Es betrifft auch euch, Tessow, nicht nur uns Juden. Wir Kinder der Fleisch- und Brotmarke schaffen es überhaupt nicht mehr.
Tessow: Meine Muskeln sind nicht aus Papier.
Karlanner (unruhig): Was für ein Semester verlieren?
Siegelmann: Die neuen Lehrer werden nicht einfach fortsetzen, wo die alten aufgehört haben. Zum Beispiel Lewandowsky.
Tessow (lacht): Lewandowsky. An diesen Ignoranten denkt kein Mensch.
Siegelmann: Aber er gehört seit zwei Jahren der Partei an.
Tessow: Du hast deine spezifische Vorstellung von der Partei. So blöd ist sie nicht.
Siegelmann: Und er spitzt auf das Carmersche Ordinariat. Mit seiner eigenen Physiologie der Arier wird er die ganze Medizin von vorn anfangen wollen.
Tessow: Nicht umsonst mangelt es den Juden an Helden: Sie haben

dafür die Propheten. Denn die berufliche Voraussetzung zum Propheten ist der Verfolgungswahn.
Karlanner (lacht): Du machst dir überflüssige Sorgen, Siegelmann. Wir promovieren alle beim Carmer, ich in zwei Monaten.
Siegelmann: Vielleicht.
Tessow: Und ich in einem Jahr, gleichfalls beim Carmer.
Siegelmann (lächelt): In einem Jahr.
Tessow (bös): Mit dir zusammen, jetzt Schluß.
Siegelmann (still): Mit mir zusammen.
Tessow (schärfer): Wenn du es nicht glaubst, wozu kommst du überhaupt noch her?
Siegelmann: Vielleicht, weil ich es nur noch glaube, während ich das Gegenteil schon weiß.
Tessow (zu Karlanner): Also diese Sprache kannst du noch ertragen. Diese Windungen, in denen jahrelang unser Hirn durch das Nadelöhr gezogen wurde.
Karlanner (halb): Was hat er denn gesagt?
Siegelmann (einfach): Wenn ich gar nichts mehr habe, bleibt mir immer noch die Hoffnung. Sonst wollte ich nichts sagen, Tessow.
Tessow: Dann sag es doch.
Siegelmann: Ich habe es ja gesagt.
Tessow (Pause): Gewiß würde auch ich, wäre ich Jude, immer noch eher wie du, Siegelmann, dieses auserwählte Schicksal verteidigen, als mich verstecken wie die meisten andern.
Siegelmann: Dieses auserwählte Schicksal.
Tessow: Wir haben es längst bemerken können. Du bist einer von den wenigen, die immer weiter pünktlich zu den Vorlesungen kommen. Sogar jetzt, wiewohl Sonntag, wiewohl nur über die Bedeutung der heutigen Wahlen gesprochen wird, also keinen medizinischen Prüfungsstoff, stellst du dich pünktlich ein. Damit sagst du mit aller wünschenswerten Eindeutigkeit: daß du den Kampf aufnimmst.
Siegelmann: Welchen Kampf?
Tessow: Wird anerkannt, Siegelmann. Um so mehr, da du, als Jude, naturgemäß Angst hast. Es ist eben sozusagen eine tapfere Angst, mit den Windungen eurer Rasse durchaus erklärbar. *(Zu Karlanner:)* Sogar Angst geradeheraus fällt ihnen schwer.
Siegelmann: Vor einem Jahr bat mich Rosloh, er saß zufällig neben mir, um das histologische Handbuch. Ich sagte, ich hätte es zu Haus. Einen Augenblick später glitt die Mappe vom Pult, und das Buch fiel heraus. Ich hatte vergessen, daß es in der Mappe war. Seitdem spuckt

mir Rosloh jedesmal, wenn wir uns begegnen, auf die Schuh. Weiche ich ihm aus, dann spuckt er von weitem und trifft immer, er kann sehr gut zielen. Meinst du diesen Kampf, Tessow?

Tessow (pfeift)

Siegelmann: Noch vor kurzem hättest du das nicht Kampf genannt.

Karlanner: Es ist ja auch sinnlos.

Siegelmann: In dieser Zeit konnte ich vier Prüfungen ablegen.

Karlanner: Gut, Siegelmann.

Siegelmann: Wenn ich darauf gesehn hätte.

Karlanner: Laß dich nicht beirren.

Siegelmann: Ich darf es nicht merken, weil ich an mein Brot denken muß. Gewiß, Tessow, die Juden sind groß im Nichtmerken.

Tessow: Auch für euch wird sich eine Lösung finden.

Siegelmann (leicht): Selbstmord?

Tessow: Daß du drohst, darauf habe ich gewartet.

Siegelmann: Weil du Lösung sagtest. Es gibt keine. Aber ich bin vom Selbstmord ebensoweit entfernt wie vom Verstecken.

Tessow: Was willst du also?

Siegelmann: Man muß sein Schicksal tragen, Schluß.

Tessow: Jetzt fang noch an, dir etwas darauf einzubilden.

Siegelmann (schweigt)

Tessow (präzis): Eure Angelegenheit wird in Ordnung gebracht. Wir sind ein Volk für uns. Ihr seid etwas für euch. Im Augenblick, wenn dafür gesorgt worden ist, daß ihr uns nicht mehr wieder zwischen die Füße lauft, euch nicht mehr in uns hineinmischt, kümmert sich kein Mensch mehr um euch. Was für ganz andre, große Aufgaben die nationale Erhebung vor sich sieht, das ahnst du gar nicht.

Siegelmann: Wir haben acht Semester zusammen verbracht und uns gegenseitig geholfen, Tessow. Seit dem Herbst hast du angefangen, dich zurückzuziehn, und seit ein paar Wochen sprichst du mit mir nur über die Juden, wenn du keine Möglichkeit mehr hast, rechtzeitig wegzuschaun. Mich beteiligt das alles viel zu sehr, als daß ich die Kraft hätte, mich danach zu richten: Ich muß dahinterkommen, es gibt mir keine Ruh. Nenn es die tapfere Angst.

Tessow (aufmerksam): Seit ein paar Wochen? Es würde mich interessieren.

Siegelmann: Genau seit dem 30. Januar, dem Triumphtag der neuen Regierung, bist du ein neuer Mensch geworden.

Tessow (sofort): Stimmt. Als ich in die Partei eintrat, war ich immer

noch ich. *(Zu Karlanner:)* Untergetaucht bin ich erst in jener Nacht. Er mit dem jüdischen Feingefühl hat es sofort bemerkt.

Siegelmann: Wie du am nächsten Morgen vom stundenlangen Aufmarsch der SA sprachst, des Stahlhelms, den unzähligen Fackeln –

Tessow: – daß die Schatten häuserhoch flogen –

Siegelmann: – den Gesängen, der Ekstase, die alle ergriff, daß sogar die Schupo zu singen anfing –

Tessow: Hörst du, Karlanner?

Siegelmann: – wie du dich plötzlich unterbrachst mit einem Blick: wozu erzähle ich das dem Juden? – Es war schmerzlicher, Tessow, als die Quälereien eines Rosloh. Und es war aufklärender.

Tessow: Untertauchen in Musik und Disziplin. Das allein gültige deutsche Erlebnis. Der Jude hat recht. Von diesem Augenblick an war ich nicht mehr ich. Auch in dieser unvergeßlichen Nacht bist du zu Haus gesessen. Aber es kommen jetzt lauter solche Nächte. Untertauchen, Karlanner.

Karlanner: Untertauchen, Karlanner.

Tessow: Gerade dir, einem Rassenvollblut, das noch wild herumläuft, würde es Rosloh leichtmachen. Er hat es mir mehrmals angedeutet. Mit dir steckt er alle Linkser der Universität in die Tasche.

Karlanner: Wenn ich nur sein Gesicht sehe –

Tessow: – wirst du dich erinnern, daß er schon vor sieben Jahren in die Partei eingetreten war, gerade als sie aufgelöst wurde und alles erledigt schien. Und wir haben über ihn gelacht. Was ist Vernunft? Nur auf den Glauben kommt es an.

Siegelmann (leise): Nur auf den Glauben, Tessow.

Tessow (zu Karlanner): Quäl dich nicht länger.

Siegelmann: Was ist Vernunft? Vernünftig wäre ohne Zweifel, mich zu verstecken. Zumindest abzuwarten, jetzt mich nicht zu zeigen. Aber du hast recht: Nur auf den Glauben kommt es an.

Tessow (unangenehm): Von welchem Glauben sprichst du?

Siegelmann: Von deinem.

Tessow: Vom christlichen vielleicht?

Siegelmann: Vom menschlichen. *(Still:)* Der Glaube an die Menschen verbietet mir, mich zu verstecken.

Tessow: In was du dich alles hineinmischst.

Siegelmann: Ich werde ihn mir nicht nehmen lassen.

Karlanner (leise): Hörst du?

Tessow: Menschheitssüchtelei. Zum Kotzen.

Karlanner: Wenn er glaubt, ist es Menschheitssüchtelei? Wenn wir glauben, ist es Erfüllung?

Tessow: Du hast noch kein Recht, von Wir zu sprechen.

Karlanner (nickt): Das ist wahr.

Tessow: Was unser Glaube ist, ahnst du noch nicht. Bevor du dir das Suchen mit dem Hirn nicht austreibst, wird dir auch die Ergriffenheit nicht kommen.

Karlanner (nickt): Ich höre nur mehr zu.

Tessow (plötzlich): Rosloh.

Siegelmann (erhebt sich unruhig)
   (Rosloh mit Gefolge auf dem Weg in die Universität.)

Tessow (leise): Könntest es schon jetzt ausnützen. Wir schließen uns zunächst einfach an. *(Auf.)*

Karlanner (bleibt sitzen): Auf den müßte ich mich erst vorbereiten. Laß es jetzt.

Tessow (Armgruß, die andern erwidern)

Rosloh (bleibt stehn, immer Rücken)

Tessow (leise): Er hat dich gesehn. Er wartet geradezu auf dich. Was willst du mehr, Karlanner.

Karlanner (unsicher): Laß dich nicht stören, Rosloh.

Tessow: Geh hin!

Rosloh (wendet das Gesicht Siegelmann zu): Es wird Ihnen aufgefallen sein, Herr Siegelmann, daß ich es ausdrücklich unterlasse, Ihnen auf die Schuh zu spucken. *(Feierlich:)* Sehn Sie bitte darin das Ende unserer privaten und den Beginn unserer offiziellen Beziehungen.

Karlanner (erregt): Du läßt dich wirklich nicht stören, Rosloh.

Tessow (zischt): Halt den Mund.

Karlanner: Wäre ich nur imstand zu begreifen, welchen Zweck du mit diesen Sinnlosigkeiten verfolgst.

Siegelmann (leise): Ich bitte dich. *(Setzt sich abseits auf die Bank.)*

Karlanner: Schon das Spucken war sinnlos. Du hast es jetzt fertiggebracht, auch das Nichtspucken sinnlos zu machen. So umringen einen, je länger man hier sitzt, die Gespenster um so enger, nirgends mehr ein Fetzen Sinn, an den man sich klammern könnte.

Tessow (laut): Halt den Mund.

Rosloh: Meine Herren. *(Geht weiter.)*

Erster (rasch): Der Festvortrag ist in der Aula?

Einige: In der Aula. *(Sie gehn in die Universität.)*

Tessow (sinkt neben Karlanner auf die Bank): Die Hexe hat dich geritten.

Karlanner (erregt): Stellt sich so ein Büffel hin und wartet, daß ich vor ihm auf die Knie falle.
Tessow (erregt): Erst mußt du dir die Hexe vom Nacken schütteln.
Karlanner: Für den?
Tessow: Für den.
Siegelmann (erregt): Was fragst du gerade ihn, Karlanner, welchen Zweck die Sinnlosigkeiten haben? Als ob er es wissen müßte, weil er sie begeht.
Karlanner: Für den nicht.
Siegelmann (fiebrig): Ihr Zweck, ihr heiliger Zweck ist, uns leiden zu machen. Ein Leben, das nicht auch erlitten wird, müßte ja einfach aufhören. So sind immer wieder Foltern nötig, um es wachzuhalten, nur die Instrumente wechseln.
Tessow: Gehn wir. *(Mit Karlanner auf, beide in die Universität.)*
Siegelmann: So müssen immer wieder neue Sinnlosigkeiten die Köpfe verheeren, damit wir weiterkommen. *(Wieder still.)* Was nützt mir aber diese Erkenntnis, wenn ich Angst vor ihr habe? Und welche Angst. *(Auf, der Universität zu.)*

Szene 2

Zimmer Helenens.

Helene (zufrieden, abgespannt): Bist also doch wählen gegangen.
Karlanner: Um acht Uhr früh war schon Tessow bei mir. Sonst hätte ich sogar den Vortrag versäumt, bei dieser ewigen Zimmerhockerei.
Helene: War er interessant?
Karlanner: Wir haben alle gesungen. Gleich, als der Professor hereinkam, es hat mich überrumpelt, ich war nicht darauf vorbereitet. Dann, mitten drin, fing er selbst an. Er ist sechzig, stell dir vor. Und immer neue schöne Lieder, die ich gar nicht kannte.
Helene: Worüber sprach er denn, daß ihr gesungen habt?
Karlanner: Für mich war es ein Ereignis. Dabei soll es jetzt immer so sein.
Helene: Solltest wieder öfter zu den Vorlesungen, auch wenn du nichts mehr Neues lernst.
Karlanner (leicht): Heute habe ich gelernt.
Helene: Immer im Zimmer sitzen zehrt.
Karlanner: Dann sind wir wählen gegangen.
Helene: Man muß mit Menschen zusammenkommen, es gleicht einen

aus. Das Büro zum Beispiel tut mir gut, auch wenn ich mich noch so stark nach dir sehne.

Karlanner (zögert): Auch ich habe also gewählt, dann sind wir essen gegangen. Den ganzen Nachmittag verbrachten wir im Freien.

Helene: War Siegelmann mit euch?

Karlanner: Siegelmann?

Helene: Ihr wart doch immer zu dritt.

Karlanner: Von welchen Zeiten sprichst du?

Helene (nickt): Solltest deine Kameraden nicht so vernachlässigen.

Karlanner: Tessow hat mich hierherbegleitet und wollte sich von mir nicht trennen, bis ich ihm versprach, um neun ins Brauhaus zu kommen. Dort erfährt man am raschesten den Wahlausgang. *(Vorsichtig:)* Ich brauchte natürlich nicht hinzugehn. Wenn die Regierung gesiegt hat, verkünden es die Glocken in der ganzen Stadt. Hier hören wir die Glocken ja auch.

Helene: Geh nur.

Karlanner: Ich soll also gehn?

Helene: Am liebsten möchte ich gleich ins Bett. Alle Treppen spüre ich in den Beinen. Von neun Wohnungen, die ich heute gesehn habe, käme vielleicht eine in der Karlstraße in Frage. Aber das Badezimmer ist zu klein.

Karlanner: Das Badezimmer. Willst nicht wissen, wie ich gewählt habe?

Helene (lacht): Zum wievielten Mal seit einem Jahr geht mein großer Junge wählen?

Karlanner: Dein großer Junge.

Helene: Es ist ein Spiel für große Jungens geworden.

Karlanner: Diesmal könnte es vielleicht ernst sein.

Helene: Im Büro sagen sie das auch. Seit einiger Zeit wird der Gruß des Herrn Vorstehers immer mehr zur Andeutung. Wahrscheinlich, weil ich Jüdin bin.

Karlanner (glotzt): Wahrscheinlich?

Helene (lacht): Wovon diese subalternen Gehirne träumen, kann man sich ausmalen.

Karlanner (bös): Sei du nur immer so überlegen.

Helene: Wir leben im zwanzigsten Jahrhundert. Und wir leben in Deutschland.

Karlanner: Den Putschverein habe ich gewählt.

Helene (sieht ihn an)

Karlanner: Das, was wir den Putschverein nannten. *(Wartet.)* Der Name stammt allerdings von dir.

Helene: Von mir? Wir haben ihn hundertmal in der Zeitung gelesen.
Karlanner: In der Zeitung, die du hältst.
Helene: Ja.
Karlanner (geärgert): Also stammt er nicht von dir.
Helene: Er gefiel mir so gut, daß ich ihn gleich behielt. Wenn du willst, stammt er von mir. Aber auch du hast ihn oft in den Mund genommen.
Karlanner: Weil der Herr der Sklavin aus der Hand frißt.
Helene (verblüfft): Weil was?
Karlanner: Seit Jahren.
Helene (lacht): Ist das aus einem Fünfgroschenroman?
Karlanner: Lach nur.
Helene: Du liest solches Zeug, um dich von der Arbeit zu erholen? Das wußte ich nicht. *(Eher warm:)* Du hast immer wieder Überraschungen für mich.
Karlanner: Eine große Überraschung.
Helene: Es ist diese merkwürdige deutsche Intellektualität: richtige Schöpfung und richtiger Schmöker sind eng nebeneinander.
Karlanner: Da du dir selber immer alles so gut erklärst, was freilich nicht zur deutschen Intellektualität gehört –
Helene: Ein Deutscher ist für das Tiefste empfänglich, gleichzeitig nimmt er kindischste Spiele ernst.
Karlanner: – ich bin ja überflüssig. *(Außer sich.)* Da nichts auf dich Eindruck macht, nichts –
Helene: Soll es auf mich Eindruck machen, daß du diesmal den Putschverein gewählt hast?
Karlanner: Auch das ist undeutsch, wir haben es jetzt gesehn. Jahrelang ließen wir uns diese sogenannte geistige Überlegenheit aufpfropfen, diese Unfähigkeit, sich dem Eindruck einfach hinzugeben.
Helene (vorsichtiger): Und?
Karlanner: Ich habe ja alles gesagt.
Helene (Pause): Ißt du noch?
Karlanner: Tu nicht so.
Helene (auf, beginnt abzuräumen): Tessow hat natürlich auch den Putschverein gewählt?
Karlanner: Die Nationalsozialistische Deutsche Arbeiterpartei.
Helene: Es war nur aus Gewohnheit, Heinrich.
Karlanner: Er gehört ihr seit Monaten an.
Helene: Deswegen hast du auf seine Briefe nicht geantwortet, er schrieb es dir?

Karlanner (schweigt)
Helene: Wahrscheinlich hast du auch deswegen die Universität gemieden.
Karlanner: Man braucht nur zu schweigen. Du antwortest dir auch selbst.
Helene (leise): Laß das.
Karlanner (geht ans Fenster): Es war lediglich eine völkerkundliche Feststellung.
Helene: Ich habe mich oft gefragt, was ohne dich aus mir geworden wäre. Was bleibt den Töchtern reicher Eltern übrig als die tausend Inhalte der Inhaltslosigkeit, ich hatte schon an eine Autofahrt in die Sahara gedacht. *(Räumt fertig ab.)* Aus all dem hast du mich herausgeholt, durch dich lernte ich die viel schöneren Schwierigkeiten des Alltags kennen. *(Immer einfach.)* Du hast mich zum menschlichen Bewußtsein gebracht: Das ist mein einziges Recht auf dich.
Karlanner: Dir machen Schwierigkeiten Freude.
Helene (still): Ich werde ihnen nie ausweichen. Was aber nun ist dein Recht auf mich?
Karlanner: Durch die Schwierigkeiten wird das Leben vorhandener. Aber sie verhindern den Traum.
Helene: Welchen Traum?
Karlanner: Wie sollst du verstehn, was sich nicht erklären läßt.
Helene (ernst): Vielleicht nennst du Traum, was ich den Fünfgroschenroman genannt habe.
Karlanner: Vielleicht ist das der Unterschied, er würde genügen. Hat die Volksseele diesen Fünfgroschenroman aufgenommen und erfüllt, dann wird er durch sie ein ewiges Gedicht. Es könnte sich dann herausstellen, daß man danach gehungert hat.
Helene: Du auch?
Karlanner: Ich auch.
Helene: Seit wann?
Karlanner: Hat es sich erst herausgestellt, dann weiß man: seit je.
Helene: Warum hast du nie den Mund aufgemacht?
Karlanner: Du verstehst es eben, immer wieder neue Sachen vorzubringen, den Kopf mit Vorhandenheiten zu füllen, mit Manschettenknöpfen, mit einem Ausflug, mit einem Badezimmer, während eine neue Woge im Sturm über Deutschland, ganz Deutschland braust.
Helene (sicherer): Ich sehe dich mit einem erschöpften Gesicht am Büroausgang auf mich warten, es sticht mir ins Herz, daß du dich überarbeitest, um ja fertig zu werden: In Wirklichkeit war es der Traum, was dich nicht in Ruh ließ.

Karlanner: Ohne dich jedenfalls –

Helene (lacht): Ohne mich wärest du aus diesem Traum erst gar nicht heraus.

Karlanner: In eine einzige Versammlung brauchte ich nur zu gehn, damit mir der ganze materialistische Schutt von der Brust genommen wird. Nicht einmal am Triumphzug hatte ich teilgenommen. Damals sangen alle, sogar die Schupo. Nur ich nicht.

Helene: Du hast dafür deine Prüfungen bestanden.

Karlanner (erregt): Die Prüfungen. Als heute vom Professor bis zur letzten Bank ein einziger gemeinsamer Herzschlag ging, haben mich die Prüfungen getröstet? Ich allein kam mir ausgeschaltet vor, wie ein Jude.

Helene: Wie ein Jude?

Karlanner: Selbst der hatte es besser. Von Anfang wußte er, daß er ohnehin nicht dazugehört. Aber nach der zweiten Strophe war ich nicht mehr draußen.

Helene: Kein Jude mehr.

Karlanner: Sondern mitten drin, endlich untergetaucht.

Helene: Jetzt willst du ins Brauhaus, um immer weiter unterzutauchen?

Karlanner: Entzaubern kannst du, das wissen wir bereits.

Helene (stark): Als ich zu entzaubern anfing, vor zwei Jahren, bist du gleichfalls nie auf die Universität gegangen. Auch damals war von Prüfungen nicht die Rede.

Karlanner: Was wußte ich damals von der Nation?

Helene: Aber vom Brauhaus dafür.

Karlanner (lacht): Damals war ich noch ein Demokrat.

Helene: Ein Dreck warst du damals. Von Demokratie hast du nie einen Schimmer gehabt, das hatte ich bald aufgegeben.

Karlanner: Um so besser.

Helene: Aber meine erste Überraschung warst du damals. Hinter dem hellen, offenen Gesicht der brutale Säufer. In unsrer ersten Zeit hatte ich den ganzen Tag zu entzaubern, dir immer wieder kalte Umschläge zu machen, deinen Kopf zu stützen, wenn du erbrichst. Ich war ja deine Krankenschwester.

Karlanner: Hast eben nicht lockergelassen: Es liegt in deiner Rasse.

Helene: Wie oft wollte ich davon. Ich blieb, weil ich dahinter dein menschliches Wesen spürte. Hinter dem Schutt eines Säufers – *(Lacht.)* – hinter dem idealistischen Schutt. So hat jeder am Schutt des andern zu leiden gehabt, aber wir brauchen uns nicht zu beklagen. Wenn ich dich sehe, kann ich mit mir zufrieden sein.

Karlanner: Du also bist zufrieden.

Helene (fest): Auch jetzt spüre ich dich, Heinrich, hinter dem Alkohol, den du heute getrunken hast, bist es immer doch du.

Karlanner (auf): Ich habe noch keinen getrunken.

Helene: Er spricht dir ja aus dem Mund. Wenn ich dich höre, bist du nicht wiederzuerkennen. Aber wenn ich dich sehe und mich an dich erinnere, finde ich dich wieder.

Karlanner: Um Alkohol zu trinken, muß ich erst in ein Lokal.

Helene: Du brauchst nicht mehr ins Brauhaus.

Karlanner: Vielleicht hältst du mich fest.

Helene: Den Rausch jedenfalls hast du schon.

Karlanner (sieht sie an): Sobald du etwas nicht begreifst, bist du verloren. Weil du nie ernst nehmen kannst, was dir nicht in den Verstand geht. Aber durch Toben schaffst du es nicht aus der Welt.

Helene: Was mir bevorsteht, schaffe ich nicht aus der Welt. Das ist wahr.

Karlanner: Die Krankenschwester, ich weiß.

Helene: Die Krankenschwester.

Karlanner: Ich merke dich vor.

Helene (erschöpft): Er merkt mich vor.

Karlanner (Pause): Ist das alles?

Helene: Wenn du willst.

Karlanner (Uhr): Ich habe noch drei Minuten.

Helene (steht abseits)

Karlanner: Ich selbst bin überrascht. *(Setzt sich.)* Noch heute mittag war es mir unmöglich, mit einem Rosloh ruhig zu sprechen. Wie er aber während des Vortrags vor mir stand, sang, alle mitriß – er war plötzlich ein andrer. So hatte ich ihn nie gesehn.

Helene: Rosloh?

Karlanner (nickt): Ich begriff –

Helene: Der die Krawalle an der Universität anzettelt?

Karlanner: Ich begriff, um wieviel größer selbst die sinnloseste Inbrunst ist als die gescheiteste Vorsicht.

Helene: Bis jetzt warst du über diesen Rosloh empört.

Karlanner: Nach dem Vortrag konnte ich nicht anders, ich mußte zu ihm. *(Sieht weg.)* Als ich seine Hand in der meinen spürte, wußte ich allerdings zugleich, daß ich den dir entferntesten Pol erreicht hatte.

Helene: Den mir entferntesten Pol. Schau auf die Uhr. Die drei Minuten sind um.

Karlanner: Wolltest mich doch zurückhalten?

Helene: Dazu bist du schon viel zu weit. Auf dem entferntesten Pol.

Karlanner: Wieder lachst du.

Helene: Vielleicht, weil mir davor graut, wie ich dich vom Pol zurückkommen sehn werde.

Karlanner (erregt): Wir beschließen ein Kapitel unsres Lebens, das ein Irrtum war, aber in seinem Irrtum schön: Mich wirft die Angst davor zu Boden, du lachst.

Helene: Welch ein Irrtum sich einzubilden, daß man über gewissen Vorurteilen steht.

Karlanner: Ein Irrtum. Der überlegene Subjektivismus ist für uns die größte menschliche Verirrung, zugleich aber ist er auch die typischste Eigenschaft eurer Rasse. Aus diesem Grunde gehören wir nicht zusammen. *(Auf.)*

Helene: Daß wir zwei Jahre lang nichts davon merkten – welch ein Irrtum.

Karlanner: Aber man kann sich gelegentlich wiedersehn? Oder willst du zu deinem Vater zurück?

Helene (abschließend): Immerhin, ohne die guten Eigenschaften meiner Rasse –

Karlanner (sofort): Die guten habe ich nicht gesagt.

Helene: – wärest du heute noch im Sumpf, wie vor zwei Jahren.

Karlanner (lacht): Die guten.

Helene: Also bedanke dich bei ihr.

Karlanner: Bei deiner Rasse soll ich mich auch noch bedanken?

Helene: Bedanke dich und geh.

Karlanner (außer sich): Beim Juden? Bis jetzt hast du selbst auf das Judentum gepfiffen. Sogar die Frage, ob du konfessionslos wirst oder dich taufen läßt, sollte ich entscheiden.

Helene: Du hattest einmal gesagt, eine wirkliche Ehe, wie wir sie führen wollten, sei mehr als eine gewöhnliche zivile Abmachung.

Karlanner: Darauf hast du mir, ich erinnere mich an diesen Abend genau, in deiner Art übers Haar gestrichen und hast hinzugefügt: Ich kann mich auch taufen lassen.

Helene (unruhig): Deine Bemerkung hatte mich gerührt.

Karlanner: Es wären Formalitäten, wir lebten in einer aufgeklärten Zeit.

Helene: Was willst du?

Karlanner: Das mit der Formalität war Schwindel. Ich muß dir zum Vorwurf machen, daß du deine Position nicht schon früher klar fixiert hast. Unsre Trennung wäre mir wesentlich leichter geworden.

Helene (erregt): Welche Position?

Karlanner: Daß du Jüdin bist.
Helene: Eine Position nennst du das?
Karlanner (nickt): Ich rede nicht mehr deine Sprache. Daran wirst du dich gewöhnen müssen.
Helene: Habe ich je verschwiegen, daß ich Jüdin bin?
Karlanner: Aber du bist darüber hinweggegangen. Wir haben es mit Stillschweigen übersehn.
Helene: Das ist wahr.
Karlanner: Du erklärtest dich sogar bereit, es zu verleugnen. Damit war ich an dich gebunden wie ein Mitschuldiger. Denn ich als Deutscher –
Helene (nickt): Du bist ein Deutscher.
Karlanner: Sobald du deine Position klar einnimmst, stehe ich ebenso klar auf der gegenüberliegenden Seite. Bis jetzt war das verwischt. Formalitäten, Vorurteil, aufgeklärte Zeit – damit nahmst du mein menschliches Mitgefühl in Anspruch. Jetzt stehn die Fronten klar.
Helene (sieht ihn an): Vom Judentum weiß ich so gut wie nichts. Du hast recht.
Karlanner: Seit Jahrhunderten sind wir ja auch immer Deutsche. In meiner Familie gab es drei Generäle und mehrere Konsistorialräte.
Helene: In meiner Familie gingen wir jährlich einmal in den Tempel. Ich erinnere mich gerade noch an das Gesicht meines Vaters: Es war ernster als sonst.
Karlanner: Seit Jahrhunderten wohnen die Karlanner im Rheinland und in der bayrischen Pfalz.
Helene: Vom Religionsunterricht hat er mich dispensieren lassen, damit ich zweimal in der Woche eine Stunde länger schlafen kann. Sind das meine einzigen Kindheitserinnerungen an die Religion?
Karlanner: Jetzt also, da wir unsre Positionen fixiert haben, fallen alle privaten, menschlichen Momente fort.
Helene: Jetzt also bin ich draußen.
Karlanner: Um so eher betrachte ich es als selbstverständliche ritterliche Pflicht, dir abschließend meinen Dank auszusprechen, wie du es verlangtest.
Helene (leicht): Eine Jüdin.
Karlanner (bockt): Denn einem Menschen danken, der einem nahesteht, wäre lächerlich.
Helene: Eine Jüdin bin ich.
Karlanner: Du aber setzt plötzlich jeden Ton auf die Jüdin: Also habe ich dir zu danken.

Helene (warm): Laß mich bitte allein. Du mußt ohnehin schon gehn. Sie warten ja auf dich.
Karlanner (zögert): Ja.
Helene (sucht im Bücherregal): Man kann alt werden wie ich und keinen Schimmer haben.
Karlanner: Schimmer wovon?
Helene: Ahnungslos dahinleben und sich einbilden, es sei Aufgeklärtheit. Dann stellt sich plötzlich heraus: Es war Ahnungslosigkeit. Draußen ist man auf jeden Fall, draußen auch hier, überall draußen. *(Findet ein Buch, legt es sich bereit.)*
Karlanner (rot): Du willst jetzt ein Buch lesen?
Helene: Irgend etwas wird hier über die Juden stehn.
Karlanner: Kannst es nicht einmal erwarten, bis ich gehe?
Helene: Ich habe viel nachzuholen.
Karlanner: Das Buch ist dir wichtiger als etwas Lebendiges. Da bin ich anders.
Helene: Etwas Lebendiges?
Karlanner: Wir sind eben anders. Mich jedenfalls wirst du nicht mehr nachholen können. Solltest du etwa morgen abend am Büroausgang nach mir schaun –
Helene (bei ihm): – würde ich schön hereinfallen.
Karlanner (nickt)
Helene (leise): Ich weiß es jetzt.
Karlanner: Und?
Helene: Und?
Karlanner: Das ist unser Abschied?
Helene: Der Abschied, den du mir gegeben hast.
Karlanner (sieht weg): Ich hatte ihn mir anders vorgestellt. Nicht, daß du tobst, mich reizt, mich auslachst – und dir dann ein Buch heraussuchst.
Helene: Wie hattest du ihn dir vorgestellt?
Karlanner: Erstens: daß du es einsiehst.
Helene (still): Jetzt sehe ich es ein.
Karlanner: Daß du mir recht gibst. *(Leise:)* Daß ich nicht anders kann.
Helene: Daß du nicht anders kannst, sehe ich ein.
Karlanner: Zweitens –
Helene: Sag's ruhig. Ich verstehe dich jetzt besser.
Karlanner: Wenn ich in meinem Zimmer saß, nicht mehr wußte, wohin mit mir, brauchtest nur du mir einzufallen: Sie wird schon eine Lösung finden. *(Wartet.)* Du, die auf hundert Kilometer alles im voraus weiß.

Helene (leise): Nicht mehr.

Karlanner: Du, noch dazu als Jüdin, also das Gescheiteste auf der Welt, wirst schon für uns einen Ausweg wissen.

Helene: Nichts weiß ich mehr.

Karlanner: Sagst das so ruhig, als ob du plötzlich keinen mehr wissen wolltest.

Helene (halb): Hast mich ja vorgemerkt.

Karlanner: Fang nicht wieder an.

Helene: Nichts, Heinrich.

Karlanner: Wozu bist du denn eine Jüdin?

Helene: Gegen die große, brausende Welle über Deutschland, ganz Deutschland, weiß ich nichts.

Karlanner (verwirrt): Also dann.

Helene: Hast mich mit deinem Herzen verteidigt, solang es nur ging?

Karlanner (beherrscht)

Helene: Mit deiner Vernunft, der ganze Mensch hat sich in dir gewehrt?

Karlanner (kaum): Der ganze Mensch.

Helene: Der ganze, schöne Mensch, der du bist.

Karlanner (mechanisch): Der ich bin.

Helene: In dieser Welle sind wir der Strohhalm, machtlos, hilflos und verloren, du genau wie ich.

Karlanner (Stirn an ihre Stirn)

Helene: Wir müssen sie über uns fluten lassen. Wenn es dich tröstet: Wir haben sie nicht heraufbeschworen, wir nicht.

Karlanner: Wir nicht.

Helene: Sie schwemmt immer mehr heran, dir eben erst wieder drei Generäle und mir ein Buch. Von den Generälen hattest du mir nie erzählt?

Karlanner: Tessow kam heute nachmittag darauf zu sprechen.

Helene: Auch ohne Tessow wären sie einmal aufgetaucht. Ich versteh' jetzt, daß sie nicht aufzuhalten waren.

Karlanner (hilflos): Verstehst es jetzt?

Helene (nickt)

Karlanner (Angst): Also dann?

Helene: Nimm dich zusammen. Trink nicht zuviel. Du verträgst es nicht.

Karlanner (würgt): Also dann?

Helene (gibt ihm Mantel und Hut vom Stuhl. Halb): Man kann sich gelegentlich wiedersehn?

Karlanner (nickt): Also. *(Verbeugt sich vor ihr, ab.)*
Helene (sitzt mit dem Buch): Wir haben es nicht heraufbeschworen.

Szene 3

Ecke im Brauhaus, überfüllt.

Staatsanwalt: Denn was ist der Jude?
Lautsprecher an der Wand: Im 19. Wahlkreis, Hessen-Nassau, wurden an gültigen Stimmen abgegeben: 779 970 für die Nationalsozialistische Deutsche Arbeiterpartei, 294 310 für die Sozialdemokraten, 76 309 für die Kampffront Schwarzweißrot und 141 258 für die Kommunisten. Wir kommen mit weiteren Teilergebnissen wieder.
Staatsanwalt (alle werden in eifriger Erregung sprechen, keiner laut): Ich habe noch 1870 als einer der jüngsten Freiwilligen mitgemacht. *(Überstreicht seine Orden.)* Wenn auch jetzt im Ruhestand: Ich lasse mir nichts vormachen. Der Jude, das ist der Kommunist, der unten im Fabrikhof die Arbeiter hetzt zu streiken – und das ist der Rechtsberater, der oben im Büro die Direktoren hetzt, nicht nachzugeben: Das ist der Jude.
Amtsgerichtsrat (nickt): Herr Staatsanwalt.
Staatsanwalt (inbrünstig): Fällt aber endlich der Hetzer auf beiden Seiten fort, dann sinkt der Arbeiter dem Direktor in die Arme: Denn es sind beides Deutsche.
Amtsgerichtsrat: Sie haben die soziale Frage im Kern gelöst.
Staatsanwalt: Erst die Nation wieder geschaffen, und eine soziale Frage gibt es nicht mehr. Haben wir sie im früheren Deutschland nicht etwa eindeutig abgelehnt? Denn die Nation ist alles, also auch sozial.
Amtsgerichtsrat: Im Kern gelöst. *(Sie schlagen an.)*
Chargierter (am Tisch einer Burschenschaft. Auf): Silentium! *(Alle auf, Bierglas in der Rechten.)* Auf Herrn Dozenten Butz für unermüdliches Wirken betreffend Freigabe der Mensuren in Hinsicht auf die Devise »Frei sei der Bursch« – ex. *(Sie trinken aus, knappe Verbeugung, setzen sich, Kellnerinnen mit neuen Gläsern.)*
Lehrerin (an einem dritten Tisch): Die exakte Forschung hat das semitische Element auf deutschem Boden glatt als eingedrungenen Fremdkörper herausgeschält, Herr Obersekretär.
Obersekretär: Jawohl.
Lehrerin: Vielmehr sind a) die Südjuden eine vorderasiatisch-westischnegroide Mischung bei Vorherrschen des Orientalischen, b) die Ost-

juden eine taurisch-innerasiatisch-hamitisch-negroide Mischung bei Vorherrschen des Vorderasiatischen.

Obersekretär: Jawohl.

Lehrerin: Die deutsche Rasse hingegen weist ein völlig anderes Grundelement auf, wenn auch vorläufig zugegeben werden muß, daß die dinarischen Südälpler sowie die ostischen Bayern sich als dunkle Rundschädel nicht restlos in den sonst so einheitlichen Begriff der deutschen Rasse einfügen lassen. Diesbezügliche Forschungen sind jedoch in zuverlässigen Händen. Unabhängig davon hat die Wissenschaft im Deutschen bereits einwandfrei den sogenannten Homo Europaeus entdeckt, als den sogenannten Dolichozephalen mit blondem Haar, blauen, lichten Augen, heller, weißer, in der Sonne leicht anbrennender Haut. Kopf: lang, schmal. Gesicht: lang, schmal. Nase eher lang, durchaus schmal, beim männlichen Geschlecht häufig Höcker an der Knochenknorpelgrenze, Hinterhaupt: gerundet vorspringend. Das Vorkommen dieses sogenannten Dolichozephalen wurde vorwiegend im nördlichen Europa festgestellt.

Obersekretär (trinkt): Jawohl.

Lehrerin: Zweitens aber, und auch das ist wieder so bezeichnend, übersieht der Laie völlig das Gespinst. In Wirklichkeit kann das Gespinst der Haare oft mehr über die Rasse aussagen als die Farbe, denn das Haargespinst hat eine größere rassische Widerstandskraft, man nennt das Erbfestigkeit: Erbfestigkeit. Auf diesem Wege hat die exakte Forschung einen großen und befreienden Schritt weitergetan. Nichts ist so rasch und einwandfrei mit einem Schlage zu erkennen wie die Zugehörigkeit zum nordischen Gespinst.

Obersekretär: Jawohl.

Lehrerin: Du schläfst doch nicht, mein Junge?

Landjäger (am selben Tisch): Du schläfst?

Knabe in Braun (tapfer): Woher, Vater.

Landjäger: An einem solchen Tag wird auf deutschem Boden nicht geschlafen.

Knabe: Ich bin ja schon seit sieben früh auf den Beinen. Bei allen Umzügen der Schulklassen habe ich mitgemacht. Als dem Standartenträger der Klasse 3 b nach vier Stunden schlecht wurde, bekam ich die Standarte.

Landjäger: Du, mein Junge.

Knabe: Den ganzen Tag sind wir durch die Stadt marschiert und haben gesungen, gesungen, gesungen.

Landjäger: Wo aber habt ihr am lautesten gesungen?

Knabe: In den Judengassen.
Landjäger: Hast es ihnen gut gegeben?
Knabe: Und wie, Vater.
Chargierter: Silentium! Auf Herrn Studienrat Beck, Alten Herrn der Teutonia, wegen erfolgreicher Bekämpfung der jüdischen Gefahr mittels passiven Widerstandes bei Prüfungen rassefremder Abiturienten – ex! *(Sofort neue Gläser.)*
Staatsanwalt: Die Arbeitslosigkeit, Herr Amtsgerichtsrat, haben wir im früheren Deutschland nicht gekannt. Gerade das macht die Arbeitslosigkeit zum öffentlichen Ankläger dieser Zeit. Wir werden aber nunmehr einen neuen Begriff zu schaffen haben: den des öffentlichen Angeklagten. Das ist der Marxismus in allen Abstufungen, der Demokratismus, der Materialismus, der Liberalismus, der Republikanismus, der Pazifismus, kurz: der Jude.
Stimmen (flüstern an allen Tischen, durch Rauch und Bierdunst): Denn was ist der Jude?
(Karlanner, Tessow.)
Tessow (sie setzen sich an den reservierten Tisch): Gerade noch das akademische Viertel wollte ich dir bewilligen.
Karlanner: Da ich gesagt habe: ich komme –
Tessow: Um neun warst du nicht hier. Wenn wir uns nicht begegnet wären, ich hätte dich ohne weiteres aus den Armen der Madame gerissen. *(Halb:)* Hat sie es dir schwergemacht?
Karlanner (schweigt)
Tessow: Man kann es sich ja denken. Was hätte uns diese Rasse je leichtgemacht. Strich darunter. *(Trinkt.)*
Lautsprecher: Im 24. Wahlkreis, Oberbayern, Schwaben, wurden an gültigen Stimmen abgegeben: 635 120 für die Nationalsozialistische Deutsche Arbeiterpartei, 216 000 für die Sozialdemokraten, 67 000 für die Kampffront Schwarzweißrot und 108 380 für die Kommunisten. Wir kommen mit weiteren Teilergebnissen wieder.
Karlanner (trinkt, sieht sich um)
Tessow: Bist schon lang nicht hier gewesen.
Karlanner: Ich hatte es geräuschvoller in Erinnerung.
Tessow: Das ist heute. Heute sind sie still wegen der Aufregung. Gefällt's dir hier?
Karlanner (nickt)
Tessow: Ich wußte es.
Landjäger (nimmt sein Kind auf die Knie): Es schläft mir sonst noch ein. Erzähl dieser Dame, was du von ihm weißt.

Lehrerin: Von wem?
Landjäger: Lassen Sie die Kindlein sprechen. – Was also war er?
Knabe: Er war ein Maler, ein Rembrandt. Aber er verzichtete darauf und wurde ein einfacher Soldat.
Lehrerin (leuchtet): Ich weiß schon, von wem er spricht.
Landjäger: Was war er noch?
Knabe: Er war ein Österreicher. Aber da er ein Held werden wollte, kam er früh zu uns nach Deutschland.
Landjäger: Mein Junge.
Lehrerin: Mein Junge.
Obersekretär: Jawohl.
Knabe: Als solcher zog er in den Weltkrieg.
Landjäger: Als was?
Knabe: Als einfacher Soldat.
Landjäger: Als einfacher, jedoch deutscher Soldat.
Karlanner (lächelt): Hörst du?
Landjäger: Wie aber war seine Leidenszeit?
Knabe: Seine Leidenszeit war in den Kerkern von Landshut und dauerte fünf Jahre. Sooft man ihn auch töten wollte: Er lächelte. Denn er wußte, daß er bestimmt war, Deutschland von Schmach und Knechtschaft zu befrein.
Landjäger: Wann fängt er damit an?
Knabe: Heute. Aufhören aber wird er damit, noch bevor ich groß bin.
Landjäger (küßt sein Kind aufs Haar): Noch bevor du groß bist, ist das große Deutschland da.
Lehrerin (naß): Du siehst, mein Kind, selbst heute werden Märchen zur Wirklichkeit. Es ist wahr: Wir leben in einem Märchen.
Karlanner: Als wir so klein waren, standen wir vor den Schaufenstern am Nikolastag und gafften. Kannst dich erinnern? Es ist das gleiche. Jetzt stehn wir wieder alle vor den blendenden Schaufenstern und gaffen. (*Zärtlich:*) Der Fünfgroschenroman geht um.
Tessow: Wer geht um?
Karlanner: Es war unsre schönste Zeit. Es war unser schönstes Deutschland. Es war die Musik.
Tessow: Das kommt jetzt wieder.
Karlanner: Wir haben alle wie Kinder danach geschaut. Du glaubst, es kommt, weil wir es nicht mehr erwarten können?
Tessow: Es ist ja schon da.
Karlanner: In einem Rausch der Sehnsucht. Dann hätte sie recht.
Tessow: Wer?

Karlanner (Pause): Mag es sein, was es will.
(Rosloh und die andern.)
Tessow und Karlanner (auf. Armgruß)
Rosloh (zu Karlanner): Den Arm straffer. Die Hand mehr nach oben.
Karlanner (stramm): Ich erwarte deine Befehle.
Rosloh (nach ihm setzen sich die andern): Kannst morgen neun Uhr antreten, Hörsaal 24, auf Probe zur Entscheidungsschlacht gegen den Carmer.
Karlanner (blaß)
Rosloh (hat nach vielen Seiten zurückgegrüßt): Infolge der fortgesetzten pazifistischen Entmannungsversuche während seines sogenannten medizinischen Unterrichtes ist der Unwille der Hörer gegen den Carmer zur Siedehitze gestiegen, er bricht sich also morgen nach dem dritten Wort des zweiten Satzes Bahn. *(Zu Tessow:)* Du übernimmst die Ausbildung deines Freundes. *(Trinkt besonders dem Staatsanwalt zu.)*
Karlanner (schließlich): Aber unsre Zukunft wäre damit zerstört.
Rosloh: Womit?
Karlanner: Wenn wir Herrn Professor Carmer –
Rosloh: Wessen Zukunft? Die des Carmer vielleicht. *(Lachen am Tisch.)*
Karlanner (schüttelt den Kopf): Unsre.
Rosloh: Deutschlands Zukunft doch nicht?
Karlanner (würgt)
Rosloh: Kannst dir etwa Deutschlands Zukunft ohne den Carmer nicht vorstellen? *(Das Hinhören von allen Tischen immer unverhüllter.)*
Karlanner: Auch deine eigene Zukunft, Rosloh. Willst du nicht Arzt werden?
Rosloh (stärker): Mich hat der Jude dreimal durchs Examen rasseln lassen. Und warum? Weil ich meine Zeit mit eherneren Dingen zu verbringen wußte als mit dem vernunftwidrigen Gebüffel, ob der Schwanz eines Bazillus eckig ist oder gekräuselt.
Tessow: Für Karlanner ist es die Feuertaufe. Deswegen redet er.
Karlanner (zu Tessow): Dich versteh' ich schon gar nicht.
Tessow (erledigend): Rosloh befiehlt.
Rosloh (stärker): Ist ein Gehirn als entjudet zu bezeichnen, wenn es Deutschlands Zukunft immer weiter auf den Schulbänken sucht? *(Vor dem allgemeinen Beifallsausbruch.)*
Karlanner (gibt auf): Ich dachte nur, wir müßten schließlich etwas lernen.
Rosloh (stark): Lernen ja – aber was! *(Beifall von allen Tischen. Er-*

hebt sich.) Als Schlageter, damals Student wie wir, vom Krieg zurückkam und sich wieder zu den Büchern setzen sollte, rief er: Ich scheiße auf die Schulbank, solang Deutschland im Elend verreckt, und ging ins Baltikum.

Sprechchor (frenetisch): Schlageter: heil!

Rosloh (gesteigert): Als Schlageter heldenhaft vom Baltikum zurückkam, rief er: Immer noch sehe ich Deutschland in der Schmach, da sollte ich die Schulbank wetzen? Und er ging nach Oberschlesien.

Sprechchor (auch Staatsanwalt, Lehrerin, andere, frenetisch): Schlageter: heil!

Tessow (scharf): Schrei mit.

Karlanner: Schlageter: heil! Es ist Wahnsinn, Tessow.

Tessow: Halt's Maul.

Karlanner: Aber ich stelle es nur fest. Was kümmert es mich.

Rosloh: Ein drittes Mal kam Schlageter zurück, und immer noch war Deutschland nicht erlöst. Da rief er ein drittes Mal: Verräter, wer sich jetzt auf die Schulbank setzen könnte, als ob nichts wäre, statt anzutreten gegen die Verräter Deutschlands an der Ruhr. Und mit dem Deutschland über alles im Herzen ging er an die Ruhr.

Alle: Schlageter: heil!

Karlanner: Über alles, über alles in der Welt.

Rosloh: Aber an der Ruhr ereilte auch ihn der Verrat. Hier hat der Jude mit dem Finger so lang auf den Helden gezeigt, bis ihn der Franzose erschoß. *(Große Stille.)* Leo Schlageter, du erster Held der neuen Nation, der deutschen Jugend unerreichtes Vorbild, du hörst uns jetzt:
Zu Düsseldorf im Steinbruch,
da fing das Trauern an.
(Alle erheben sich und singen mit.)
Sie haben den besten Mann erschossen,
den alle Deutschen in ihr Herz geschlossen.
Da war's geschehn.
Schlageter heißt der Held,
der nicht um feiges Geld
sein Vaterland verraten wollte.
Er stand ja nicht im Judensolde,
und das war gut.
Ihr Welschen, habt acht!
Wenn dann die Brücke kracht,
der Kohlenzug muß in die Lüfte fliegen,

die Kohlen sollt ihr doch nicht kriegen:
Schlageters Werk.
Zu Düsseldorf im Steinbruch,
da fing das Trauern an.
(Feierliche Pause.)
Tessow (hingegeben): Gäbe es nur ein Baltikum, eine Ruhr, daß wir endlich marschieren könnten.
Rosloh: Lauf die deutsche Grenze rundherum: Ob da ein Punkt ist, der kein Baltikum wäre? *(Beifall.)* Ein Grenzpfahl nur, der nicht mitten in deutsches Land gestoßen wäre, daß nicht auf der andern Seite Deutsche nach Erlösung schrein? *(In großer Steigerung:)*
Denk nur an Oberschlesien, Schleswig und den Rhein,
Westpreußen, Eupen, Malmedy woll'n auch befreit sein.
Das Donauland, das Egerland, das Elsaß, Saargebiet,
es reiht sich eins ans andre, zur Kette Glied für Glied.
Denk daran, was der Feind uns angetan:
Greif, deutsche Jugend, greif zur Wehr,
trete ein für Deutschlands Ehr.
(Tosende Kundgebung der Begeisterung.)
Rosloh: Wenn du nur heroisch sein willst: Der Gegner ist bald gefunden. Denn darauf kommt es an: Daß der Student kein Bürger ist, sondern Soldat. *(Erneute Kundgebung.)* Endlich weiß der Deutsche das ihm Gemäße: Vom Kampf lernt man und nicht vom Büffeln. – Sag das dem Juden. *(Großes Lachen im ganzen Saal, Auflösung, Setzen, Rosloh wird umringt.)*
Landjäger (hebt sein Kind hoch): Schau dir diese Stunde an, mein Junge. Schau sie dir gut an.
Tessow (begeistert): Vom Kampf, Karlanner, und nicht vom Büffeln.
Karlanner (nickt)
Tessow: Ich habe es geahnt. Das ganze Studium war umsonst. Wir haben nichts davon, solang wir nicht zur Einheit gewordene Nation sind. Bedauerst noch?
Karlanner (an ihn gelehnt)
Tessow (lacht): Ein kahles Wartezimmer mit Krankenkassenöde? Das sollte ein Lebensinhalt sein?
Karlanner: Ein schöner Lebensinhalt.
Tessow: Dagegen stelle ich: das Reich. Das karolingische Reich. Das Reich der Hohenstaufen. Fühlst du diesen Inhalt: das Reich?
Karlanner (nickt): Wiewohl du verschiedene Reiche durcheinanderwirfst.

Tessow (lacht): Klebst immer noch an der Vernunft?

Karlanner: Nein. Ich fühle. – Zu Düsseldorf im Steinbruch ...

Tessow: Was kümmert mich die Wissenschaft? Ich sehe eine einheitliche Welt: das Reich vor Augen, ohne Einzelheiten und doch ganz klar: eine Welt, der wir nunmehr entgegenschreiten. Für sie das Leben einsetzen, dann weiß ich, wozu es da war.

Karlanner: Brauchst mir nichts mehr zu sagen. Vielleicht hätte ich mich noch vor einer halben Stunde gefragt: Was wird aus mir, wenn ich keinen Carmer zum Promovieren habe?

Tessow (erstaunt): Kannst immer noch an den Carmer denken?

Karlanner: Irgendwie flog mir die Erinnerung durch den Kopf, daß du selbst noch heute mittag gesagt hattest –

Tessow: Heute mittag.

Karlanner: Erledigt, Tessow. Was kümmert das mich noch.

Tessow: Eine Revolution rast. Sonst ist es keine.

Karlanner: Erledigt.

Tessow: Mach einen Strich unterm Carmer!

Karlanner: Ich habe schon einen größeren heute gemacht.

Staatsanwalt (Rosloh sitzt an seinem Tisch): Die Autorität, das ist immer nur: ein Mensch und Gott. Mehr nicht.

Rosloh: Der Mensch ist da.

Staatsanwalt: Auch Gott ist wieder da.

Rosloh: Der Mensch von Autorität: Und Deutschland ist wieder da.

Tessow (hat Karlanner angesehn, Karlanner nickt)

Staatsanwalt: Nie war Deutschland anders groß geworden. Humanität hat sich immer als Landesverrat erwiesen.

Rosloh (lacht): Humanität. *(Nähert sich dem Ohr des Staatsanwaltes.)*

Karlanner: Zu Düsseldorf im Steinbruch – wie geht es weiter?

Tessow: Hör lieber zu.

Karlanner: Sing es mir leise vor. Ganz zuerst muß ich die Lieder lernen.

Tessow (zeigt hinüber): Jedes Wort dort nützt dir jetzt mehr.

Karlanner (schüttelt Tessow): Soll ich es dir aus dem Mund reißen?

Tessow (lacht): Jetzt hältst es nicht mehr aus? *(Leise:)*
Zu Düsseldorf im Steinbruch,
da fing das Trauern an.

Karlanner: Das Trauern? Ich habe zuviel getrunken.

Tessow: Sie haben den besten Mann erschossen, –

Karlanner: Ich vertrag kein Bier mehr.

Tessow: – den alle Deutschen in ihr Herz geschlossen. *(Lächelt.)* Wenn man denkt, wie noch vor kurzem von amtlicher deutscher Seite über

einen Schlageter gesprochen wurde. Ein Verbrecher sei er gewesen, ein Schädling der Nation. Und heute!

Karlanner: Wenn ich schlafen könnte.

Tessow (lacht): Heute doch nicht.

Karlanner (nickt): Laß mich so sitzen.

Staatsanwalt (steht Rosloh gegenüber, feierlich): Dieses sogenannte Deutschland, das uns vierzehn Jahre lang zugemutet wurde: Es versinkt nunmehr. Das Deutschland von einst reicht dem Deutschland von morgen das Vermächtnis des alles reinigenden Genius' des Krieges. *(Sie schlagen an.)*

Chargierter (der Tisch ist von Kellnerinnen umringt. Besonders schneidig): Silentium! Auf das Deutschland von morgen – *(Der ganze Saal auf.)* –, das erwachende, hierorts am frühesten verkörpert in dem Herrn stud. med. Hans Hinz Rosloh – ex! *(Verbeugung. Neue Gläser.)* Ex! *(Verbeugung. Neue Gläser.)* Ex!

Staatsanwalt (hat mit leerem Glas exakt mitgemacht, erschüttert): O du Geist, der uns schon einmal zur Größe geführt hat, o du heroischer Geist. *(Visionär:)*

Burschen heraus!
Ruft um Hilf die Poesei
gegen Zopf, Philisterei.
Wenn es gilt fürs Vaterland,
treu die Klingen dann zur Hand.
Dann zur Hand. Dann zur Hand.

Alle (Schwur): Treu die Klingen dann zur Hand. *(Spontan:)*
Es braust ein Ruf wie Donnerhall,
wie Schwertgeklirr und Wogenprall:
Zum Rhein, zum Rhein, zum deutschen Rhein,
wer will des Stromes Hüter sein?
Lieb Vaterland, magst ruhig sein –
(Alle verstummen. Karlanner singt allein weiter.)

Lautsprecher: Auf Grund einer nichtamtlichen zuverlässigen Zählung ergeben die bisher bekannten Stimmen in dreiunddreißig von im ganzen fünfunddreißig Wahlbezirken eine Mehrheit von nicht ganz zweiundfünfzig Prozent zugunsten der Regierungsparteien.

Karlanner (besinnungslos dazwischen):
Lieb Vaterland, magst ruhig sein,
fest steht und treu – *(Sinkt, Kopf auf den Tisch.)*

Lautsprecher: Mit den restlichen Wahlergebnissen, die auf den Sieg der Regierung keinen Einfluß haben können, kommen wir wieder.

Rosloh (wild): Du alte, treue Wacht am Rhein – das junge Deutschland hat dir längst einen neuen Inhalt gedichtet.
Alle (nach dem entfesselten Einsatz Roslohs):
 Dem deutschen Führer unser Herz.
 Es schlägt für ihn in Freud und Schmerz,
 Das deutsche Volk ist aufgewacht
 aus Knechtschaft und Todesnacht.

ZWEITER AKT

Szene 4

Zimmer Siegelmanns, früher Morgen.

Eine Stimme (nah): Erinnere dich, Nathan Siegelmann.
Siegelmann (unbeweglich im Bett, Nachttischlampe)
Die Stimme: Suche es in der Schrift, und du wirst alles verstehn.
Siegelmann (ruhig): Wenn ich wüßte, daß man uns tötet: Ich hätte keine Angst. Aber ich glaube, daß man uns schlägt? *(Pause.)*
Die Stimme: Denk nach.
Siegelmann: Schon weil man im Geheimen schlägt, falls es wahr ist, daß man schlägt, und nachher kann man es leugnen. Würde man uns aber töten, dann kann es auf die Dauer nicht geheim bleiben, und vom Leugnen ist schon gar keine Rede. Denk nach. *(Pause.)* Wenn man uns mit Ruten schlägt, erleiden wir einen Schmerz. Fürchten wir diesen Schmerz? *(Lächelt.)* Er geht ja vorüber. Aber wir sind geistig nicht mehr darauf eingerichtet, daß man uns mit Ruten schlägt. Das erleiden wir. *(Pause.)* Nur das.
Die Stimme: Nur das?
Siegelmann: Der Zusammenbruch der Erfahrung: Mensch, woran wir als an das Leben des Lebens glaubten. *(Grübelt.)* Man brauchte sich nicht zum Tier machen zu lassen, könnte sich aber hinstellen und das Tier spielen, damit sie zufrieden sind? Vielleicht rettet man sich so. Wie kann ich aber Tier sagen, als ob es selbstverständlich wäre, daß ein Tier im körperlichen Schmerz nur den körperlichen Schmerz empfindet? Nicht einmal das steht fest.
Die Stimme (stärker): Du hast keine Zeit, dich zu verlieren, Siegelmann.
Siegelmann: Ich habe keine Zeit, mich zu verlieren.

(Heftiges Klingeln und Klopfen draußen.)
Siegelmann *(stärker):* Ich habe Zeit zu nichts.
Die Stimme *(stärker):* Denk nach, Siegelmann.
Siegelmann *(Ausbruch):* Was soll ich denn jetzt denken?
Die Stimme *(drohend):* Gerade jetzt mußt du denken. Wozu hättest du es sonst.
Ein Anführer *(draußen):* Aufgemacht. Polizei.
Die Stimme: Wem sonst, wenn nicht dir, ist es gegeben, die Tat im Denken zu vollbringen.
Siegelmann: Wem sonst?
(Die Wohnungstür wird geöffnet. Schritte, Stimmen, der Name Siegelmann wird genannt.)
Siegelmann *(horcht):* Wem sonst? Aber jetzt werde ich wissen, ob man uns schlägt oder nicht. Wem sonst, wenn nicht mir, ist es gegeben, das zu wissen.
(Die Tür wird aufgestoßen.)
(Ein Student als Anführer und sechs andre. Sie tragen ungleiche Windjacken.)
Anführer: Nathan Siegelmann?
Siegelmann *(kann kaum nicken)*
Anführer *(setzt sich an den Tisch):* Kannst dich inzwischen anziehn.
(Sucht in einer Mappe.)
(Ein Mann hebt Siegelmann an den Schultern aus dem Bett.)
Anführer *(liest herunter):* Ist seit Jahren zersetzender Tätigkeit innerhalb der deutschen Studentenschaft überführt. *(Die Kleider werden Siegelmann hingeworfen.)* Hat es verstanden, durch Vorspiegelung freundschaftlicher Gefühle, zugleich im Bund mit jüdischen Professoren, den Drang der ihm vertrauenden Reinrassigen nach der Kultur zu unterbinden und so ihr Fortkommen zu erschweren, beziehungsweise sogar zu verhindern, wie etwa durch höhnische Verweigerung von zu leihenden Büchern. Hat besonders in der letzten Zeit, bei fortschreitender Erhebung des deutschen Geistes, ein ihr geradezu feindliches Wesen an den Tag gelegt, indem er die ihm nicht zukommenden Vorlesungen, da Jude, trotzdem geflissentlich weiterbesuchte und schließlich sogar einen Festvortrag durch persönliche Anwesenheit zu entweihn wußte. *(Sieht hinüber.)* Laß Schuh und Strümpfe, du bleibst barfuß. *(Liest weiter:)* Seine volksfeindliche und zum Verrat entschlossene Gesinnung ließ er eindeutig in den verbrecherischen Zwischenrufen erkennen, mit denen er in den Kämpfen um die Absetzung artfremder Lehrer, so des Carmer, die sonst

einheitliche Handlung des Erwachens zu schänden sich nicht enthielt. Daraufhin erwies sich sofortiges Einschreiten als nationales Gebot der Stunde. *(Kurz:)* Wird zugegeben?

Siegelmann (schlüpft in die Hosen)

Anführer (schreibt): Ist sich seiner Schuld bewußt und hat sie zugegeben. Damit hast du dich des Volksverrates schuldig gemacht auf Grund des Gesetzes zum Schutze von Volk und Staat. Du wirst der wohlverdienten Strafe zugeführt, vorher jedoch im Rahmen der nationalen Säuberungsaktion der öffentlichen Schande preisgegeben.

Siegelmann (schlüpft in den Rock): Der öffentlichen Schande preisgegeben?

Anführer (zu den beiden ersten): Wir müssen weiter.

Siegelmann: Der wohlverdienten Strafe zugeführt? Welcher Strafe?

Anführer (blättert): Der Jude bedarf vor allem der körperlichen Ertüchtigung, will er auch nur den Versuch wagen, das deutsche Wesen zu begreifen. *(Mit seiner Mappe beschäftigt. Die beiden ersten Mann immer präzis und sachlich, die vier andern stramm an der Türwand.)*

Siegelmann (zu den beiden): Welcher öffentlichen Schande?

(Sie nehmen ihm die Fingerabdrücke.)

Siegelmann (Ausbruch): Welcher Schande? Welcher Strafe? Ich frage nicht, wofür.

Anführer (ohne aufzublicken): Du wirst auf keinen von uns Eindruck machen. Daß der Jude jammert, wenn endlich die gerechte Vergeltung kommt –

Siegelmann: Ich will nicht wissen, wofür. Nur was mit mir geschieht.

Die Stimme: Suche es in der Schrift, und du wirst alles verstehn. Denk an eure großen Führer: Sie waren immer wieder erfolglos. Denk an eure großen Siege: Sie waren immer wieder vergeblich.

Siegelmann: Ich frage ja nur.

Die Stimme: Ihr ruft Gott auf, stellt ihn zum Zwiegespräch mit euch – *(stärker:)* –, ihn, der euch immer wieder Niederlagen bereitet, der euch so oft gestraft, den ihr so oft im Zorn gesehn. Aber je mehr Niederlagen er euch bereitet, um so fester fühlt ihr euch als die Knechte Gottes. Warum, Siegelmann?

(Magnesium, sie nehmen sein rechtes Profil auf.)

Siegelmann: Warum?

Die Stimme: Denk nach, Siegelmann, denk nach.

(Magnesium, das linke Profil.)

Siegelmann (Angst und Erwartung): Denk nach.

Die Stimme: Habt nicht gerade ihr das Denken mitbekommen, weil

ihr es viel dringender braucht als die andern? *(Wird immer voller.)* Die andern sind Märtyrer im Glanz und in der Anerkennung der Welt. Die andern sind Helden im Ruhm der Barrikaden, von der Begeisterung aller verklärt. Die Juden aber werden niemals auf den Barrikaden für sich kämpfen dürfen, und ihr Martyrium vollzieht sich in den Kellern, in den Zimmern, in der Unsichtbarkeit. Nachdem sie es aber überstanden, wird es nicht verherrlicht, sondern bestritten und verhöhnt.

(Sie kleben ihm Löckchen an die Schläfen.)

Siegelmann (aufgerichtetes Gesicht)

Die Stimme (gesteigert): Denk nach, ob nicht gerade das euch zu den zähesten Eroberern gemacht hat. Denk nach, ob nicht der Glanz eines Heldentums schließlich ermattet und sich übersättigt, während die Verleugnung immer weiter fortwirken muß und lebendig erhält, weil sie nicht zur Ruhe kommen läßt. So kannst du, in der Schrift und bis auf den heutigen Tag, immer wieder neue Niederlagen finden und immer wieder neue Eroberungen.

(Sie hängen ihm ein Schild um: »Ich bin Jude«.)

Die Stimme (groß): Denn was ist der Jude? Solang er der verhöhnte und verfolgte, der zu vertilgende Jude bleibt, ist er der unbesiegbarste Eroberer: der Eroberer durch die Niederlagen.

Siegelmann (still)

(Sie schneiden seine Hosen an den Knien ab.)

Der Erste (sie treten beide in die Reihe zurück): Zu Befehl.

Anführer (blickt aus seinen Papieren auf, nickt): So wirst du zunächst durch die Straßen geführt, ein Bild des Jammers und der Schande für alle, die dich sehn.

Siegelmann (nickt): Nachher?

Anführer: Komm her, unterschreib.

Siegelmann: Was geschieht nachher mit mir? *(Leise:)* Ich will es nur wissen.

Anführer (lacht)

Siegelmann: Nur um mich vorzubereiten. Ertragen will ich alles.

Anführer: Unterschreiben sollst du.

Siegelmann: Alles.

Anführer: Ich kann dich beruhigen: Gehängt wirst du nicht.

Siegelmann (seufzt)

Anführer: Wir verfahren immer noch großmütig gegen unsern Feind. Gestraft mußt du werden, das ist alles.

Siegelmann (nickt)

Anführer: Die diesbezügliche Notwendigkeit scheinst du selbst einzusehen. Darin unterscheidest du dich immerhin von den meisten andern Juden, die solches Geschrei anheben, weil angeblich ein paar gezüchtigt wurden. Weißt du, was eine Revolution ist?
Siegelmann (nickt)
Anführer: Na also. In einer Revolution werden Menschen getötet. Ihr aber werdet bestenfalls gezüchtigt für so viel Schmach, die ihr uns angetan. Das ist noch lang nicht das Ärgste.
Siegelmann (nickt): Ich hab' es gewußt.
Anführer: Daran sollte die Welt endlich erkennen, in welcher Disziplin der Deutsche seine Revolution stattfinden läßt. – Wir setzen dir später eine Erklärung auf, in welcher du für gute Behandlung ausdrücklich deinen Dank aussprechen darfst. Unterschreib zunächst dein Geständnis.
Siegelmann: Mein Geständnis?
Anführer: Ich habe gerade Zeit, dir deine Verbrechen noch einmal vorzulesen. Es warten andre auf uns.
Siegelmann (sieht um sich): Verbrechen? *(Unbewegliche Gesichter.)*
Anführer (kurz): Hier setz Nathan Siegelmann hin.
Siegelmann (plötzlich): Wenn es Verbrechen sind, muß ich rechtmäßig bestraft werden? *(Sieht wieder zum vierten Mann.)*
Anführer: Alles geschieht bei uns rechtmäßig. Unterschreib.
Siegelmann (unterschreibt): Für Verbrechen Züchtigung – wäre zu wenig?
Anführer (lacht): Beklag dich nicht zu früh. *(Zu den beiden:)* Macht fertig. *(Wieder seine Mappe.)*
Siegelmann (zum Vierten, leise): Karlanner?
Karlanner (unbeweglich)
Siegelmann (nickt): Karlanner. *(Die beiden ersten binden seine Hände im Rücken.)*
Siegelmann: Und ich hatte gedacht, das sind Menschen aus einer andern Welt. Dort stehst du ja. Es ist die unsre. Als ich dich am stärksten gegen Professor Carmer toben sah, war ich auf vieles gefaßt. Aber unsre Fähigkeit, es zu fassen, hält längst nicht mehr mit eurer Fähigkeit, euch zu enthüllen, Schritt. So fragt man sich immer wieder: Eine fremde Horde ist eingebrochen? Nein, wir sind eingebrochen in unsre eigne Welt. Das ist trostloser und erlösender zugleich. Kein sinnloser Blitz, der auf uns niederging, um uns zu zerstören. Wir selbst zerstören uns, wir selbst: Also muß es wohl zu uns gehören.

(Sie glätten noch an ihm herum, ziehn dann die Fenstervorhänge auf.)
Siegelmann: Du warst vor einem Jahr dabei, Karlanner, wie mir mein Vater die letzten Ersparnisse gab, damit ich studieren kann. Er mußte seinen Laden schließen, nahm sich die Strumpfbänder und Sicherheitsnadeln um den Hals und ging in die Dörfer. Dazu, Karlanner, dazu brachte er mir dieses Opfer? Ich frage nur, um mir klar zu sein.
Karlanner (unbeweglich)
Siegelmann (stärker): Dazu hatte er sich, als einer der ersten, für Richard Wagner begeistert und sich für ihn geschlagen? *(Zärtlich:)* Wie er der Mutter und uns Kindern immer wieder aus dem Ring der Nibelungen vorsang, daß wir in Verzweiflung davonliefen? Dazu also. Wahrscheinlich fegt er auch jetzt über die Straßen mit Wotans Abschied im Mund. *(Stumm.)* Dazu, Karlanner. *(Verliert sich. Ausbruch:)* Soll ich denn schon wieder photographiert werden?
Erster (hatte alles vorbereitet): Wir können bereits eine Aufnahme bei Tageslicht riskieren. Das gibt wesentlich bessere Bilder. Darf ich bitten.
Siegelmann (fassungslos): Sie haben mich ja bereits zweimal photographiert.
Erster (Aufnahme): Ausgezeichnet.
Anführer (ohne aufzublicken): Das war für die Kriminalpolizei. Jetzt aber wurdest du für die Illustrierten aufgenommen –
Siegelmann: Wann werde ich endlich in Ruh gelassen, Vater.
Anführer: – damit dich der Deutsche in deiner wahren und natürlichen Gestalt kennenlernt.
Siegelmann: In meiner wahren und natürlichen Gestalt in Ruh gelassen. *(Angst.)* Vater.
Anführer: So hat selbst dein Leben, Jude, einen Sinn bekommen: zur Volksaufklärung beizutragen. *(Sammelt seine Papiere.)*
Siegelmann (Angst): Väterle. *(Lächelt.)* Väterle.
Erster (mit dem Zweiten wieder in der Reihe): Zu Befehl.
Anführer (scharf): Die nationale Aktion geht weiter. *(Nimmt die Front der Sechs ab. Scharf:)* Vorwärts marsch.
(Präziser Aufmarsch, daß Siegelmann in die Mitte kommt.)
Siegelmann (erschöpft): Väterle.
Die Stimme (voll): In deiner wahren und natürlichen Gestalt, in der Verleugnung, Verfolgung und Verhöhnung – was sonst führt euch immer wieder zu Gott? Was sonst schenkt euch das ewige Leben?
Anführer (Armgruß): Deutschland erwache.
Die Sechs (Armgruß): Deutschland erwache.

Die Stimme (immer voller): Kommt es auf den Ruhm eines Erleidens an? Nur auf seine Wahrheit. Sie keimt, sie treibt, sie blüht, sie gibt die Frucht.
Anführer (scharf): Kehrt. *(Siegelmann wird der Tür zugedreht.)*
Die Stimme: Also fürchte nicht, daß es vergeblich gewesen sein könnte.
Anführer: Vorwärts marsch. *(Abmarsch.)*
Die Stimme (überflutend): Denn neben der Allmacht Gottes steht nur noch eine zweite in der Menschenbrust, sie halten sich Hand in Hand: Das ist die Allmacht der Wahrheit. – Beide treten für dich an. Beide treten für dich ein.

Szene 5

Lesesaal der Universität, abends. Pulte und Stühle an die Bücherwände geschoben.

Tessow (sie liegen ausgestreckt, andre liegen abseits): Sobald sie versuchen, sich zu wehren, schieße ich jetzt immer. Sonst werde ich mit meinem Nachtpensum nicht fertig.
Karlanner: Ich hab' noch nie geschossen.
Tessow: Wenn du dir keinen Verweis holen willst, bleibt dir bald nichts andres übrig. Weil wir die zwei letzten meiner Liste nicht mehr antreffen konnten, sie waren bereits ausgegangen, und jetzt sind sie gewarnt, bekam ich gestern einen Rüffel.
Karlanner: Mit mir ist Rosloh zufrieden. *(Lacht.)* Es ärgert ihn genug.
Tessow: Wie soll man bei jeder Festnahme ein Protokoll machen, ein Geständnis unterschreiben lassen, wenn sich die Anzeigen so häufen, daß man bald gerade noch Zeit haben wird zu schießen?
Karlanner: Dann werde ich schießen.
Tessow (leise): Ich schieße nicht gern.
Karlanner: Man merkt es wahrscheinlich gar nicht?
Tessow: Wenn du das Blut siehst, schon.
Karlanner (rasch): Ans Blut hatte ich nicht gedacht.
Tessow: Wenn es rot herauskommt, fragt man sich doch, ob das nicht vielleicht Mord ist? Aber zum Fragen bleibt ja auch schon keine Zeit.
Karlanner: Nicht einmal diese Unglücklichen fragen noch, hast du es bemerkt – weshalb sie abgeholt werden, was sie getan hätten, was mit ihnen geschieht, nichts. Bestenfalls wollen einige herausbekommen, wem sie es zu verdanken haben. Als ob sie gerade jetzt, im Augen-

blick ihrer völligen Machtlosigkeit, an die Vergeltung denken müßten.
Tessow: Wann werden diese Denunziationen ein Ende nehmen, damit wir zum Eigentlichen kommen?
Karlanner: Wann werde ich schlafen können? Die ganze Nacht bis Mittag Dienst, und nachmittags kann ich nicht schlafen.
Tessow (richtet sich auf): Auch ich kann nicht schlafen. Auch ich warte.
Karlanner: Du wartest?
Tessow: Daß dieses Chaos endlich aufhört. Es sind die Wehen der Geburt, ich weiß. Aber endlich muß es doch geboren werden.
Karlanner: Was muß geboren werden?
Tessow: Das Reich.
Karlanner: Das Reich. *(Ins Ohr:)* Also ich habe jetzt herausbekommen, warum Rosloh immer etwas Besonderes für mich bereithält.
Tessow (stärker): Antworte mir, Karlanner.
Karlanner: Ich bin in diese Bewegung nicht hineingegangen, weil ich sie verstand, Verstehn war geradezu verboten: sondern weil sie mir den Kopf benahm. Als hätte ich einen Zaubertrank getrunken, von zwölf auf eins war ich ein andrer Mensch. Einmal diese Entdeckung gemacht, fühle ich mich jeder Verantwortung enthoben. Manchmal noch flackert mir der frühere Karlanner durch den Kopf, aber nur wie ein Nachtwandler sich zusieht: Wehe, wenn er vor sich selbst erschrickt. Wehe, wenn er zu begreifen sucht, warum er auf dem Dach steht. Morgen zum Beispiel –
Tessow: Vor morgen graut mir.
Karlanner: – morgen ist der große Tag gegen unsern Feind, den Juden. Wir haben vor den jüdischen Läden Aufstellung zu nehmen und heldenhaft zu verhindern, daß Käufer hineingehen. Wehe, wenn du zu begreifen suchst. Im Gegenteil, du, der es nicht erwarten konnte, sein Leben einzusetzen, hast dir zu sagen: Endlich ist mein Großkampftag gekommen.
Tessow: Die Lächerlichkeit fürchtest du nicht?
Karlanner: Ich fürchte gar nichts auf der Welt. Also ich hatte geglaubt, Rosloh kann mir die Anrempelung mit dem Spucken damals nicht vergessen. Es ist etwas anderes: Er will mich loswerden. Deswegen stellt er mir dauernd Fallen, sogar im Sprechen. Ich sehe genau, wie er auf eine Antwort lauert, die er als Verrat am Volk drehn könnte. Bevor ich heute meinen Dienst auf der Berghöhe antrat, ging ich zu Lewandowsky. Du warst schon bei ihm?
Tessow (nickt): Im Herbst kann ich meinen Doktor haben.
Karlanner: Auch Rosloh. Damit empfing er mich.

Tessow (erstaunt): Rosloh im Herbst?

Karlanner: Rosloh darf noch in diesem Monat beide Staatsprüfungen gleichzeitig machen, wegen besonderen Verhaltens vor dem Feind. Rektor und Senat hätten bereits zugestimmt.

Tessow: Und du?

Karlanner (schüttelt den Kopf): Da ich zwei Jahre mit einer Jüdin verbracht habe, sei es schon aus natürlichen Gründen kaum denkbar, daß ich die geistige Reife besäße, Arzt zu werden. Auch sei ihm berichtet worden, ich hätte bei der letzten Vorlesung Carmers zwar laut, aber ohne tieferen Sinn geschrien.

Tessow: Das stimmt. Du hast immer nur Schluß gebrüllt. An den gereimten Sprechchören nahmst du nicht teil.

Karlanner: Ich war damals Anfänger.

Tessow: Da du aber der Partei angehörst –

Karlanner: Das beweise eben nur Roslohs großes Herz. Inzwischen habe sich herausgestellt, daß es überhaupt keine Opposition gäbe.

Tessow (seufzt): Auch das stimmt.

Karlanner: Es sei also überflüssig gewesen, mich hineinzunehmen. Man brauche mich jedenfalls nicht.

Tessow: Daß wir gar keine Opposition hatten, war meine erste Enttäuschung. Daß wir überall siegen, ohne zu kämpfen.

Karlanner: Nutzt alles nichts. Jetzt bin ich drin. Jetzt bleibe ich.

Tessow: Was wird aus deiner Promotion?

Karlanner (streckt sich wieder aus): Ich müßte eine wissenschaftliche Untersuchung machen, was die Jüdin von Natur aus ist. Meine zweijährigen Erfahrungen hätten als Material zu dienen. Da ich geglotzt habe, riet er mir, zunächst einmal seine Vorlesungen über die Moral der Rassen zu besuchen.

Tessow (streckt sich aus)

Karlanner: Als ob es noch auf den Doktor ankommt. Mir nicht. Mir längst nicht mehr.

Tessow: Hast sie zwischendurch gesehn?

Karlanner: Nicht einmal in der Erinnerung. Nicht einmal in meinem Kopf darf sie dabeisein. Wie weit ist das.

Tessow (nickt): Bei dem tatenstrotzenden Leben, das wir führen –

Karlanner: Genauso weit wie dein Reich.

Tessow: Da irrst du.

Karlanner: Beten wir zu Gott, daß die Tatenstrotzerei nie aufhört. Nur das haben wir zu fürchten. Nur das, Tessow. Beten wir zu Gott. *(Rosloh.)*

Rosloh (alles stramm): Die Liste der jüdischen Geschäfte unsres Operationsgebietes. Beethovenstraße.
Erster (tritt vor)
Rosloh (gibt ihm eine Liste): Vier Hörer aus der Juristischen hast du zu führen. – Hohenzollernplatz.
Zweiter (tritt vor)
Rosloh (Liste): Sechs Philosophen werden dir unterstellt sein. Durchwegs jüngere Semester, also Achtung. – Großherzogin Augusta-Straße.
Dritter (tritt vor)
Rosloh: Mit neun Lehramtskandidaten. – Friedensallee.
Vierter (tritt vor)
Rosloh: Mit zwölf älteren Jahrgängen, zuverlässig. – Gneisenaustraße.
Tessow (tritt vor)
Rosloh: Dir vertraue ich meine erprobte Kerntruppe an. Punkt sieben auf dem Cheruskerplatz Aufstellung zum letzten Appell. Sobald ich das Signal zum Angriff gebe, besetzt ihr die in den Listen bezeichneten Stellungen, in lockerer Schwarmlinie vorgehend, doch dann mit einem Schlag.
Die Fünf: Zu Befehl.
Rosloh: Der Jude, der uns den Krieg erklärt hat, ist erfinderisch. Während er uns unter das ausländische Feuer stellt, mit Geschützen, die von Paris, Prag, London und sogar über den Ozean von New York auf uns abgefeuert werden, hängt er das Eiserne Kreuz an seine Schaufenster, selbstgemachte Stammbäume, Anerkennungsschreiben ehemaliger Feldherren sind besonders beliebt, oder gar Tafeln wie »Bin seit hundert Jahren Deutscher« – alles Nebelschwaden, um den neuen Angriff gegen uns zu verschleiern. *(Wild:)* Es ist ohne Pardon vorzugehn: mit einer Wucht und Vehemenz, wie sie bis dahin die Welt noch nicht gesehn hat, zugleich jedoch ohne die kleinste Verletzung des Gesetzes, mit eisernster Disziplin. Wir überfallen nicht, wir verteidigen uns nur: Diese Aufklärung ist den ausländischen Kriegsberichterstattern zu geben. *(Stark:)* Noch tut die Welt so, als ob sie uns nicht verstünde. Aber wenn wir diesen Krieg, diesen heiligen Krieg zum siegreichen Ende geführt haben, dann nimmt auch sie an den Früchten dieses Sieges teil. Für Deutschland kämpfen wir allein? Wir kämpfen für die Erlösung der Welt.
Die Fünf: Zu Befehl.
Rosloh: Der nächste.
Karlanner (tritt vor)

Rosloh: Es häufen sich die Anzeigen gegen eine gewisse Helene Max. Adresse zufällig bekannt?
Karlanner (leise): Zu Befehl.
Rosloh: Ich habe nichts gehört.
Karlanner (stärker): Zu Befehl.
Rosloh: Wir werden sie verhaften müssen. – Ich habe wieder nichts gehört.
Karlanner (Aufschrei): Zu Befehl.
Rosloh: Ich sehe vor, dich mit dieser nationalen Aufgabe zu betraun.
Karlanner: Mich –
Rosloh (sofort): Du lehnst ab?
Karlanner (unbeweglich)
Rosloh: Es dürfte dir aufgefallen sein, daß ich dich morgen nicht verwenden kann. Der Einsatz zur Entscheidungsschlacht darf nur der zuverlässigsten Blüte der Nation anvertraut werden, während du zumindest das leichte Handwerk der Verhaftungen beherrschst. Diese entlaufene Tochter des A. Max, Chemische Werke, muß zur Verantwortung gezogen werden. Nur wegen ihres Vaters ist es nicht schon längst geschehn. Der Vater vielleicht auch bekannt?
Karlanner (nickt)
Rosloh: Woher?
Karlanner: Er fuhr einmal an uns vorüber.
Rosloh: Nähere Bekanntschaft nicht gesucht?
Karlanner (schweigt)
Rosloh: Wäre wohl auch aussichtslos gewesen. Ein Mann von Haltung und Ehrbegriff, wiewohl Jude. Hatte sich mit Ausbruch der nationalen Revolution dieser sofort zur Verfügung gestellt. Gegen die Verleumdungen protestierte er in fünftausend Rundschreiben an das Ausland und hat wahrheitsgemäß erklärt, wie gut es den Juden in Deutschland geht. Was alle von sich glauben machen wollen, er ist es in Wirklichkeit: ein deutscher Jude. Wenn auch außerstand, unsrer Rasse je anzugehören, können diese Juden ohne Schaden von ihr geduldet werden.
Tessow (längst erregt): Zu Befehl.
Rosloh: Du?
Tessow: Zu Befehl.
Rosloh: Was hast du denn?
Tessow: Ohne Schaden unsrer Rasse, Rosloh?
Rosloh (wichtig): Es ist Staatskunst, politisch zu denken.
Tessow: Die Reinheit unsres innersten Bestandes, Rosloh?

Rosloh (nickt): Dazu kommt das im Staatsleben so wichtige Spiel der wirtschaftlichen Kräfte.
Tessow: Und der Geist, Rosloh, der Geist?
Rosloh (nickt): Diese Juden zollen unserm Geist die vollste Anerkennung, die sichtbarste Bewunderung. Dem arttreuen, kriegerischen deutschen Geist wollen sie rückhaltlos dienen. Es ziemt uns daher morgen, am Großkampftag, diesen Juden gegenüber in wohlwollender Neutralität zu verharren. Den nie zufriedenen, Neues suchenden, verbrüderungssüchtigen: den echt jüdischen Geist verurteilen sie vielleicht noch schärfer als wir.
Tessow (hilflos): Rosloh.
Rosloh: Kein Zweifel, diese wenigen besonderen Juden bilden eine Rasse für sich.
Tessow: Eine Rasse für sich.
Rosloh (drohend): Wolltest du noch etwas?
Tessow (tritt zurück)
Rosloh: Die Tochter hingegen war seit je aus der Art geschlagen. Jetzt zeigen sich die Folgen. Sind dir Äußerungen von ihr bekannt?
Karlanner: Nein.
Rosloh: Auch auf Umwegen von ihr nichts gehört?
Karlanner: Nein.
Rosloh: Dich nie um sie gekümmert?
Karlanner: Nie.
Rosloh: Denkst vielleicht nicht einmal an sie?
Karlanner: Schon gar nicht.
Rosloh (zu Tessow): Ein Herz hat dieser Mann.
Karlanner: Zu Befehl.
Rosloh: Um so leichter wird es dir fallen, sie mir morgen vorzuführen. In ihrem Büro äußerte sie sich in einer Weise über das zwanzigste Jahrhundert, daß sie auf der Stelle fristlos entlassen werden mußte, zugleich mit ihr alle andern jüdischen Angestellten. Ihre Zeitung hat sie mit der Bemerkung abbestellt, sie werde sie erst wieder lesen, wenn sie wieder lesbar sei. Schließlich soll sie sich vor dem Portier Goetheplatz 7, er steht als Zeuge zur Verfügung, in Gerüchten über einen gewissen Nathan Siegelmann verbreitet haben. Dir wohl bekannt?
Karlanner (schüttelt den Kopf)
Rosloh: Etwa nicht bekannt?
Karlanner: Zu Befehl.
Rosloh (ungenau): War nicht im Rahmen der nationalen Säuberungsaktion eine deiner ersten Verhaftungen –

Karlanner (scharf): Die Namen der Verhafteten sind mir nachher nicht mehr bekannt.
Rosloh (geärgert): Also nicht bekannt. Besagter Siegelmann soll vor zehn Tagen in angeblich lächerlicher Aufmachung durch die Hauptstraßen geführt worden sein.
Karlanner: Mir nicht bekannt.
Rosloh (scharf): Ich weiß es bereits.
Karlanner (lacht): Zu Befehl.
Rosloh: Zwei Tage später soll man ihn angeblich mit schweren Verletzungen am Ufer gefunden haben.
Karlanner (sofort): Mir schon gar nicht bekannt.
Rosloh: Meine Nachforschungen ergaben, daß zwar tatsächlich ein Nathan Siegelmann Goetheplatz 7 wohnt, daß er aber vor zehn Tagen seine Wohnung unabgemeldet verlassen hat und seither nicht wieder zurückgekehrt ist. Es liegt auf der Hand, er hat die Flucht ergriffen. Alles andre ist glatte –
Karlanner: Verleumdung.
Rosloh: Ich liebe dieses kriecherische Wesen nicht, mir die Worte aus dem Mund zu nehmen.
Karlanner: Zu Befehl.
Rosloh: Eine jüdische Eigenschaft, die dir noch immer anklebt. Wie sollst du unter solchen Umständen tauglich sein, der Nation zu dienen?
Karlanner (lächelt)
Rosloh: Sagtest du etwas?
Karlanner (läßt nicht den Blick von ihm)
Rosloh: Du lehnst also ab.
Karlanner: Ich gehe.
Rosloh: Übermorgen hätte ich genug Leute frei, sie abholen zu lassen, falls sie nicht inzwischen gewarnt wird.
Karlanner (lacht): Wer sollte sie warnen?
Rosloh: Was willst du eigentlich?
Karlanner (unverhüllt): Ich gehöre der nationalen Bewegung an, der ich alles geopfert habe, mit Leib und Seele. Durch nichts lasse ich mich beirren. Nichts bringt mich heraus.
Rosloh (lacht den andern zu): Mit Leib und Seele, aber ohne Geist.
Karlanner: Zu Befehl.
Rosloh: Das nennt er national.
Karlanner: Dir in Treue, Rosloh, bis in den Tod.
Rosloh: Weil du schreist, glaubst du –

Karlanner: Ohne Geist. Dir in Treue.

Rosloh (sieht schließlich weg): Warten wir es ab. Du vermeidest alles Aufsehn mit Rücksicht auf den Vater. – Abtreten.

Karlanner (tritt zurück)

Rosloh (sieht auf die Uhr): Eine Stunde bleibt ihr noch hier, zur Bereitschaft auf alle Fälle. Dann in die Betten. Morgen braucht jeder seinen klaren Kopf. *(Feierlich:)* Wir kämpfen auf Vorposten. Die Augen der ganzen Welt sind morgen auf uns gerichtet. Immer war es der Stolz deutscher Studentenschaft, bei den Entscheidungsschlachten der Nation in vorderster Front zu stehn. Zeigt euch auch morgen dieser beispielhaften Aufgabe gewachsen. Es kann morgen einer der denkwürdigsten Tage Deutschlands werden.

Die Fünf: Zu Befehl. *(Rosloh ab.)*

Karlanner (sie setzen sich, die andern strecken sich wieder aus): Ohne Geist, aber mich legt er nicht hinein.

Tessow (pfeift)

Karlanner (pfeift): Solang ich will, werde ich mit ihm immer noch fertig. Solang ich nur will.

Tessow: Wenn man sich Juden aussuchen kann, die eine Rasse für sich bilden, was ist dann noch Rasse?

Karlanner: In der Zeit, da ich meine fünf Sinne beisammen hatte, war mir selbstverständlich, daß die Rassen natürliche Ergebnisse biologischen, klimatischen Charakters sind. Man kann sie systematisieren, auf Äußerlichkeiten und Allgemeinheiten hin. Dann bekommt jede Rasse ein Etikett, auf dem sie angegeben stehn: eine von den tausend Farben der Menschenhaut, einige von den unzählbaren Formen des Körperbaues. *(Erregt:)* Schluß. Das, worauf es allein ankommt, die Frage nach der Fähigkeit, Mensch zu sein, hat bereits nichts mehr auf dem Etikett zu suchen. In dieser Fähigkeit sind alle gleich. An unzähligen Beispielen ist es erwiesen, daß hier derjenige zwischen den Rassen keinen Unterschied macht, der sie geschaffen hat.

Tessow: Das ist es nicht.

Karlanner (nickt): Willst du von mir hören, was du unter Rasse verstehst, du und alle, die mit dem großen Glauben hineingegangen sind, dann hättest du mich vor zehn Tagen fragen sollen. Als ich in Potsdam, bei der feierlichen Reichstagseröffnung, den Aufmarsch von hunderttausend leuchtenden Menschen sah, ich mit darunter, eingereiht in eine endlose Armee des Glaubens an die Auserwähltheit, der innersten Zuversicht: Jetzt kommt der Tag –

Tessow (leise): Auch ich werde es nie vergessen.

Karlanner: Du hattest ein ganz anderes Gesicht, Tessow.
Tessow: Du auch.
Karlanner: Ein so schönes Gesicht. Damals empfand ich unwillkürlich: Vielleicht gibt es wirklich den Begriff Rasse in diesem kämpferischen Sinn. Mögen selbst alle gleich wert sein in ihrem eigentlichen menschlichen Gehalt, alle gleich vor Gott: Eine ist mir besonders wert, die Rasse, der auch ich angehöre. Diese helle, strahlende Rasse, die aus hunderttausend Gesichtern wie aus einem einzigen leuchtet. Damals war ich mit vollem Bewußtsein entschlossen, für sie zu kämpfen. Schon in der gleichen Nacht, ich hatte endlich meine militärische Ausbildung hinter mir, konnte ich dann beim armen Siegelmann sehn, wie dieser Kampf aussieht, dieser heilige Krieg. Seither frage ich nichts mehr, auch nicht, was Rasse ist. Mußt dich beim Rosloh erkundigen.
Tessow (spuckt aus): Rosloh.
Karlanner: Als ich noch in der Benommenheit war, mit dem Zaubertrank im Magen, hätte ich mich retten können. Seit mich der wirkliche Glaube überflutet hat, wie schon viel früher dich, sind wir mit ihm gerettet und mit ihm verloren. Du zumindest halte ihn fest.
Tessow: Ich klammere mich erst recht an den Tag von Potsdam, sonst kommt mir das Verrecken bei lebendigem Leib.
Karlanner (Beine auf die Bank, streckt sich halb aus)
Tessow: Erinnerst du dich.
Karlanner (pfeift)
Tessow: Es waren nicht hunderttausend: zweihundertfünfunddreißigtausend sollen es gewesen sein.
Karlanner: Zweihundertfünfunddreißigtausend.
Tessow: Zweihundertfünfunddreißigtausend junge Menschen aus ganz Deutschland, in Braun, in Blau, im Rot der Katholischen, im Weiß der Mädchen. Die Trommeln, die Chöre, die Orgel der Garnisonskirche aus unzähligen Lautsprechern, und diese Sonne, diese die Göttlichkeit des Lebens ausstrahlende Sonne. *(Kann nicht weiter.)*
Karlanner (still): Diese Sonne sah ich heute wieder.
Tessow: Heute?
Karlanner: Ich war der Schnappkolonne für Automobile auf der Berghöhe zugeteilt. Von Lewandowsky bin ich gleich hinauf. Es kamen wenig Wagen, ich hatte Zeit, mich auf den Mooshügel zu setzen. Dort sah ich, über den Rhein hinüber, nach Frankreich.
Tessow (leise): Frankreich.
Karlanner: So weit man nur die Hügel überblickt: Bauern und ihre Frauen auf unzähligen Fleckchen Erde.

Tessow (seufzt): Es ist noch früh, nach Frankreich hinüberzusehn.
Karlanner (lächelt): Zu früh.
Tessow (nickt): Bei allem, was wir hier treiben, kommen wir überhaupt nicht mehr dazu. *(Streckt sich gleichfalls halb aus, Rücken an Rücken gelehnt.)*
Karlanner: Ich habe diese Menschen drüben eine Endlosigkeit lang angestarrt.
Tessow: Meine seligste Sehnsucht: Frankreich. In Frankreich fallen. So, Rücken an Rücken gelehnt, dürften sie 1914 auf den französischen Feldern im Halbschlaf gesessen haben, mit dem Bewußtsein: Morgen ist Sturmangriff.
Karlanner (fern): Morgen ist Sturmangriff.
Tessow: Mir ist schlecht.
Karlanner: Wir sind noch im März, aber die meisten drüben tragen schon große Strohhüte. Einige mähn Frischfutter in Hemdärmeln. Andre spritzen mit dünnen Rohren ihre schorfigen Obstbäume ab. Sie haben ihre Pfeifen im Mund, sie bücken sich, sie richten sich wieder auf, manchmal rufen sie einander etwas zu, sie arbeiten, sie lachen. *(Kaum:)* Wir?
Tessow: Mir ist schlecht auf den Tod.
Karlanner (nickt): Aus dieser friedlichen Landschaft sah mich nur mehr der Tod an. *(Lächelt.)* Aus dieser die wahre Göttlichkeit des Lebens bestrahlenden Sonne leuchtete mir, mir? nur mehr der Tod entgegen. – Tessow.
Tessow (pfeift)
Karlanner (nimmt seine Hand über die Schulter): Glaubst du, ich könnte sonst morgen zu ihr hinaufgehn, Tessow?

Szene 6

Zimmer Helenens.

Max (beide stehn weit voneinander): Deine Anhänglichkeit zur Familie war nie groß. Immerhin hatte ich geglaubt, an einem Tag wie heute würde endlich meine Tochter zur Vernunft kommen.
Helene: Auch ich, als du unerwartet ins Zimmer tratst, hatte geglaubt, an einem Tag wie heute würden wir uns endlich finden. Es gehört ja zu uns, daß wir verfolgt werden müssen, damit unser Heimatsgefühl erwacht.
Max (kurz): Wir werden nicht verfolgt.

Helene: Jeder jüdische Mensch wird verfolgt.
Max: Was ist das: der jüdische Mensch? Du machst nur den Mund auf, und ich höre diese Sprache wieder, die mir seit je auf die Nerven ging. Das Schulmädchen schnatterte schon vom »freien Menschen«, vom »Kampf um den Menschen«. Wenn mir in diesen zwei Jahren manchmal durch den Kopf ging: Wie konntest du dich so leicht von deinem Kind trennen, brauchte ich mich nur zu erinnern. Hätten wir weiter normale Zeiten, ich würde mich auch weiter nicht um dich kümmern. Du wolltest selbständig sein: bitte. Du wolltest mit einem Hungerschlucker leben: bitte. Der Gedanke konnte mich beruhigen, daß du deine Eigenmächtigkeiten schließlich unter den Fittichen einer sicheren Erbschaft treibst. Diese Sicherheit ist jetzt vorüber.
Helene: Eine Sicherheit hat es für die Juden nie gegeben.
Max: Was willst du von den Juden. Ich spreche von dir und mir.
Helene: Die Sicherheit kann nur aus dem festen Boden wachsen, der einen trägt. Unsern Boden aber tragen wir in uns. Das ist unser Glanz und unser Elend.
Max: Unser Boden ist Deutschland.
Helene (die Straße stärker): Das glaubte ich auch einmal. *(Geht ans Fenster.)*
Max: Schon vor zweihundert Jahren saßen deine Vorfahren in Frankfurt und Worms.
Helene: Ich hatte den deutschen Geist gemeint.
Max: Sie sind der Glanz der wirklich deutschen Juden. Er unterscheidet uns mit aller Sichtbarkeit von jenen andern, gegen die allein der Boykott gerichtet ist, von den Zugewanderten und Eingedrungenen, von den sozialistischen Intelligenzlern und Arbeitern, von den Händlern auf dem flachen Land. Was haben wir mit diesen wurzellosen, flüchtigen Geschöpfen gemein, die das lächerliche Märchen vom ewig wandernden Juden immer wieder aufrühren?
Helene: Was haben wir mit Herrn Samuel Rabinowitsch, Damenhüte, gemein?
Max: Mit was für einem Herrn Rabinowitsch?
Helene: Sie bemalen gerade sein kleines Schaufenster »Achtung, Jude«. Und die Zuschauer drängen sich begeistert an die Scheiben. Gleich werden sie sie eingeschlagen haben.
Max (fest): Nichts haben wir mit ihm gemein. Vermutlich kommt er aus dem Osten.
Helene: Vermutlich.
Max: Also gehört er einer ganz andern Rasse an.

Helene (ruhig): Auch unter den Juden gibt es verschiedene Rassen?
Max: Du bist gelungen.
Helene: Warum sprechen dann die Deutschen immer nur von der einen jüdischen Rasse an sich?
Max: Weil leider manche unter uns zögern, ihnen zu beweisen, daß es verschiedene sind. Um so notwendiger ist heute die klare Stellungnahme.
Helene: Wieviel Rassen gibt es unter den Juden?
Max: Wer wird sie zählen. Wir haben nur auf die unsere zu achten.
Helene: Du und ich jedenfalls gehören der gleichen an?
Max: Schließlich bist du meine Tochter.
Helene (nickt): Das gleiche Blut. Wenn uns einer zusieht, müßte ihm die Inhaltslosigkeit dieses Begriffes aus unsern Gesichtern entgegenschrein.
Max: Mach das Fenster zu. Du wohnst in einer unmöglichen Gegend. Was hat das jetzt für einen Sinn, daß du nicht mehr ins Büro gehst? Daß so unhygienische Anlagen überhaupt bewohnt werden dürfen. Bei mir, aus deinen früheren Fenstern, würdest du ganz andere Dinge sehn – und entsprechend anders denken. In unserm Garten fängt der Flieder schon an. Gerade der große Strauch vor deiner Terrasse zeigt die ersten Knospen.
Helene (unnachgiebig): Ich könnte jetzt keinen Flieder sehn.
Max: Nach deinen Brüdern fragst du nicht.
Helene: Die denken ja wie du?
Max: In gesteigertem Maß. Sie leben nur für die Fabrik. Wir sind eine geschlossene Familie, von dir abgesehn.
Helene: Wenn meine Mutter noch lebte –
Max: – würde sie dich ebensowenig verstehn. Sie war keine Intellektuelle wie du. Intellektualität entwurzelt.
Helene: Es ist deren Sprache.
Max (nickt): Ich spreche deutsch. Würdest du hingegen täglich vor diesen endlosen Reihen von Badeseife stehn, wie sie aus der einen Maschine, die sie preßt, von selbst in die andere gleiten, die sie schneidet: dann käme dir bald das Gefühl für Boden, von dem du vorhin sprachst.
Helene: Für Boden?
Max: In der Fabrik hast du den gleichen, regelmäßig produzierenden, unaufhörlichen Vorgang, auch die Erde arbeitet nicht anders. Und wenn ich meine Tuben von Zahnpaste, meine charakteristischen Fläschchen mit dem Mundwasser in den Auslagen auch der kleinsten Ortschaften sehe, dann fühle ich: Das ist der Boden, aus dem ich

seit fünfunddreißig Jahren wachse, hier bin ich verwurzelt, und ich habe alles zu tun, auch alles zu erdulden, um ihm treu zu bleiben als Deutscher in der großen Zugehörigkeit. *(Blick auf ihren Toilettentisch.)* Diese Zugehörigkeit kennst du eben nicht.

Helene (lacht): Ich wollte meinen Namen nicht immer wieder auf den Fläschchen sehn.

Max: Deinen Namen.

Helene: Auch unter der Menschenwürde alles erdulden?

Max: Wer Sinn für Realität hat, wird mit diesem Wort nichts anzufangen wissen. Es gehört zum Komplex jener Regungen, die sie Menschheitssüchtelei nennen und vor denen wir uns am meisten zu hüten haben. *(Hatte ein Fläschchen in die Hand genommen.)* Du wirfst dein Geld zum Fenster hinaus.

Helene: Wenn du deswegen gekommen bist: Ich werde mich auch weiter nicht hüten.

Max: Hast du überhaupt noch Geld?

Helene (nickt)

Max: Trotzdem du entlassen wurdest?

Helene: Ich hatte gespart – *(lacht)* –, um in eine hygienischere Gegend zu ziehn.

Max: Mit dem jungen Mann vielleicht?

Helene: Mach dir also keine Sorgen.

Max: Aber ihr seht euch natürlich nicht mehr?

Helene (stärker): Mach dir keine Sorgen.

Max: Nur weil du sagtest, er sei ein fortschrittlicher Kopf.

Helene (lacht)

Max: Ich hatte es mir gedacht. Fortschrittlich kann nur sein, wer nichts besitzt.

Helene: Jetzt besitzt er etwas?

Max (nickt): Sein Deutschtum. Selbst mich, dem dieser unschätzbare Besitz niemals voll zuteil werden kann, erfüllt schon ein Hauch von ihm mit Stolz. Bei aller Bescheidenheit darf ich sagen, daß ich mit dazu beigetragen habe, aus diesem Land das hygienischste der Welt zu machen, seinen Lebensstil mit geschaffen habe. Weil es sich in einer Erhebung befindet, die uns gewisse Schwierigkeiten bereitet, sollte ich ihm in den Rücken fallen wie diese Juden, die ins Ausland sind, um uns auch noch zu beschimpfen? Wenn du aber nicht zu mir zurückwillst – *(wartet)* –, wirst auch du verreisen müssen. Der Grund meines Besuches ist, dich vor diese Alternative zu stellen.

Helene (sieht ihn an)

Max: Bitte mir mitzuteilen, in welches Flugzeug ich dich setzen soll.
Helene (schüttelt den Kopf): Ich bleibe.
Max: Jene Juden, die zu bleiben verstehn, werden am Schluß recht behalten haben. Du aber verstehst es nicht. Es wurde mir ein Wink gegeben, daß du redest.
Helene: Ich rede die Wahrheit.
Max (fest): In diesem Augenblick ist es nicht deutsch, die Wahrheit zu reden.
Helene (lacht)
Max: Höhere Interessen –
Helene: Dafür ist es jüdisch, in diesem Augenblick von verschiedenen Juden zu sprechen.
Max: Schon wieder die Juden. Was hält dich also hier?
Helene: Die Juden.
Max: Oder der Christ.
Helene (lacht)
Max: Ihr seht euch heimlich?
Helene: Wie du dir das vorstellst.
Max: Früher war er für dich zu wenig. Jetzt –
Helene: – ist er für mich zu viel?
Max: Unerreichbar. Es wäre ein Unglück für dich, für ihn, für uns, für die Fabrik, für alle. Gerade wenn uns an einer wirtschaftlichen Verbindung mit den Deutschen liegt, haben wir uns um so weniger persönlich in sie zu mischen. Im Gegenteil ist hier Gelegenheit, unsere neidlose Bewunderung zu manifestieren.
Helene: Mit neidloser Bewunderung brauche ich mir nur zu sagen, jeder von diesen da unten könnte er sein. Schon müßte ich mich vor Scham verkriechen, an so einen geglaubt, so einem angehört zu haben. Wie war das möglich.
Max: Warum willst du also nicht fort?
Helene: Ich hasse ihn. In dieser Hinsicht kann ich dich beruhigen.
Max: Beruhigen würde mich, daß du ihn vergißt.
Helene: Wie war das möglich.
Max: Was also hält dich noch hier?
Helene: Die Juden. Als hielte mich das dort draußen mit magischer Gewalt.
Max: Mit magischer Gewalt?
Helene: Als ob meine Augen unbedingt sehn müßten, was alles heute möglich ist.
Max: Die magische Gewalt könnte leicht eine andere sein. Hüte dich.

Helene: Möglich in diesem Jahrhundert. *(Lacht.)* Und im hygienischsten Land der Welt.

Max: Sonst richtest du dich zugrund.

Helene (gesteigert): Wenn die Deutschen nach Frankreich, Österreich oder Italien kommen, rümpfen sie zuerst die Nase. Wohl sind das die ältesten Kulturländer Europas, aber nicht jeder Mensch hat sein eigenes Badezimmer.

Max (starrt sie an)

Helene: Diese kindische Eitelkeit habe ich selbst lange Zeit geteilt, so deutsch war ich schon geworden, daß ich im fließenden Warmwasser eine Bequemlichkeit sah? Nein, ein Kulturdenkmal. Aber ich bereue es. Ich bereue.

Max: Wovon redest du denn?

Helene (gesteigert): Vom Zusammenbruch des hygienischen Lebensstils.

Max: Du bist verrückt.

Helene: Wer sonst hat den Menschen immer mehr nach außen gehetzt, wer sonst hat die innere Reinigung um so mehr vernachlässigt. Aber es nützt nichts, nur immer zu baden und zu baden, denn siehe: Der Dreck liegt auch unter der Haut.

Max (abgewendet): Es wird peinlich.

Helene (unverändert stark): Daß aber wie oft ungewaschene Füße einen reinen Menschen tragen: Darauf müssen wir erst wieder kommen.

Max: Entscheide dich, bitte.

Helene: Diese Entdeckung muß der Mensch erst wieder machen, dann wird schon eher das dort draußen nicht mehr möglich sein.

Max: Wenn du ein einziges Mal auf mich hören willst: Entscheide dich und komm zu uns. Mag vieles sein, was dich zu empören scheint, weil du es nicht verstehst – *(Die Straße wieder stärker.)* –, schließlich bist du eine Deutsche, auch gegen deinen Willen.

Helene: Würdest du dich jetzt auf die Straße traun?

Max: Der Chauffeur ist, wenn auch ohne mein Einverständnis, seit langem Mitglied der Partei.

Helene (lacht): Dann.

Max: Du kannst also ruhig sein. Wenn auch vieles dir unüberwindlich scheint: Ein alter Reiterspruch sagt: Wirf zuerst dein Herz hinüber.

Helene (lacht): Was machen aber jene Juden, die keine Chauffeure haben und keine Reitersprüche kennen?

Max: Du gehörst ja nicht zu ihnen. Endlich Schluß damit.

Helene (fest): Ich gehöre zu ihnen. *(Gesteigert:)* Denn ich glaube unerschütterlich, daß es einmal wieder deutsch sein wird, die Wahrheit

zu reden, und daß es niemals jüdisch war, Rundschreiben in die Welt zu schicken.

Max (nickt): Fünftausend habe ich verschickt.

Helene: Du auch? Was willst du also von mir?

Max: Ich leugne nicht, es gehört heute erst recht Kopf dazu, ein richtiger Jude zu sein. Ohne Kopf verlören wir unsere letzte Existenzberechtigung. Du dagegen bist kopflos.

Helene: Ich habe auch Briefe verschickt.

Max (erschrocken): Du hast auch Briefe geschrieben?

Helene: Nur wieder die Wahrheit, sonst nichts.

Max: Wenn sie einen solchen erwischen –

Helene: Die zu beweisende, nicht wegzurückende Wahrheit.

Max: Damit kannst du dich ums Leben bringen. Verstehst du, was das heißt? Ich selbst weiß Fälle –

Helene: In deinen Rundschreiben sind sie jedenfalls angeführt?

Max (außer sich): Bist denn du bei Sinnen?

Helene (draußen gesteigert): Sei stolz auf deinen Kopf und geh. Sei stolz, daß die Münder, die da schrein, vielleicht dein Mundwasser gespült hat.

Max (schließt seinen Mantel): Stolz bin ich auf mein Mundwasser, aber nicht auf dich.

Helene: Beeil dich, wer weiß, und sie tun es einmal nicht mehr. Der Chauffeur, die Rundschreiben. Dein großer Kopf: Es könnte plötzlich alles umsonst gewesen sein: Achtung, Jude.

Max (gewaltig): Achtung, Jude?

Helene (wild): Gilt dann auch dir. Wenn ich zu bestimmen hätte: dir vor allem.

Max: Wir, gar wir, die wir teilnehmen an den großen chemischen Konzernen –

Helene: Dir vor allem.

Max (gesteigert): – die uns unzerreißbar mit Deutschland verbinden, ein Band, im Krieg geschweißt und für den Krieg –

Helene (groß): Achtung, Jude.

Max: Was mich betrifft, erledigt sich die Rassenfrage restlos durch mich selbst. Juden, wie wir, stehn außerhalb der Konkurrenz. Dein Rabinowitsch, dieser Jude ist gemeint.

Helene (Ausbruch): Was suchst du noch hier?

Max: Würdest du begreifen, in welcher Welt du lebst – aber wenn ich sehe, wie du am ganzen Körper zitterst –

(Karlanner.)

Helene (Aufschrei): Heinrich. *(Starrt ihn an.)*
Max (Pause, bös): Ich hatte es geahnt. Die magische Gewalt. *(Ab.)*
Helene (Pause, leise): Untersteh du dich –
Karlanner (bleibt an die Wand gelehnt)
Helene: Was willst du von mir?
Karlanner (schüttelt den Kopf)
Helene (Pause, leise): Hinaus.
Karlanner (nickt)
Helene: Du hast den Verstand verloren.
Karlanner (schließlich): Ich habe dir nur zu sagen –
Helene: Von dir will ich nichts hören.
Karlanner: – daß du fort mußt.
Helene (rasch ans Fenster)
Karlanner: Rosloh hat Denunziationen gegen dich in Händen. Äußerungen, die du bei deiner Entlassung im Büro hast fallenlassen. Auch die Zeitungsfrau hat Äußerungen von dir hinterbracht.
Helene: Was hat der Milchmann hinterbracht?
Karlanner: Du lachst, weil du nicht ahnst –
Helene: Und die Wäscherin?
Karlanner: – daß schon das Zeugnis einer Wäscherin genügen würde.
Helene: Und die Briefe, die ich an die Kolleginnen geschrieben habe?
Karlanner: Briefe?
Helene (mechanisch): Ich erkläre hiermit, daß ich eine Jüdin bin, und frage höflichst an, ob Sie ebenso erklären können, daß Sie eine Christin sind.
Karlanner (leise): Davon weiß Rosloh nichts.
Helene: Kannst es ihm sagen. *(Immer zum Fenster hinaus:)* In der Illustrierten war ein Bild: Der Jude in natürlicher Gestalt. Kennst du es? Seine natürliche Gestalt sind angeklebte Locken, abgeschnittene Hosen, ein Schild um den Hals –
Karlanner (rasch): Ich kenne es.
Helene: Weißt du aber, daß es Siegelmann darstellt?
Karlanner (leise): Mein Gott.
Helene (immer gleichmäßig): Mein Gott hatte ich auch geschrien, als ich es sah. Ich lief in seine Wohnung: Es war Siegelmann. Der Portier hat es mir bestätigt und hat mir alles erzählt.
Karlanner: Der Portier hat dich ja auch angezeigt.
Helene: Erst aber hat er erzählt. Erst mußte er sich Luft machen.
Karlanner: Nachher bekam er es mit der Angst –
Helene: Ich nicht.

Karlanner: – und zeigte dich an, um sich zu retten. Geredet hast dann du.
Helene: Dieses Bild schnitt ich aus, schickte es jedem Menschen, der mir nur einfiel, und schrieb darunter: Deutschland 1933.
Karlanner (leise): Wahnsinn, Helene.
Helene: Davon weiß Rosloh nichts? Ich würde mich beeilen.
Karlanner: Er weiß alles.
Helene (fester): Ich habe keine Angst.
Karlanner: Jetzt sehe ich erst, wie sehr du in seiner Hand bist.
Helene: Wahrheitsgemäß und unverrückbar: Deutschland 1933. *(Dreht sich um.)* Vor allem weiß dein Rosloh nicht, daß vor eintausendneunhundert Jahren, im Jahre 33, auch schon ein Jude ein Schild zu tragen hatte, ein viel schwereres Schild.
Karlanner (wendet sich ab)
Helene: Darauf stand nicht nur: Ich bin Jude, darauf stand: König der Juden, König der Verächtlichen: König. *(Still.)* Wenn auch die Roslohs, die ihn damals verlachten, heute das Königreich des Schmerzes und der Schande wieder errichtet haben: Allen Verfolgten, ob Juden oder Christen, ist auch er wiedererstanden, als die Zuflucht für alle, die ein Schild zu tragen haben. Sie werden die Roslohs überleben. Hab keine Angst. Sie werden sie wieder überleben.
Karlanner: Ich habe keine Angst um mich.
Helene: Jedenfalls nicht um dich. Aber auch für Siegelmann brauchst du nicht zu fürchten.
Karlanner (bleibt abgewendet): Weißt du jetzt etwas von ihm?
Helene: Ich besuche ihn öfters.
Karlanner: Du besuchst ihn?
Helene: Im Krankenhaus. Dieser Feind hat bei euch Glück gehabt. Er wird wirklich gepflegt.
Karlanner (langsam): Dann weißt du also auch von ihm –
Helene (schüttelt den Kopf): Von ihm nichts.
Karlanner (langsam): Nichts?
Helene (lächelt): Wenn es nach ihm ginge, hatte er einen Autounfall.
Karlanner: Ich versteh' nicht.
Helene: Er sagt, ein Auto habe ihn angefahren. Dabei sieht er einen mit seinen fernen Ghettoaugen an, daß man nicht weiter fragt.
Karlanner (lächelt): Ein Auto hat ihn angefahren.
Helene: Wahrscheinlich können nur wir reden, denen nichts geschehn ist, während die andern schweigen? Als ob wir uns Luft machen müssen, was sie nicht mehr nötig haben.

Karlanner (leise): Siegelmann.

Helene (horcht)

Karlanner (Pause): Siegelmann. *(Sieht sie an.)* Wie paßt das Bild zum Autounfall?

Helene (leicht): Es hat sich noch niemand von euch gefunden, der so stolz darauf wäre, daß er es ihm zeigt.

Karlanner (sieht wieder weg)

Helene: Vielleicht holst du es nach?

Karlanner (nickt)

Helene (aufmerksam): Eigentlich verrätst du die Deinen? Es sind ja die Deinen, die da unten Krieg führen.

Karlanner: Es sind die Meinen.

Helene: Eigentlich müßte ich sie rufen, damit sie dich holen. Im Krieg gibt es keine Rücksichten.

Karlanner (offen): Niemand wäre dir so dankbar wie Rosloh.

Helene: Also schau, daß du wegkommst.

Karlanner: Damit würdest du alles bei ihm wiedergutmachen. Denn am schärfsten bestraft wird Verrat.

Helene: Mit Recht.

Karlanner: Mit Recht. Niemand wäre dir so dankbar wie ich.

Helene (sieht ihn lang an): An eurer Dankbarkeit liegt mir.

Karlanner: Ich, der ich so viele abgeholt habe, endlich werde ich es selbst.

Helene (wendet sich wieder dem Fenster zu)

Karlanner (hinter ihr, leise): Helene.

Helene (unruhig): Zeig dich lieber nicht am Fenster.

Karlanner (am Fenster)

Helene: Rosloh könnte es erfahren, er würde ein schönes Gesicht machen.

Karlanner: Ein zufriedenes Gesicht.

Helene (leise): Ich weiß es bereits.

Karlanner: Wir sind immer froh, wenn wir einen loswerden. Der Andrang ist ungeheuer.

Helene (Pause, leicht): Solltest du deswegen gekommen sein –

Karlanner (leise): Nein.

Helene (immer leicht, ohne ihn anzusehn): Hat keinen Rosloh mehr, da wäre ich wieder gut, um ihn zu trösten?

Karlanner: Ich habe dir bereits gesagt –

Helene: Eine Krankenschwester wird gebraucht? *(Schüttelt den Kopf.)* Zu spät.

Karlanner (stärker): Ich bin gekommen –
Helene: Zu spät. Einmal hielt ich es für möglich. Damals kannte ich mich noch nicht.
Karlanner: Jetzt kennst du dich.
Helene: Jetzt kenne ich mich erst.
Karlanner (nickt): Als Jüdin. Nach den Denunziationen hatte ich es bereits geahnt.
Helene: Eine Jüdin.
Karlanner: Nach allem, was ich jetzt von dir höre: Auch dich hat die Krankheit angesteckt.
Helene: Mit meinen Worten von damals machst du auf mich keinen Eindruck.
Karlanner: Aber es ist genug, wenn ich draufgehe. Es ist genug.
Helene: Wenn du draufgehst? Ein Verfolger weniger: Das ist noch nicht genug.
(Glasscherben, Lachen und Beifall.)
Karlanner: Auch ich bildete mir ein: Jetzt kenne ich mich erst. Es fing genauso an.
Helene: Die Scheibe des Herrn Rabinowitsch. Darfst einen neuen großen Sieg verzeichnen.
Karlanner: Vielleicht erinnerst du dich.
Helene: Bei allem, was ich jetzt sehn muß, komme ich nie mehr dazu, mich zu erinnern. *(Unverändert nebeneinander, ohne sich anzusehn.)* Nie mehr.
Karlanner: Auch das kenne ich. Tessow nennt es die Tatenstrotzerei.
Helene: Tessow?
Karlanner: Bei dir ist es die negative Tatenstrotzerei.
Helene (lacht): Also die negative.
Karlanner: Du strotzt von Taten, die die andern begehn. Wenn ich sehe, wie deine Augen diese kaputte Scheibe fressen –
Helene: Es ist unser einziger armseliger Widerstand –
Karlanner (nickt): Du kämpfst.
Helene: – daß nichts vertuscht wird, daß alle Zeugnisse erhalten bleiben.
Karlanner: Unsere Krankheit: Plötzlich konnten wir gar nicht genug deutsch sein. Ich bin nicht mehr ich, ich bin deutsch. Du wieder kannst gar nicht genug Jüdin sein.
Helene (erledigend): Jetzt weiß ich also, weshalb du gekommen bist.
Karlanner: Es ist genauso sinnlos.
Helene: Nun gehn sie einen Laden weiter, die Helden.

Karlanner (nah): Helene.
Helene: Siehst du diesen Juden dort, der sie erwartet?
Karlanner (nickt)
Helene: Sag es ruhig.
Karlanner (leise): Er hat das Eiserne Kreuz auf der Brust.
Helene: Außerdem hat er keine Arme. So sag es doch.
Karlanner: Helene.
Helene: In den Ärmeln jedenfalls nicht. Sie hängen leer herunter.
Karlanner (leise): Schau nicht hin.
Helene (erregt): Dieser Mensch durfte sein Leben hundertmal aufs Spiel setzen, weil ihr es gebraucht habt. Sonst aber ist er kein Mensch, sondern ein Achtung, Jude. *(Gesteigert:)* Sinnlos, sich dagegen zu empören. Sinnlos, daß einem die Scham im Gesicht brennt.
Karlanner (gesteigert): Sinnlos, es in eine taube Welt schrein.
Helene (Ausbruch): Wie werden wir anders damit fertig. *(Will vom Fenster.)*
Karlanner (hält sie plötzlich an den Armen fest): Helene. *(Draußen Stille.)*
Helene (starrt ihn an, leise): Laß los.
Karlanner: Hier hast du die Antwort.
Helene: Sofort laß los, du.
Karlanner (dreht sie zum Fenster): Siehst du?
Helene (befreit sich): Bist du verrückt geworden.
Karlanner (lächelt): Siehst du?
Helene: Ich sehe nichts.
Karlanner (stark): Die beiden Stahlhelmleute, auch sie Kriegsverletzte, die vor deinem Juden so feierlich salutieren. – Du siehst sie nicht?
Helene (starr): Was redest du denn.
Karlanner: Jetzt stellen sie sich links und rechts von ihm auf. Aber du siehst es nicht. Die Raserei hat dir das Augenlicht genommen.
Helene (verwirrt): Was redest du.
Karlanner (gesteigert): Dein Jude lächelt nicht einmal, so selbstverständlich ist es ihm, daß jene sich an seine Seite stellen, die auch erlitten haben, was er erlitt.
Helene (leise): Mein Gott.
Karlanner: Drei, die mit ihrem Leben ausgezogen sind, um vom Ewigen gezeichnet zurückzukehren – auch ein Jude ist unter ihnen, aber wer denkt jetzt noch daran?
Helene: Sei still.

Karlanner: Wer denkt jetzt noch daran. Sie rühren sich nicht. Stramm, so gut sie können, blicken sie nach vorn. Und doch kämpfen sie. *(Lächelt.)* Siehst du, wie sie kämpfen?
Helene (wendet das Gesicht ab)
Karlanner: Und wie sie schon gesiegt haben. Die Zuschauer, die vorhin begeistert waren, drücken sich dort, siehst du es?
Helene (nickt)
Karlanner: Einigen von ihnen haben diese drei das Augenlicht für immer wiedergegeben. Nur der Massenmensch ist blind. *(Stark:)* Helene.
Helene (bleibt abgewendet): Ich sehe es.
Karlanner: Du siehst den leeren Platz um sie?
Helene: Ja.
Karlanner: Hinter den dreien malen jetzt nur mehr die Maler an der Scheibe wie Gespenster – siehst du auch das?
Helene (würgt): Ja.
Karlanner: Daß es Gespenster sind?
Helene: Gespenster.
Karlanner: Vor solchem Anblick wird jeder einmal zu sich zurückzufinden haben in einem Erbarme dich unser. Nicht sterben können, bevor er wieder ist, was er geboren wurde: ein Mensch. *(Immer noch hinsehend.)* Ein Mensch ohne Papiere kommt auf die Welt. Der Geburtsschein, der Taufschein, der Paß – sobald sie dem Menschen nicht dienen, sondern ihn verfolgen, sind es Gespenster.
Helene (Pause, wendet sich ihm zu)
Karlanner (unbeweglich): Sie haben uns nur von uns abgelenkt. Mich von dir und von mir: gar zu sehr abgelenkt.
Helene (leise): Heinrich.
Karlanner (lautlos): Die Deutschen sind die Meinen – oder du?
Helene (lächelt): So sieh mich doch an.
Karlanner: Die Juden sind die Deinen – oder ich?
Helene: Du hast ein schmaleres Gesicht.
Karlanner (verloren): Worte, die uns umzingelten.
Helene (stärker): Hörst du?
Karlanner: Die uns auseinanderrissen.
Helene: Jetzt sehe ich erst, wie schlecht du aussiehst.
Karlanner: Worte, die uns erschlagen haben.
Helene: Ich wahrscheinlich auch?
Karlanner: Du.
Helene: Auch mir muß man es auf dem Gesicht sehn.

Karlanner (kaum noch): Erbarme dich unser.
Helene: Aber du willst mich nicht sehn?
Karlanner (ihr in die Augen)
Helene: Mein Gesicht?
Karlanner: Dein Gesicht.
Helene (nickt): Schmaler geworden?
Karlanner: Deine Augen jedenfalls –
Helene: Meine Augen?
Karlanner: – sind größer denn je.
Helene (lächelt)
Karlanner (Pause): Also.
Helene (stärker): Größer denn je?
Karlanner (nickt. Entschlossen): Also.
Helene (verwirrt): Was hast du denn?
Karlanner: Ich verabschiede mich jetzt von dir.
Helene: Jetzt doch nicht.
Karlanner: Mich ruft mein Dienst.
Helene (lacht): Dein Dienst.
Karlanner: Ich erstatte Bericht –
Helene: Was für ein Dienst, Heinrich.
Karlanner: – daß ich dich nicht angetroffen habe. Alles weitere –
Helene: Wovon sprichst du überhaupt noch.
Karlanner: Inzwischen bist du verschwunden.
Helene (lacht): Inzwischen sind wir beide zusammen verschwunden. Vor einem Augenblick hat es mein Vater von mir verlangt. Wie konnte ich ahnen –
Karlanner (nickt): Dein Vater.
Helene: Aber es ist wahr. Hätte ich Herrn Rabinowitsch helfen können?
Karlanner: Ohne den Einfluß deines Vaters wärest du schon nach dem ersten Brief erledigt.
Helene: Jetzt ist mir jedes Mittel recht, Heinrich.
Karlanner: Und du hattest dir eingebildet, daß du kämpfst.
Helene: Wir dürfen keine Zeit verlieren. *(Stuhl zum Schrank, wird den Koffer herunterholen wollen.)*
Karlanner: Ein Gespensterkampf auf beiden Seiten. Nur die tödlichen Folgen sind Wirklichkeit, auf beiden Seiten.
Helene: Auf beiden Seiten?
Karlanner (kaum): Auch auf unsrer Seite.
Helene (oben): Wovon sprichst du?
Karlanner (lächelt)

Helene: Am Staub würdest du leicht erkennen, wann wir zuletzt gereist sind.
Karlanner: Daß ich dich da oben auf dem Stuhl sehe –
Helene: Wann war es?
Karlanner: Wann war es. Daß ich weiß, jetzt wird sie packen, gleich hat sie ihre Siebensachen drin, wie lang kann das schon dauern, und fort.
Helene (unruhig): Warum flüsterst du plötzlich?
Karlanner (lächelt): Die Wäsche – zwei Minuten, und du mußt über alle Berge sein.
Helene: Ich?
Karlanner: Die paar Kleider – vergiß das gestreifte Kostüm nicht. Den kleinen Strohhut vom vorigen Sommer: Vergiß ihn nicht.
Helene: Den Strohhut?
Karlanner (kaum mehr beherrscht): Den kleinen dunkelblauen.
Helene: Heinrich?
Karlanner (rundet mit den Händen die Form des Hütchens)
Helene (kann auch nicht sprechen)
Karlanner (würgt): Dann fort.
Helene (vom Stuhl herunter)
Karlanner (unbeweglich): Fort auch ich.
Helene (blaß): Heinrich?
Karlanner: Vor dir ich. Das ist mir leichter.
    (Die Straße, Sprechchor auf einem Lastwagen, noch fern.)
Helene (stärker): Du läßt mich allein?
Karlanner (leise): Mein Dienst.
Helene: Hast du den Verstand verloren?
Karlanner: Mein Platz an der Front.
Helene (stärker): An was für einer Front?
Karlanner (stärker): An der Rassenfront.
Helene: Den Verstand verloren?
Karlanner: Da gab es Zeiten, als sich noch die Rassen aufeinanderstürzten, mit Keulen, hast es in der Schule nicht gelernt? Jetzt tauchen sie wieder empor. Horch.
Helene: Wo du doch selbst gesagt hast, daß der Mensch –
Karlanner: Der Urmensch. Horch.
Helene: Oder habe ich den Verstand verloren? Vielleicht ich.
Karlanner: So arm waren wir, daß wir uns von ihm berauschen ließen.
Helene: Vielleicht ich. *(Kommt ins Laufen.)*
Karlanner: So arm, daß wir unbedingt Helden sein mußten. Aber

nur Jäger konnte er aus uns machen, nur Jäger. Horch. Horch. Horch.

Helene (verdeckt sich die Ohren): Ich kann nichts mehr hören.

Sprechchor (wird verständlicher):
Hört der Jud nicht auf zu hetzen,
werden wir es ihm versetzen.
Wer das Geld zum Juden schafft,
schädigt Deutschlands Wirtschaftskraft.

Helene (Ausbruch): Was kümmert uns die Raserei der Welt, wenn wir ihr entfliehn?

Karlanner: Du kannst ihr noch entfliehn.

Helene: Hast es ja selbst gesagt. *(Ausbruch:)* Worte. Worte.

Karlanner (Ausbruch): Worte. Mir aber hilft es nicht mehr.

Helene: Was hat die Liebe zweier Menschen mit der Raserei von Worten zu tun?

Karlanner: Denn ich bin endgültig an sie gekettet. *(In den Pausen der Straße, leise:)* Wenn aus ihnen Taten werden, sind sie keine Worte mehr, und keine Liebe hilft aus ihnen heraus. *(Voll Liebe:)* Ich habe nicht nur Bilder verschickt.

Helene (bei ihm): Bilder verschickt?

Karlanner: Bilder verschickt wie du. *(Leicht:)* Was ich getan habe, dem kann kein Mensch entfliehen. Es käme immer mit. Aber wenn ich bleibe, ist es nicht da.

Helene: Wenn du wo bleibst?

Karlanner: Drin.

Helene: Und?

Karlanner: Kümmere dich nicht um mich.

Helene (hilflos): Ist nicht bald deine Promotion?

Karlanner (nickt. Abschied): Helene.

Helene: Sie muß in diesen Tagen sein?

Karlanner: In diesen Tagen.

Helene: Zumindest das.

Karlanner: Das auf jeden Fall. *(Überstreicht leicht ihren Arm.)*

Helene: Hättest auch mich nicht herausreißen sollen.

Karlanner: Also.

Helene: Jetzt begreife ich es nicht mehr. Als würde ich in dieser ganzen Zeit nur auf dich gewartet haben.

Karlanner (lächelt): Begreifst es nicht mehr.

Helene: Als hätte ich dich nur herausfordern wollen. Jetzt bin ich noch viel ärmer als früher.

Karlanner: Viel ärmer?
Helene: Hättest auch mich nicht herausreißen sollen. *(Sinkt an seine Brust.)*
Karlanner: Viel ärmer und gerettet.
(Sprechchor rasselt nah vorüber, von Begeisterung umtost.)
Karlanner (leidenschaftliche Umarmung. – Will sich befreien): Also.
Helene (Schrei): Denk doch an mich.
Karlanner (Schrei): Nur mehr an dich. *(Frei, ab.)*
Helene (ihm nach): Nur mehr an mich. *(Im Versinken:)* Erbarme dich unser.

DRITTER AKT

Szene 7

Am Fluß. Nachts.

(Rosloh auf dem Heimweg. Karlanner taucht hinter dem Gebüsch auf.)
Rosloh: Wer da?
Karlanner: Das siehst du.
Rosloh: Du bist es?
Karlanner: Zu Befehl.
Rosloh: Die Lichter dort haben mich geblendet. Du wartest jedenfalls auf wen.
Karlanner: Auf dich.
Rosloh: Laß dich nicht stören. *(Will weiter.)*
Karlanner: Den ganzen Abend warte ich auf deinen Heimweg.
Rosloh: Spionierst vielleicht?
Karlanner: Melde gehorsamst, daß ich den Haftbefehl von heute früh nicht ausgeführt habe. Jetzt will ich wissen, was mit ihr geschieht.
Rosloh: Frag lieber, was mit dir geschieht, wenn du nicht sofort verschwindest.
Karlanner: Wen schickst du morgen zu ihr?
Rosloh: Ich laß mir etwas erpressen. *(Will weiter.)*
Karlanner: Rosloh.
Rosloh: Den Verstand verloren?
Karlanner: Ich habe dir Treue geschworen auf Leben und Tod.

Rosloh (lauert): Auf Leben und Tod?
Karlanner: Meinen Schwur will ich halten.
Rosloh: Auf Leben und Tod, oder bist du besoffen?
Karlanner: Nicht mehr besoffen.
Rosloh: Komm mir nur morgen vor die Augen. *(Will weiter.)*
Karlanner: Nicht mehr. Überhaupt nicht mehr.
Rosloh: Überhaupt nicht mehr, was?
Karlanner: Komm' ich dir vor die Augen. Ich hab' genug.
Rosloh (vorsichtig): Du hast genug? *(Gesicht näher.)* Es ist so dunkel.
Karlanner: Wir sehn uns heute zum letzten Mal.
Rosloh (späht in sein Gesicht): Man hört nur das Wasser. Du hast genug, sagtest du?
Karlanner: Endgültig genug.
Rosloh: Habe bereits verstanden. *(Gesicht immer nah.)* Danach wäre der wahre deutsche Geist doch noch über dich gekommen, im letzten Augenblick.
Karlanner: Der wahre deutsche Geist.
Rosloh: Der Geist der deutschen Ehre: eine Kugel gegen die am Leben klebende Menschheitssucht?
Karlanner (unbeweglich)
Rosloh: Was bliebe dir sonst übrig, versaut wie du jetzt bist. Aber du bringst es noch zu meiner Anerkennung, Karlanner, wenn auch posthum. Etwa besondere Wünsche, die nationale Auslegung betreffend?
Karlanner: Keine.
Rosloh: Von Selbstmord kann bei uns keine Rede sein. Vielmehr ist es Staatskunst, aus jedem Tod etwas Heldisches zu machen. Auch aus deinem werden wir etwas machen. *(Mit Wärme:)* Du stirbst als Opfer, sei gewiß.
Karlanner: Als Opfer?
Rosloh: – der Feinde des neuen Deutschland. Überlaß das mir.
Karlanner: Als Opfer auf jeden Fall.
Rosloh: Und zum Überfluß ist auch ein Körnchen Wahrheit dabei. Bist du etwa nicht das Opfer einer Jüdin?
Karlanner: Also, Rosloh: Wen schickst du zu ihr?
Rosloh (lacht): In welchem Ausmaß, ahnst du nicht einmal.
Karlanner: Ich muß wissen, wer sie morgen holen soll.
Rosloh: Was eine verräterische Jüdin ist, erkennst du daran, daß ich dich mit ihrer Aussage ohne weiteres dorthin befördert hätte, wohin du dich nun von selbst begeben willst.

Karlanner (unruhig): Mit welcher Aussage?
Rosloh: Und mit ihrem Gejammer, Gott müsse ein Einsehn haben, und kein Mensch könne aus Stein sein, nicht einmal ich. In diesem Augenblick tatst du mir wahrhaftig leid.
Karlanner (blaß): Sie war bei dir?
Rosloh: Wie sie sich zu meinen Füßen wälzte, ein Gestell von Todesangst, kein Schimmer von Haltung –
Karlanner (Ausbruch): Wann war sie bei dir?
Rosloh: Gleich nachdem du sie verlassen hattest, gewarnt und zur Flucht überredet. Alles hat sie ausgespien. Die Jüdin schläft und verrät in einem. *(Macht Helene nach.)* Wir müssen ihn suchen, Herr Rosloh. Man darf ihn jetzt nicht allein lassen, Herr Rosloh. Sie ahnen nicht, Herr Rosloh, in welchem Zustand er mich verließ – *(schreit wie Helene:)* –, im Zustand der letzten menschlichen Verzweiflung, Herr Rosloh. *(Lachausbruch.)*
Karlanner (hält sich an seinen Fäusten fest): Und?
Rosloh: Die letzte menschliche Verzweiflung! – *(Hand an Karlanners Gesicht.)* Zeig her.
Karlanner: Und, Rosloh?
Rosloh (nickt): Man sieht's sogar in der Nacht. *(Stößt sein Gesicht ab.)* Höchste Zeit, daß der Dreck unter die Erde kommt.
Karlanner: Was geschah dann mit ihr?
Rosloh: Nach ein paar Stunden kam sie wieder, von einem gewissen Siegelmann begleitet. Ob ich inzwischen etwas erfahren hätte.
Karlanner (schüttelt den Kopf): Sie werden es nie begreifen.
Rosloh (nickt): Juden.
Karlanner: Daß man zehnmal einer sinnlosen Gefahr entwischt, und beim elften hat sie einen am Genick: Sie werden es nie begreifen. *(Leise:)* Ist das der Glaube an den Menschen, Siegelmann, solang man lebt?
Rosloh: Aufdringlich sind sie nun einmal.
Karlanner: Aufdringlich, solang man glaubt.
Rosloh (spuckt aus): Weil sie jammern, halten sie sich für den Mittelpunkt der Welt. *(Wendet sich zum Gehn.)*
Karlanner: Aber ich lebe ja nicht mehr. Mir ist also der Zwang zu glauben genommen, Siegelmann.
Rosloh: Siegelmann?
Karlanner (Abschied): Siegelmann.
Rosloh: Mit deinen letzten Gedanken laß ich dich lieber allein.
Karlanner (ruhig): Du hast sie also nicht verhaftet?

Rosloh: Staatskunst, Karlanner.

Karlanner: Du schickst auch niemand zu ihr?

Rosloh (lacht): Im Gegenteil – habe ihr Abreisefrist gestellt.

Karlanner: Und ihre Akten, die Denunziationen?

Rosloh: Staatskunst, Karlanner. Habe das Zeug wichtig verpackt und dreimal versiegelt, durch besondere Staffel dem Vater überreichen lassen. Gut?

Karlanner (atmet auf): Gut, Rosloh.

Rosloh: Der Herr Papa wird blechen, daß es kracht. Was kümmert uns die Person? Um dich hatte es sich gedreht. Dich also hätte ich soweit, auch ohne deinen männlichen Entschluß.

Karlanner: Gut, Rosloh.

Rosloh: Vor allem hinterlasse keine Spuren, damit ich freie Hand habe zwecks nationaler Auslegung. Verlaß dich auf mich.

Karlanner: Rosloh im Mittelpunkt der Welt.

Rosloh: Morgen früh fahre ich nach Berlin zur Gründung des Kampfbundes für Naturwissenschaft. Von Berlin aus wirst du zum großen Märtyrer gemacht.

Karlanner: Ein kleiner Märtyrer, Rosloh.

Rosloh: Überlaß das uns.

Karlanner: Denn es war nur Müdigkeit. Müde meiner selbst, wie so viele von uns. Untertauchen, Karlanner, untertauchen?

Rosloh (dreht sich zum Gehn): Also. In einer Stunde werden die Nachforschungen eingeleitet.

Karlanner: Müde. So legt man schließlich ein falsches Geständnis ab, um Ruh zu haben. Und dann steckt man drin, und es geht immer weiter. Denn wer hätte noch die Kraft, es zurückzunehmen? Ich, Rosloh.

Rosloh (unruhig): Du?

Karlanner: Hiermit nehme ich es wieder zurück. Wenn ich dich jetzt von meiner Seele werfe, Rosloh –

Rosloh: Eine Stunde also hast du. *(Will sich drücken.)*

Karlanner (ihm in den Weg): – dann bin ich wieder ich.

Rosloh (Angst): Was glotzt du so?

Karlanner (gesteigert): Dann bin ich wieder ich.

Rosloh (brüllt): Weg da.

Karlanner (aus ganzer Seele): Dann bin ich endlich wieder ich. *(Stürzt sich auf ihn.)*

Rosloh: Das war es also, du Aas.

Karlanner (zieht das Seitengewehr, sie ringen): Auch wenn sie nicht zu deinen Füßen gelegen wäre –

Rosloh: Das Messer weg, sag' ich.
Karlanner: Auch wenn sie nicht geschluchzt hätte, Gott wird ein Einsehn haben. – *(Ersticht ihn.)*
Rosloh (brüllt auf und fällt): Mord.
Karlanner: Gott wird ein Einsehn haben.
Rosloh: In den Bauch, du feiges Aas.
Karlanner: Zu Befehl. Und Steine um den Hals.
Rosloh: Um den Hals?
Karlanner (schleift Steinsäcke heran): Alles vorbereitet, zu Befehl.
Rosloh (richtet sich halb auf): Ich kann nicht schwimmen, Karlanner.
Karlanner: Kein Schimmer von Haltung? Ein Gestell von Todesangst?
Rosloh: Ich kann nicht schwimmen, sag' ich dir. *(Stirbt.)*
Karlanner: Du kannst nicht schwimmen, ich weiß. *(Pause. Still.)*
    Dein Opfer bleibe ich trotzdem, Rosloh. Dein Opfer, sei gewiß. *(Beginnt, die Säcke um Hals und Füße zu binden.)*

Szene 8

Zimmer Helenens.

Siegelmann: In einer Stunde fährt Ihr Zug.
Helene (sitzt abseits, mit geschlossenen Augen)
Siegelmann: Sie müssen anfangen, Fräulein Max.
Helene (nickt)
Siegelmann: Es wird sonst zu spät.
Helene (Pause): Wann fahren Sie?
Siegelmann: Sobald ich meinen Palästina-Ausweis bekommen habe. Ich muß morgen wieder aufs englische Konsulat.
Helene: Man macht Ihnen Schwierigkeiten.
Siegelmann (lächelt): Wir sind zu viele.
Helene (nickt): Wir sind zu viele? *(Auf.)*
Siegelmann: Ich werde Ihnen helfen.
Helene: Nicht der Mühe wert.
Siegelmann: Es ginge rascher.
Helene: Sie würden mir nur im Weg sein. *(Kommt ins Laufen.)* Bis morgen bleiben Sie also noch hier.
Siegelmann: Im Konsulat sitzt ein Beamter mit einem blassen Gesicht, das wie eine Insel aus der Flut der Flüchtlinge herausschaut. Sie umdrängen sein Pult, aus hundert Augen starrt die Angst auf ihn, aber der kleine Mann gibt jede Auskunft, hilft jedem, so gut er kann. Er

verliert nicht die Geduld, er verliert nicht den Verstand. Im heutigen Zusammenbruch aller menschlichen Haltung – eine Insel. Nur nicht verzweifeln – noch kämpfen kleine, unbekannte Soldaten in der aufgerollten Front, die einmal der Mensch hieß.

Helene: Nur nicht verzweifeln. Ohne Sie hätte ich diese Tage nicht überlebt. *(Setzt sich wieder.)* Ich werde es Ihnen nicht vergessen.

Siegelmann (unruhig): Sie haben keine Zeit mehr zu sitzen.

Helene: Kümmern Sie sich nicht weiter um mich.

Siegelmann: Ist das dort oben Ihr ganzes Gepäck?

Helene (nickt): Denken Sie nur mehr an Ihre Sachen. Was mich betrifft – haben wir irgend etwas außer acht gelassen?

Siegelmann: Nichts.

Helene: Nichts. Alles haben wir versucht.

Siegelmann: Alles.

Helene: Also kann ich ruhig fahren.

Siegelmann (Uhr): Eine Viertelstunde brauchen Sie allein zur Bahn.

Helene: Höchstens eine Viertelstunde. Ob ich noch einmal zu Rosloh gehe?

Siegelmann: Um noch einmal zu hören, daß sie morgen nicht mehr über die Grenze kämen.

Helene (gleichgültig): Ich.

Siegelmann: Und daß er nur Ihres Vaters wegen bis morgen wartet. Von Karlanner weiß er nichts, er sucht ihn ja selbst.

Helene: Tessow –

Siegelmann: Tessow sucht ihn, um ihn vor Rosloh zu verstecken. Wenn er etwas erführe, er würde es uns sofort melden. *(Leise:)* Geben Sie es auf.

Helene (Kopf auf die Lehne): Ich habe es längst aufgegeben.

Siegelmann: Hier erfahren wir nichts, soviel haben wir bereits verstanden. Seine Gehorsamsverweigerung macht sie stumm.

Helene: Daß Sie mich zu Rosloh begleitet haben –

Siegelmann: Also, Fräulein Helene.

Helene: Daß Sie nicht einmal vor ihm Angst hatten –

Siegelmann (lächelt): Während ich die Treppe zu ihm hinaufstieg, drehte sich mir der Kopf. *(Stuhl an den Schrank, wird den Koffer herunterholen.)* Aber die Angst verging mir sofort, als er mich nach meinem Namen fragte. *(Lächelt.)* Hans Hinz Rosloh. Mit wem habe ich die Ehre? – Wir Juden sind groß im Nichtmerken. Die andern aber sind groß im Nichtwissen. So verständigt man sich schließlich immer wieder in zwei verschiedenen Sprachen. Es ist die chronische Lösung des Judenproblems.

Helene (unterdrückt): Herr Siegelmann.

Siegelmann: Wer es mitmachen will – ich nicht. Ich bin lieber in Palästina, und sollte ich als Landarbeiter anfangen müssen.

Helene: Herr Siegelmann? *(Ausbruch:)* Wie kann ich fahren, wenn ich nicht einmal weiß, ob er noch lebt. *(Ans Fenster.)*

Siegelmann (herunter, Koffer auf den Tisch)

Helene: Wo haben wir ihn überall in diesen drei Tagen gesucht. Nirgends auch nur eine Spur gefunden.

Siegelmann: Danken Sie Gott, daß er sich so gut versteckt hält.

Helene: Irgendein Zeichen.

Siegelmann: Danken Sie Gott, daß er sich so in der Hand hat. Jedes Zeichen würden die andern rascher deuten als wir.

Helene: Aber ich habe es gewußt. Als er mich verließ, wußte ich es sofort: Wir sehn uns nie wieder.

Siegelmann: Sein Schweigen ist für mich die sicherste Gewähr, daß er lebt.

Helene: Wir sehn uns nie wieder. *(Versinkt angelehnt.)*

Siegelmann: Solang Sie nicht über die Grenze sind, wird er schweigen. Alles andere wäre Lebensgefahr. *(Hilflos:)* Vielleicht dreht er sich am Bahnhof herum.

Helene (fern): Am Bahnhof.

Siegelmann: Daran haben wir noch nicht gedacht. Vielleicht läuft er zu jedem Auslandszug und sieht sich die Augen wund, ob Sie nicht am Fenster stehn. Erst wenn er Sie in Sicherheit weiß, kann er auf sein Zimmer hinauf. Dann entdeckt er auch sofort die Bücher von Herrn Professor Carmer, die wir so auffällig auf den Tisch gelegt haben, und versteht, was es heißt: Geh zu Carmer.

Helene: Geh zu Carmer.

Siegelmann (bei ihr): Fräulein Helene.

Helene (nickt): Geh zu Carmer.

Siegelmann: Daß er unser stummes Zeichen gleich versteht, halten wir für selbstverständlich. Ebenso müssen aber auch Sie sein Schweigen verstehn.

Helene (nickt)

Siegelmann: Es ist gleichfalls ein stummes Zeichen.

Helene (nickt)

Siegelmann (still): Ob Sie ihn je wiedersehn, weiß ich nicht. Aber ich weiß, daß er lebt. *(Nah.)* Ich weiß es aus dem heraus, was ich durchgemacht habe.

Helene (sieht ihn an)

Siegelmann (senkt den Kopf): Als könnte uns das Leid einen sechsten Sinn verleihn. Ich habe jetzt andre Ohren. Ich habe jetzt andre Fingerspitzen. *(Lautlos:)* Seitdem er geschlagen wurde, habe ich einen andern Körper.

Helene (leise): Herr Siegelmann.

Siegelmann (nickt)

Helene (sieht weg): Das ist –

Siegelmann (lächelt): Telepathie.

Helene (überstreicht seine Hand)

Siegelmann: Der Schmerz macht telepathisch. Vielleicht auch der ungeheure Druck, in dem wir hier leben. Wir atmen unter einer höheren Gewalt. So können wir längst nur mehr miteinander verkehren in der Ungreifbarkeit. Wer sind wir noch? Menschen? Ich sehe Karlanner, wie er uns beobachtet. Wie er lautlos hinter uns hergeht, während wir ihn suchen, denn Schatten sind wir, Schatten. Und wie er verzweifelt ist.

Helene: Seien Sie still.

Siegelmann: Wie er verzweifelt wartet, daß Sie endlich fahren.

Helene: Still.

Siegelmann (stärker): Er hat nur diesen einen Gedanken im Kopf: daß Sie gerettet sind.

Helene: Gerettet.

Siegelmann: Fräulein Helene.

Helene (überwältigt): Gerettet.

Siegelmann: Geben Sie seiner Seele die Ruh. Schon seinetwegen müssen Sie fahren.

Helene: An meine Ruh denkt niemand.

Siegelmann: Sie tun ihm Unrecht.

Helene: An meine nicht.

Siegelmann: Nur mehr an die Ihre. Fassen Sie sich.

Helene (ins Leere): Nur mehr an dich. Es war sein letztes Wort.

Siegelmann (Pause): Also. *(Öffnet den Schrank, breitet Kleider und Wäsche auf dem Bett aus.)* Schließlich verstreicht heute außerdem die letzte Frist, die auch Ihr Herr Vater gestellt hat. Wenn er schreibt, daß er sich durch Sie nicht sein Lebenswerk zerstören lassen will – es hat schon geringfügigere Gründe gegeben, ein Kind zu verstoßen.

Helene (nickt): Also, Herr Siegelmann.

Siegelmann: Was ist das Lebenswerk eines Menschen? Nicht ein Leben, das er in die Welt gesetzt hat, sondern ein paar Steine, denen er sein eigenes Leben gab. *(Faltet ihre Kleider.)*

Helene (bemerkt es allmählich, lächelt): Herr Siegelmann.
Siegelmann: Die Fabrik jedenfalls hat heute ein größeres Recht auf ihn als Sie.
Helene (nimmt ihm ein Kleid ab): Wovon sprechen Sie denn. *(Öffnet den Koffer, beginnt mechanisch zu packen.)*
Siegelmann (wird ihr immer reichen): Denn Sie sind längst selbständig geworden. Dagegen blieb die Fabrik das hilflose Kind, es braucht ihn immer weiter, schon deswegen ist sie ihm näher. So verschiebt sich das Gefühl mit dem Alter in der natürlichsten Weise.
Helene: Was reden Sie denn?
Siegelmann (lächelt): Ich weiß es nicht.
Helene: Selbständig bin ich, das ist wahr. Es hat mir viel genützt. Daß mir die Knie zittern, wenn ich mich frage, warum ich morgen plötzlich in der Schweiz sein soll.
Siegelmann: Weil wir nicht leben können, ohne zu atmen. Endlich wieder eine Luft, die nicht angefüllt ist von den Ausdünstungen des Schreckens. Die gute, klare Luft der Schweiz. Warum fliehn wir?
Helene: Jetzt könnte ich meine Selbständigkeit gut brauchen. Aber jetzt gerade ist sie beim Teufel. Alles Schwindel.
Siegelmann: Warum fliehn selbst solche, die es nicht nötig hätten? Weil wir mit der Welt, die uns umgibt, unrettbar zusammenhängen. An den Vorgängen, die uns nichts angehn, nehmen wir unrettbar teil. Jenseits der Gemeinschaft, die wir suchen, gibt es eine, die wir erleiden müssen, ob wir wollen oder nicht. Wenn wir sie nicht mehr ertragen können, außerstand sind, an der Verantwortung für sie weiter teilzuhaben – bleibt nur mehr die Flucht. *(Sie packen stumm.)* Lassen Sie noch die Hemden.
Helene (wird unsicher): Weiter, Herr Siegelmann.
Siegelmann: Nehmen Sie vorher dieses Kleid und dann erst die Hemden.
Helene (packt die Hemden ein): Weiter, Herr Siegelmann.
Siegelmann: Wenn Sie ankommen, wird alles zerdrückt sein. Hier in der Tasche ist ein Hut. *(Zieht ihn aus der Jacke.)*
Helene (nimmt ihm den kleinen Hut ab, muß sich setzen)
Siegelmann: Ich nehme die Hemden wieder heraus und lege das gestreifte Kleid darunter.
Helene (fern): Das ist kein Kleid, das ist ein Kostüm.
Siegelmann: Den Hut können Sie behalten.
Helene: Den Hut kann ich behalten.
Siegelmann: Wir sind gleich fertig. *(Packt weiter.)* In dieser mensch-

lichen Unfähigkeit zum Selbständigsein assimilieren sich ja auch die Juden oder sitzen sie irgendwo provisorisch in der Welt und warten, daß sie nach Haus gehn. Es ist die Sehnsucht nach einer Rückkehr, als müßte man jederzeit zurückkehren können, woher man nie gekommen war. Man wohnt bei den andern, ohne zu Haus zu sein: Wie sollte man ihnen schließlich nicht auf die Nerven gehn. Sie sind verletzt: Auch das nennt man dann Antisemitismus.

Helene (in den Hut versunken): Herr Siegelmann.

Siegelmann: Sie halten uns für überheblich, auch das. Was nützt es, daß man sich nur überhebt, weil man seine Schwäche nicht zeigen will? Es entschuldigt nicht, es reizt nur um so mehr.

Helene (spielt): Glauben Sie, er wird es sofort verstehn, wenn er die Bücher von Carmer auf dem Tisch sieht?

Siegelmann: Sofort.

Helene (lächelt): Sofort.

Siegelmann: Er geht sofort zu Carmer, der ihm das Reisegeld ausfolgt und Ihre Adresse, wie wir es mit ihm besprochen haben.

Helene (überstreicht zärtlich den Hut): Wir könnten auch die Bücher auf einen Stuhl legen? Den Stuhl stellen wir ganz zur Tür. Dann fällt es ihm noch mehr auf.

Siegelmann: Wenn Sie es wünschen.

Helene: Oder aufs Kissen. Dort haben die Bücher gar nichts zu suchen.

Siegelmann: Aufs Kissen?

Helene: Das muß ihm auffallen. *(Drückt das Gesicht in den Hut.)* Aufs Kissen.

Siegelmann: Wenn Sie es wünschen.

Helene: Was haben Sie gesagt? *(Ihr ist gut.)*

Siegelmann: Sobald ich vom Bahnhof zurückkomme, gehe ich zu ihm und lege sie aufs Kissen.

Helene: Und vielleicht einen Zettel daneben: Carmer ist unterrichtet.

Siegelmann: Unmöglich.

Helene: Oder nur: Geh zu Carmer.

Siegelmann: Dann würden die andern zu Carmer gehn.

Helene (rasch): Lassen Sie die Bücher lieber auf dem Tisch.

Siegelmann (nickt): Wir leben unter einer höheren Gewalt. Es fehlen nur noch die Toilettesachen. *(Packt, hält an.)* Carmer ist etwas andres. Carmer ist der seltenste jüdische Mensch: Für ihn hat die Frage, ob er sich assimiliert oder ein Fremder bleibt, keine Gültigkeit. *(Lächelt.)* Carmer ist die reinste jüdische Substanz, die Substanz Spinoza. Bei ihm handelt es sich nur mehr um die Teilnahme am Bau einer gei-

stigen Welt, die von Zuhaus und Fremde nichts weiß, die alle Kreatur gleichermaßen umschließt. So einer ist Mensch in der ganzen Lebensgefahr dieses Wortes. In der ganzen Lebensgefahr.

Helene (spielt, still): Er wird nicht zu Herrn Professor Carmer gehn.

Siegelmann (packt eifrig)

Helene: Wenn er nach Haus kommt, ob die Bücher auf dem Tisch sind oder auf dem Kissen: Er versteht es sofort. Sofort. Aber er wird nicht zu Herrn Professor Carmer gehn. Soviel Telepathie habe ich mir bereits auch erworben.

Siegelmann (sieht sich um): Fräulein Helene.

Helene (nickt): Wohlerworben.

Siegelmann: Wir sind fertig.

Helene: Mit allen berechtigten Ansprüchen erworben. *(Auf, hilft ihm den Koffer schließen.)* Und wenn ihn selbst Herr Professor Carmer persönlich in seinem Zimmer erwarten würde, er nimmt das Reisegeld nicht, und meine Adresse schreibt er sich auch nicht auf.

Siegelmann (sieht weg)

Helene: Denn die höhere Gewalt ist in ihm, nur in ihm. Was machen Sie mir vor, Herr Siegelmann?

Siegelmann (schließt die Schranktüren)

Helene: Sonst hätte er schon einen Weg gefunden, sich zu melden. Aber er will es nicht.

Siegelmann (bleibt abgewendet): Haben wir nichts vergessen?

Helene (stärker): Er will es nicht. Die höhere Gewalt in ihm will es nicht. *(Erschöpft:)* Gehn wir?

Siegelmann: Gehn wir?

Helene (sieht sich um): Gehn wir. *(Leicht:)* Sie glauben also, ich könnte ihn vielleicht am Bahnhof –

Siegelmann (Koffer vom Tisch): Eher draußen.

Helene (hilft ihm): Eher draußen?

Siegelmann: Auf der freien Strecke.

Helene (nickt)

Siegelmann: Der Bahnhof wird ja auch beobachtet.

Helene (lächelt): Sie denken an alles. *(Sie tragen zusammen, jeder an einem Riemen.)*

Siegelmann: Beugen Sie sich zum Fenster hinaus und winken Sie immer wieder.

Helene (nickt): Immer wieder.

Siegelmann: Damit er Sie ja vorüberfahren sieht.

Helene (an der Tür): Ich danke Ihnen, Herr Siegelmann.

Siegelmann (fassungslos): Dann hat er endlich Ruh.
Helene (fassungslos): Ich danke Ihnen für alles.
Siegelmann (sieht sie hilflos an, sieht wieder weg)
Helene: Ich danke Ihnen. *(Beide ab.)*

Szene 9

Zimmer Karlanners.

Karlanner (sie dösen): Ich sehe dich, Siegelmann und mich, wir sitzen im Boot. Die Ruder gleiten nach, und durch den lautlosen Frühlingsabend flüstert nur Siegelmanns Stimme. Mit dieser jüdischen Selbstverständlichkeit, an die letzten Dinge zu rühren, sagt er: Was uns fehlt, ist Gott.
Tessow (gießt sich Bier nach): Du trinkst nicht. *(Trinkt.)*
Karlanner: Unsre Eltern gaben uns keinen mit. Bis zum Krieg hatten sie nur Wirtschaft und Technik im Kopf, Fortschritt, Fortschritt. Nachher war es zu spät. – Dann sagte Siegelmann noch: Einen Gott kann man sich nicht erfinden, daran ginge man zugrund.
Tessow: Denk nicht immerfort an Siegelmann. – Wo hieltst du dich so gut versteckt, daß nicht einmal ich dich finden konnte? Als du mich plötzlich anriefst, erschrak ich geradezu.
Karlanner: Im Mai wird es ein Jahr, daß wir diese Kahnfahrt machten.
Tessow: Hat dich keiner hier heraufgehn sehn?
Karlanner (schüttelt den Kopf): Hier nicht.
Tessow: Deine Gehorsamsverweigerung –
Karlanner (trinkt): Genau einen Monat ist es her, daß du mich aus diesem Bett holtest. Soll ich lieber daran denken?
Tessow: Du sollst überhaupt nicht denken.
Karlanner (nickt): Denken heißt auseinandernehmen.
Tessow (zärtlich): Halt's Maul.
Karlanner: Nur auf den Glauben kommt es an. Wenn man aber keinen hat, muß man sich ihn erfinden, und ginge man daran zugrund.
Tessow (leise): Daß ich dich mit hineingerissen habe –
Karlanner: Du doch nicht.
Tessow: Ich hielt dich damals für gefährdet.
Karlanner: War ich.
Tessow: Um unsrer Freundschaft willen hatte ich die Pflicht –
Karlanner: So oder so war ich gefährdet.
Tessow: Nach bestem Wissen und Gewissen.

Karlanner: So oder so waren wir es alle.

Tessow: Ich konnte damals nicht anders, Karlanner.

Karlanner: Wenn ich widerstanden hätte, ich wäre, wie die wenigen, die es versuchten, sofort verloren gewesen. Daß es nur wenige waren: darin besteht ja unser allgemeines Schicksal. Da halfst du mir hinein. *(Trinkt.)* Jetzt aber kehrt das Schicksal wieder zu jedem einzelnen zurück, immer mehr wird er wieder selbst über sich entscheiden müssen, nach bestem Wissen und Gewissen.

Tessow (Pause): Es ist unser letzter Abend zusammen, auf wer weiß wie lang. Morgen kommt Rosloh aus Berlin zurück. Bis dahin hast du deinen Schlupfwinkel zu finden.

Karlanner (aufmerksam): Rosloh ist in Berlin?

Tessow: Rosloh wird nach Berlin versetzt, als Leiter des Kampfbundes für deutsche Naturwissenschaft.

Karlanner (pfeift)

Tessow: Rosloh macht Karriere. – Kein Schlupfwinkel ist sicher genug. Du müßtest über die Grenze.

Karlanner (nickt): Zu ihr.

Tessow: Zu wem?

Karlanner (lächelt): Gestern abend ist sie endlich abgereist.

Tessow: Das weißt du?

Karlanner: Heute nachmittag ist auch Siegelmann abgereist. Alles weiß ich.

Tessow (sieht ihn an)

Karlanner: Vor drei Tagen war sie eine halbe Stunde bei dir. *(Lächelt.)* Wo hat sie überall nach mir gesucht. Es war nicht immer leicht, ihr auszuweichen. Zweimal ging sie mit Siegelmann dicht an mir vorüber. *(Zufrieden.)* Aber wer übermäßig sucht, sieht nichts. Gerade beim Suchen darf man nicht aufgeregt sein.

Tessow: Wie aufgeregt sie war –

Karlanner: Nutzt alles nichts.

Tessow: In welcher Verfassung.

Karlanner: Der Mensch aus Stein und Feuer, Tessow. Endlich bin ich es gewesen, denn diesmal kam es darauf an. Die Schule der Zeit konnte keine Helden aus uns machen, aber Detektive. *(Pfeift.)* Darin habe ich es am weitesten gebracht. Das ist meine Karriere.

Tessow: Statt dich zu verstecken, bist du durch die Stadt gestrichen?

Karlanner: Unsichtbar, Tessow.

Tessow: Wahnsinn.

Karlanner: Unsichtbar, so lang ich wollte. *(Lacht.)* Bei dieser Gelegenheit habe ich auch eine Wohnung gefunden.

Tessow (glotzt): Eine was?

Karlanner: An jedem Haustor hängt ein Schild, gehst hinein, siehst dir an, was alles vorüber ist: Man lebt sein Leben weiter. Ich mußte viele sehn, bis ich die richtige fand. Wenn ich mich dann nachts auf eine Bank am Ufer streckte, taten die Knie schön weh. In der Karolingerstraße fand ich also die richtige. *(Er verliert sich.)* Das Ordinationszimmer liegt genauso abgeschlosssen, wie sie es sich für mich gewünscht hatte.

Tessow (leise): Mach Schluß, Karlanner.

Karlanner: Diese Wohnung hätte sie ohne Zweifel sofort genommen. Denn auch bei einer Wohnung kommt es, wie bei einem Menschen –

Tessow (stärker): Schluß.

Karlanner: – auf den ersten Eindruck an.

Tessow: Das ist ja zum Kotzen.

Karlanner (nickt): Zum Kotzen. *(Verklärt und erschöpft.)* Hier also wären wir zu Haus gewesen.

Tessow: Wie soll ich dich in diesem Zustand allein lassen? Ich habe Dienst.

Karlanner (lächelt): Beim dritten Besuch sagte ich der Hausbesorgerin: Die Wohnung gefällt mir, wie Sie sehn. Werden wir sie aber auch bekommen können? Meine Frau ist Jüdin.

Tessow (geht zum Büchergestell)

Karlanner: Die Hausbesorgerin antwortete mir mit einem mütterlichen Blick: Unser Wirt ist nicht so. *(Lächelt.)* Wir hätten die Wohnung bekommen, hörst du?

Tessow (bleibt abgewendet): Nein.

Karlanner: Die Frau selbst war schon gar nicht so. Hineingefallen und dafür das Leben gegeben. *(Auf.)* Ich mache nur Feststellungen. *(Bei ihm.)* Du hast sie noch nicht gemacht?

Tessow: Ich –

Karlanner: Du hast dein Leben nicht gegeben?

Tessow: Nein.

Karlanner: Du, der es nicht erwarten konnte?

Tessow: Einmal war ich auf den Kopf gefallen. Heute? *(Lacht.)*

Karlanner: Hast es längst gegeben, Tessow.

Tessow: Jetzt bin ich drin, jetzt bleibe ich drin.

Karlanner: So habe ich auch einmal gesprochen.

Tessow: Gesprochen. Können muß man es.

Karlanner (atmet auf): Ich konnte es nicht.

Tessow: Mir macht es sogar immer mehr Spaß, wie sie vor mir zittern.

Wie sie sich aufdrängen, gerade wenn ich meine Macht spielen lasse – *(lacht)* –, und was es einträgt? Frag erst nicht.

Karlanner (leise): Tessow.

Tessow: Daß die Welt mir gehört: Wer schenkt mir sonst dieses Gefühl als der Revolver in meiner Tasche.

Karlanner (wendet sich ab)

Tessow: Unmoralisch ist nur eines: das Verrecken. Ich, der es nicht erwarten konnte, weiß heute: Das Verrecken kommt zuletzt.

Karlanner: Bist nicht wiederzuerkennen.

Tessow: Ganz zuletzt.

Karlanner: »Und du weißt nicht, von wannen er kommt und wohin er wehet.«

Tessow: Wir lesen nicht mehr die Bibel. Wohin sie einen bringt: Schau dich an. Die Schwachen, die Kranken, die Haltlosen: die Opfer – wer blickt sonst auf Golgatha? Ich will kein Opfer sein.

Karlanner: Durch ein Unrecht –

Tessow: Sondern der Stärkere. Laß die Hammel den Wolf fragen, ob er im Recht ist. Damit hat die Natur seit je das ganze Rassenproblem gelöst.

Karlanner: Das billigst du?

Tessow: Aber ich mache es mit.

Karlanner: Es ist gut, daß ich dein Gesicht nicht sehe.

Tessow: Meinetwegen steck das Licht an. Ich geniere mich nicht. Dazu sind wir viel zu viele.

Karlanner: In der großen Kameradschaft.

Tessow (lacht): In der großen Kameradschaft der Wölfe. Ich weiß jetzt, worum es geht. Das ist meine Karriere.

Karlanner (Pause): Also, Tessow.

Tessow (unbeweglich): Also. – Willst nicht bei mir übernachten?

Karlanner: Wie habe ich mich in diesen Tagen nach meinem Bett gesehnt.

Tessow: Bei mir wärst du sicherer.

Karlanner (schüttelt den Kopf)

Tessow: Wenn dich einer sieht –

Karlanner (nickt): Heute nachmittag, als ich nicht mehr unsichtbar sein wollte.

Tessow: Ich versteh' dich nicht.

Karlanner: Nachdem auch Siegelmann abgereist war, konnte ich endlich zu ihr aufs Zimmer. Ihrem Haus gegenüber, vor einem zerschlagenen Schaufenster, stand ein Beobachter, meinem geübten Blick sofort

erkennbar. Da wurde es mir leicht ums Herz. Jetzt möglichst geheimnisvoll durch das Haustor schleichen, damit er mich ja bemerkt – alles andre kommt von selbst.
Tessow (starrt ihn an): Verrückt.
Karlanner: Als das geglückt war, hatte ich nur mehr den Wunsch, dich noch einmal zu sehn, und rief dich an.
Tessow: Hättest mir das lieber erspart.
Karlanner (erregt): Unmöglich, Tessow.
Tessow: Ich dachte dich schon wer weiß wo.
Karlanner: Weil ich dich auch bitten muß, daß du Carmer aufsuchst, sobald sie mich holen.
Tessow: Carmer?
Karlanner: Ich flehe ihn auf meinen Knien an: Er darf ihr nichts darüber schreiben.
Tessow: Ich versteh' kein Wort.
Karlanner: Er muß vielmehr einen Roman erfinden, wie gut es mir geht. Infolge ihrer Abreise wurde ich sofort zur Promotion zugelassen. In vier Wochen mache ich meinen Doktor, vier Wochen später schreibt er ihr, ich hätte ihn bereits gemacht. Verstehst du? Im nächsten Monat suche ich eine Wohnung, im übernächsten habe ich sie bereits gefunden, Karolingerstraße 7, ich praktiziere bereits. Bedingung für die Ruhe meines Lebens ist, und nur auf das meine kommt es an, nicht auf das ihre, daß wir nichts mehr voneinander wissen und daß wir uns nie schreiben: Bedingung. *(Erregt:)* Wirst du ihm das alles sagen?
Tessow (schweigt)
Karlanner: Ich wußte es.
Tessow (würgt): Gerade Carmer –
Karlanner: Ich danke dir. Trink noch ein Glas. *(Das Glas gewaltsam in Tessows Hand.)*
Tessow (trinkt mechanisch)
Karlanner (trinkt): Jetzt haben wir darauf getrunken. Erledigt.
Tessow: Warum gerade Carmer?
Karlanner: Ich danke dir. Jetzt schlafe ich mich endlich richtig aus in meinem guten Bett. Vorher werde ich eine Stunde büffeln, wie in der verschollenen Zeit. Vielleicht kommt auch das wieder.
Tessow: Durch dich kommt mir, wie in Nebeln, unsre Kindheit wieder. Aber ich will sie nicht mehr. Sie hat einen zu sehr betrogen.
Karlanner: Du mußt zum Dienst.
Tessow: Heute weiß ich, daß es Selbstmord ist, sein Leben unter den

Bann kindlicher Ideale zu stellen. Sie bringen einen nur um die Ecke, sonst nichts.

Karlanner: Vielleicht haben wir uns selbst um die Ecke gebracht? Du dich auch, um eine andre Ecke. Wir waren eine schwache und hilflose Demokratie. Wir hätten eine starke aus ihr machen sollen. Das war die große Aufgabe der deutschen Jugend. Wir haben sie versäumt.

Tessow: Mit alldem habe ich nichts mehr zu tun.

Karlanner (leise): Deutschland, Tessow.

Tessow (leicht): Deutschland. *(Geht zur Tür.)*

Karlanner: Ich jedenfalls habe mein Deutschland versäumt. *(Lächelt.)* Aber an seiner Ewigkeit ändert das nichts.

Tessow: Glaubst? Vor allem werde ich also sofort nachsehn, was gegen dich vorbereitet wird. Ich versuche, es aufzuhalten, damit du es dir noch überlegen kannst. Morgen früh schau' ich herüber.

Karlanner: Und gehst dann zu Carmer?

Tessow: Vielleicht hast du es ausgeschlafen.

Karlanner: Zu Carmer gehst du?

Tessow (sie sehn einander an)

Karlanner: Du versprichst es mir? Im Namen unsrer Kindheit.

Tessow (verwirrt): Frag nicht so blöd.

Karlanner: Erst mit mir wirst du sie ganz losgeworden sein.

Tessow (Pause): Leb wohl, Karlanner. *(Rasch ab.)*

Karlanner (blickt ihm nach): Hätte ich dir erzählt, wie weit ich Rosloh den Gehorsam verweigerte – wer weiß, ob du noch zu Carmer gehn würdest? Da verrat' ich dich lieber gleich mit. Von den andern erfährst du's gewiß nicht. *(Lächelt.)* Staatskunst, Tessow. Selbst wenn sie den toten Helden herausgefischt haben: Dich lassen sie im Trauerzug hinter einer nationalen Auslegung marschieren, mit all den andern von der großen Kameradschaft der Wölfe. *(Pause.)* Leb wohl, Tessow. *(Steckt die Tischlampe an, setzt sich, öffnet einen Band.)* Über Herzneurosen, von Dr. Julius Carmer, ordentlichem öffentlichen Professor an der Universität. *(Blickt vor sich hin, still.)* Es kommt nicht wieder. – Herr Candidat Heinrich Karlanner. Herr Dr. med. Heinrich Karlanner. *(Schüttelt den Kopf.)* Es sagt mir nichts. Wenn wir uns verlieren, lassen wir uns wohl überall zurück. Aber wenn wir uns dann wiederfinden, ist es nur mehr stückweis. Manches bleibt verloren für immer. *(Echo:)* Herr Cand. med. Heinrich Karlanner? Verloren für immer, aber um den ist es nicht schad. Herr Karlanner im allgemeinen – um den schon eher. *(Öffnet andere Bände, lächelt.)* Hier hat sie den Namen Carmer unterstrichen, damit

ich ja versteh'. Und im untersten – *(sucht den Band heraus)* – hat sie sogar dazu stenographiert: Erwartet dich dringend. *(Zärtlich:)* Dr. Julius Carmer, ordentlicher öffentlicher Professor an der Universität, erwartet dich dringend. *(Schlägt rasch in der Mitte auf.)* Kapitel fünf: die Muskeltätigkeit. Eine Stunde büffeln vor dem Schlafengehn: Vielleicht kommt der Cand. med. doch noch zurück. Mit Herrn Karlanner im allgemeinen wäre eine ganze Nacht nicht auszuhalten. Kapitel fünf: die Muskeltätigkeit *(Stützt sich zum Büffeln.)*
(Die Tür wird aufgestoßen. Studenten.)
Karlanner (springt auf)
Erster: Heinrich Karlanner?
Karlanner (leise): Zu Befehl.
Erster (lächelt): Wir holen dich zu einer Ausfahrt ab.
Karlanner: Zu Befehl.
Erster: Hast uns vielleicht erwartet?
Karlanner (Pause): Ja.
Erster: Um so besser. *(Immer freundlich:)* Mach rasch.
Karlanner (nickt)
Erster: Dort hängt dein Mantel.
Karlanner (holt ihn)
Erster: Wirst ihn brauchen können. Es ist kalt. *(Hilft ihm in den Mantel.)*
Karlanner (wird schwach, lehnt sich an den Ersten)
Erster (Pause): Die Handschuh sind in den Taschen?
Karlanner (leise): Ich hatte es mir leichter vorgestellt.
Erster: Es eilt ja nicht.
Karlanner (flüstert): Kommt etwas in die Zeitung?
Erster (lacht): Woher.
Karlanner: Niemand erfährt etwas?
Erster: Daß du ein Verräter Deutschlands warst? Nein. Denn bei uns gibt es keine Verräter.
Karlanner: Gefallen und erledigt.
Erster: Gefallen? Verschwunden.
Karlanner (nickt): Verschwunden und erledigt. *(Richtet sich auf.)* Also.
Erster: Ein Verräter kann nicht fallen.
Karlanner (lächelt): Welches Deutschland habe ich verraten? Mein Deutschland nicht.
Erster (lacht): Dein Deutschland?
Karlanner: Für mein Deutschland werde ich nicht verschwunden sein. Sondern gefallen.
Erster (sieht auf die andern. Die andern unbeweglich)

Karlanner (zärtlich): Du leuchtest mir wieder vor den Augen, wenn auch nicht mehr lang für mich.
Erster: Wo hast du deinen Hut?
Karlanner (stärker): Du braust mir wie Kampf im Kopf, wenn auch nicht mehr lang für mich.
Erster: Wo hat er seinen Hut?
Karlanner (groß): In Ewigkeit: Deutschland. Mein Deutschland. Auch für mich: in Ewigkeit.
Erster (drückt ihm den Hut in die Hand): Der Hut.
Karlanner: Der Hut.
  (Alle ab.)

  Ende

Ernst Toller
Pastor Hall

Schauspiel

Gewidmet dem Tag,
An dem dieses Drama
In Deutschland
Gespielt werden darf.

Personen

Friedrich Hall, *Pastor*
Ida Hall, *seine Frau*
Christine Hall, *beider Tochter*
Paul von Grotjahn, *Generalarzt a. D.*
Dr. Werner von Grotjahn, *sein Sohn*
Fritz Gerte, *Sturmbannführer, später Kommandant des Konzentrationslagers*
Traugott Pipermann, *Schuhmachermeister*
Jule, *Hausmädchen im Pfarrhause*

Egon Freundlich
Erwin Kohn
Peter Hofer
August Karsch } *Gefangene im Konzentrationslager*
Hermann Stelter
Karl Müller
Johann Herder

Heinrich Degen, *Hilfspolizist*
Scharführer Josef Lüdecke
Ein SA-Mann

Das Stück spielt etwa 1935 in Deutschland

ERSTER AKT

Wohnung des Pastors Friedrich Hall.

Erste Szene

Die Bühne ist in ein vorderes und in ein durch eine Stufe erhöhtes hinteres Zimmer geteilt, die durch Schiebetüren mit großen Glasfenstern verbunden sind. – Vorne das Wohnzimmer, behaglich und unmodisch eingerichtet, hinten das Eßzimmer. Der Tisch im Eßzimmer ist festlich geschmückt und fürs Abendmahl vorbereitet. – Wenn der Vorhang aufgeht, ordnet Ida Hall im Eßzimmer Blumen. Sie wechselt Vasen aus und achtet darauf, daß die Farbentöne der Blumen harmonieren. – Ida Hall ist eine etwa vierzigjährige Frau, jugendlich aussehend, mit blondem gebundenen Haarknoten. Ihre Gesten sind flattrig, die Augen irren ängstlich umher.
Herein tritt das Mädchen.

Mädchen: Herr Sturmbannführer Gerte möchte die Frau Pastor sprechen.
Ida Hall (offensichtlich überrascht und erschrocken): Gerte? Kommen Sie, nehmen Sie die Blumen weg. *(Kommt ins Wohnzimmer, schließt die Schiebetüren, versucht die leichten Batistgardinen vor die Türenfenster zu ziehen, gibt es mit leichtem Seufzen auf.)* Ich lasse bitten.
Jule (öffnet die Tür): Bitte schön!
(Eintritt Sturmbannführer Fritz Gerte in der schwarzen Uniform der SS. Er ist etwa 35 Jahre alt, mittelgroß, mager, glattrasiert. Kleine Augen, die den Angesprochenen stechend anblicken. Scharfe Nase. Dünne Lippen.)
Fritz Gerte: Heil Hitler!
Ida Hall: Sie sind es, Fritz.
Gerte (zückt einen Brief): Mich haben Sie nicht erwartet, wie?
Ida: Ich freue mich, daß Sie da sind. *(Bietet Platz an.)* Bitte! – Was für einen Brief haben Sie da?
Gerte: Warum haben Sie so viele Blumen bestellt? Möchten Sie mir bitte sagen, was hier los ist?
Ida: Woher wissen Sie, daß ich Blumen bestellt habe?
Gerte: Von der Portierfrau.
Ida: Die sollte sich lieber um die schmutzigen Treppen kümmern.

Gerte: Also haben Sie Blumen bestellt.
Ida: Wir feiern Christines Polterabend. Morgen früh heiratet sie den Doktor Werner von Grotjahn.
Gerte: Interessant. Wann wurde das Aufgebot bestellt?
Ida: Es ging alles so übereilt. Wir haben dem Standesbeamten viel zu verdanken. Der Generalarzt kennt ihn vom Krieg her.
Gerte: Und das sagen Sie mir so mit der unschuldigsten Miene?
Ida: Es mußte so rasch sein. Werner hat einen Ruf nach New York angenommen, an die Columbia Universität. Es ist doch eine große Ehre für ihn.
Gerte: Eine schöne Ehre für einen Deutschen, an eine Universität in Feindesland zu gehen.
Ida: Wir leben aber in Frieden mit Amerika.
Gerte: Und mir kein Wort. Kein Wort von der Verlobung Ihrer Tochter. Kein Wort von der übereilten Heirat, der Flucht nach Amerika.
Ida: Aber ...
Gerte: Denn es ist eine Flucht. Alles haben Sie eingefädelt. Das ist Ihr Dank an mich. Sie waren in der Gesellschaft geächtet, ich habe mich schützend vor Sie gestellt, trotz Ihrer anrüchigen Ehe.
Ida: Darf ich endlich wissen, was dieser Brief enthält?
Gerte: Das möchte Ihnen so passen.
Ida: Habt Ihr einen Brief von meinem Mann abgefangen? Ich kann mir den Mund fußlig reden, er hört nicht auf mich. Er wird uns noch alle ins Unglück stürzen mit seinem Fanatismus.
Gerte: Wir wissen längst, daß Ihr Mann die evangelische Kanzel dazu benutzt, um deutsche Familien gegen unseren Führer aufzuhetzen.
Ida: Er nimmt Gottes Wort so wörtlich, das ist sein Fehler.
Gerte: Wir kennen auch seine Vergangenheit. Er hat im Weltkrieg Friedenspredigten gehalten.
Ida: Er hat sich zu Beginn des Krieges freiwillig gemeldet, trotzdem er es nicht nötig hatte als Geistlicher. Er war ein tapferer Soldat, er wurde sogar einmal im Kriegsbericht öffentlich erwähnt und gelobt. Später haben ihn seine Nerven im Stich gelassen, und er wurde Pazifist, das bestreite ich gar nicht. Er hat es ja auch büßen müssen, sonst wäre er längst Konsistorialrat bei seinen Fähigkeiten.
Gerte: Ihn haben wir, wann wir wollen. Heute, morgen oder übermorgen. Jetzt sind Sie dran.
Ida: Sprechen Sie endlich, Fritz.
Gerte: Ida! Sehen Sie mich an. Habe ich Ihnen nicht geholfen, immer und immer wieder – ja oder nein?

Ida: Ja.

Gerte: Als Ihr Mann denunziert wurde wegen staatsgefährdender Umtriebe, zu wem kamen Sie? Zu mir. Wer hat Sie beruhigt, wer hat die Denunziation ins Feuer geworfen? Ich! Denn Sie haben meine Mutter gepflegt, als sie auf dem Sterbebette lag, und das vergißt ein Fritz Gerte nicht.

Ida: Ich habe nur getan, was meine Pflicht war und wozu mich mein Mann stets angehalten hat.

Gerte: Meine Parteigenossen haben mich gewarnt, ich sollte mich mit Ihnen nicht einlassen. Ich habe trotzdem in Ihrer Familie verkehrt und als Schild gedient gegen Ihre Angreifer. Sie haben das recht genau gewußt, liebe Ida, und sich sogar manchen Vorteil dadurch verschafft.

Ida: Was wollen Sie nur sagen?

Gerte: Ich liebe Christine. Sie ist das einzige Wesen, an dem mein Herz hängt. Ich liebte sie schon, als sie noch ein Kind war.

Ida: Sie ist kein Kind mehr.

Gerte: Was weiß ein achtzehnjähriges Mädchen vom Leben? Biete ich ihr nicht eine sichere Zukunft, eine angesehene Stellung, ein schönes Heim?

Ida: Die jungen Mädchen von heute haben ihren eigenen Kopf. Die fragen nicht nach Sicherheit und schönem Heim und Ansehen in der Gesellschaft.

Gerte: Was will sie mehr?

Ida: Einen Mann, den sie liebt.

Gerte (aufbrausend): Und Sie wollen mir sagen, daß Sie dieses romantische Abenteuer nicht verhindern konnten?

Ida: Sie sind kein Jüngling mehr.

Gerte (in seiner Eitelkeit getroffen): Als Sie mich um meinen Schutz baten, als Sie vor mir auf den Knien lagen, da war ich gut genug?

Ida: Ich habe nie vor Ihnen auf den Knien gelegen.

Gerte: Aber Ihre Tochter haben Sie mir versprochen.

Ida: Werben Sie um Christine, wenn Sie sie lieben, habe ich Ihnen gesagt.

Gerte: Was heißt das anders, als daß ich Ihnen als Schwiegersohn willkommen war.

Ida: Und wären Sie es etwa nicht? Sie sind unser einziger Schutz, ohne Sie wäre mein Mann längst ohne Amt, vielleicht gar im Gefängnis. Ich habe gewarnt, gebettelt, gefleht, Christine hat nicht auf mich gehört.

Gerte: Spielen Sie jetzt mit offenen Karten, Ida. *(Zeigt auf den Brief.)* Kennen Sie diese Schrift?

Ida (sieht auf den Brief): Vom Generalarzt.

Gerte: Richtig. In diesem Brief schreibt Ihr alter Freund, Generalarzt Grotjahn, an den Testamentsvollstrecker des Restaurateurs Kurt Pegge aus New York ... Kennen Sie einen gewissen Pegge?

Ida: Das ist mein verstorbener Bruder.

Gerte: Interessant. Also, der Generalarzt schreibt an den Testamentsvollstrecker einen harmlosen Brief. Zu harmlos für uns, meine liebe Ida. Übers Wetter und über Lohengrin. Aber mitten im Brief, wir lesen nämlich nicht nur Anfang und Schluß, mitten im Brief steht ein Sätzchen, ein Sätzchen, das Ihnen das Genick brechen kann, meine liebe Ida.

Ida: Verhaften Sie mich schon, Fritz. Brechen Sie mir das Genick, nur lassen Sie mich nicht länger im ungewissen.

Gerte (behäbig lachend): »Kann« habe ich gesagt, nicht »wird«. Also, der Generalarzt bittet den Testamentsvollstrecker, die Erbschaftssumme nicht nach Deutschland zu überweisen, sondern in Amerika zu belassen. Geschrieben hat er, man soll das Erbschaftsblümchen behüten und begießen, damit es blühe, wachse und gedeihe. – Das ist Devisenschiebung, Landes- und Hochverrat. Darauf steht lebenslängliches Zuchthaus, und wenn das Gericht auf ehrlose Gesinnung erkennt, der Tod durch das Beil.

Ida: Was steht noch in dem Brief?

Gerte: Wenn Sie es durchaus wissen wollen, Ihr Name ist nicht genannt. Doch triumphieren Sie nicht zu früh, meine Liebe. Der Herr Pegge ist Ihr Bruder, Sie sind die Erbin, Sie haben den Brief dem Generalarzt diktiert, Sie haben das Geld in Sicherheit bringen wollen, Sie haben Ihre Tochter verkuppelt an einen Amerikareisenden.

Ida: Das Geld gehört gar nicht mir. Mein Bruder Karl hat einen Narren an Christine gefressen. Sie ist die Erbin.

Gerte: Um so schlimmer. Für Christine, meine ich. Auch die haben Sie ins Unglück hineingerissen.

Ida: Was soll ich nur machen?

Gerte: Ich werde Ihnen auch diesmal helfen, aber mit der Hochzeit ist es Essig, geben Sie die Gans, nach der es so knusprig riecht, der Winterhilfe. Das Schiff wird fahren, Christine nicht.

Ida: Was soll ich nur tun?

Gerte: Schweigen. Ist der amerikanische Testamentsvollstrecker sicher?

Ida: Der ist vereidigt.

Gerte: Dann wird der auch schweigen. Und jetzt zur Sache. Sie haben den Knoten geschürzt, Sie werden den Knoten auch zerhauen. Christine ist unmündig. Ihr Mann kann die Heirat verbieten. Sie haben 1½ Stunden Zeit. Um ½ neun Uhr telefoniere ich.
Ida: Und wenn ich es nicht fertigbringe?
Gerte: Tja, dann passiert etwas. Um ½ neun telefoniere ich.
(Geräusch im Korridor. Fritz Gerte faßt nach seiner Mütze. – Eintritt Pastor Friedrich Hall. Fünfzigjährig. Hohe Gestalt. Ergraut. Er hält sich betont gerade. Im Gegensatz zu seiner Straffheit wirkt seine Stimme weich und einfach. Er wirkt nie pathetisch, auch da nicht, wo er Worte der Bibel zitiert.)
Friedrich Hall: Herr Gerte.
Gerte: Heil Hitler! Herr Pastor, Ihre Frau möchte mit Ihnen sprechen. Heil! *(Gerte hinaus.)*
Friedrich Hall: Was meint er?
Ida: Ach, gar nichts. *(Reicht Friedrich Hall eine Zigarre.)* Hier ist die Abendzigarre, Friedrich
Friedrich Hall (steckt sie sich an und geht, die Hände auf dem Rücken gefaltet, auf und ab): Danke, Ida... Ich werde das Gefühl nicht los, daß du dich in die Hände dieses Menschen gegeben hast, der mich und meine Pfarrkinder ausspioniert. Ich habe Briefe in meinem Schreibtisch gehabt, vertrauliche Briefe von Vätern und Müttern mit schrecklichen Einzelheiten, wie unsere Kinder in der Hitlerjugend verdorben werden. Seit zwei Tagen vermisse ich diese Briefe. Fallen sie in die unrechten Hände, wird man die Absender verfolgen, vielleicht gar verhaften.
Ida: Ich wußte nichts von diesen Briefen.
Friedrich Hall: Irgend jemand muß davon Wind bekommen und sie gestohlen haben.
Ida: Bitte, Friedrich, setz dich und geh nicht umher. Du machst mich ganz nervös. Wie spät ist es eigentlich?
Friedrich Hall: Viertel nach sieben.
Ida: Wenn nur erst alles vorüber wäre.
Friedrich Hall (beobachtet sie Sekunden, dann ruhig): Sagte Gerte nicht beim Fortgehen, du hättest etwas mit mir zu sprechen.
Ida: Ja.
Friedrich Hall: Hat das vielleicht mit den verschwundenen Briefen zu tun?
Ida: Hättest du mir von den geheimen Briefen im Schreibtisch erzählt, hätte ich aufgepaßt, und sie wären vielleicht nicht gestohlen worden.

Friedrich Hall: Du, Ida, ob Gerte sie genommen hat?

Ida: Gerte ist kein Dieb.

Friedrich Hall: Kein Gericht würde ihn heute so heißen, wenn er meine Briefe stiehlt. Er bekäme sogar noch eine Medaille.

Ida: Was du am Sonntag in der Kirche redest, muß ich am Montag vertuschen. Und wer hilft mir dabei? Gerte.

Friedrich Hall: Sage nur noch, daß er mich mit seinem Leben gedeckt hat.

Ida: Ohne ihn wären wir schon alle im Konzentrationslager.

Friedrich Hall: Mir wäre lieber, er beträte dieses Haus nicht. *(Öffnet die Fenster.)* Und parfümieren tut er sich auch.

Ida: Hast du nicht seiner Mutter versprochen, ihm als Freund im Leben beizustehen?

Friedrich Hall: Die Arme glaubte, ich könnte verhindern, daß das Früchtchen vor die Hunde gehe. Wie oft bin ich zum Kaufmann Levi gegangen für ihn, weil er seine Pflichten als Angestellter nicht erfüllt hat, immer hatte er Ausreden für seine Faulheit, seine Unverläßlichkeit, seine Großmannssucht. Was war der Dank dafür, daß Levi beide Augen zugedrückt hat? Er hat ihm ein Plakat ans Schaufenster kleben lassen: Wer bei Juden kauft, kauft beim Teufel. Ihn selbst hat die Hölle allerdings nicht gestört, Geld stinkt nicht. Und Levi lebt heute mit seiner Familie irgendwo in Whitechapel als Bettler und kann noch froh sein, daß er überhaupt lebt.

Ida: Oh, ich möchte schon im Gefängnis sein. Im Gefängnis ist Sicherheit und Frieden. Im Gefängnis kann man nicht verhaftet werden.

Friedrich Hall: Gefängnis? Hat dieser Bursche dir etwa damit gedroht?

Ida: Ich weiß nicht aus noch ein. Hilf mir.

Friedrich Hall: Ich kann dir nicht helfen, wenn ich nicht weiß, worum es sich handelt.

Ida: Gerte ist dagegen, daß Christine Werner heiratet.

Friedrich Hall: Gerte kann ja auch dagegen sein, daß morgen früh die Sonne aufgeht.

Ida: Er fühlt sich betrogen.

Friedrich Hall: Wieso? Christine hat aus ihrer Abneigung gegen ihn nie ein Hehl gemacht.

Ida: Gerte ist mächtig.

Friedrich Hall (lächelnd): Aber doch nicht so mächtig, um zu verhindern, daß morgen früh die Sonne aufgeht und Christine um zehn Uhr Werner heiratet.

Ida: Gerte weiß, daß Christine die Erbin meines Bruders ist.

Friedrich Hall: Warum sollte er es nicht wissen?
Ida: Er hat uns alle in der Hand, weil ... ach, Friedrich!
Friedrich Hall: Weil? Warum hat er uns in der Hand?
Ida: Ich habe dem Testamentsvollstrecker geschrieben, er soll das Geld nicht nach Deutschland schicken, da bekäme Christine nämlich nur die Hälfte der Erbschaft und nicht in Dollars, sondern in Reichsmark. Das wäre doch glatter Raub.
Friedrich Hall: Das war sehr töricht von dir und außerdem ungesetzlich.
Ida: Ich habe es ja nicht offen getan, sondern illegal.
Friedrich Hall: Um so schlimmer. Hat dir jemand dabei geholfen?
Ida: Der Generalarzt. Der hat für mich einen Brief nach New York geschrieben. Diesen Brief hat die Polizei. Ich hab' ihn gesehen in der Hand ...
Friedrich Hall: Von Gerte, der Gestapo-Agent ist. Was hast du angerichtet, Ida? Was liegt denn um Himmels willen daran, ob Christine das Geld hat oder nicht. Ich stehe jeden Sonntag auf der Kanzel und verteidige die Lehre Christi gegen die Lehre seiner Widersacher. Ich lasse mich nicht einschüchtern durch ihre Drohungen, und da kommt meine eigene Frau und fällt mir in den Rücken. Jetzt werden sie triumphieren, seht euch den Pfarrer Hall an, werden sie sagen, der gibt vor, ein Christ zu sein, dabei ist er ein Devisenschieber. Ach, Ida, wenn es nur mich träfe. Aber die Sache wird Schaden leiden, weil ich der angebliche Verbrecher, sie verkünde. – Ich habe es seit langem gefühlt, daß eine Prüfung kommt. Nun ist es soweit, und ich werde nicht klagen: Herr, warum wählst du mich?
Ida: Du wirst nicht klagen; ob ich klagen werde, ist dir gleichgültig. So hast du es immer gehalten. Als du Kriegsfreiwilliger wurdest und mir das Herz brach vor Sorge, als du zurückkamst und sagtest, du hättest dich geirrt und du wolltest es offen bekennen und von nun an die Liebe predigen und nicht die Gewalt, und mich und das Kind in den Abgrund stürztest, da hast du nur an dich und immer nur an dich gedacht. Wenn *das* Christentum ist, dann will ich lieber Heide sein.
Friedrich Hall: Ich habe mich oft gefragt, ob ein Mensch wie ich, der den Weg der Wahrheit sucht und nichts als die Wahrheit finden will, das Recht hat, die Verantwortung für Frau und Kind zu übernehmen und sie zu belasten mit seiner Bürde. Vielleicht hatte ich wirklich kein Recht, zu heiraten und eine Familie zu gründen.
Ida: Lieber, nimm doch nicht alles wörtlich. Ich meinte es ja nicht so. Verzeih mir ...

Friedrich Hall: Was solltest du mir sagen?

Ida: Ich soll dir sagen, daß Christine unmündig ist. Du bist der Vormund. Du sollst deine Einwilligung, daß sie morgen heiratet und abreist, verweigern.

Friedrich Hall: Und wenn ich das nicht tue?

Ida: Er hat sich nicht klar ausgesprochen. Es passiert etwas, hat er gesagt. Sie werden dich verhaften oder mich oder Christine oder alle.

Friedrich Hall: Der Ehrenmann hat sich verrechnet. *(Friedrich geht an den Schreibtisch, entnimmt ihm einen Brief, setzt sich und beginnt zu schreiben.)*

Ida: Was willst du tun?

Friedrich Hall: Ich werde an den Testamentsvollstrecker deines Bruders schreiben. Er soll die Erbschaft unverzüglich auf gesetzlichem Wege nach Deutschland überweisen.

Ida: Damit machst du es nur schlimmer. Das will Gerte gar nicht. Er ist damit einverstanden, daß das Geld in Amerika bleibt, nur Christine soll Werner nicht heiraten.

Friedrich Hall: Jetzt begreife ich. Der Herr Sturmbannführer will für sich vorsorgen. Und ich soll sein Kumpan werden beim Schieben und Betrügen.

Ida: Willst du mich ins Zuchthaus bringen? Wenn du schon nicht an mich denkst, denk wenigstens an Christine.

Friedrich Hall: So dumm ist der Bursche nicht, dich oder Christine zu verhaften. Da entgeht ihm die Erbin und das Geld in Amerika. *(Lacht.)*

Ida (nach einer Pause): Willst du nicht wenigstens Christine fragen und sie entscheiden lassen?

Jule (das Mädchen kommt herein): Der Schuhmachermeister Traugott Pipermann möchte den Herrn Pastor sprechen.

Ida: Jetzt wird er wieder stundenlang »zwar hin« und »jedoch her« sagen, und am Ende weiß man doch nicht, was er will ...

Friedrich Hall: Ich lasse bitten ...

(Ida geht hinaus. – Vorne herein kommt Traugott Pipermann, ein ältlicher Mann, dessen Magerkeit den Eindruck von Schrumpfung und Dürre macht. Er hat einen kleinen Ziegenbart, der das fehlende Kinn verdeckt. Auf der spitzen Nase trägt er eine Nickelbrille mit blauen Gläsern. Er hat die Angewohnheit, die Brille abzunehmen und aufzusetzen. Wenn er sie abnimmt, gewahrt man kleine unruhige Augen, die er meistens beim Sprechen gesenkt hält. Auffallend ist der kleine Mund, den er, wenn er schweigt, zu einem Nadelkopf

rundet. Er trägt einen abgeschabten unmodischen Anzug mit einer bis zum Halse geschlossenen Weste.)
Friedrich Hall (schüttelt Pipermann die Hand): Nun, lieber Pipermann, was verschafft mir die Ehre?
Pipermann: Zwar ist es keine Ehre für Sie, Herr Pastor, jedoch ist es ein Vergnügen für mich, Sie in guter Gesundheit zu sehen.
Friedrich Hall: Setzen Sie sich. Was kann ich Ihnen anbieten? Eine Zigarre! *(Beide setzen sich.)*
Pipermann: Zwar ist es keine Sünde, und die Heilige Schrift verbietet nur die Völlerei, jedoch ich ziehe vor, auf Tabak und Alkohol zu verzichten.
Friedrich Hall: Natürlich, natürlich, daß ich daran nicht dachte. Sie sind ja Abstinenzler.
Pipermann: Zwar hat mich Ihre Frage stutzig gemacht, weil mich der Gastwirt Henke auch versuchen wollte, als ich die Kirchensteuer bei ihm eintrieb, und der Gastwirt Henke ist mir nicht gut gesinnt, ist Ihnen nicht gut gesinnt, wollte ich sagen, Herr Pastor, jedoch glaube ich Ihnen, daß Sie es aus Zerstreutheit getan haben.
Friedrich Hall: Mein lieber Pipermann, der Gastwirt Henke liebt dann und wann einen groben Scherz.
Pipermann: Der Teufel tritt in vieler Gestalt an uns heran. Zwar glaube ich in aller Bescheidenheit, ein guter Christ zu sein, und der siebente Tag ist für mich ein wahrhafter Gottestag, und ich würde lieber trockenes Brot essen, als am Sonntag Bier und Schnaps auszuschenken, jedoch sind wir auch dem Staat Gehorsam schuldig, und gegen den Regen muß ich mich mit einem Mantel und wetterfesten Stiefeln schützen, sonst werde ich naß, und wenn die Tatsachen gegen uns sind, können wir nicht ewig gegen die Tatsachen anrennen, sondern sollen, bevor es zu spät ist, die Lippen versiegeln und das Wort im Herzen behalten. Dort wird es Gott schon sehen, auch wenn wir es der Welt, die in der Sünde lebt und auf krummen Wegen läuft, nicht zeigen. Andernfalls kann unser Tun leicht als Hoffart ausgelegt werden, und wo die Hoffart Einzug hält, ist der Versucher zu Gast gekommen.
Friedrich Hall (begreift): Sprechen Sie als Privatperson oder im Auftrage der Gemeinde, als Kirchenrat?
Pipermann: Zwar spreche ich als bescheidene Privatperson, jedoch denken viele Mitglieder der Gemeinde wie ich, sogar der Gastwirt Henke, dem ich sonst, Gott sei's geklagt, nichts Rühmliches nachsagen könnte, alle meinen, so kann es nicht weitergehen, es muß etwas geschehen.

Friedrich Hall: Was soll geschehen? Wie kann es nicht weitergehen?

Pipermann: Es heißt zwar, daß uns die staatliche Unterstützung entzogen werden soll, und das Kirchendach ist schadhaft und droht einzustürzen, wenn wir es nicht bald besohlen, in Ordnung bringen, wollte ich sagen, und auch das Gehalt des Gemeindehirten wird man sperren, sagen die Leute, insbesondere der Gastwirt Henke, und die Nazis drohen sogar mit einem Boykott unserer Geschäfte, jedoch darf uns Verfolgung und Drohung nicht anfechten, unserem Herrn haben die Pharisäer sogar den Tod am Kreuz nicht erspart, nur meine ich, wir sollten ... wir sollten ... *(Er stottert und weiß, verwirrt, nicht, wie zu enden.)*

Friedrich Hall (läßt ihn für Sekunden unerbittlich in seiner Verwirrung): Wir sollten zuerst an das Kirchendach denken, meinen Sie, und dann erst an das Fundament, auf dem die Kirche ruht. Wenn ein Kunde zu Ihnen kommt und Ihnen aufträgt, ein Paar Schuhe anzufertigen, nehmen Sie Maß, sorgfältig, wie ich aus eigener Erfahrung weiß, und Sie liefern ihm Schuhe, die nicht drücken und Hühneraugen verursachen, Schuhe, die bequem sitzen und dem Fuß angepaßt sind. Wie die Schuhe verziert sind, ob mit Stechmuster oder mit glatten Kappen, daran denken Sie, mit Recht, erst in zweiter Linie. Was nützt ein modisch eleganter Schuh, wenn der Kunde nicht laufen kann? Verstehen Sie mich? Das Kirchendach in Ehren, aber erst kommt das Fundament. Da lasse ich mir nicht dreinreden, von niemandem als meinem Gewissen. Wenn ein Kunde mit Ihnen nicht zufrieden ist, wählt er sich einen anderen Schuhmacher. Ich werde den Fall in der nächsten Sitzung des Kirchenrates besprechen und die Vertrauensfrage stellen.

Pipermann: Um Himmels willen, Herr Pastor, zwar habe ich unterstrichen, daß ich als Privatperson komme und nur das Beste des Herrn Pastor im Auge habe, jedoch haben Sie mich mißverstanden. Nicht viele in der Gemeinde würden wie ein echter Freund sich auf den Weg zu Ihnen machen, und ob sie durch dick und dünn mit Ihnen gehen, wenn Not am Mann ist, das ist eine Frage, über die ich mir keine Meinung erlauben möchte.

Friedrich Hall: Ich danke Ihnen, ich danke Ihnen, lieber Pipermann, für Ihre Freundschaft.

Pipermann: Auf mich können Sie zählen, Herr Pastor. Zwar möchte ich noch vieles mit Ihnen besprechen, was weltlicher Natur ist, so soll der Sohn des Kaufmanns Wrede der Kellnerin des Gastwirts Henke nachstellen und sogar versucht haben, nachts in ihre Schlafkammer

zu dringen, jedoch ist meine Zeit bemessen und vielleicht die Ihre auch ... *(Pipermann müßte jetzt aufstehen, aber er erwartet, daß Hall ihn einlädt zu bleiben, darum erhebt er sich nicht.)*

Friedrich Hall (steht auf und zwingt so Pipermann gleichfalls aufzustehen): Leider, lieber Pipermann, wir sehen uns hoffentlich recht bald, dann wollen wir über die weltlichen Dinge sprechen. Nicht als Pharisäer wie die Klatschmäuler, die Ihnen ja ebenso unausstehlich sind wie mir.

Pipermann (verabschiedet sich geschmeichelt und unter vielen Verbeugungen und verläßt das Zimmer)

Friedrich Hall (lächelnd): Uff! *(Es klopft.)* Ja!

Pipermann (kommt herein): Verzeihung, Herr Pastor, zwar bin ich schon gegangen, jedoch habe ich meine Brille liegenlassen.

Friedrich Hall: Ihre Brille? Da liegt sie. Bitte. *(Reicht ihm die Brille.)*

Pipermann: Danke tausendmal. Ich wollte wirklich nicht stören. *(Geht unter Katzbuckeln rückwärts hinaus.)*

Friedrich Hall (ruft): Ida! Er ist fort.

Ida Hall (kommt herein): Was wollte er denn schon wieder?

Friedrich Hall: Angelegenheiten der Gemeinde, du kennst ihn ja. Das schlechte Kirchendach wurmt ihn.

Ida: Er sollte lieber eine Stiftung machen, damit es ausgebessert werden kann. Jedermann weiß, daß er reich ist, aber er hockt wie eine Bruthenne auf seinem Gelde, und aus purem Geiz verheiratet er sich nicht, trotzdem kein Mädchen vor seinen unverschämten Blicken hinter seiner blauen Brille sicher ist.

Friedrich Hall (lächelnd): Du mußt ihn nicht so ernst nehmen, Ida, seine Blicke mögen – zwar – unverschämt sein, »jedoch« ist sein Herz verschämt, und niemand kann ihm eine weltliche Tat nachreden.
(Herein kommt das Mädchen.)

Mädchen: Der Herr Generalarzt.

(Mädchen hinaus. Eintritt Generalarzt von Grotjahn im schwarzen Gehrock und gestreiften Hosen, Monokel im Auge. Er ist etwa 60 Jahre alt.)

Paul v. Grotjahn (geht auf Ida zu, küßt ihr die Hand): Liebe Ida, du siehst aus, als ob du die Braut wärst. *(Schüttelt Friedrich die Hand.)* Nicht wahr, lieber Friedrich, strahlt sie nicht wie eine Rose im Mai? »Im wunderschönen Monat Mai, da alle Knospen sprangen, da ist in meinem Herzen die Liebe aufgegangen.« Dichter unbekannt, wie es heute heißt.

Friedrich Hall: Willst du einen Schnaps?

Paul v. Grotjahn: Donnerwetter. Danziger Goldwasser, mein Leibschnaps. Na, prosit! *(Trinkt.)* Der löst einem die Zunge.

Ida: Paul!

Paul v. Grotjahn: Ich bin ja ein Mensch vom alten Schlag. Mir können sie das Maul nicht verbieten. Außerdem bin ich ungefährlich, glaube mir, Ida, ausgenommen 1916, vor Verdun.

Ida: Entschuldige mich, lieber Paul, ich muß mich jetzt umziehen.

Paul v. Grotjahn: Noch schöner und jünger willst du dich machen? Apropos, kennt ihr die Anekdote vom Pastor Niemöller?

Friedrich Hall: Nein.

Ida: Nicht so laut, Paul.

Paul v. Grotjahn (mit gespieltem Flüstern): Niemöller trifft im Gefängnis den Geistlichen, der am Sonntag predigt. Sagt der Gefängnisgeistliche ganz erstaunt: »Wieso sind Sie im Gefängnis?« Darauf Niemöller: »Wieso sind Sie nicht im Gefängnis?«

Friedrich Hall: Wunderbar, eine Lehre.

Paul v. Grotjahn: Wir sollten uns ja alle wirklich ein bißchen schämen, daß wir nicht im Gefängnis sind. Als anständiger Mensch hat man heute im Gefängnis zu sein.

Ida (nervös): Beruf's nicht, Paul.

Friedrich Hall: Ich habe im allgemeinen ein peinliches Gefühl, wenn ich die vielen Witze gegen unsere neuen Machthaber höre. Meist sind es billige Ausflüchte von Leuten, die sich vor Taten drücken wollen.

Paul v. Grotjahn: Du erlaubst wohl, daß ich mir noch einen Schnaps einschenke. *(Ida ist hinausgegangen.)*

Friedrich Hall: ... Paul, ich muß mit dir sprechen.

Paul v. Grotjahn: So feierlich? Ich bin der Schwiegervater, nicht der Bräutigam. Mich brauchst du nicht aufzuklären. Mich hat der Feldwebel Siebenklotz aufgeklärt, wie ich noch ein rotznäsiger Kadett war. Grotjahn, hat er gesagt, glauben Sie an den Storch? Zu Befehl, nein, hab' ich gesagt. Dann 'ran an den Feind, hat er gesagt und mir die Adresse einer erstklassigen Venus gegeben. Jetzt bin ich ja in den Jahren, wo ich wieder an den Storch glaube.

Friedrich Hall (mit lächelndem Vorwurf): Paul!

Paul v. Grotjahn: Na, denn mal los, Pastor, ich bin ganz Ohr.

Friedrich Hall: Du hast einen Brief an den Testamentsvollstrecker in New York geschrieben, er soll Christines Erbschaft nicht nach Deutschland überweisen.

Paul v. Grotjahn: Das weißt du auch schon? Die Ida hat Stein und Bein geschworen, daß sie nur mich ihres werten Vertrauens würdigt.

Friedrich Hall: Bist du dir klar, daß das Gesetz es verbietet?
Paul v. Grotjahn: Die Herren können mir den Buckel herunterrutschen mit ihren Gesetzen. Ich mache mir sogar einen Götterspaß daraus, ihre »Gesetze« zu umgehn.
Friedrich Hall: Verzeih, so könnte ein Anarchist sprechen.
Paul v. Grotjahn: In welchem Zustand, nach deiner hochgeschätzten Meinung, befindet sich denn Deutschland heute? Von dem ehemaligen Gefreiten lasse ich mir keine Gesetze vorschreiben, ich nicht. *(Gießt sich einen Korn ein, trinkt ihn.)*
Friedrich Hall: Leider haben wir nicht über die Güte oder Ungüte von Gesetzen zu urteilen.
Paul v. Grotjahn: Gehorchen und Maulhalten, wie? Das möchte den Brüdern so passen. Dann hätten sie uns da, wo sie uns haben wollten. So tief sind wir Deutsche nicht gesunken. Du sollst mal herumhorchen auf den Straßen, was das Volk so redet. Die ducken sich, aber Bescheid wissen sie. Heute früh stehe ich beim Zeitungshändler und blättre in den Zeitungen. Oben hat er den Völkischen Beobachter liegen, als Alibi. Sagt er: Herr Generalarzt, warum wählen Sie denn so lange, zwölf von die gehen aufs Dutzend; die Lügen sind schwarz gedruckt, und die Wahrheit ist weiß, damit sie keiner lesen kann.
Friedrich Hall: Paul, der Brief, den du an den amerikanischen Testamentsvollstrecker geschrieben hast, befindet sich in den Händen der Geheimen Staatspolizei.
Paul v. Grotjahn: Donnerwetter, da sitz' ich schön in der Tinte.
Friedrich Hall: Ist es für dich immer noch ein Götterspaß?
Paul v. Grotjahn: Was wollen mir die denn beweisen? Ich werde mich schon herausreden.
Friedrich Hall: Aber ich bin ihnen schon lange unbequem. Jetzt haben sie endlich das Mittel, mich zu vernichten.
Paul v. Grotjahn: Das tut mir leid, Friedrich, ich bin wahrhaftig ein alter Esel, daß ich daran nicht gedacht habe.
(Eintreten Christine Hall und Werner v. Grotjahn. Christine ist achtzehn Jahre, hübsches Gesicht, weiche Züge, fröhliches Wesen. – Werner v. Grotjahn ist dreißig Jahre, steife Bewegungen, trocken, aber nicht ohne Temperament.)
Christine und Werner (zusammen): Guten Abend!
Paul v. Grotjahn (zu Christine): Bekomm' ich nicht einen Kuß, mein schönes Töchterchen? *(Christine küßt den Generalarzt.)*
Christine: Ach, Papa, Mama möchte dich draußen sprechen.
Friedrich Hall: Entschuldigt mich einen Augenblick. *(Ab.)*

Paul v. Grotjahn: Wo kommt ihr her?

Werner v. Grotjahn: Direkt aus Tempelhof. Wir fliegen morgen gleich nach der Trauung nach London und erreichen die Queen Mary in Southampton.

Paul v. Grotjahn: War's schön in der Stadt?

Christine: Wir haben uns gestritten, Werner und ich.

Paul v. Grotjahn: Am Tag vor der Hochzeit? Das bringt Glück... Worüber habt ihr euch denn gestritten?

Werner: Über die Frage, was ein Mensch tun würde, der wüßte, daß morgen die Sonne erkaltet.

Paul v. Grotjahn: Eine zeitgemäße Frage.

Christine: Ich habe gesagt, ein solcher Mensch würde gefaßt und fröhlich sein und zärtlich zu seiner Frau.

Paul v. Grotjahn: Und er?

Christine: Er sagte, es sei seine Pflicht als Astronom, die Ereignisse auf der Erde aufzuzeichnen, solange er dazu imstande wäre, für künftige Lebewesen.

Werner: Ich mußte Christine schwören, daß ich die Wahrheit sage.

Paul v. Grotjahn: Aber schließlich habt ihr euch versöhnt?

Christine: Werner hat mich bestochen... Er hat mir ein Armband gekauft... Ich ließ mich gerne bestechen... Du, Werner, wenn wir verheiratet sind, mußt du auch mit mir in die Geschäfte gehen und mir was kaufen, aber du darfst nicht sagen, daß wir verheiratet sind.

Werner: Was soll ich denn sagen?

Paul v. Grotjahn: Was soll er denn sagen?

Christine: Solche Sachen, wie du gesagt hast, Papa, wenn du mit deiner Frau in Zivil ausgegangen bist.

Paul v. Grotjahn: Nanu, was hab' ich denn gesagt?

Christine: Du hast gesagt, sie sei deine unverheiratete Cousine und kriege keinen Mann, und deshalb müßtest du für sie bezahlen. So einer warst du.

Paul v. Grotjahn: Dafür war ich aber treu. Ein Ausbund von Treue. Der treueste Mann auf Gottes Erdboden.

Christine (droht mit dem Finger): Na, na. *(Friedrich Hall und Ida eintretend. Christine lachend:)* Denk dir, Mama, Onkel Paul sagt, er war ein Ausbund von Tugend. Glaubst du das?

(Ida antwortet nicht. – Ein Moment grundloses Schweigen.)

Friedrich Hall: Liebe Christine, bevor wir uns zum Essen setzen, habe ich mit dir zu sprechen. Es geht dich an, es geht auch deinen künftigen Mann und schließlich uns alle an.

Ida (kann sich vor Aufregung nicht beherrschen): Dein Vater, Christine, soll dir verbieten, zu heiraten und abzureisen.

Werner: Wer hat das verlangt?

Ida: Gerte.

Werner: Was geht mich Herr Gerte an.

Ida: Der kann dich heute abend verhaften.

Werner: Verhaften? Was hab' ich denn getan?

Paul v. Grotjahn: Der wird schon was finden! Wenn mich unter dieser Regierung einer beschuldigt, ich hätte das Brandenburger Tor geklaut, dann bestell' ich mir gleich ein Begräbnis erster Klasse.

Christine: Aber was will denn dieser Mensch nur?

Friedrich Hall: Er will nicht, daß du weggehst.

Ida: Sie wollen nicht, daß du in reaktionäre Hände fällst.

Werner: Wieso reaktionär? Ich habe nie ein Wort dagegen gesagt.

Ida: Aber auch kein Wort dafür.

Christine: In wessen Hände soll ich fallen?

Friedrich Hall: In seine.

Werner: Aha!

Christine (zu Ida): Das ist es. Aber ich will nicht. Ich will nicht, verstehst du. Du kannst ihm sagen, daß er mir grenzenlos unsympathisch ist.

Friedrich Hall: Du bist also entschlossen, Christine, alle ... alle Folgen auf dich zu nehmen?

Christine: Ja, Papa, alle.

Werner: Ich denke, wir können den Familienrat aufheben. *(Mädchen tritt ein.)* Da kommt ja auch die Suppe.

Friedrich Hall: Dann wollen wir essen. *(Das Mädchen geht zur Schiebetür, öffnet sie. Alle gehen ins Speisezimmer und bleiben vor ihren Plätzen stehen.)* – Vater unser, der Du bist im Himmel, geheiligt werde Dein Name, Dein Reich komme, Dein Wille geschehe, wie im Himmel, also auch auf Erden. Unser täglich Brot gib uns heute und vergib uns unsere Schuld, wie auch wir vergeben unseren Schuldigern. – Führe uns nicht in Versuchung, sondern erlöse uns von dem Übel; denn Dein ist das Reich, die Kraft und die Herrlichkeit. In Ewigkeit. Amen.

Alle: Amen. – Gesegnete Mahlzeit! *(Ida gibt das Zeichen, sich zu setzen. Das Essen wird aufgetragen.)*

Paul v. Grotjahn: Darf ich um das Salz bitten?
(Christine reicht es ihm.)

Werner: Du ißt ja gar nicht, liebe Mama.

Ida (verbirgt mühsam ihre Unruhe): Ich habe mir soviel Mühe gegeben mit den Blumen, und ihr seht nichts.

Werner: Ich habe es gesehen und finde es wunderbar. *(Hebt sein Glas.)* Auf dein Wohl, Mama!

Ida: Danke, Werner.

Paul v. Grotjahn: Na, Christinchen, hast du Angst vor der Seekrankheit?

Christine: Keine Spur.

Ida: Ich werde schon seekrank, wenn ich auf einem Spreedampfer fahre.

Christine: Ich finde es herrlich, fünf Tage nichts als Wasser und Wind und Wolken.

Friedrich Hall: Was wirst du wohl von unserem alten Haus am meisten vermissen?

Christine: Unsere alte Spieluhr.

Werner: Diese dort, die auf dem Tischchen steht?

Christine: Ja!

Friedrich Hall: Die stammt schon von meinem Urgroßvater.

Christine: Sie ist schon so alt, daß sie spielt, wann sie will. Sie hört auch plötzlich auf und fängt nach einer Weile wieder an.

(Das Telefon klingelt.)

Ida: Das Telefon!

Mädchen: Ich gehe schon, Frau Pastor. *(Hinaus.)*

Ida: Wie spät ist es eigentlich?

Werner: Kurz vor halb neun. *(Ida seufzt.)* Ist dir nicht gut, Mama?

Ida: Es geht mir ausgezeichnet.

Paul v. Grotjahn: Wäre ja auch noch schöner, eine so junge Frau.

Ida: Ich mache keinen Anspruch mehr auf Jungsein, seit heute nicht mehr ... die Mutter einer verheirateten Tochter. *(Mädchen tritt ein.)* – Was war?

Mädchen: Es war das Reisebüro. Das Auto zum Flugplatz wird das Fräulein und den Herrn Doktor um elf Uhr pünktlich abholen.

Christine: Dankeschön.

Paul v. Grotjahn: Was spielt denn die Spieluhr – wenn sie spielt?

Christine: Freiheit, die ich meine ...

Paul v. Grotjahn: Die Spieluhr gefällt mir, eine hochverräterische Uhr!

Friedrich Hall: Na, sie knarrt und ächzt, wenn sie ihre Mucken hat, es ist wirklich kein Genuß mehr.

Christine: Aber ich ziehe sie heute trotzdem auf, wer weiß, wann ich sie wieder höre?

Friedrich Hall: Natürlich. *(Christine steht auf, geht zur Spieluhr und*

zieht sie auf. Es gibt einige knarrende und ächzende Töne, dann Stille.) Da haben wir's.

Paul v. Grotjahn (lachend): Selbst die Spieluhr hat Angst vor Denunzianten. Sie weigert sich, ein Lied zu spielen, in dem das Wort Freiheit vorkommt.

Friedrich Hall: Warum? Von Freiheit sprechen unsere heutigen Herren ja auch. Sie verdrehen einfach jeden Begriff. Was die schon Freiheit nennen.

Paul v. Grotjahn: Heute ist man frei, wenn die anderen Furcht vor einem haben.

Friedrich Hall: Freiheit heißt ihnen: den anderen Völkern Furcht einflößen.

Christine: Hört endlich auf, von Politik zu sprechen. Ihr streitet immer nur um Worte, und jeder meint was anderes. Ich weiß schon gar nicht mehr, was ihr alle meint.

Werner (pedantisch): Worte sind da, um sich zu verständigen.

Christine: Mir sagt mein Gefühl, was gut und was böse ist.

Werner: Auch Gefühle kann man errechnen. Man kann sie addieren und subtrahieren und auf einen Nenner bringen.

Christine (lachend): Verrechne dich nicht, Werner. *(Das Mädchen tritt auf.)*

Jule: Herr Sturmbannführer Gerte ist am Apparat und möchte die Frau Pastor sprechen.

Ida: Mich?

Friedrich Hall: Er möchte bitte in einer halben Stunde noch mal anrufen. Wir sitzen bei Tisch und haben Gäste.

Jule: Ja. *(Ab.)*

(Die Spieluhr fängt plötzlich an zu spielen, währenddessen spricht der Generalarzt die Worte ohne Pathos.)

Paul v. Grotjahn:
Freiheit, die ich meine,
die mein Herz erfüllt,
komm mit deinem Scheine,
süßes Engelsbild.
Magst du nie dich zeigen der bedrängten Welt,
führest deine Reigen nur am Sternenzelt,
führest deine Reigen nur am Sternenzelt.
(Jule tritt auf.)

Friedrich Hall: Jule, bringen Sie mal ein Glas her. So! Und jetzt stoßen Sie mit uns an, wenn wir auf das Wohl des jungen Paares trinken.

Mädchen (verwirrt): Ach, Herr Pastor . . .

Friedrich Hall: Wer hätte mehr Recht als Sie, liebe Jule, die neunzehn Jahre treu unserem Hause gedient hat, in dieser festlichen Stunde mit uns zu sein. *(Mädchen sieht einen Moment fassungslos den Pfarrer an, dann schluchzt sie auf und läuft rasch hinaus.)*
Ida: Laß sie nur, der Abschied von Christine fällt ihr schwer.
(Die Spieluhr gibt ein paar krächzende Töne.)
Friedrich Hall (erhebt sich): Ich will dir, liebe Tochter, die Frage ausbreiten, wie du die Hausfrau eines Mannes sein kannst. Ich weiß, daß man nicht mehr so fragt und daß man überhaupt nicht mehr fragt. Fragen sind unzeitgemäß. Wir aber wollen fragen, weil alles Irdische fragwürdig ist, weil die Frage Selbstbesinnung ist und klärt und festigt: das Notwendige erkennen wir als Gebot, dem wir freiwillig uns fügen, das Herkömmliche prüfen wir auf seinen Wert für uns und unsere Zeit. Es gehört Kraft zur Frage und Mut zur Antwort, viele weichen schon der Frage aus, viele zerbricht die Antwort... Zwei Menschen, die einander lieben, sind eine Welt, nicht Haß noch Verleumdung, noch Gewalt können sie erschüttern, auch keine Verlockung, keine Laune, kein Irrweg des Gefühls kann sie entzweien. Der wahren Ehe ist die Freude und das Genügen als eine Aufgabe und ein Geschenk gegeben. – Heißt das nun, der Verantwortung, den Lasten, den Aufgaben der Zeit entfliehen, die Türen verschließen und die Fenster verhängen vor dem Draußen? Nein. Es heißt: in der Bruderschaft Gottes zu leben, in der alle Menschen gleich sind und der Liebe und der Erlösung bedürftig, Treue, Redlichkeit und ein offenes Herz zeigen, Vertrauen einflößen und des Vertrauens würdig sein und sich der Wiesen und Wälder, der Tiere und Blumen und des Lichts zu freuen. Wir trinken auf euer Wohl, liebe Tochter, lieber Sohn.

(Im zweiten Teil der Rede hat das Telefon zu klingeln angefangen. Erst kurz, dann lang und böse. Ida will beim ersten Klingeln aufspringen und hinauslaufen. Als Friedrich sie durchdringend ansieht, setzt sie sich wieder hin. Als das Telefon wieder klingelt, nimmt sie die Haltung der Erstarrtheit an, ihre Augen sind blicklos, Friedrich erhebt sein Glas. Alle stehen auf und trinken. – In diesem Augenblick fängt die Spieluhr an zu spielen. – Von draußen schwere Schläge an die Tür. Die Tür wird aufgestemmt. Herein bewaffnete SA-Leute. Einer hält der Gesellschaft eine Pistole entgegen, ein anderer, mit Fesseln in der Hand, bleibt an der Tür zum Eßzimmer stehen und sieht sich suchend um. – Jule tritt auf.)

SA-Mann: Wer ist hier der Pastor Friedrich Hall?
(Friedrich Hall schiebt seinen Stuhl fort und geht ihm entgegen.)
Paul v. Grotjahn: Moment mal –
SA-Mann: Im Auftrage der Geheimen Staatspolizei.
Friedrich Hall: Gelobt sei Gott.
SA-Mann: Ihnen wird der Hochmut auch noch vergehen.
Friedrich Hall: Amen.
SA-Mann: Abführen!
(Die SA-Leute fesseln den Pfarrer und führen ihn hinaus.)
Ida (ihm nach, weinend): Friedrich!!!
Paul v. Grotjahn (führt sie zum Stuhl): Ida, beruhige dich.
(Man hört das Zuschlagen einer Tür. Alle Anwesenden rühren sich nicht, vor Schreck erstarrt.)
Mädchen: Lieber Jesus, was hab' ich getan ... Gerte hat gesagt, wenn ich nicht sage, wo die Briefe sind, werden mir die Haare abgeschnitten wie den Mädchen, die sich mit Juden eingelassen haben ... Ich habe sie ihm gegeben ... Spucken Sie mich an, Frau Pastor, ich geh' ins Wasser.
Ida: Es ist gut, Jule, Sie bleiben bei uns.

Vorhang.

ZWEITER AKT

Erste Szene

Drei Wochen später.

(Zwischen den drei Szenen dieses Aktes darf kein Vorhang fallen, die Bühne verdunkelt sich. Wo die Drehbühne fehlt, muß das Bühnenbild so konstruiert sein, daß die Szenen rasch aufeinanderfolgen können.)

Links und rechts ragen die Baracken, deren schmale Giebelfront der Lagerstraße zugewandt ist, sichtbar in die Bühne hinein. Vor den Baracken gärtnerische Anlagen und Gemüsebeete. Sandwege verbinden die Baracken miteinander und mit der Lagerstraße. Der Mittelgrund ein geräumiger Freiplatz. In der Mitte des Hintergrundes, die Lagerstraße abschließend und ziemlich entfernt, das Lagertor des Ge-

fangenenlagers. Auf dem Tor der Turm mit dem drehbaren Maschinengewehr in einer überdachten Turmkammer. In dieser Turmkammer am Maschinengewehr zwei SS-Posten. Rechts und links von dem Turmhäuschen Stacheldrahtfeld und Holzzaun, durch den das Gefangenenlager von dem SS-Lager getrennt ist. Hinter diesem Zaun gehen Patrouillen.

Wenn der Vorhang aufgeht, hat der Appell noch nicht begonnen. Man hört die Kommandos »Richt euch« und »Abzählen« und die Geräusche des Zurechtstellens und Abzählens. Später marschieren die anderen, weiter hinten stehenden Abteilungen eine nach der anderen nach gedämpften Kommandos im Gleichschritt in ihre Baracken, und brig bleibt die am weitesten im Vordergrund aufgestellte Abteilung »Baracke Sieben«. Alle Gefangenen haben geschorene Köpfe. Sie tragen graue und geflickte Drillichhosen und Drillichjacken, eine Mütze ohne Schirm und schwarze Schnürstiefel; auf der Brust und dem Rücken Gefangenenabzeichen. Die Politischen: Länglich rote rechteckige Baumwollstreifen, 15 cm lang, 5 cm breit, aufgenäht auf die linke Brustseite und auf dem Rücken des Jacketts. Die Kriminellen: Grüne Ringe, 5 cm breit, um die Unterärmel der Jacken und die Hose genäht. Die Juden: Über dem entsprechenden Streifen einen gelben Baumwollkreis, der genau die Streifen deckt. Die Emigranten: Den gleichen Baumwollkreis von blauer Farbe.

Die SA-Leute und SS-Offiziere sind noch nicht erschienen. Der Stubenälteste der »Baracke Sieben«, Egon Freundlich, läßt die Gefangenen ausrichten.

Egon Freundlich (vor seiner Abteilung): Baracke VII. Stillgestanden. Richt euch! Vordermann! *(Die Gefangenen sehen nach rechts, richten sich aus und stellen sich genau hinter ihren Vordermann. Freundlich geht an den rechten Flügel der Abteilung, um die Richtung nachzuprüfen. Zu einem Gefangenen im ersten Glied, dem Pastor Hall:)* Vielleicht nimmst du die rechte Schulter zurück und legst die linke Hand an die Hose!
August Karsch (auf dem linken Flügel zum Stubenältesten Freundlich): Stell den ins dritte Glied! Det Arschloch versaut die Richtung.
Freundlich: Maul halten! Augen geradeaus! Abzählen! *(Die Gefangenen zählen ab.)* Jeht det nich schneller? Noch mal abzählen! *(Die Gefangenen zählen ab.)*

Peter Hofer (der linke Flügelmann meldet): Elf voll. Dreiunddreißig. Zahl stimmt.
Freundlich (die Zahl notierend): Die Zugänge vor die Front! *(Pastor Hall und ein zweiter Gefangener, Erwin Kohn, treten vor und reißen die Mützen herunter. Freundlich zu Kohn:)* Wie heißt du?
Erwin Kohn: Erwin Kohn.
Freundlich: Cohn! C. O. H. N. Ein schöner, aber seltener Name.
Kohn: Ich schreibe mich mit K, ich bin getauft.
Freundlich: Aha, du gehörst zur Edelklasse. Warum bist du Dussel nach Deutschland zurückgekommen? Haben dir die leichtgeschürzten Damen in Paris mißfallen?
Kohn: Ich bin unpolitisch. Ich war immer unpolitisch. Mir war nicht wohl in Frankreich.
Freundlich: Dir sollte man eine Kugel in dein heimwehkrankes Herz schießen. Geht der Idiot ins Vaterland zurück, wo er unerwünscht, eine Rassenschande und ein lebendiger Zeuge der jüdischen Feigheit ist. Was hast du dir dabei gedacht?
Kohn: Daß man mich wird leben lassen.
Freundlich: Du kannst von Glück sagen, wenn man dich wird sterben lassen ... Mensch, dir kullern ja die Tränen aus den Augen.
Kohn: Ich weine nicht, ich lache.
Freundlich: Du wirst dich noch zu Tode lachen. Was bist du von Beruf?
Kohn: Maler.
Freundlich: Stubenmaler?
Kohn: Ich male Bilder. Köpfe.
Freundlich: Köpfe werden rollen, hat Adolf Hitler gesagt. Und sie rollen, aber sie werden gesargt, nicht gerahmt. Eintreten!
Karsch (leise): Mensch, hab' ich einen Kohldampf. Wenn ich jetzt Eisbein und Sauerkraut hätte.
Freundlich: Halt's Maul! *(Zu Friedrich Hall:)* Und wie heißt du?
Hall: Friedrich Hall.
Freundlich: Was bist du von Beruf?
Friedrich Hall: Pfarrer.
Freundlich: Das wirst du dir hier schnell abgewöhnen. Du hast dich an deinen Pfarrkindern vergangen, was?
Hall (schweigt)
Freundlich: Was? Du verlangst wohl, daß ich dich mit Glacéhandschuhen anfasse, weil du Akademiker bist, und mit Höflichkeit, weil du das Vaterunser auswendig kannst. Jesus und die Apostel anrufen gibt es hier nicht. Wer hier ein Wort aus der Bibel erwähnt, ver-

steckt oder offen, erhält fünfundzwanzig Hiebe, wie der Herder. Eintreten... Wo nur der neue Lagerkommandant bleibt? *(Zieht ein Buch vor, prüft Namen und Nummern.)*
Karsch: Er hat Schiß vor dem neuen Kommandanten.
Stelter: Der alte hat nur ehemalige Kriminelle zu Stubenältesten befördert.
Kohn: Ist unser Stubenältester ein Krimineller?
Karsch: Der hat wegen Einbruchdiebstahl seine fünf Jahre auf dem Buckel.
Freundlich (hat die letzten Worte gehört): Jawohl, habe ich, und ihr bildet euch wohl was ein, weil ihr Politische seid und Christen und sonstige Liberale. Da will ich euch mal was sagen... Achtung! Die Augen... links! – Baracke sieben zum Abendappell angetreten. Drei Mann krank, fünf Mann Arrest, zwei Zugänge, besondere Ereignisse ... keine.
Gerte: Augen geradeaus! Noch was?
Lüdecke: Der Bibelforscher Johann Herder ist vom früheren Herrn Lagerkommandanten mit 25 Hieben übers Gesäß und Rücken bestraft worden.
Gerte: Begründung?
Lüdecke: Weil er *(liest im Notizbuch:)* »beim Kartoffelschälen« für seinen dämlichen Jehova Propaganda gemacht hat.
Gerte: Und?
Lüdecke: Die Strafe konnte bisher nicht vollzogen werden, weil Herder krank im Revier lag. Jetzt ist er gesund.
Gerte: Herder, mal vortreten. *(Herder tritt vor.)* Was haben Sie getan, aber keine Lügen, bitte.
Herder: Wir haben Kartoffeln geschält. Da ist mir ein Wort in den Sinn gekommen, das der Apostel Paulus geschrieben hat: Es wird gesäet in Unehre und wird auferstehen in Herrlichkeit. Es wird gesäet in Schwachheit und wird auferstehen in Kraft.
Gerte: Das sollte wohl eine Drohung sein, wie?
Herder: Eine Mahnung, Herr Kommandant. Die Welt ist von Sünde voll, der Antichrist regiert auf Erden. Das sind die Zeichen, von denen in der Bibel steht, daß sie dem Tag der Auferstehung vorangehen.
Gerte: Meinen Sie mit dem Antichristen vielleicht unseren Führer, Sie?
Herder: Ich bin siebzig Jahre alt, Herr. Ich habe erwachsene Enkelkinder, Herr.
Gerte: Das hätten Sie sich vorher überlegen sollen. Strafe morgen vollziehen... Eintreten! Von heute ab übernehme ich das Lager. Ihr

seid hier in keinem Sanatorium, sondern in einem Schulungslager, verstanden.
Einige: Jawohl!
Gerte: Ich verlange eiserne Disziplin, die Strafen kennt ihr. Das III. Reich will euch zu Volksgenossen erziehen, die begreifen, was der Nationalsozialismus bedeutet. Ihr sollt lernen, daß der Staat größer ist als der Mensch. *(Auf ein Blumenbeet zu seiner Rechten blickend.)* Da ist so ein Schwein auf ein Blumenbeet getreten. Was haben euch denn die Blumen getan? Wenn ihr nur zerstören könnt, pfui Teufel. Alle strafexerzieren. *(Gerte und seine Begleiter ab.)*
Lüdecke (während die Abteilung die Befehle ausführt): Die Augen links! ... Augen geradeaus! ... Rechts um! ... Laufschritt! Marsch! Marsch! ... Schneller! ... Noch schneller! ... Marsch, marsch, marsch! ... *(Während die Gefangenen im Kreis herumjagen.)*

Dunkel.

Zweite Szene

Einen Tag später.

Das Moor.

Glasiger Himmel. Dünner Nebel. Stechende Sonne. Um den Realismus dieser kurzen Szene, die Monotonie des »Anfang und Endlosen« zu geben, soll sie gedämpft hinter einem Schleier gespielt werden. Nach dem Ende der Szene muß der Eindruck bleiben, daß sie Monate fortdauert ... Jahre. Bevor der Vorhang aufgeht, hört man eine Stimme:

Eins ... zwei, eins ... zwei, eins ... zwei

Nach Aufgehen des Vorhanges stehen die Gefangenen der Baracke Sieben in einer Reihe und schippen nach Kommando. Beim Kommando »eins« stechen sie die Spaten in die Erde. Bei »zwei« schaufeln sie die Erde neben sich. Zwischen dem Kommando »eins und zwei« ist eine schmale Pause, doch zuweilen, wenn es dem Befehlenden – Lüdecke – so einfällt, läßt er die Arbeitenden eine Weile in gebückter Stellung stehen. – SA-Männer mit geladenen Gewehren als Posten.

Lüdecke: Eins ... zwei, eins ... zwei, eins ... *(Alle Gefangenen bleiben gebückt, den Spaten in die Erde gestochen, stehen. Nur Kohn, im Eifer, hebt die volle Schippe hoch. Lüdecke zu Kohn:)* Kohn! Herkommen, marsch! Marsch!!! *(Kohn rennt mit voller Schippe zu Lüdecke und stellt sich stramm vor ihm auf.)* Warum hast du den Spaten hochgerissen, ohne das Kommando abzuwarten?
Kohn: Ich dachte ...
Lüdecke (stößt ihn): Halt die Schippe gerade ... Ich werde dich wegen Gehorsamsverweigerung und Auflehnung melden, du wildgewordener Denker. Zurück! *(Erwin rennt an seinen Platz zurück.)* – Zwei ... *(Nun in raschem Tempo.)* Eins-zwei ... eins-zwei ... *(Friedrich Hall bricht zusammen.)* Willst du aufstehen! *(Hall bleibt liegen.)*
Hofer: Er ist ohnmächtig.
Lüdecke: Halt's Maul, wenn du nicht gefragt bist. *(Geht zu Hall.)* Und das will ein Mann sein ... *(Mit scharfer Wendung.)* Eins–zwei ... eins ... zwei usw. *(Allmählich, während die Stimme leiser wird, die Sonne ferner rückt, die Spaten rhythmischer fallen und steigen.)*

Dunkel.

Dritte Szene

Eine Woche später.

Baracke Sieben.

Kohn sitzt am Tisch. – Jede Baracke hat zwei Räume, den Schlafraum, in dem Betten aus Brettern gebaut und übereinander geschichtet, mit Strohsäcken und Decken belegt, sich befinden, und den Tagesraum. Vom Hintergrund her laufen, die vergitterten Fenster freilassend, die Spindreihen parallel zu den Seitenwänden in den Raum hinein. Zwischen den Spindreihen steht der Eßtisch aus rohem Holz, an seinen Längsseiten stehen Bänke. Auf Leinen, die an den Dachbalken befestigt sind, hängen Unterhosen, Taschentücher, Strümpfe, Drillichanzüge zum Trocknen. Rechts im Vordergrund ein Schemel, auf dem ein großer Kaffeekessel steht. Davor ein Gefangener, der mit einer Schöpfkelle Kaffee ausschöpft. Wenn alle ihren Kaffee haben, setzt auch er sich. Die Gefangenen sind beim Abendessen. Ab und zu steht einer auf, geht zum Kaffeekessel und schöpft sich die leere Tasse voll. Auf dem Tisch liegen Brote, aus Kaffee und Brot

besteht das Abendessen. Einige bemittelte Gefangene indessen haben vor sich Wurst und Schmalz und Käse liegen. Die Unbemittelten verfolgen neidisch das Verzehren der Kostbarkeiten. Die Gefangenen, wenn der Vorhang aufgeht, stehen einer hinter dem anderen vor dem Kaffeekessel.

Freundlich: In eine verlötete Urne haben sie seine Asche getan und der Witwe mit Heil Hitler zugeschickt, mit Heil Hitler.
Kohn: Wem seine Asche?
Karsch: Dem Bibelforscher Herder seine. *(Friedrich Hall schwankt.)* Ist Ihnen nicht gut?
Friedrich Hall: Danke, es geht schon.
Karsch: Kenn' ich, der Litten hatte dasselbe. Herzschwund. Der konnte zuletzt nicht mehr ...
Hofer (ihn unterbrechend): Halt dein ungewaschenes Maul, August, oder ich stopfe es dir!
Karsch (gekränkt): Man darf doch wohl noch die Wahrheit sagen ...
(Die Gefangenen haben sich an den Tisch gesetzt.)
Stelter (kauend): Am fünfzehnten werden zweihundert Mann entlassen, hab' ich gehört.
Karsch: Deine Latrinenparole kenn' ich auswendig ... Irgendein Scheißkerl hat mir ein halbes Brot aus dem Spind geklaut.
Müller: Du könntest dich auch gewählter ausdrücken.
Stelter: Wohl weil du ein Studierter bist. Hier ist alles gleich. Hier gibt es keine Standesunterschiede.
Karsch: Wenn hier alles gleich ist, du speckleibiger Viehhändler, dann kannst du mir die Hälfte von deinem Schmalz abgeben. Ich hab' schon drei Tage kein Fett mehr auf dem Brot.
Stelter: Hände weg!
Müller: Könnt ihr nicht Frieden halten? Wo wir jeden Tag dem Tod ins Auge blicken.
Karsch: Besonders du. Wie du dich heute wieder angeschmiert hast bei unseren Wachhunden, du Hosenscheißer.
Hofer: Wer von uns hat keine Angst?
Müller: Sehr richtig, wer von uns hat keine Angst? Es kommt darauf an, daß wir uns in die Verhältnisse einordnen. Ich nenne das Solidarität.
Freundlich: Das mußt du nach Hause schreiben, damit es die Zensur liest.
Karsch: Hat er ja schon.

Freundlich: Dann bist du richtig. Dann bist du in ganz Deutschland richtig. Das Hirn in den Füßen, den Gehorsam im Blut und das Hakenkreuz im Herzen.
Stelter: Ja, wenn er den arischen Großpapa hätte. Hat er aber nicht. Seine Großmama hat Rassenschande getrieben.
Müller: Laßt mich doch endlich in Ruh!
Freundlich (krault sich den Kopf): Natürlich, mein Sohn, wenn's nach mir ginge, wärst du lange draußen. Für mich ist es arschklar, daß deine selige Großmutter einen arischen Liebhaber hatte.
(Gelächter.)
Hofer: Muß denn das sein?
Freundlich: Wat denn, wat denn?
Karsch: Na, na, na –
Hofer: Menschenskinder, reißt euch doch zusammen. Wenn ihr jetzt die Nerven verliert, wenn ihr jetzt auch noch anfangt, euch kaputtzumachen, dann haben euch die SS-Banditen da, wo sie euch haben wollen.
Kohn (an Peter Hofer): Glauben Sie, daß ich lange hier bleiben muß?
Hofer: Das hängt davon ab, was in deinen Akten steht.
Kohn: Was könnte schon in meinen Akten stehen, außer daß ich ein Emigrant war.
Hofer: Zum Beispiel: Auf Entlassung wird kein Wert gelegt.
Kohn: Warum kein Wert gelegt?
Hofer: Das mußt du die Herren fragen. Vielleicht gefällt ihnen deine Nase nicht. Hast du den Vermerk in deinen Akten, dann such dir einen Strick, bevor sie ihn dir, eingeseift und befristet, überreichen.
Kohn (ängstlich): Du machst doch jetzt bloß einen Witz?
Hofer: Warum bist du wirklich zurückgekommen, wenn du schon in Frankreich warst?
Kohn (zuckt die Achseln): Warum? Ich weiß nicht warum, mich packte das Heimweh, ich konnte es nicht ertragen, daß die Leute in einer fremden Sprache redeten. Eines Morgens ging ich im Park von Boulogne spazieren, und plötzlich sah ich die Birken am Wannsee, und ich roch den märkischen Sand und die Kiefern. Ich rannte ins Hotel zurück, packte meinen Koffer, pumpte mir das Fahrgeld zusammen und fuhr zurück.
Hofer: Nein, nach einem Zuchthaus sehne ich mich nicht. Ein Zuchthaus kann ich fürchten, aber nicht lieben.
Kohn: Ist es nicht auch dein Vaterland?
Hofer: Mein Vaterland ist, wo Freiheit ist.

Kohn: Ich wollte auch nicht mehr glauben, was in den französischen Zeitungen stand. Unmöglich, sagte ich mir, unmöglich, die Menschen hast du doch gekannt, du hast doch stundenlang mit ihnen im Romanischen Café gesessen und diskutiert. Sie haben doch die Meinung des anderen respektiert. Und dann die anderen, das Volk. Da war der Glasermeister Müller aus der Landsbergerstraße und der Schmidt vom Friedrichshain, wo du deine Keilrahmen bestellt hast, das waren gutmütige Männer, die lebten und leben ließen, die können nicht über Nacht Sadisten und Mörder geworden sein. Ich muß den Schmidt und den Müller wiedersehen, die werden mir die Hand schütteln: »Na, du alter Fliegenpilz«, werden sie sagen, und dann werden wir zu Aschinger gehen und eine Molle heben...

Karsch (zu Kohn, hänselnd): Du, Kohn! Ein Jude war hier, den haben sie gekocht, gesalzen und eingepökelt.

Kohn (aufschreiend): Ich halt's nicht mehr aus, ich will 'raus!

Hofer (ihn beruhigend): Menschenskind, 'raus wollen wir alle, trink mal einen Schluck und reiß dich zusammen. Vielleicht bist du bald draußen. Dann gehst du zu meiner Alten und erzählst ihr, daß mir verdammt bange war nach ihrem Poltern und Krakeelen.

Kohn: War? Du sprichst, als ob du schon gestorben wärst.

Hofer: Bin ich auch sozusagen. Ich habe nämlich den Vermerk.

Kohn: Bist du ein Roter?

Hofer: Erst wollten sie mich ködern, ich sollte zu ihnen übertreten, dann wollten sie mir den Glauben an Adolf Hitler einbläuen. Ist ihnen aber nicht gelungen. Meine Farbe ist waschecht!

Kohn: Was hat es für einen Sinn, einer Sache treu zu sein, die verloren ist?

Hofer: Verloren? Würden die Nazis uns hier im KZ zusammenpferchen, wenn sie unsere Sache für verloren hielten?

Karsch: Sehr richtig!

Kohn: Aber gerade dadurch ist euch doch jede Möglichkeit genommen weiterzukämpfen.

Hofer: Nicht jede. Jetzt kommt es zum Beispiel auf unsere Haltung hier im Lager an. Die glaubten doch, wir seien alle Untermenschen. Nun sehen sie, was sich hier tut. Und manche fragen sich schon: Wer sind denn hier die Untermenschen? Die, die schinden, oder die, die geschunden werden?

Hall: Ich will Sie mal etwas fragen! Würden Sie, wenn Sie die Macht hätten, sich rächen und Ihre Feinde martern und quälen?

Hofer: Nie. – Wenn wir mal dran sind, dann kommt's anders. Nicht

mit Prügeleien, KZ's, Verurteilungen ohne Gerichtsverhandlungen, heimlichem Totschlagen und was die sonst noch alles machen. Unsere Feinde werden vor ein Volksgericht gestellt, verurteilt und, wenn's sein muß, erschossen. Und der ganzen Welt bekanntgegeben: Soundso viele Feinde des proletarischen Staates sind erschossen. – Das wird unsere Art zu strafen sein.

Hall: Auch ich kannte eine Zeit, wo ich an die Gewalt glaubte. Das war 1914. Als der Krieg ausbrach, hätte ich im Roten Kreuz dienen oder als Heerespfarrer meine Pflicht erfüllen können. Ich wollte es nicht. Ich wurde Frontsoldat. Ich zweifelte damals noch an der Wahrheit des Satzes, daß ich dem die rechte Backe hinhalten müßte, der mich auf die linke schlägt. Das Land war bedroht. Meine Brüder kämpften. Also wollte ich nicht beiseite stehen. Zwei Jahre kämpfte ich im Schützengraben; zwei Jahre biß ich die Zähne zusammen. Es muß sein, sagte ich mir immer wieder, wenn mich das Grauen packte. Ich wurde verwundet. Im Lazarett lag ein französischer katholischer Pfarrer, Frontsoldat wie ich. Wir sprachen miteinander. Mit ihm konnte ich mich verständigen, denn wir redeten eine Sprache. Aber ein paar Wochen vorher hatten wir uns gehaßt und wollten uns töten. Er starb. In seiner Todesstunde bat er mich um Verzeihung. Und jetzt bat ich Gott um Verzeihung.

Hofer: Das ist mir zu christlich, Herr Pfarrer, nehmen Sie es mir nicht übel.

Hall: Ich glaube heute nur an den Weg des Verstehens. Es gibt keine Frage auf Erden, die so verschlungen und verworren wäre, daß sie nicht gewaltlos gelöst werden könnte.

Hofer: Zur gewaltlosen Lösung gehören immer zwei, Herr Pastor. Wir beten die Gewalt nicht an, das tun die andern. Soll ich mir aber mein Recht rauben lassen und noch danke schön sagen? Lieber sterben.

Hall: Der Mut zu sterben ist billig geworden, so billig, daß ich mich oft frage, ob er nicht bloß eine Flucht vor dem Leben ist.

Hofer: Sie schütten das Kind mit dem Bade aus. Es kommt darauf an, wofür man lebt und wie man stirbt, Herr Pastor, das ist der Haken. In diesem Lager war ein Mann, er hieß Erich Mühsam, und er war ein Dichter. Sein Verbrechen? Daß er zum Volk hielt, daß er an die Freiheit glaubte und an die Gerechtigkeit für alle. Das konnten ihm die Nazis nicht verzeihen, darum knüppelten sie ihn zu Tode, und wie er tot war, hängten sie seinen Leichnam auf und sagten, er habe zum Strick gegriffen und Selbstmord begangen.

Hall: Entsetzlich!

Hofer: Aber darum erzähle ich Ihnen die Geschichte nicht... Bevor Mühsam starb, haben die Nazis sich einen Spaß mit ihm gemacht. Eines Tages kamen sie, sechs Mann hoch, in seine Zelle, trieben ihn hinaus und stellten ihn an die Mauer. Sie entsicherten die Gewehre, und einer sagte: »Du, Mühsam, jetzt singst du uns ein Lied, das Horst-Wessel-Lied, wir wissen ja, daß du ein berühmter Operntenor bist.« Mühsam schwieg. Sagte ein anderer: »Was, du Hund, du verweigerst den Gehorsam und willst dem Lied des Deutschen Volkes deine Achtung nicht bezeigen? Wir schießen dich übern Haufen, wenn du nicht singst.« Mühsam schwieg. Darauf drückten sie ihm einen Spaten in die Hand und hießen ihn sein Grab schaufeln, wie gesagt, es war nur ein Spaß. Mühsam grub, ohne ein Wort zu sagen und ohne mit der Wimper zu zucken. Sie sahen sich das eine Weile an, dann stellten sie ihn wieder an die Wand und schrien: »Jetzt ist es uns schon zu dumm, entweder singst du, oder wir schießen.« Sie hoben die Gewehre auf und zielten. Für Mühsam war es kein Spaß. Der glaubte seine letzte Stunde gekommen. – Und wissen Sie, was er tat? Er sang. Er sang nicht das Nazilied. Er sang die Internationale ... Die Nazis schossen. Über seinen Kopf, versteht sich. Mühsam schlug auf die Erde, er war ohnmächtig geworden, trotzdem alles, wie gesagt, nur ein Spaß war.
(Stille.)
Hall: In Mühsam lebte der Geist. Sie haben mir Mut gemacht, Herr Hofer. Ich danke Ihnen.
Hofer: Sie sind ein Revolutionär, Herr Pastor, Sie wissen es nur nicht.
Hall: Vielleicht sind Sie ein Christ und wissen es auch nicht.
(Die anderen Gefangenen hatten inzwischen ihr Essen beendet, einige lesen, andere säubern sich, diese ruhen sich aus, andere schreiben Briefe.)
Freundlich: Wegräumen! Bewegung! Bewegung! Draußen antreten! Erwin Kohn, Latrine putzen. Friedrich Hall: Stubendienst.
(Die Gefangenen räumen ihr Geschirr fort, dann eilen sie aus der Baracke. Von draußen hört man Kommandos und den Tritt marschierender Kolonnen. Friedrich Hall packt einen Besen und kehrt den Schmutz zusammen. – SA-Mann tritt herein.)
Hall: Häftling 855 beim Stubendienst.
SA-Mann: Sie sind doch der Hall?
Hall: Jawohl.
SA-Mann: Besuch.
(Friedrich Hall stellt den Besen fort.)

SA-Mann (hinausrufend): Kommen Sie herein.
  (Herein kommen Ida und Christine. Ida stürzt auf Friedrich zu, umarmt ihn.)
Ida: Friedrich!
Hall: Ida! Christine!
Ida: Bist du auch gesund? Schlecht siehst du nicht aus, aber, mein Gott, du zitterst ja. Bist du krank?
Hall: Ich bin gesund.
Ida: Die Herren waren alle so freundlich mit uns, wir haben uns gar nicht angemeldet, der Generalarzt hat uns Besuchserlaubnis verschafft, wir durften sogar hier in die Baracke. Ich hab' es mir viel schlimmer vorgestellt, sogar Blumenbeete habt ihr.
Hall: Ja, wir haben Blumenbeete.
Ida: Ich soll dich von allen grüßen. Paul tut, was er kann, aber er ist ja leider so unvorsichtig, daß sogar seine alten Freunde im Ministerium ängstlich sind. Mein Gott, ich vergesse alle mitgebrachten Sachen. Hier ist was zu essen. Und hier sind frische Hemden.
Hall: Wie blaß du bist, Ida.
Ida: Ach, Friedrich!
Hall: Nicht, Ida, weine nicht, du siehst, ich bin gesund.
Christine: Werner ist nach Amerika gefahren, Vater.
Hall: Wann wirst du fahren, Christinchen?
Christine: Ich fahre nicht.
Hall: Und was sagt Werner dazu?
Ida: Sie will ihn überhaupt nicht heiraten.
Hall: Was ist denn vorgefallen zwischen euch?
Christine: Nichts ist vorgefallen.
Ida: Gestern war ich wieder auf der Polizei.
SA-Mann: Es ist verboten, über Politik zu sprechen.
Ida: Das Verfahren wegen Devisenverschiebung ist eingestellt, Gott sei Dank. Erst in der Not erkennt man die wahren Freunde.
Hall: Paul?
Ida: Ja, auch Paul ...
Hall: Und wer sonst?
Ida: Wenn du den Schein unterschreibst, daß du dem Führer gehorchen willst von nun an, wäre es viel leichter.
Hall: Ich habe stets dem Kaiser gegeben, was des Kaisers ist, und Gott, was Gottes ist. Und hier in diesem Lager habe ich gelernt, daß ich auf dem rechten Weg bin.
SA-Mann: Die Sprechzeit ist um – Sie müssen sich verabschieden.

Ida: Friedrich, weißt du so genau, was Gottes und was des Kaisers ist?
SA-Mann: Die Zeit ist um.
Ida: Halt dich warm, Friedrich, du neigst so zu Rheuma. Und schone deine Augen. Lies nicht so lange nachts. Leb wohl, Friedrich, ich denk' an dich Tag und Nacht, und ich bet' zum lieben Gott, daß du gesund nach Hause kommst ...
Hall (umarmt Ida): Bleib stark, Ida.
Christine: Leb wohl, Vater.
Hall: Leb wohl, Kind. Ich sorge mich um dich.
Christine: Sorg dich nicht um mich, Vater.
Hall: Gib auf Mutter acht. *(Leise:)* Schütze sie vor dem »wahren Freund«.
(Ida und Christine gehen hinaus, vom SA-Mann begleitet. Sekunden Stille. Friedrich betrachtet die Geschenke. Der SA-Mann ist zurückgekommen, ohne daß Hall es bemerkt hat.)
SA-Mann (leise): Wenn ich Ihnen mal helfen kann, Herr Pfarrer ...
Hall (schrickt auf): Ist es Ihnen nicht verboten, mit den Häftlingen zu sprechen?
SA-Mann: Sie haben mich eingesegnet, Herr Pfarrer.
Hall: Sind Sie nicht der Heinrich Degen?
SA-Mann: Ja, Herr Pfarrer.
Hall: Wie konnten Sie sich denn an diese Nazis vermieten?
SA-Mann: Wie ich aus der Schule entlassen wurde, ging ich auf Arbeitssuche, vier Jahre lang ging ich auf Arbeitssuche, wohin ich kam, hieß es, wir stellen Arbeiter aus, nicht ein. Die Jahre vergingen, das einzige, was ich lernte, war stempeln. – Dann hörte ich den Hitler sprechen. Der Hitler hat gesagt, so wird's gemacht und basta, und wenn du dabei stirbst, sei stolz darauf, viele werden sterben, und Deutschland wird leben.
Hall: Lebt Deutschland?
SA-Mann: Es ist verdammt anders, wie ich's mir vorgestellt habe. Ich wollte, ich wäre hier schon wieder draußen. Ich hätte nicht geträumt, daß ich Sie bewachen müßte ... Herr Pastor. *(Zum Fenster hinaussehend, den Vorgesetzten spielend, laut:)* Was ist das für ein Dreckstall hier! Räumen Sie den Mist zusammen. Soll ich Ihnen Beine machen? *(Herein kommt Fritz Gerte.)*
SA-Mann (stramm stehend): Ein Häftling beim Stubendienst.
Gerte: Danke. Sie können gehen. *(SA-Mann hinaus.)* Ich möchte mit Ihnen ein paar außerdienstliche Worte reden.
Hall (in strammer Haltung): Zu Befehl, Herr Kommandant.

Gerte: Vergessen Sie für ein paar Minuten, daß ich Ihr Vorgesetzter bin. *(Friedrich Hall schweigt.)* Sie sind kein junger Mann mehr, Pfarrer Hall, das Lager ist hart, und wir können keine Rücksicht auf einzelne nehmen. Ich habe Sie vom Dienst im Moor und vom Klosettputzen befreit, mehr kann ich nicht tun.

Hall: Ich danke Ihnen.

Gerte: Auf die Dauer kann ich Sie nicht bevorzugen, darüber müssen Sie sich klar sein. Ich habe das Ihrer Frau erklärt, Ihre Frau versteht mich. *(Friedrich Hall horcht auf.)* Sie haben zwanzig Männer und Frauen ins Unglück gestürzt mit Ihren Mecker-Briefen, ist das nicht genug? Alle sitzen in Haft, und Sie sind schuld.

Hall: Ich erinnere mich, die Briefe erhalten, nicht geschrieben zu haben.

Gerte: Das ist einerlei. Einen Brief, den man erhält, kann man auch geschrieben haben. Warum machen Sie sich das Leben schwer? Sie könnten in Ehren und Ansehen leben, wenn Sie Vernunft annehmen.

Hall: Ja, ich weiß, ich soll schweigen. Schweigen wäre das größte Verbrechen.

Gerte: Denken Sie an Ihre Frau und Ihre Tochter und fügen Sie sich endlich. Wir sind stärker als Sie, wir haben das Volk erobert, wir sind die Sieger.

Hall: Wir können nichts wider die Wahrheit, sondern für die Wahrheit.

Gerte: Unterschreiben Sie den Schein, daß Sie Hitler gehorchen werden, und ich setze mich dafür ein, daß Sie freikommen.

Hall: Solange Hitler das Gesetz erfüllt, werde ich ihm gehorchen, frei und ohne Unterschrift.

Gerte: Donnerwetter, machen Sie es mir nicht so schwer. Denken Sie dran, daß Sie vielleicht eines Tages mein Schwiegervater sein werden.

Hall: Hat meine Frau Ihnen das versprochen?

Gerte: Als Ihre Frau unter Verdacht stand, wenn Sie es genau wissen wollen, hab' ich ihr geholfen. Ohne mich wäre sie heute im Zuchthaus, wegen Devisenschiebung.

Hall: Ihr Arm reicht weit, Herr Kommandant... Aber nicht so weit, daß Sie meine Tochter zwingen können, einen Henkersknecht zu heiraten.

Gerte (nach einer Sekunde Schweigen): Wissen Sie, daß ich Sie jetzt eigentlich mit fünfundzwanzig Stockhieben bestrafen müßte?

Hall: Ich habe Sie einen Henkersknecht genannt, und das mit gutem Grund.

Gerte (schreiend): Halten Sie das Maul! *(Draußen Geräusch.)*
Freundlich: Baracke Sieben vom Außendienst zurück. *(Herein marschieren die Insassen der Baracke Sieben.)*
Hall (lau, ruhig): Sie haben den siebzigjährigen Bibelforscher Herder ...
Gerte (zischend): Sie sind nicht zu retten!
Hall: ... auspeitschen lassen, weil er ein Wort der Heiligen Schrift ausgesprochen hat. Herder ist gestorben. Es kommt die Stunde, Fritz Gerte, wo Sie sich vor dem himmlischen Richter verantworten werden.
Gerte: Wache!
SA-Mann Heinrich Degen: Zu Befehl!
Gerte: Führen Sie den Gefangenen in Einzelhaft. Er erhält morgen früh vor versammelter Belegschaft fünfundzwanzig Stockhiebe.
(Gerte und Lüdecke rasch hinaus. – SA-Mann führt Hall hinaus.)
Müller: Ist er irrsinnig geworden?
Karsch: Ein aufgeklärter Proletarier läßt sich nicht dumm machen von der Kirche.
Hofer: Du elender Mensch! Hätte Deutschland nur viele gehabt wie ihn. *(Kurze Stille.)* Wer singt das Moorsoldatenlied?
(Die Gefangenen, am Tisch sitzend, beginnen leise im Chor das Moorsoldatenlied, jenes Lied, das ein unbekannter Gefangener im Konzentrationslager geschrieben, ein anderer unbekannter Gefangener in Töne gesetzt hat.)
Wohin auch das Auge blicket ...
Müller: Psst, psst, aufhören, das Lied ist doch verboten.
Moor und Heide nur ringsum,
Vogelsang uns nicht erquicket,
Eichen stehen kahl und krumm.
   Wir sind die Moorsoldaten
   und ziehen mit dem Spaten
   ins Moor, wir sind die Moorsoldaten
   und ziehen mit dem Spaten ins Moor.
Auf und nieder gehn die Posten,
keiner, keiner kann hindurch,
Flucht wird nur das Leben kosten
vierfach ist umzäunt die Burg.
   Wir sind die Moorsoldaten usw.
Doch für uns gibt es kein Klagen,
ewig kann nicht Winter sein,

einmal werden froh wir sagen:
»Heimat, du bist wieder mein.«
Dann ziehn wir Moorsoldaten
nicht mehr mit dem Spaten
ins Moor, dann ziehn wir Moorsoldaten
nicht mehr mit dem Spaten ins Moor!

(Während des Gesanges der letzten Strophe fängt die Lagersirene an zu heulen. – Man hört das Tacken des Maschinengewehrs und Gewehrschüsse. Unter den Gefangenen große Unruhe.)

Hofer: Die Sirenen! Einer ist geflohen!

Freundlich: Sicher der Pastor!

Kohn: Der Pastor?

Stelter: Glatter Selbstmord.

Karsch: Der lebt nicht mehr.

Müller: Wir werden's ausbaden!

Hofer: Weg vom Fenster. *(Hat sich ans Fenster geschlichen, sieht hinaus, dann leise):* Sie haben einen Hilfspolizisten erschossen.

Vorhang.

DRITTER AKT

Einen Tag später.

Wohnzimmer im Hause des Generalarztes v. Grotjahn. – Im Hintergrund und rechts vom Zuschauer Türen. Schwere Eichenmöbel und lederbespannte Stühle. Über dem Schreibtisch hängt ein großes Bild König Friedrichs des Zweiten. Über einem niedrigen Bücherschrank ein Bild Anton Werners, »Gründung des Deutschen Reiches in Versailles«. Auf dem Schreibtisch ein bronzener Löwe. In der Ecke auf einem hohen Sockel die Büste der Venus von Milo. – Zimmer und Schreibtisch sind peinlich sauber und ordentlich. Auf dem von Papieren und Büchern leeren Schreibtisch liegen Bleistifte, wie Soldaten ausgerichtet. Zuweilen, während er spricht, greift Paul v. Grotjahn nach einem Bleistift und »richtet ihn«, nur ein Soldat weiß, warum. – Traugott Pipermann steht vor dem Generalarzt, der am Schreibtisch sitzt.

Paul v. Grotjahn: Womit kann ich Ihnen dienen, Herr ...
Pipermann: Pipermann, Exzellenz, Traugott Pipermann.
Paul v. Grotjahn: Herr Pipermann ...
Pipermann: Exzellenz haben mich wirklich und wahrhaftig vergessen? Zwar waren meine Augen an jenem Tage nackt und ich trage heute eine blaue Brille, jedoch es ist nur eine Schutzbrille.
Paul v. Grotjahn: Wir sollten uns wirklich schon begegnet sein, Herr ...?
Pipermann: Pipermann. Exzellenz haben bei mir, als die selige Frau Exzellenz noch lebte, ein Paar Stiefel aus braunem Glacéleder mit Gummizug in Auftrag gegeben. Zwar habe ich meine Bedenken gehabt, braunes Glacéleder neigt zu mehr oder minder kleinen Falten, zu mehr oder minder kleinen Sprüngen, jedoch glaube ich, Exzellenz gewissenhaft bedient zu haben.
Paul v. Grotjahn: Natürlich, der Schuster ... *(Pipermann zuckt zusammen, weil der Generalarzt ihn Schuster und nicht Schuhmachermeister nennt.)* ... Pipermann.
Pipermann: Und warum haben mir, wenn ich fragen darf, Exzellenz seine allerhöchste Kundschaft entzogen?
Paul v. Grotjahn: Mein lieber Pipermann, nichts für ungut. Ich trage jetzt Fabrikstiefel, die sind nicht so schön und elegant wie Ihre, aber billiger.
Pipermann: Ja, die bösen, bösen Zeiten.
Paul v. Grotjahn (denkt, daß der Zweck des Besuches erfüllt ist und will sich erheben): Sollte ich in Zukunft eine reiche Tante beerben, werde ich mit Vergnügen ...
Pipermann (unterbrechend): Wer hätte es z. B. von Pastor Hall gedacht?
Paul v. Grotjahn (aufmerksam): Haben Sie Nachrichten über den Pastor Hall?
Pipermann: Zwar bin ich nur ein schlichter ... Schuhmachermeister, jedoch in meinen freien Stunden bin ich Kirchenrat der Gemeinde. Ich habe es kommen sehen. Meine Warnung war in den Wind gesprochen, und leider, leider stand auch der Pastor Hall im Winde. Nun ist es zu spät. Er ist ein armer Gefangener. Die zuständigen Behörden werfen ihm schwere Mißgriffe, ja, Verbrechen vor, über diese Anklagen zu urteilen, sei fern von mir ...
Paul v. Grotjahn: Sprechen Sie ohne Umschweife, Mann. Ist dem Pastor Hall etwas zugestoßen?
Pipermann: Zwar die Gemeinde betet für ihren Seelenhirten, und nie-

mand glaubt an des Pastors Schuld, und die Kirchen sind voll wie nie zuvor, und die Kollektenbüchse muß jeden Sonntag geleert werden, so voll ist sie – jedoch glaube ich, das ist falsch und bringt dem Pastor Schaden und der Gemeinde Verdacht und Verfolgung. Treue in Ehren, und Sie sind ein treuer Freund des Pastors, Exzellenz, zwar wie ich auch, jedoch wenn Treue niemand nützt, sollen wir uns bescheiden und Gottes Weisheit das gerechte Urteil überlassen.
Paul v. Grotjahn (ungeduldig): Wollen Sie mir endlich sagen, was eigentlich der Zweck Ihres Besuches ist?
Pipermann: Zwar ist es ein Zeichen treuer Freundschaft, wenn Exzellenz sich bemühen, dem Herrn Pastor die Befreiung zu bringen, jedoch befürchte ich, es wird der Gemeinde und auch Ihnen und nicht zuletzt Herrn Pastor Hall selbst mehr Schaden als Nutzen bringen, wenn die Behörde die Opposition erkennt. – Zwar bedauern wir unendlich, einen so wertvollen Menschen wie den Herrn Pastor verloren zu haben, jedoch ...
Paul v. Grotjahn: ... jedoch will ich Ihnen mal was sagen, Herr Schuhmachermeister Pipermann: Sie sind ein Jammerlappen! Sie sind nicht einmal ein Judas, denn ein Judas ist aus anderem Holz geschnitzt. Ein Jammerlappen sind Sie! Und an solchen Jammerlappen wie Sie gehen wir alle noch samt und sonders zugrunde! – So, nun wissen Sie meine Meinung! Adieu!
Pipermann (steht auf): Zwar bleibt mir auf diese unerwartete Kränkung nichts zu sagen übrig, jedoch sage ich: »Der Gerechte muß viel erleiden.« *(Geht.)*
Paul v. Grotjahn (ruft ihm nach): Sie haben Ihre Brille liegenlassen, Herr! *(Pipermann geht hastig zum Tisch, ergreift seine Brille und verschwindet.)*
Paul v. Grotjahn: Himmelkreuzdonnerwetter ...
(Christine tritt auf.)
Paul v. Grotjahn: Christine, Kind, was hast du denn?
Christine: Onkel Paul! *(Fällt ihm weinend um den Hals.)*
Paul v. Grotjahn: Nun setz dich mal erst und beruhige dich. Darf ich dir ein Glas Wein anbieten? Oder willst du einen Kognak?
Christine: Nein, danke.
Paul v. Grotjahn: Wie war denn euer Besuch dort gestern?
Christine: Es war grauenhaft, in meinem ganzen Leben werde ich es nie vergessen.
Paul v. Grotjahn: Und dein Vater selbst?
Christine: Ich hatte das Gefühl, er ist sehr schwer krank.

Paul v. Grotjahn: Du siehst Gespenster. Ich kenne deinen Vater, seit wir als Rotzjungen Äpfel geklaut und Wäscheleinen abends über die Straße spannten, glaub mir, der ist zäh, der läßt sich nicht kleinkriegen.

Christine (nach einer Stille): Glaubst du, daß er entlassen wird, wenn ich Fritz Gerte heirate?

Paul v. Grotjahn: Fritz Gerte? Dieses widerliche Subjekt! Na, das wäre ... Stammt diese Idee von deiner Mutter?

Christine: Nein, meine Mutter erwähnt seinen Namen nicht mehr.

Paul v. Grotjahn: Ich mische mich prinzipiell nicht in anderer Leute Privatangelegenheiten, dabei fährt man immer schlecht, am Ende fallen die streitenden Parteien geschlossen über den Ratgeber her. Ich hab' mich auch gehütet, wie du dich erinnerst, die leiseste Bemerkung zu machen, als du dich von Werner trenntest. Aber jetzt, Himmeldonnerwetter, muß ich reden. Ich habe dich immer für ein unsentimentales Mädchen gehalten, das weiß, was es will. Und jetzt willst du die Märtyrerin spielen, die Tochter, die sich für den Vater opfert? Das wäre eine kapitale Dummheit, du würdest dich ruinieren und dem Vater nicht helfen.

Christine: Ich hab' gar nicht das Zeug in mir für eine Märtyrerin.

Paul v. Grotjahn: Na also.

Christine: Ich möchte viel lieber ... *(Bricht ab.)*

Paul v. Grotjahn: Was? Na, 'raus mit der Sprache!

Christine: Deine Schwiegertochter sein.

Paul v. Grotjahn: Um das zu sein, müßtest du schon meinen Sohn in Kauf nehmen.

Christine: Weißt du, Onkel Paul, ich verstehe ihn aber auch nicht. Als sie damals Vater abgeholt haben, da hat Werner zu mir gesagt, Papa sei ja auch wirklich unvorsichtig gewesen und er hätte an die Leute denken sollen, die ihm die Briefe geschrieben haben. Da war es mir gerade, als ob ein fremder Mensch zu mir spräche. Er hat sich nicht auf Vaters Seite gestellt. Er hat von dem himmelschreienden Unrecht gesprochen, als ob er über eine astronomische Formel spräche.

Paul v. Grotjahn: Mein Herr Sohn nennt das Objektivität.

Christine: Ich nenne es herzlos ...

Paul v. Grotjahn: Ja, so kann man es auch nennen.

Christine: Wenn mir früher einer gesagt hätte, daß ich einen Menschen darum nicht heiraten würde, weil er anders denkt als ich, hätte ich ihn glatt für verrückt erklärt.

Paul v. Grotjahn: Ja, mein Kind, wir leben in einer Zeit, wo die Politik durchs Schlüsselloch ins Haus dringt. Ich kenne Familien, wo die

Tochter den Vater haßt und die Mutter den Sohn, nur weil der eine Nazi ist und der andere nicht.

Christine: Kannst du mir erklären, Onkel Paul, ich finde den Werner unausstehlich und trotzdem ...

Paul v. Grotjahn: ... Und trotzdem liebst du ihn, nicht wahr?

Christine (nickt)

Paul v. Grotjahn: Den Jungen beneid' ich, weiß der Himmel ... Es hätte gar nicht viel gefehlt, und ich hätte persönlich um deine Hand angehalten.

Christine (lachend): Und ich hätte ja gesagt, dann wär's zu spät für dich zum Rückzug gewesen. *(An der Tür wird geklopft.)*

Paul v. Grotjahn: Herein! *(Eintritt Jule, verwirrt und aufgeregt.)*

Mädchen: Ich wollte das Fräulein Christine sprechen.

Paul v. Grotjahn (sich erhebend): Ich gehe ins andere Zimmer.

Christine: Nein, bleib. Was ist? Ist Mutter etwas passiert?

Mädchen: Frau Pastor nicht.

Christine: Der Vater!!!

Mädchen: Der Herr Pastor ...

Paul v. Grotjahn: Sprechen Sie endlich!

Mädchen: Der Herr Pastor wartet unten in einem Taxi ...

Paul v. Grotjahn: Darum gebärden Sie sich wie eine aufgescheuchte Henne? Christinchen, der Vater ist frei!

Christine: Weiß es Mutter schon?

Mädchen: Als ich einkaufen ging, stand ein Mann an der Ecke und tippte mir auf die Schulter. Ich schrie auf vor Schreck, weil es dunkel war, dann erkannte ich den Herrn Pastor ... Er wollte das Fräulein sprechen, sagte er, ich sagte ihm, daß Sie hier sind ... Ich glaube, er ist nicht richtig im Kopf ...

Paul v. Grotjahn: Es ist gut ... Ich gehe zum Auto.

(Das Mädchen hinaus, gefolgt vom Generalarzt. Christine weint lautlos. Die Bühne ist einige Minuten leer. – Eintreten Generalarzt und Friedrich Hall. Er trägt einen abgeschabten, bäuerlichen Mantel und einen vertragenen, zu kleinen Hut, er ist abgemagert und unrasiert. Die Augen haben das Flackern des gehetzten Menschen.)

Friedrich Hall: Leg die Kette vor die Tür. *(Man hört das Geräusch einer Kette und eines im Schloß sich drehenden Schlüssels. – Christine ist aufgesprungen und umarmt wortlos den Vater. Sie führt ihn behutsam zu einem Sessel, in den sich Friedrich fallen läßt. Der Generalarzt ist zurückgekommen, er greift nach einer Flasche, schenkt Wein in ein Glas und reicht es Hall. – Hall trinkt den Wein in einem Zug.*

Der Generalarzt ist wieder hinausgegangen und kehrt mit einem Stück kaltem Fleisch und Butterbrot zurück. Er reicht es wortlos Friedrich, der ein Stück hinunterschlingt, dann den Teller fortschiebt.) – Ich kann nicht ... mein Herz ...!
Paul v. Grotjahn: Ich lasse das Bett richten, Friedrich, du mußt ruhen. Morgen ist auch ein Tag.
Friedrich Hall: Wo ist Ida?
Christine: Wahrscheinlich zu Hause, Vater.
Friedrich Hall: Geh, Christinchen, hole sie. *(Christine geht hinaus.)*
Paul v. Grotjahn (füllt Friedrichs Glas und schenkt sich selbst ein Glas ein): Prost, Friedrich, auf deine Gesundheit ... und auf die Freiheit. *(Trinkt sein Glas.)*
Friedrich Hall: Ich bin aus dem Lager geflohen.
Paul v. Grotjahn: Das nenne ich Courage!
Friedrich Hall: Es war nicht Mut. Es war Angst. Erbärmliche Angst. *(Starrt.)*
Paul v. Grotjahn: Jeder wahre Held hat Angst. Wo man sie überwindet, beginnt die Tapferkeit. Als ich vor Verdun ins Trommelfeuer kam, ist mir vor Schreck ganz blümerant geworden. Dann hab' ich die Zähne zusammengebissen und mit der kaltschnäuzigsten Miene mich um meine Verwundeten gekümmert.
Friedrich Hall: Ein junger Mensch hat meinetwegen sein Leben verloren.
Paul v. Grotjahn: Nun erzähl mal der Reihe nach.
Friedrich Hall: Ich sollte bestraft werden mit fünfundzwanzig Stockhieben.
Paul v. Grotjahn: Bande!
Friedrich Hall: Ich habe die Bestrafung herausgefordert, weil ich zeigen wollte, daß ich mich nicht beuge ... Ich wurde abgeführt. Ich ging über den Hof und blickte zum nächtlichen Himmel ... die Sterne waren fern ... mich fror. Ich fing an zu weinen, und ich betete: »Herr, nimm den Kelch von mir ...« Ich hatte am Tage vorher zusehen müssen, wie sie einen siebzigjährigen Mann auspeitschten. Er war auf den Block geschnallt, zwei Nazis hieben zu mit Ochsenziemern. Er mußte die Hiebe zählen, wir standen herum im Karree. Als er nach dem zehnten Hieb zu schreien anfing, steckten sie ihm einen Knebel in den Mund ... Ich sagte zu dem Mann, der mich abführte: Erbarmen Sie sich meiner! Er führte mich an eine Stelle, wo ich fliehen konnte. Rennen Sie, sagte er. Ich renne! Als ich hinter mir schießen höre, drehe ich mich um. Im Lager hatten sie meine Flucht entdeckt.

Scheinwerfer leuchteten auf. Ich sah meinen Retter von einer Kugel getroffen zusammenstürzen.

Paul v. Grotjahn (tröstend): Vielleicht hast du dich geirrt, vielleicht war der Brave nur verwundet.

Friedrich Hall: Gott verzeih mir, das wäre noch schrecklicher, sie würden ihn zehn Tode sterben lassen.

Paul v. Grotjahn: Haben sie dich nicht verfolgt?

Friedrich Hall: Ich rannte bis zum nächsten Dorf. Ein Bauer nahm mich auf. Er verbarg mich, er schenkte mir seinen Mantel, seinen Hut, und er fuhr mich am nächsten Tag, im Heu versteckt, in die Vorstadt. *(Sekunden Stille.)*

Paul v. Grotjahn (aufstehend): Entschuldige mich.

Friedrich Hall: Wohin gehst du?

Paul v. Grotjahn: Ich will mich anziehen, ich will ins Ministerium gehen. *(Während der letzten Worte hat es geklingelt. Die Türe öffnet sich. Man hört Christines Stimme:* Dort sitzt der Vater, Mama! – *Herein stürzt Ida Hall.)*

Ida: Gelobt sei Gott! *(Paul v. Grotjahn hinausgehend.)*

Friedrich Hall: Ida, meine Ida...

Ida: Sprich nicht, mein Herz, ich weiß alles.

Friedrich Hall: Ich muß sprechen.

Ida: Ich weiß alles.

Friedrich Hall: Ich bin nicht frei – ich bin geflohen – Ida ... ein Mann, der versagt hat.

Ida: Mein Herz, mein geliebtes Herz!

Friedrich Hall: Ein Mann, der dich braucht!

Ida: Wir werden zusammen fliehen. Irgendwo werden wir ein Land finden, das uns aufnimmt, und Menschen, die uns leben und sterben lassen in Frieden. Ich werde schon Arbeit finden. Neunzehn Jahre hast du für mich gearbeitet, jetzt laß mich für dich sorgen. Mir ist so leicht und froh, ich glaube, es mußte so kommen, wie es kam. All das Leid hatte wohl einen Sinn.

Friedrich Hall: Wenn wir stark genug sind. *(Herein stürzt Christine.)*

Christine: Draußen ist Fritz Gerte! Er will dich sprechen, Mama. *(Friedrich Hall ist aufgesprungen.)*

Ida: Gerte? Weiß er...?

Christine: Nein.

Ida (auf eine Tür rechts weisend): Geh dort hinein! Ich werde ihn schon loswerden. *(Sie drängt Hall in die Tür.)* Wie kommt Gerte hierher?

Christine: Er hat zu Hause nach dir gefragt. Man hat ihn hergeschickt.

Ida: Sag ihm, ich lasse bitten. *(Christine hinaus. Ida setzt sich in den Sessel, in dem Hall gesessen hatte, ruhig, aufrecht und gesammelt, ein anderer Mensch. – Herein Gerte.)*

Gerte: Da sind Sie ja. Heil Hitler! Ich habe Sie gesucht wie eine Stecknadel.

Ida: Wollen Sie nicht Platz nehmen?

Gerte: Gewiß, danke. Sind Sie gesund? Geht es Ihnen gut?

Ida: Haben Sie darum nach mir gesucht, um mich das zu fragen?

Gerte: Natürlich nicht . . . Haben Sie von Ihrem Mann gehört?

Ida: Ich habe ihn doch gestern besucht.

Gerte: Natürlich . . . Was machen Sie eigentlich hier?

Ida: Wenn Sie es genau wissen möchten. Ich wollte den Generalarzt bitten, mir eine Beschwerde aufzusetzen. Ich will mich über Sie beschweren.

Gerte: Über mich?

Ida: Über Sie. Weil Sie mir nur zehn Minuten Sprechzeit für meinen Mann gewährten.

Gerte: Lächerlich!

Ida: Mir ist es keineswegs lächerlich. Ich werde durchsetzen, daß ich ihn das nächste Mal eine Stunde, vielleicht sogar zwei sehen darf. Und ohne Aufsicht.

Gerte: Sie scheinen wirklich nichts zu wissen?

Ida: Was soll ich denn wissen?

Gerte: Ihr Mann ist ausgekniffen.

Ida: Ich verstehe nicht . . .

Gerte: Das ist sein Dank.

Ida: Entflohen, sagen Sie? Ins Ausland geflohen?

Gerte: Möglich, aber nicht sehr wahrscheinlich.

Ida: Bitte, darf ich es Christine erzählen?

Gerte: Nein, ich muß mit Ihnen sprechen, Ida. Ich war immer Ihr Freund, ich habe Sie vor dem Zuchthause gerettet.

Ida (anzüglich): Christine hat ihr Verlöbnis mit Werner v. Grotjahn gelöst.

Gerte: Zum Teufel mit Christine! Die Flucht Ihres Mannes kann mir den Kopf kosten. Man hat mir schon eine Untersuchung angedroht. Man wird herausfinden, daß ich ihn bevorzugt, daß ich mich für Sie eingesetzt habe. Verstehen Sie denn nicht, Ida, es geht auch um Ihren Kopf.

Ida: Warum um meinen?

Gerte: Das Verfahren gegen Sie wird neu aufgerollt werden. Zuchthaus ist kein Spaß.

Ida: Steht es so schlimm für Sie?

Gerte: Sie müssen mir helfen ... und sich.

Ida: Das steht wohl nicht in meiner Macht?

Gerte: Natürlich steht es in Ihrer Macht ... Ihr Mann wird versuchen, auf irgendeine Weise mit Ihnen in Verbindung zu kommen.

Ida: Und ...?

Gerte: Sowie Sie seine Adresse haben, benachrichtigen Sie mich.

Ida: Ich soll meinen Mann verraten?

Gerte: Ich verspreche Ihnen, daß Ihrem Mann nichts geschehen wird. Ich werde mich sogar dafür einsetzen, daß er freikommt.

Ida: Schwören Sie es mir?

Gerte: Mein Ehrenwort!

Ida: Geben Sie es mir auch schriftlich?

Gerte (zögert einen Moment, dann): Natürlich. *(In diesem Augenblick öffnet sich die rechte Tür und herein tritt Friedrich Hall. Gerte zieht rasch seinen Revolver.)* – Hände hoch!*

Ida (gleichzeitig): Friedrich!

Friedrich Hall: Stecken Sie ruhig den Revolver ein.

Ida (aufschreiend): Sie werden dich töten!

Friedrich Hall (zu Ida): Wer die Furcht überwunden hat, hat den Tod überwunden. *(Zu Gerte:)* Ja, ich hatte Furcht. *(Gerte macht eine ungeduldige Bewegung.)* Jetzt hören Sie mir zu ... Ich wollte der Prüfung, die mir auferlegt war, ausweichen, ich war feige und verzagt, darum bin ich geflohen. Ich stelle mich Ihnen. Die Zelle wird meine Stimme nicht ersticken. Noch der Block, auf den Sie mich spannen, wird eine Kanzel sein und die Gemeinde so mächtig, daß keine Kirche der Welt sie fassen könnte!!! Ich werde Ihnen ins Gesicht schreien, daß Sie der Verbrecher, der Feind der Menschheit sind. Und wenn Sie mich töten, werde ich trotzdem leben. Ich werde leben. Die Freiheit stirbt nicht, und die Wahrheit ist ewig. *(Richtet sich straff auf und bricht jäh zusammen.)*

Ida (aufschreiend): Friedrich!!! Friedrich!

Christine: Vater!!! *(Auch Gerte beugt sich über Friedrich Hall.)*

Gerte: Verdammt, er ist doch entflohen, er ist tot.

Christine: Er ist nicht geflohen, und Sie sind nicht der Sieger.

---

* [Schlußszene der 1. Fassung]

(Gerte ab. – Die Tür wird aufgerissen. Herein der Generalarzt in Mantel und Hut.)
Paul v. Grotjahn *(von der Tür rufend):* Ich gehe jetzt in's Ministerium!
Ida *(tränenlos auf die Leiche blickend):* Zu spät, Paul, er ist frei!
(Generalarzt stellt bei Hall den Tod fest. Verharrt, die Frauen knien bei Hall.)
Christine *(leise):* Was bleibt uns?
Ida *(leise):* Ein Grab.
Christine *(stark):* Ein Beispiel.
Ende.

NEUE FASSUNG DER SCHLUSS-SZENE ZU »PASTOR HALL«

Gerte: Hände hoch!
Ida *(aufschreiend):* Friedrich, warum hast du das getan? Das ist das Ende für uns alle!
Friedrich Hall: Nein, Ida, das ist vielleicht der Anfang – der Anfang, vor dem ich mich gestern noch gefürchtet habe. *(Zu Gerte:)* Ich habe Ihre heftige Rede eben mit angehört. So viele Machtmittel in der Hand und doch so feige!
Gerte: Feige? Und Sie, Herr Pastor?
Friedrich Hall: Ja, ich auch. Ich wollte der Prüfung, die mir auferlegt war, ausweichen. Aber jetzt stelle ich mich Ihnen. Die Zelle wird meine Stimme nicht ersticken. Noch der Block, auf den Sie mich spannen, wird eine Kanzel sein und die Gemeinde so mächtig, daß keine Kirche der Welt sie fassen könnte. *(Die Tür wird aufgerissen. Paul v. Grotjahn erscheint in voller Uniform mit Orden und Ehrenzeichen. Christine Hall hinter ihm.)*
Paul v. Grotjahn *(von draußen):* Kein einziger von der ganzen verflixten Bande hat auch nur einen Funken Zivilcourage. *(Erfaßt die Situation.)* Was zum Donnerwetter ist hier los?
Gerte: Pastor Hall ist mein Gefangener.
Paul v. Grotjahn: Das könnte Euch so passen! Pastor Hall steht unter meinem Schutz, ich bürge für ihn.
Christine: Ach, Vater, warum bist du denn wieder hereingekommen?
Friedrich Hall: Bitte, laßt mich jetzt mit diesem Mann gehen, es ist schon alles in Ordnung.
Ida *(tritt zwischen Gerte und Friedrich Hall):* Ich lass' dich nicht gehen – ich lasse dich nicht! Wenn du es wagst, ihn anzutasten, Fritz, bist

du ruiniert! Ich werde alles erzählen, wie du mit mir um Christine gehandelt hast, wie du uns gedeckt hast, nur in deinem eigenen Interesse. Jetzt kenne ich keine Hemmungen mehr!
Gerte: Wenn Sie es mit Gewalt wollen... *(Er stößt Ida beiseite. Im selben Moment reißt ihm Grotjahn den Revolver aus der anderen Hand.)*
Paul v. Grotjahn: Alter Trick – hab' ich von 'nem Franzosen – ganz einfach.
Gerte (kommt auf den General zu): Wagen Sie es...
Paul v. Grotjahn: Nicht so hastig! *(Er richtet den Revolver auf Gerte.)* Ich bin hier Herr im Hause, und Ungeziefer wie Sie habe ich nie in meiner Nähe dulden können.
Gerte: Das wird Sie teuer zu stehen kommen.
Paul v. Grotjahn: Raus!
Gerte (brüllt): Sie sind alle verhaftet!
Paul v. Grotjahn: Verfluchte Schweinerei!
Ida: Wir müssen uns beeilen. Was sollen wir tun?
Paul v. Grotjahn: Wir haben nicht viel Zeit. Er kommt wieder. Und mit hundert bewaffneten Banditen kann selbst so ein Kerl gefährlich werden. Komm, Friedrich. *(Alle sehen auf Pastor Hall, der bewegungslos steht.)*
Friedrich Hall: Heute ist Sonntag.
Paul v. Grotjahn: Wir gehen lieber über die Hintertreppe.
Christine: Du mußt mitkommen, Onkel Paul.
Paul v. Grotjahn: Sie werden mir nichts tun. *(Es schlägt 1/2 8 Uhr.)*
Friedrich Hall (wie im Traum): Gleich beginnt der Abendgottesdienst.
Ida: Friedrich, Lieber, was soll das?
Friedrich Hall (zu Grotjahn): Glaubst du, daß wir es bis zur Kirche schaffen?
Ida (begreift): Friedrich!
Friedrich Hall: Mein Platz ist auf der Kanzel.
Paul v. Grotjahn: Es wäre unvernünftig, Friedrich!
Friedrich Hall: War es vernünftig, Gerte hinauszuwerfen?
Paul v. Grotjahn: Ich mußte meinem Herzen Luft machen.
Friedrich Hall: Ja, eben. Sogar du, Paul, der so lange geschwiegen hat, du mußtest deinem Herzen Luft machen. Andere werden das gleiche tun.
Christine: Liebster Papa, hör doch auf mich! Ich habe immer auf deiner Seite gestanden. Ich habe dir sogar im Konzentrationslager nicht zugeredet nachzugeben und zu unterschreiben, obwohl ich wußte, wie

Mutter deinetwegen litt. Im tiefsten Herzen wußte ich, daß du deinen eigenen Weg gehen mußtest. Aber was du jetzt tun willst, ist Wahnsinn.

Friedrich Hall: Was soll ich denn tun? Soll ich mich wie ein gemeiner Verbrecher über die Hintertreppe davonschleichen?

Christine: Weil du ein Recht darauf hast, zu leben. Und auch, weil wir dich brauchen.

Friedrich Hall: Ich kann die Wahrheit nicht länger unterdrücken, auch nicht um Idas und deinetwillen.

Ida: Aber sie werden dich nicht predigen lassen.

Paul v. Grotjahn: Das wäre offene Ablehnung. Und du kannst doch nichts gegen sie ausrichten. Warum sollten sie nachgeben?

Friedrich Hall: Hat Christus nachgegeben?

Ida: Aber Gerte wird die Kirche stürmen. Er wird dich von der Kanzel herab verhaften lassen.

Friedrich Hall: Dann werden dreitausend Menschen sehen, daß ihre Machthaber Angst vor der Wahrheit haben.

Paul v. Grotjahn: Unsinn. Dreitausend Menschen werden kuschen wie Traugott Pipermann. Und überhaupt, was heißt denn Wahrheit?

Friedrich Hall: Mit dieser Frage hat Pontius Pilatus einen Größeren versucht.

Ida: Friedrich, sie werden dich töten.

Friedrich Hall (sehr ruhig): Ich werde leben. Es wird wie eine Feuersbrunst sein, die keine Macht der Welt mehr löschen kann. Die Gedrückten werden es einander weitersagen, und sie werden neuen Mut schöpfen. Einer wird es dem andern sagen, daß der Antichrist regiert, der Widersacher der Menschheit – und sie werden ihre Kräfte sammeln und meinem Beispiel folgen. *(Einen Augenblick Stille. Dann geht Ida zu Hall und küßt ihn.)*

Christine: Komm, Vater, wir wollen gehen.

Paul v. Grotjahn: Ich bin mein Leben lang stolz gewesen auf diese Uniform, so wie mein Vater vor mir und vor mir mein Großvater. Aber jetzt muß ich mir einen besseren Dienstherrn suchen. Es hat keinen Sinn, für etwas zu kämpfen, woran man nicht glaubt. *(Leichthin.)* Wenn du nichts dagegen hast, Friedrich, stelle ich mich neben der Kanzel auf. Hab' mir nie viel aus Predigten gemacht, trotzdem ...

Ida: Es ist Zeit. *(Sie verlassen das Zimmer. Von draußen Glockenläuten, das bis zum Ende der Szene andauert. Nach einem kurzen Augenblick tritt Jule ein und sieht sich verwirrt um. Von fern hört man Marschtritte, die sich schnell nähern. Jule kniet nieder und betet.)*

Gerhart Hauptmann
Elektra

Tragödie

Dramatis personae

Klytämnestra
Orest
Elektra
Aigisthos
Pylades

Demetertempel in den Bergen nahe bei Mykene: es ist der gleiche Schauplatz wie in dem vorangehenden Werk »Agamemnons Tod«. Der Bau besteht aus gebrannten Ziegeln, die Hinterwand enthält sein Hauptportal, zur Zeit offen, mit Blick in die nächtliche Landschaft. Die Wand rechts hat eine kleine Tür zum Raum des Tempelwächters, daneben eine andere in einen kultischen Baderaum: es ist jener, in dem Agamemnon von Klytämnestra ermordet wurde. An der Rechtswand drei primitive Holzbilder: Demeter, Pluton und Kore. Vor jedem Bilde ein Altar.
Im Vergleich zu früher zeigt der Raum eine starke Verwahrlosung. Die Tür zum Bad sowie die übrigen haben zerbröckelte Ränder, Steintrümmer aller Art sind sichtbar, wie nach einem Erdbeben. Aus dem ebenfalls zerfallenen Bad steigt häßlicher Dampf.
Ein ärmliches Öllämpchen brennt.
Orest und Pylades treten zögernd von außen unter die Haupttür, im Anzuge von Wanderern: Hüte, Felljacken, Stöcke.

Orest:
   Wo sind wir hier?
Pylades:
   　　　　　　Ein fürchterlicher Ort!
Orest:
   Der fürchterlichste, den ich jemals sah.
   Ein Haufen Trümmer, würd' ich sagen, Schutt,
   ging' nicht ein seltsam Wesen davon aus.
   Sieh, welcher Qualm: wie Pestgewölk vom Hades!
Pylades:
   Weh uns, wo sind wir hingeraten?
Orest:
   　　　　　　　　　　　　　Ja, weh uns!
   Weh mir! Was Delphi mir ins Blut gepreßt,
   macht mir die Welt zu Kot auf Schritt und Tritt:
   Geruch, Gehör, Gesicht versinkt in Ekel.
   (Froschgequak.)
   Schon wieder Frösche! Sind wir morgens nicht
   umlärmt von Froschgequake aufgewacht
   und mußten uns von geilen Klumpen säubern?
Pylades:
   Hier liegt Gebein.

Orest:
>Auch hier, auch hier, auch hier!
Vergeßne Knochenhaufen. Was denn will
von mir mein Leben, daß es gräßlich mich
schon vor dem Tod ins Totenreich geschleudert?
Pylades:
Die Trümmer sind bewohnt.
Orest:
>Unmöglich! – Wie?
Pylades:
Orest, erschrick nicht: dort im Schein der Artemis
liegt, mein' ich, jemand, der ihr Freude macht,
ein riesiges Geripp' von bleichen Knochen,
vom Schädel aber rinnt noch langes Haar.
Orest (tritt an das Skelett, schaudert):
Laß uns umkehren, mich verläßt die Kraft.
Pylades:
O Freund, es gibt kein Rückwärts auf dem Weg
des Lebens und nun gar auf jenem, der
uns anbefohlen ist vom Götterratschluß:
ich sage: *uns,* denn du und ich sind eins.
Orest:
Hier ist ein Ende und kein Anfang: was
hier allenthalben blüht, ist die Verwesung,
verfluchter Schwefeldunst darein gemischt.
Luft! Laß uns flüchten in die reine Nacht!
Pylades:
Gern wollt' ich dir willfahren; denn das Grauen
stößt mich wie eine Faust von Erz zurück.
Allein ein andres, Stärkeres hält mich fest.
Orest:
Es lähmt auch mich. Wenn ich es nennen soll,
so ist's ein Etwas, das Gehör, Geschmack,
Geruch, Gefühl, vor allem das Gesicht
getötet hat: doch nur, daß jeder Sinn
damit, das letzte Grauen zu erleben,
befähigt sei. Kann etwas ärger sein,
als in sich Tod und Leben zu vereinen:
lebendig und des Todes Wohnung sein?

Pylades:
  Laß uns nicht grübeln! Wir sind jung, Orest!
Orest:
  Was nennst du jung sein? Mit dem Hammer schlägt
  das ewige Schicksal an mein nacktes Herz,
  dasselbe Erz durchschüttert meinen Kopf,
  des Zeus blutroter Adler aber frißt
  an meiner Leber. Was ist jung, was alt?
  Trag' ich im Blute nicht uralten Fluch
  der Tantaliden? Wär' ich jung und reichte
  nicht bis dorthin, wo die Verbrechen andrer
  mein Blut vergiften, dann freilich wär'
  ich heute jung. So bin ich alt! Uralt!
Pylades:
  Die Nacht ist dunkel, doch folgt ihr das Licht,
  wie immer in der Welt.
Orest:
              O Pylades,
  von jeher eine mutterlose Waise –
  ja, Schlimmeres, da meine Mutter lebt
  und mich wie Aussatz flieht, mich anders nicht
  als einen Wolf verfolgt – muß ich nunmehr
  die Mutter greinend suchen gehn. O Mutter,
  wie gerne schmiegt' ich mich an deine Brust
  in nie gestillter Kindesliebe Durst!
  Doch eine grause Krankheit gärt in mir,
  die erzner Wille in mich eingepflanzt,
  untrennbar von den Pulsen meines Bluts;
  sie fiebert immer nur das eine Wort
  in grausen Fieberschauern: Rache! Rache!
Pylades:
  Denk nicht daran!
Orest:
              So sage lieber doch
  zu mir: denk nicht an dich, denk nicht daran,
  daß du des Ilion-Besiegers Sohn –
  den Hellas, ja, die Welt als Gott verehrt –,
  des Königs Agamemnon bist, und dann
  straf Lügen das Gerücht, das über Hellas
  nicht weniger lastet als ein Pestgewölk:

es habe meine Mutter Klytämnestra
den Gatten Agamemnon, meinen Vater,
ruchlos und meuchlings aus der Welt geschafft!
Gelingt dir das, o Freund, bin ich gesund.

Pylades:
Stracks umzukehren, riet ich in Korinth.
Ich ahnte Schlimmes, als es deinen Fuß
mit jedem Tage mehr gen Süden zog;
auf meine Frage deshalb bliebst du stumm.
Von Delphi aus geschah die Wanderung,
vergeblich fragt' ich, was die Pythia
dir gottbegeistert anvertraut: du schwiegst.
Nie hattest du vor mir sonst ein Geheimnis.
Enthülle mir's, gib mir die Hälfte ab
von deiner Last und glaube mir, du wirst
den Fuß wie früher setzen, frei und leicht.

Orest:
Laß ab! Erbitte nicht Unmögliches!
Erst ausgesprochen, ist, was jetzt mein Schweigen
in mir begräbt, zum Dasein auferweckt
und dann unüberwindlich. – Kanntest du,
sprich, meinen Vater?

Pylades:
               Ja: er war ein Gott!

Orest:
Ich kannt' ihn nicht! Und nennst auch du ihn Gott,
wen will es wundern, wenn der Name Vater
nicht über meine Lippen will? Was ich
von einem Manne Agamemnon weiß,
ist das Erdröhnen einer Donnerstimme,
bei deren Lauten mir das Blut gerann.
So hab' ich weder Mutter noch auch Vater. –
Wie weit noch mag es sein bis nach Mykene?

Pylades:
Nicht weit vielleicht, wenn mich der Schein nicht trügt,
obgleich mich Ja und Nein beständig narrt.

Orest:
So geht es mir. Mitunter kommt's mir vor,
als hätt' ich unter beßren Zeichen schon
den Raum betreten, der uns hier umgibt.

Pylades:
   Dann aber ist er fürchterlich verwandelt,
   und was einst schön und heilig war, ist jetzt
   verflucht.
Orest:
               Jawohl, der Unrat eines Stalls
   verschlägt den Atem mir, ein widerlich
   Gemisch aus aller üblen Rachen Auswurf.
   Es würgt mich: laß uns fliehn!
Pylades:
                        Halt aus, Orest!
   Denn alles hier im Land zwingt uns zur Vorsicht:
   wir sind im Reich Aigisths und deiner Mutter.
Orest:
   Kein Wunder, wenn mich das allein erwürgt.
   Glaubst du, daß meine Schwester ... daß Elektra
   noch lebt?
Pylades:
            Und warum nicht? Sie lebt! Sie lebt!
   Ich wäre, Bruder meines Bluts, nicht hier,
   hätt' ich dafür in jedem Herzschlag nicht
   den furchtbar überzeugenden Beweis.
Orest:
   Man sagt, die Mutter habe sie verflucht,
   sie ausgestoßen aus dem Kreis der Menschen;
   sie lebe drum nicht anders als ein Tier,
   scheu und verborgen und gehüllt in Wahnsinn.

(Elektra tritt hinter einem Götterbilde hervor, bleich und gegen früher unkenntlich.)

Elektra:
   Ihr Unglückseligen, was sucht ihr hier?
   Kehrt um: hier ist der Tod! Kehrt um ins Leben!
Pylades:
   Ich höre eine Stimme!
Orest:
                  Ja! Auch ich.
Pylades:
   Und siehst du, so wie ich, dort einen Schatten?

Orest:
>Wie eine weiße Flamme scheint es mir,
>die sich aus schwarzem Dunst nach oben schlängelt.

Pylades:
>Mich schreckt ein blutrot aufgerissener Mund,
>aus dem die Zunge hängt, darüber glänzen
>zwei blinde Augen.

Elektra:
>   Nein, sie sind nicht blind.
>Sie sehen, sehen, sehen! Doch wer seid ihr?

Pylades:
>Erst laß uns wissen, Schatten, wer du bist!
>Nie standen wir am Rand des Tartarus
>bisher und redeten noch nie mit Toten.
>Uns stockt der Herzschlag: um uns rauscht die Styx,
>des Höllenhundes Knurren macht uns zittern.

Elektra:
>Du sprichst die Wahrheit, ja, auch mich, auch mich!
>Kommt mir nicht nah, faßt mich nicht an! Ich bin
>von Abgrundwassern stinkend überspült:
>es bringt dem oberen Geschlecht den Tod.

Orest:
>Der Wahnsinn packt mich.

Pylades:
>   Mut, Orest, mich feit,
>vom Gott in mich gepflanzt, das innere Licht.
>Bestimmung ist in diesem Augenblick,
>ich fühl's: was Schatten der Verdammnis heißt,
>weht mich zugleich mit einem Dufte an –
>verachte mich, Orest! – aus Paradiesen.
>Wer bist du?

Elektra:
>   Abschaum! Eines Mörders Tochter
>und einer Mörderin, von aller Welt
>verstoßen, anders nicht als von mir selbst,
>heimisch in Höhlen, doch von Wut erfüllt,
>es gleichzutun dem Vater und der Mutter.
>Und was aus eurer Welt noch in mir lebt,
>ist eine Flamme und ein Schrei zugleich,
>Ich brenne und ich schreie: Rache! Rache!

Orest:
    Ist, was wir sehn, lebendig oder Schein?
    Was aber es auch sei: die Feuersbrunst
    steckt – Freund, ich schaudere – auch mich in Brand.
    Und ist's geschehn, wie bald lieg' ich in Asche.
Elektra:
    Ihr seid erwartet, beide. Seht mich an:
    ich war dereinst Elektra! Wenn ihr wollt,
    bin ich es noch. Und welchen Götterratsschluß
    ihr zur Vollendung tragen müßt, ich weiß es.
    Ich bin Elektra, und ihr seid am Ort
    der ungeheuren Tat, die euch bevorsteht.
Orest:
    Der ungeheuren Tat? Wie meinst du das?
Elektra:
    Ganz, Bruder, so wie du.
Orest:
                   Du wagst, mich Bruder
    zu nennen, und dich selbst nennst du Elektra?
    Und diese Höhle widerlichen Unrats
    nennst du den Ort der ungeheuren Tat,
    die uns bevorsteht?
Elektra:
                   Diese Höhle war
    für uns dereinst ein lieblich-heitrer Ort,
    bevor die Moiren sie in das verwandelt,
    was sie nun ist.
Orest:
                 Was aber ist sie jetzt?
Elektra (erhebt ein Beil):
    Siehst du dies Beil? Sie war Demeters Tempel,
    und heute ist dies fürchterliche Beil
    ihr einziges Heiligtum. Es starrt von Blut,
    das Stiel und Eisen, seht, geronnen deckt:
    und es ist heiliges Blut! Im Heiligtum
    das Allerheiligste – wie es nun ist.
    Und, Bruder, eine Kraft geht von ihm aus,
    von diesem – siehst du – schwarzgeronn'nen Blut,
    der nichts auf dieser Erde widersteht.

Vor allem hörig, ganz ohnmächtiger Knecht,
ist ihm ein Tantalide.
Pylades:
Komm, Orest,
wahnwitzig ist dies Weib, laß uns davongehn!
Elektra:
O Knabe, armer Knabe Pylades,
was ahnst du von den Eisenbanden, die
Oresten fesseln, fesseln so wie mich?
Werft eure Steckenpferdlein hinter euch,
dahin für ewig ist die Knabenzeit!
Blickt vorwärts lieber ins Unendliche –
vielleicht, daß dort ein Stern noch euer harrt.
Orest:
Laß mich, ich muß sie hören, Pylades,
sei sie ein böser Dämon oder nicht.
Elektra:
So recht, mein Bruder! Und nun hör mich an:
In diesem Tempel, Bruder, starb dein Vater
durch deine Mutter, die mit diesem Beil
im Bade ihn erschlug.
Orest:
So ist es wahr,
was das Gerücht durch Hellas finster wälzt:
mein Vater starb durch meiner Mutter Hand?
Elektra:
Hat eine Wahrheit je den Tag verfinstert,
so ist es diese. Und die Frage, Bruder,
die du zu stellen glaubst, hat das Titanenblut
in dir mit einer Antwort längst gestillt,
und darum bist du hier. Wo du jetzt stehst,
dort starb Kassandra durch das Schwert Aigisths.
Von ihrem Blutquell traf ein Strahl auf mich
und wandelte mich um zur Seherin
nicht nur, auch zur Vollenderin des Schicksals,
das dich und mich in erznem Zwange hält.
Die Zeit ist da, Orest, es zu vollenden!
Orest:
Zerbricht daran mein Herz, nun: mag es sein.

Elektra:
 Dein Herz zerbricht nicht: traue meinem Wort!
 Auch meins hat den Gewalten widerstanden,
 die mich im Todeswirbel angepackt,
 und ich ertrug mein Wissen und mein Müssen.
Orest:
 Elektra, nun erkenn' ich dich, du bist es!
 Furchtbar ist deine Ähnlichkeit mit der,
 die – heiligen Wahnsinn schäumend – sprach zu Delphi.
 Nichts Menschliches war mehr in ihr, und so
 ist nichts vom Menschlichen, so scheint's, in dir geblieben,
 seitdem ich dich zuletzt gesehn.
Elektra:
                 So ist es.
 Blutdürstige Wölfin, Bruder, nenne mich!
Orest:
 Und also wär' ich, als blutdürstiger Wolf,
 erst recht in deinem Sinn.
Elektra:
             Nimm hin das Beil!
(Sie drückt ihm das Beil in die Hand. Er zittert und bricht zusammen.)
Pylades:
 Wenn du Elektra wirklich bist, was ich,
 furchtbares Weib, nun zu erkennen glaube,
 so hab mit dem Erbarmen, den allein
 schon der Gedanke deiner Bluttat hinwarf.
 Du kennst ihn, und ich mahne dich daran,
 daß sein Gemüt ein zartes war von je,
 zum Dichten und zum Denken hingeneigt,
 mehr der Kithara als dem Schwert ergeben.
Elektra:
 Du kennst ihn nicht mehr, kennst die Wandlung nicht,
 die über ihn und mich der Gott verhängte.
 Stärk ihn: hier ist der Krug voll bittren Weins,
 der jeden Willen trunken macht und stark.
Pylades:
 Erst laß ihn ausruhn einen Augenblick,
 Elektra! Mag der Jugendliebe Laut
 dich einen Augenblick besänftigen

und, wenn es sein kann,
  im Selig-Einstgewesenen uns vereinen.
Elektra:
  Niemals! Ich fürchte diesen Augenblick.
  Nichts darf vom blutigen Richteramt mich abziehn.
Pylades:
  Wie bist du so verfallen diesem Amt?
Elektra:
  So viel zunächst magst du davon erfahren:
  Kaum war der Mord am Vater hier geschehn,
  so nahm die Mutter grausam mich in Haft;
  sie gab dem Hungertod in Kerkermauern
  mich preis, doch hatt' ich Helfer, wurde frei,
  wovon sie und Aigisthos nichts erfuhren.
  Die Mörderhöhle hier ward streng bewacht,
  wo Agamemnon unbegraben lag.
  Jedweder, der von Klytämnestras Tat
  zu wissen vorgab, wurde hingerichtet.
  Auch von des Königs Heimkunft sprach man nicht,
  wenn man dem sichren Tod entgehen wollte.
  So blieb dies eine Stätte hier des Fluchs;
  er stieg daraus wie ein Gewölk empor,
  und bald, selbst unbewacht, ward sie vermieden.
  Ich aber kroch hinein und wohnte hier
  im dunstigen, im stinkenden Gestein,
  verkehrte, selbst Gespenst, nur mit Gespenstern.
  Und alle, Klytämnestra und Aigisth
  nicht ausgenommen, scheuten diesen Mordschacht.
  Pest und Verdammnis, hieß es, hafte dran.
  Des Vaters Leiche hab ich hier verbrannt,
  und wenig fehlte, mit ihr auch mich selbst.
  Ich tat es ungestört am hellen Tag.
  Die Opfer aber freilich stehn noch aus,
  wie sie der Ilion-Besieger fordert.
Pylades:
  Elektra, laß uns fliehn aus diesem Lande,
  komm mit uns in die helle, reine Welt:
  Den Keren selber überlaß die Rache!
  Dein edler Körper trägt des Elends Spur,
  Mit Brand und Aussatz scheinst du mir behaftet.

Oh, werde rein! Nimm ein gesundend Bad
im Heilquell, der hier in der Tiefe rauscht.
Elektra:
Du meinst ein Bad in Agamemnons Blut,
o Pylades, wie es untrennbar sich
mit ihm vermischt. Niemals! Das einzige, was
mich reinigt, ist die Rache!
(Kurzer Blitz und ferner Donner.)
                    Hörst du, wie der Himmel murrt?
Der Götter und der Menschen Vater stimmt
mir zu.
Pylades:
    Es fallen Regentropfen.
Elektra:
                    Ja!
Und nun gib acht, schon rauscht es in der Luft,
die Wolken brechen! So: nun komme, Sintflut!
(Ein gewaltiger Blitz und Donnerschlag gleichzeitig. Bald darauf die Geräusche eines Wolkenbruchs.)
Orest (wacht auf, erhebt sich):
Wer weckte mich?
Elektra:
            Dich weckte deine Stunde.
Orest:
Zum Untergang der Welt?
Elektra:
                    Ja, sei es drum!
Pylades (man hört in der Ferne Rufe und Gegenrufe durch die Nacht):
Still, still, ich höre Stimmen!
Elektra:
                    Solche Stimmen
hört jeder Mensch nur einmal in der Welt.
Orest:
Was sprichst du da, furchtbares Weib?
Elektra:
                    Die Wahrheit!
(Sie wirft die Hände in die Luft, jauchzt und dreht sich im Tanze.)
Ich bin der Wirbel, bin der Wirbelwind,
der unsere Feinde wirbelnd in sich zieht.
Ich wußte es: er traf sie auf der Jagd,

sie hatten gute Beute, doch sie selber
sind eine bessere als Hirsch und Eber:
Der Wirbel, der sie wirbelt, heißt Verhängnis!
(Ende des Tanzes.)
Hier fasse fest das scharfe Beil, Orest,
am Stiel: er ist für deine Rächerhand!
Nur kurze Zeit noch, und du bist der König
in deinem Reich, in Argos. Faß es an,
das Beil, mit fester Faust! Es wartet dein,
es hat auf dich und niemand sonst gewartet.
Verbirg dich! Und tritt vor auf meinen Ruf!
Du, Pylades, behalt die Hand am Schwert!

(Elektra, Orest und Pylades verbergen sich. Gejagt von einem Unwetter mit Donner und Blitz, erscheinen Klytämnestra und Aigisth. Klytämnestra, von Aigisth verhüllt, gleichsam gestützt und geschützt.)

Aigisth:
Dem Himmel Dank! Wir sind zum mindesten
hier unter einem Dach.
Klytämnestra:
                Dem Himmel Dank,
sagst du? Mir aber graust – gesteh' ich dir –
beinahe, Freund, vor solchem Schutzort mehr
als vor dem Graus, dem wir entkommen sind.
Aigisth:
Wo sind wir hinverschlagen! Laß mich sehn!
Klytämnestra:
Auch ich wohl möchte wissen, wo wir sind.
Aigisth:
Es rauscht hier wie von Wassern irgendwo.
Klytämnestra (erschrickt):
Ja, und ein übler Ruch durchzieht den Raum,
aus Erdentiefen lebensfeindlich brodelnd.
Komm fort von hier!
Aigisth:
                Wohin? Die schwarze Nacht,
die draußen herrscht, macht blind.
Klytämnestra:
                            Wir haben uns
verirrt. Als uns des Wagens Achse brach,

fleht' ich dich an, nach rückwärts dich zu wenden;
du aber bliebest starr und folgtest nicht.
Aigisth:
Was willst du mehr: wir sind hier regensicher.
Klytämnestra:
Ja, regensicher sind wir, doch mir ist
dabei nicht gut zumut an diesem Ort;
viel lieber kämpft' ich mich durch Sturm und Regen.
Aigisth:
Unmöglich, denn hier in der Nähe sind
Abstürze schlimmer Art. Hab jetzt Geduld!
Klytämnestra:
Jetzt, sagst du, jetzt, nur jetzt: wär' nur in mir
nicht etwas, das an einem Später zweifelt,
ja, fast verzweifelt.
Aigisth:
            Was bedeutet das?
Klytämnestra:
Ja, diese Frage drückt auch mich wie Blei.
An diesem Ort wächst eine Angst um mich,
nicht anders, als sie den Verbrecher ankommt,
der endlich nun allein ist mit dem Henker.
Aigisth:
Schweig still! Ich mache Licht mit Stein und Stahl.
(Blitz und Donner.)
Klytämnestra:
Zeus tut's auf bessere Art und kann nicht helfen.
Vergeblich tapp' ich da und tappe dort:
ein jeder Schritt führt, scheint mir, in den Abgrund.
(Pylades erscheint mit einer Fackel.)
Ein Gott!
Pylades:
      Nein, Fürstin, nur ein Wanderer,
der sich hierher verirrt.
Klytämnestra:
           Verirrt, wie wir.
Aigisth:
Du kannst uns sagen, was dies für ein Ort ist?
Pylades:
Ein übler, wie ich keinen mir ersehnt

zeit meines Lebens. Halbverkohlte Knochen
starren aus grauer Asche überall:
hier ein bezahnter Kiefer, weiter dort
ein Schädeldach, Gebeine hier und da.
Fluch steigt aus allem auf, wie ein Gewölk:
es ist ein mörderischer Schacht fürwahr,
von Leben zeugend, das mir schlimmer scheint
als hundertfacher Tod.

Aigisth:
      Was schwatzt der Bursch?
Er scheint mir kaum der Mutterbrust entwöhnt
und pärscht sich lächerlich mit großen Worten.
Er mag uns leuchten aus dem eklen Loch!
Das Wetter draußen scheint sich aufzuklären.

Pylades:
So gern ich's möchte, könnt' ich das nicht tun:
ich bin im Dienste meines Herrn gebunden.

Aigisth:
Im Lande Argos ist nur einer Herr,
und der bin ich.

Pylades:
    Wenn das die Wahrheit ist,
so bin ich selbst das Opfer einer Lüge,
denn dies behauptet auch mein Herr zu sein.

Aigisth:
Wie heißt dein sogenannter Herr?

Pylades:
        Orestes!

Aigisth (nach betroffenem Verstummen):
Was willst du damit sagen, Bube?

Pylades:
       Nichts
als schlichte Wahrheit.

Klytämnestra:
     Wahnsinn packt mich an!

Aigisth:
Von Anbeginn hat dieses schmutzige Loch
nach Pestilenz und Wahnwitz mir geschmeckt.
Doch dies Gespenst will ich trotzdem erproben!

(Er zieht das Schwert und will sich auf Pylades stürzen, der aber ebenfalls das Schwert gezogen hat und Aigisth in Verteidigungsstellung erwartet. Aigisth zurückprallend.)
Hund! Sind wir hier in einem Hinterhalt?
Klytämnestra:
Laß ihn, rühr ihn nicht an!
Pylades:
Oh, warum nicht?
Mißgönne mir den Ruhm nicht, Königin,
Argos von seinem Würger zu befreien.
(Aigisth macht einen neuen Anlauf, muß aber wieder zurückweichen.)
Ich schonte dich, weil – wie ich nun erkenne –
das Recht der Rache einem andren zusteht.
Klytämnestra:
Zum letzten Male frag' ich nun: wo sind wir?
(Elektra tritt ein.)
Elektra:
Nimm, Königin, die Antwort denn von mir!
Dies ist der heilige Ort, an dem der Größte
in Hellas schuldlos starb: sein heiliges Grabmal
und das verfluchte Grabmal einer Gattin,
die seine war und ihren Herrn erschlug.
Klytämnestra:
Mir graust! Ich starre zitternd in das Nichts.
Elektra:
Nenn dieses Nichts den Tod, so sprichst du Wahrheit.
Klytämnestra:
Scheusäliges Gespenst, was willst du mir?
Du starrst von Unrat, deine Augen sind
rot, schmutzig und verschwollen, an den Schläfen
klebt dir dein Haar und weiter an den Schultern,
den brandigen und nackten, knotig und
in schwarzen Strängen: in der Kluft zum Hades
bist du – halb Mensch, halb Schlange – aufgestellt.
Entweich, du geiler Auswurf der Verwesung!
Elektra:
Fürwahr, du sahst in einem Spiegel dich,
und das liegt nah: ich bin ja deine Tochter!
Ich litt an meinem Leib, was du getan,

und während du im Königsschmucke prunktest,
traf mich der ganze Jammer deiner Tat.
Klytämnestra:
Aigisth, führ mich hinweg von diesem Ort –
wir sind im Hades – auf gesunder Erde!
Elektra:
Hier ist Demeters Tempel, Königin,
derselbe Ort, der dein Verbrechen sah
und dann, von dir verflucht, in Trümmer stürzte.
Erinnert beide euch, du und Aigisth,
an den Befehl, in Schutt ihn zu verwandeln.
Tod sollte jeden treffen, der ihm dann
– und sei es auch nur unversehens – nahte,
und mancher ließ sein armes Leben drum.
Doch dann trat das Vergessen auf die Bahn
und ließ den Weg hierher Elektren frei.
Auch sie galt als von eurer Hand getötet.
Doch sie hielt stand im grausigen Versteck,
von Rachegeistern Tag und Nacht gesäugt
und von Kassandrens Sehertum erleuchtet:
was es geweissagt, Mutter, ist nun da!
Klytämnestra:
Mich nennst du Mutter, widerliches Weib?
Ich hätte eine tolle Hündin lieber
zur Welt gebracht als dich. Doch sei's genug!
Sind dies die Trümmer des Demetertempels,
in dem ein grauser Kindesmörder fiel
von deren Hand, die ihm das Kind geboren,
so steht gerechte Rache hier im Spiel.
Elektra:
Wen hätte Agamemnon wohl getötet?
Klytämnestra:
Das weiß ganz Hellas: Iphigenien.
Elektra:
Geopfert wurde sie durch Götterspruch.
Pylades:
Und wie es heißt: sie lebt als Priesterin
der grausen Göttin Hekate zu Tauris.
Klytämnestra:
Gemeiner Lug! Gerücht! Geschwätz! Sonst nichts.

Pylades:
　　Doch es versteift sich dies Gerücht: es gibt
　　Griechen, die sie gesehn und ihr entronnen,
　　will heißen, ihrem fürchterlichen Dienst.
Klytämnestra:
　　Gemeiner Lug! Gerücht! Geschwätz! Sonst nichts.
Elektra:
　　Wie es auch sei: Du stehst nicht vor Gericht
　　um ihretwillen.
　　(Orest tritt auf, das Beil in der Rechten.)
Orest:
　　　　　　　　Nein: um dessentwillen,
　　wozu du, Mörderin, dies Beil gebraucht!
Aigisth:
　　Was ist's mit dieser Kinderstube? Macht,
　　daß ihr zur Schulbank kommt!
Klytämnestra:
　　　　　　　　　　　　Wer ist der Mensch?
Orest:
　　Frag lieber, was ich war und nicht mehr bin.
　　Ich war dein Sohn und nannte einst dich Mutter.
　　Jetzt aber spei ich diesen Namen aus
　　wie blutigen Unrat, der das Herz vergiftet.
Klytämnestra:
　　Du wärst Orest? Du lügst, armseliger Bursch.
　　Ein Hund, kein Agamemnon ist dein Vater,
　　und so auch bin ich deine Mutter nicht.
Aigisth:
　　Nimm eine Rute, jag ihn auf die Straße!
　　Nein, leb' er wenig Augenblicke noch,
　　bis unsre Jagdgesellschaft uns gefunden!
Elektra:
　　Wir sind die Jagdgesellschaft, du das Wild:
　　Ein Weib, ich, werde schmählich dich erwürgen.
Klytämnestra:
　　Komm fort von hier, Aigisth! Die Welt steht still.
　　Nichts, was hier vorgeht, ist von anderem Stoff
　　als wie der schwere Alptraum eines Fiebers.
　　Man muß mich rütteln. Schüttle mich, Aigisth!
　　Furchtbare Qual: ich sterbe ungeweckt,

als läg' ich festgeschmiedet in den Eisen
des Ätnaschmiedes: wecke, rette mich!
Orest:
> Was dir im Blute gärt, gärt auch in mir.
> Furchtbarer Fieberzwang hält mich in Banden.
> Der Traum hat meines Lebens sich bemächtigt,
> es brennt wie deines, Weib, in Fieberglut.
> In meine Hand geschmiedet ist ein Beil:
> wer mir die Hand, den Arm befreien will,
> der muß den Arm mir von der Schulter schlagen,
> und dann selbst tut das Mordbeil seine Pflicht,
> so sicher tötend wie der Blitz des Zeus.

Elektra:
> Erwache, wenn du magst, verruchtes Weib:
> Nichts andres kannst du auch im Wachen erben
> als deines Daseins rettungslose Nacht.

Orest:
> Wir alle, Weib, wir alle! Und doch laß
> uns aufzuwachen streben! – Brich das Beil
> nun mit Gewalt, o Freund, aus meiner Hand
> und wahr es gut!
> *(Pylades tut, wie geheißen.)*
>   Nun seht: Der kranke Dunst,
> der diesen Raum vergiftet – täusch' ich mich? –,
> wich einem frischen Luftzug. Wer hat ihn
> gesandt? Ist etwas in des Schicksals Kreis,
> das allzu Schreckliches verwandeln kann,
> weil es die Schicksalsgötter selbst bereun?
> Laßt uns versuchen, einmal klar zu sehen
> mit Kinderaugen, die uns dienten, als
> wir rein und schuldlos in der Welt gewandelt.
> So, arme Mutter, gib mir deine Hand!

Klytämnestra (stolz):
> Ich bin nicht arm.

Orest:
>   Doch meine Mutter bist du,
> die ich all meine Zeit so tief entbehrt.
> Vergib, was ich an Irrtum sagen mag
> in meiner Fremdheit: hungrig ist mein Herz,

doch ungeschickt in Kindeszärtlichkeit.
Befiehl mir, deinem Knaben, doch in Liebe!

Klytämnestra:
In meinem Mutterherzen hat ein Sohn
Orestes nie gewohnt. Einst war ein Bursch,
der fremd und trotzig mir begegnete
und der Erziehung spottend, seinen Lehrer
tollwütig anfiel.

Aigisth:
              Ja, und der war ich.
Bleib ruhig, Königin, es ist gewiß:
ich werde die Erziehung nun vollenden.

Orest:
Nein, nicht so, Mutter! Laß der Kinder Seele
nicht dieses Wolfsgebelle Antwort geben,
kein Raubtier springe zwischen dich und mich!
Ich tappe wie ein Säugling nach der Brust,
ich bettle flennend nach dem Mutterherzen,
das, goldner Glocke Ton, darunter pocht.

Klytämnestra:
Was soll dies läppische Gewinsel, Mensch,
das höchstens Scham und Ekel mir verursacht
und stets, solang ich lebe, mir verhaßt war?
Weichlingen speit ein Mann ins Angesicht.

Elektra:
So recht! Daran erkenn' ich Klytämnestra
und – gleich und gleich – in mir dasselbe Blut.
Das gleiche rollt, Orestes, auch in dir.
Gib ihm zurück das Beil, daß er erwache!

Aigisth:
Mir her das Beil!
(Er versucht, es Pylades zu entreißen, Elektra wirft sich dazwischen, nimmt es an sich und springt zurück.)

Elektra:
              Des Rächers Händen
es zu bewahren, haben mich die Moiren
bestimmt: Kein anderer wird es mir entreißen.
(Sie hält das Beil hoch über sich.)

Klytämnestra:
Recht so, armselige Närrin! Treibe weiter

den Unfug deines ausgeleerten Hirns:
sei meine Tochter oder sei es nicht,
zum mindesten ein wenig ist dein Manngeist
dem meinen ähnlich. Doch nun sei's genug
mit diesem lächerlichen Unfug, den
hier dieser Mordschacht unaufhörlich zeugt!
In Kerkern liegt ihr morgen und in Eisen,
ihr drei, und was sich etwa von Verschwörern,
mit euch im Einverständnis, hier versteckt:
schon lange droht man uns mit euresgleichen.
Schwächlinge, zittert! Unser ist die Macht!

Orest:
Das sind nur leere Worte. Sprich ein Wort,
ein einziges, nunmehr mit Vollgewicht!
Ist es ein Ja, so kostet's dir das Leben,
ein Nein, so wirst du nie mich wiedersehen
noch meine Schwester, auch nicht meinen Freund.
Selbst deinen Buhlen werd' ich dir nicht rauben
und so auch nicht dein angemaßtes Reich.
Rechtmäßiger Herrscher zwar in diesem Land,
eracht' ich ohnehin mein Recht als Fluch.
So sprich: Wer ist der Mörder meines Vaters?

Klytämnestra:
Wer nennt wohl den gerechten Richter Mörder?

Orest:
Nun gut! Wer übte denn das Richteramt?
Und wer das andere, Mutter: das des Henkers?

Klytämnestra:
Er, den die Moiren dazu ausersehn.

Orest:
War es Aigisth?

Aigisth:
              Nein: sei's bei Styx geschworen!

Orest:
Hast du den Vater selbst getötet?

Klytämnestra:
                     Nein!

Orest:
Zum zweiten Male frag' ich dich.

Klytämnestra:
                    Nein! nein!
Elektra (bricht in ein furchtbares Lachen aus, hält ihrer Mutter das Beil dicht unter die Augen):
Wes ist das schwarze, das geronnene Blut
an diesem Beil?
Klytämnestra:
            Ich weiß es nicht.
Elektra:
                    Wer hat
den Stiel von dieser Waffe mörderisch
umklammert mit der Hand? ...
Klytämnestra:
                    Ich weiß es nicht.
Elektra:
... und Agamemnons Haupt damit gespalten?
Klytämnestra:
Ich weiß es nicht. Ein schwarzes Lamm zu opfern
war ich gewillt, zum Wohle meiner Tochter
im Jenseits. Doch da drang Gesindel ein:
von ganz demselben Schlage wie ihr heut,
wer konnte anderes tun, als sich zu wehren?
Elektra:
Hast du nicht offen deine Tat bekannt
vor allem Volk?
Klytämnestra:
            Nun denn, genug des Schwatzens!
Gerichtet hab' ich den mit diesem Beil,
der Iphigenien gnadenlos getötet:
Mit Dikes Hilfe hab' ich Kindesmord,
der Greuel ärgsten, so an ihm gerächt.
Was willst du mehr?
Orest:
            Nun denn, gib mir die Waffe!
(Es geschieht. Mit dem Beile in der Hand.)
Du, der dies Rächeramt mir auferlegt,
nimm von mir alles das, was menschlich ist,
und dann erfülle mich mit deinem Willen!
Ich bin nur noch ein Werkzeug und sonst nichts.

Aigisth (wendet sich gegen den Eingang, hat eine Art Schalmei an den Mund gehoben und bläst einen Jagdruf)
Pylades:
Dies, Kronenräuber, Tempelschänder und
Schänder des Ehebettes unsres Königs:
dies mag dein letzter Laut gewesen sein!
(Er stürzt sich auf Aigisth, der sich verteidigt.)
Klytämnestra:
Nicht Hilfe will ich und nicht neuen Mord.
Laßt uns, wenn's sein kann, klug und nüchtern handeln!
Nicht zweifl' ich mehr, du bist Orest, mein Sohn;
doch nun erkenne ganz auch deine Mutter.
Mag sein, mein Sohn, ich tat nicht gut an dir;
dein weiches Wesen stand dem meinen fern,
mehr noch dem Wesen deines mächtigen Vaters.
Doch freilich hast du gegen ihn und mich
der Gründe allzuviel, dich zu beklagen.
Komm zu dir! Stehe nicht so leichenhaft,
berührt vom Dämon, fast zum Tod verwandelt!
Ich bin bereit, mit dir mich zu versöhnen,
ja, und das Recht auf deinen Königssitz
in Argos dir sogleich zurückzugeben.
Sei König! Sei's an deines Vaters Statt!
Ich aber werde in der Stille leben,
dich weder stören, noch von dir gestört.
Ich fühl's: die Götter nicken zu dem Plan
Bejahung.
Elektra:
    Niemals! Neuer Lug und Trug!
Die wohlbekannte Tücke hockt in ihr,
mit der sie unsren Vater wehrlos machte.
Klytämnestra:
Entmenschtes Wesen, eh du Feuersbrunst
verbreitest, die sich selbst und andere aufzehrt,
komm zur Besinnung und erinnere dich
daran, daß du noch jüngst ein halbes Kind
und im Gehorsam deiner Mutter lebtest!
Elektra:
Ich habe keine Mutter.

Klytämnestra:
                    Sieh mich an
und zittre im Gehorsam! Du begehrst
und bäumst vergeblich wider mich dich auf.
Und so, nicht anders, sprech' ich auch zur dir,
Orestes: du sollst König sein, ich will's!

Aigisth:
Was sprichst du da: ein König, dieser Fant?
Dies Bübchen auf dem Stuhle Agamemnons?
Gelächter fällt bei solchem Spaß mich an.
Ihm ziemt die Rute, und er soll sie haben.

Pylades (durchbohrt Aigisth mit dem Schwert)
Klytämnestra (hat nicht begriffen, was geschehen ist):
Nicht so, nicht so! Aigisth, laß deinen Jähzorn!
Voreilig ist er. Manches schwere Unglück
hat er uns schon gebracht. Versöhne dich
mit dem dir fremden Blut um meinetwillen,
und, bin ich Mutter, fühle du als Vater!

Aigisth:
Ich will's.

Klytämnestra:
        Was ist dir?

Aigisth:
                Nichts.

Klytämnestra:
                    Dein Auge blickt
so seltsam.

Aigisth:
        Weißt du etwas in der Welt,
das nicht so wäre?

Klytämnestra:
            Nein! Allein was soll
die Frage?

Aigisth:
Wasser! Denn mich quält der Durst.

Klytämnestra:
Durst? Durst? Was ist dir?

Aigisth:
                Siehst du denn nicht, Weib,

wie mich der schwarze Zeus so seltsam anblickt
und auch die Kore?
Klytämnestra:
　　　　　　　Nein, ich sehe nichts.
Elektra:
Recht hat dein Buhle: sieh genauer zu,
du ewig blinde Mutter.
Aigisth:
　　　　　　　　　Seltsam ist
der heilige Augenblick, wo man allein ist.
Klytämnestra:
Ich bin bei dir, und du bist nicht allein.
Aigisth:
Es ist hier eine blutige Tat getan:
Wer tat sie und wen traf sie? Sagt es mir!
Klytämnestra:
Wir wissen nichts von einer blutigen Tat.
Pylades:
O doch, ich weiß davon!
Aigisth:
　　　　　　　　Nichts weißt du, Bursch.
Dort steht die Wissende, ein grauses Weib –
ein anderes, urgewaltig, ungeheuer –
ein drittes, ganz unfaßbar riesenhaft:
wer diese drei gesehn, trinkt ewige Blindheit.
(Er sinkt um und stirbt.)
Klytämnestra:
Was will das heißen? Was geschah?
Pylades:
　　　　　　　　　　　　Er stirbt:
und ich hab' ihn getötet.
Klytämnestra:
　　　　　　　Mensch, du lügst!
Pylades:
Wenn ich je Wahrheit sprach, so war es diesmal.
(Lauter Donner.)
Die Götter poltern mir Bestätigung.
(Klytämnestra wirft sich weinend über Aigisth.)
Elektra:
Das war der Blitz, der tödlich Segen bringt.

Pylades:
  Wer bin ich, daß der fürchterliche Zeus
  mich so mißbraucht? Ein einziger Augenblick:
  und niemals wieder kann der selige Stand
  der Unschuld meiner Jugend mich beglücken.
Elektra:
  O Pylades, mein Heißgeliebter nun,
  nicht traure über dein gewaltiges Wachstum:
  zum Manne bist du worden, und dich macht
  zum Bruder Agamemnons deine Tat!
  (Allenthalben von fern Hundegebell.)
Orest:
  Wer bist du, Weib, das klare Worte spricht,
  indes die Welt mir durcheinander schwimmt
  und rings des Abgrunds ekle Hunde bellen?
  Ich fühle keinen Boden unter mir,
  und Felsen lasten über meinem Hirne.
  Das Beil hat eine Doppelschneide, seh' ich;
  nimm es mir ab, o Gorgo, denn ich will
  durch dich nicht schuldig werden und hernach
  durch dich schuldlos bestraft.
Elektra:
                Nennst du mich Gorgo,
  so nennst du, was ich bin und was ich nicht bin,
  mehr aber, was ich bin, als was ich nicht bin.
  Im gnadenlosen Dienste der Erinnyen
  steh' ich ganz so wie du. Der Augenblick
  liegt auf uns, schwächer nicht als wie die Faust
  des Allbesiegers Tod.
  (Klytämnestra ist aufgestanden und geht wie blind und besinnungslos tastend an den Wänden herum.)
Orest:
                Was suchst du, Mutter?
Klytämnestra:
  Nichts! Selbst ein Nichts, such' ich das bloße Nichts!
Orest:
  Ich bin Orest. Fragt man mich, wer ich bin,
  so nenn' ich diesen Namen. Furchtbar heult
  er, von dem Götterwahnsinn ausgeschäumt,
  auf Delphis grausem Herrschersitz, mir zu.

Wie unterm Dreifuß brodelt's aus der Erde
auch hier, betäubend und in Irrwahn hüllend.
Sag mir, wer sind wir und was sind wir, Mutter?

Klytämnestra:
Nenn mich nicht Mutter, Mordknecht, tu nicht mir
und dir die Schmach an, Mutter mich zu nennen!
Und wenn, so sei es anders nicht gemeint,
als daß die Mutter Mördern Leben gibt,
die Mörder zeugen, und die selbst sowohl
gebiert als mordet. O mißratenstes
Geschöpf Kronions oben im Olymp,
das selber er mit Grauen nur betrachtet!
Auf Mord und Totschlag steht sein eigner Thron,
wie der von seinem Bruder Agamemnon.
Komm, wenn du mein Geschöpf bist, beide kommt!
Gab ich euch Leben, fluch' ich der Geburt
und würge, würge, würge Sohn und Tochter! *(Sie fällt Orest an.)*

Orest:
Zurück! Die Hand von meiner Gurgel, Weib!

Klytämnestra:
Niemals!

Orest:
   Laß los!

Klytämnestra:
          Nicht ehe du verröchelt!
Die Welt soll endlich sterben: sie wie wir.

(Ringend verschwinden beide in dem gleichen Quellenraum wie früher Agamemnon. Man hört einzelne Schreie nach den Geräuschen eines Ringens. Dann tritt Stille ein.

Vollkommen erstarrt stehen Elektra und Pylades. Nach einer Weile tritt Orest wieder hervor, blickt sich um, betrachtet das Beil in seiner Hand, erkennt Elektra und übergibt es ihr.)

Orest:
Fragt jemand unter Göttern oder Menschen,
ob Delphis Götterspruch vollstreckt sei: schweige
und zeige ihm dies doppelschärfige Beil!

Elektra (verändert):
Ich weiß nicht, was du meinst! Was ist's mit ihm?

(Orest schreitet aufrecht ins Freie, wo ein Morgen tagt. Elektra hält das Beil wie etwas Fremdes in der Hand.)

Günther Weisenborn
Die Illegalen

Drama aus der deutschen Widerstandsbewegung

Vorwort

Es sitzen hier im Zuschauerraum mutige und gleichgültige Menschen, Flüchtlinge, Heimgekehrte, frühere Hochverräter und heimliche Nazis, wohlwollende Bürger und junge, sehnsüchtige Menschen. Es sitzen hier die Witwen des Faschismus neben denen, die guten Willens sind, die Übeltäter neben den Verzweifelten, die Ermüdeten neben den Hoffnungsbereiten.

Und hinter dem Vorhang stehen andere Menschen, geschminkte Menschen, zu ihrer Aufgabe entschlossen, in Spannung bereit.

Wem dienen die Menschen hinter dem Vorhang, die Darsteller des Walter, der Lill, des guten Nachbarn, der Illegalen? Sie dienen der Erinnerung, dem Gedenken an getane, bisher sorgfältig verheimlichte Taten. Dieses Schauspiel wurde von einem überlebenden Zeugen als Denkmal einer illegalen Gruppe während der Nächte dieses verzweifelten Winters in Erschütterung niedergeschrieben.

Und die dahingegangenen Menschen jener Gruppe haben dem Verfasser bei seiner Bemühung beigestanden, obwohl sie bereits vor Jahren an der Schafottfront ihr reines Leben ließen. Die Freunde waren dem heute Lebenden gegenwärtig, er sprach mit ihnen nachts bei der Niederschrift, und sie saßen bei den Proben in der kalten Leere des dunklen Zuschauerraumes. Nach langer und mitleidloser Selbstprüfung darf er an ihre Zustimmung glauben. Es ist für ihn entscheidend, daß er diesen schwerwiegenden Satz in aller Demut niederschreiben darf.

Wir Überlebenden haben als Instrument der Toten die sehr konkrete Verpflichtung, Denkmäler für die Dahingegangenen in die Gegenwart zu setzen. Wir haben die Verpflichtung, ihre Taten unserem deutschen Volk und besonders seiner Jugend bekanntzumachen. Jene allein sind uns Stimme und Gewissen, jene sind nicht überhörbar, jene sind Gesetz. Die Welt muß erfahren, daß es in unserem Vaterland zahllose Menschen gab, rein wie Eis, gläubig und freiheitsliebend, die für die Menschlichkeit kämpften und starben. Dieses Schauspiel möge den Anstoß geben, daß die Taten der illegalen Organisationen überall in der Öffentlichkeit berichtet und diskutiert werden. Es ist Zeit. Wie sich unser leidgezeichnetes geliebtes Deutschland innerlich zu den Taten der Illegalen verhalten wird, das wird für seine Beurteilung in der Welt entscheidend sein!

G. W

Personen

Weihnacht, *Gastwirt am Halleschen Tor*
Manna, *seine Frau*
Walter, *ihr Sohn*
Lill, *Serviermädchen im »Doppelten Mond«*
Der gute Nachbar, *illegaler Funktionär*
Bulle, *Werkzeugmacher* ⎫
Flöte, *Student* ⎪
Spatz, *ein Tippmädchen* ⎬ *eine »Gruppe«*
Karl, *Kraftfahrer* ⎪
Willi, *Lehrling* ⎭
Tünn, *ein Berliner Kurier*
Marie, *Bulles Töchterchen*
Bock, *SD-Leiter Abt. IV*
Haber, *SD-Kommissar IV A*
Adam, *Spitzel IV A 2*
Olga Fisch, *möblierte Wirtin*
Sargnägelchen
Die traurige Erna
Ein Pianist
Eine Frau
Einige Zivile

ERSTER AKT

Sie werden dich warnen,
du wirst erschrecken
und eine Minute stillstehn ...

1

Straße. Ein Plakatzaun. Nacht.

Der gute Nachbar (taucht im Nebel auf, sieht sich um, pfeift leise und winkt unauffällig. Man hört entfernt denselben Pfiff. Er pfeift noch einmal. Der ferne Pfiff wiederholt sich. Er zündet sich eine Pfeife an, lehnt am Zaun): Ich denke an warmen Abenden mit einer gewissen Zärtlichkeit an den Menschen. Er jammert nach Freiheit, und hat er sie, weiß er nichts mit ihr anzufangen. Er läßt sich mit tausend Spinnfäden umgarnen, so daß bald jeder Herzschlag von ihm ein gefesselter ist. Ihm bleiben nur gewisse Bewegungen wie die Arbeit, der Skat, der Sonntagsspaziergang und die nächtlichen Bewegungen zwischen zwei Laken.

Der Mensch sitzt billig im Netz. In seiner Jugend stürmt er hinein wie rabiate, junge Fliegen, und er endet bleich und eingewickelt im tödlichen Kokonhemd der Apathie. Der Mensch sieht nicht die tausend Spinnfäden der sanften Gewalt. Darum ist die sanfte fadenziehende Gewalt des Alltags vor aller andern Gewalt die gefährlichste.

Wir alle sind im Netz, Brüder, jeder in einem andern, und der Einspeichler, der die Fäden zog, ist ein rechter deutscher Mann, er heißt Himmler. Der Abend ist warm, als blase ein schlafender Riese vom Brotladen her in dein Genick. Der Deutsche muß mit seinem kurzsichtigen Auge die Spinnfäden an seinen Handgelenken sehen lernen und um seinen dicken Kopf die zarten Gewebe der leeren Versprechungen und um seine Brust die vielen weißen Wickel der Lüge und an seinen Füßen die vergoldeten Kettchen des falschen Frohmuts. Er sieht in den eroberten Provinzen Butterberge und Schinkengletscher leuchten, für ihn allein. Aber er sieht nicht, daß die Sonne aus rauschendem Propagandablech gemacht ist und blutumrandet tropft. Der Deutsche muß sehen lernen. Er muß wie ein Kind das Alphabet der sanften Gewalt lesen lernen.

Zu diesem Zweck haben einige Männer und Frauen dieses Volkes beschlossen, den Deutschen Unterricht im Lesen zu geben. Es ist Herbst. Der Ahorn wird kahl, und die Flugblätter fallen! Sie kommen. Ich gehe voraus, um als pfeifende Vorhut die Lage zu spannen. Morgen werden zweihundert Flugblätter in den kalten Straßen dieser Stadt kleben, und mindestens drei Deutsche werden sie beherzigen oder einer. Aber der kann es sein, für den ich spannen geh... *(Pfiff. Er blickt sich um, winkt und schlendert summend davon.)*

2

(Bulle und Spatz schlendern wie ein Liebespaar zur Plakatwand.)
Spatz: Wie heißt du eigentlich?
Bulle: Bulle.
Spatz: Und richtig?
Bulle (bestreicht den Zaun mit einem Leimpinsel): Paß auf!
Spatz: Wie lang bist du schon dabei?
Bulle: In der Gruppe? Seit 33.
Spatz: Ich erst ein halbes Jahr.
Bulle: Am Anfang ist die Angst gewaltig.
Spatz: Ja, die erste Zeit war mein Hemd vor Angst naß geschwitzt, wenn ich mich früh auszog.
Bulle: Man muß erst die Technik können, dann ist es leichter.
Spatz: Du fällst nie auf, sagt Flöte. Du machst nie einen Fehler.
Bulle: Du wirst es noch lernen. In einem Jahr.
(Man hört einen Pfiff, sie umarmen einander flink.)
Spatz (flüsternd): Liebst du mich, Bulle, ein bißchen manchmal...?
Bulle: Aber klar, Spatz. Deswegen steh ich doch hier.
Spatz (erschauert): Ach... ich hab dich lieb...
Bulle: Ist dir kalt?
Spatz (hauchend): Ja. Kalt, kalt ist mir.
(Ein Mann geht vorbei.)
Bulle (blickt dem Mann nach): So, jetzt können wir weitermachen.
Spatz: Und einen Kuß? Gibst du mir einen kleinen Kuß?...
Bulle: Warum? Er ist doch vorbei?
Spatz (enttäuscht): So? Ist er vorbei?
Bulle: Na klar.
Spatz: Ach so, er ist vorbei.
Bulle: Wie gut es sich doch als Liebespaar arbeitet! Ein Einzelner, wenn der klebt, fällt gleich auf. Da fragen sie: Was steht der Mann da an

dem Zaun? Was tut er da? Aber ein Liebespaar – da sehn die Leute weg. Das kennen sie. Vielleicht denken sie sich auch was ...
Spatz: Ja, vielleicht denken sie sich was über uns.
Bulle: Was hast du denn?
Spatz: Ich glaub, wenn wir sterben, muß unsereins sogar noch die Blumen für einen Totenkranz selber pflücken.
Bulle: Ein warmer Abend heute, richtig für Liebespaare.
Spatz: Ach, Bulle, was verstehst du von Liebespaaren?
Bulle: Du hast einen Seufzer, als wär deine Familie verschüttet gegangen.
Spatz: Es geht auch ohne Familie heutzutage mehr verschüttet, als sich auf zwei Schultern davontragen läßt. *(Sie zieht aus ihrem Busen ein Flugblatt.)* Hier.
Bulle: So, das klebt.
Spatz: Ich hab Angst, Angst ...
Bulle (winkt hinaus): Komm, wir müssen weiter. Wir haben noch einundzwanzig Blätter anzukleben, und bald kommt der Mond über Plötzensee rauf.
Spatz: Arbeit! Kleben! Heimlich sein! *(Sie zieht die Flugblätter hervor.)* Hier hast du die Blätter! Ich mach nicht mehr mit.
Bulle: Was fällt dir ein, Mädchen?
Spatz: Ich kann nicht mehr! Ich kann nicht mehr! Laßt mich doch bitte in Ruhe ... bitte!
Bulle: Steck die Blätter weg, eh sie jemand sieht, sag ich dir!
Spatz (mit bleicher Verzweiflung): Soll sie jemand sehn! Alle sollen sie sehn! Es ist ja egal! Was liegt daran, ob ein Mädchen draufgeht! Wir machen nichts besser! Es kostet zuviel! Ich kann nicht mehr!
Bulle (eisern, leise): Du holst jetzt tief Atem, so, du bist ganz ruhig, ganz ruhig. So. Und jetzt steckst du die Blätter wieder weg!
Spatz: Wie sprichst du mit mir? Ich hatte doch Angst, nur Angst! *(Starrt ihn an, steckt unter seinem Bann die Flugblätter weg.)* Du hast recht, Bulle. Es ist schon gut. *(Sie fängt an zu weinen.)*
Bulle: Weine nicht, kleiner Spatz!
Spatz: Sieh dort! *(Zeigt auf ein anderes Plakat.)*
Bulle: Ein rotes Plakat?
Spatz: Im Namen des Volkes ...
Bulle: Drei Mann ... Die Hinrichtung hat heute früh stattgefunden. Lebt wohl ... lebt wohl, Kameraden!
Spatz: Lebt wohl! *(Erschauert.)* Komm ... wir gehn ... *(Beide ab.)*

3

Kneipe von Weihnacht, geschmückt mit Blumen, Papiergirlanden und ungelenk gemalten Sprüchen: »*Hoch das Silberpaar*« ... »*Herzlich willkommen zur Silbernen Hochzeit*« ...

Pianist *(spielt – unterbricht sich):* Es ist eben doch nicht gestimmt! Für eine Silberhochzeit muß es doch gestimmt sein, muß es doch. *(Er schlägt einige Akkorde an.)*
Lill: Es ist gestimmt, Mann! Es ist festlich gestimmt!
Pianist: Aber das f! Das f stimmt nicht, stimmt nicht. Ohne f ist es keine Feierlichkeit, ist es!
Lill *(am Fenster, aufgeregt):* Fangen Sie an! Sie kommen!
Pianist: Aber was hilft der schönste Kontrapunkt, wenn das f..., und es stimmt nicht.
Lill: Fangen Sie an! Etwas Festliches, so mit Pauken und Posaunen!
Pianist *(spielt, hört auf):* ... mit Posaunen auch?
Lill: Ja, los doch!
Pianist: Posaunen? *(Entschlossen.)* Nein! Das geht nicht wegen dem fis. Sehn Sie, im Oberdominantseptimakkord zu trallala ist es zweigestrichen enthalten ... trallala bums! Und schon im Quintenzirkel ist das atonische ...
Lill: Fangen Sie an! Um Himmels willen! *(Sie dreht Licht an.)*

4

(Pianist spielt den Hochzeitsmarsch aus dem »*Sommernachtstraum*«. *Durch die Tür ziehen gravitätisch das Silberpaar und die Gäste in drei Paaren herein mit Bratenröcken und der entschlossenen Würde festlich gestimmter Kleinbürger.)*
Lill: Herzlich willkommen zur Silbernen Hochzeit! *(Sie reicht allen Schnaps von einem Tablett.)*
Weihnacht: Da unsere Silberhochzeit in dieses beispiellose Zeitalter fällt, haben Manna, was meine Frau ist, und ich beschlossen, so wenig Freunde einzuladen, daß wir unter eine Lampe passen. Wiewohl dies quasi eine alte Kneipe ist, die am Tag nicht mehr Bier ausschenkt, als in einen Pferdemagen paßt, und wiewohl der Plüsch grau geworden ist und kahl, haben wir euch im dritten Jahr des Krieges zu Suppe und Rindfleisch eingeladen und Bier, denn unser Bier ist ehrlich und schmeckt dem Rechtschaffenen. Unser Sohn ...

Manna: Mein Sohn...

Weihnacht: Unser Sohn, sag ich...

Manna: Mein Sohn läßt sich entschuldigen, wegen der Kirche, aber zum Essen wird er bestimmt... Walter! Walter!

(Es wird plötzlich dunkel.)

Lill: Kurzschluß!

Weihnacht: Da steht die ganze Silberhochzeit nun im Dunkeln!

Lill: Ich hol Kerzen und Sicherungen. *(Ab.)*

Manna: Walter! Walter! Komm sofort her!

Walter (taucht hinter der Theke aus der Falltür auf. Er ist beschmutzt von der Arbeit und leuchtet allen mit einer Kerze ins Gesicht): Herzlich willkommen, liebe Festgäste! Herzlich willkommen, hochheiliges Silberpaar.

Manna: Wie siehst du denn aus, Junge?

Lill (tritt mit brennenden Kerzen auf): Hier sind Kerzen! Ich hole die Sicherungen! *(Eilt davon.)*

Walter: Mit dem Radio war was nicht in Ordnung, Mutter.

Manna: Aber wieso? Heut mittag war das Radio noch in Ordnung.

Walter: Dann... dann lag's eben an der Leitung.

Manna: Das versteh ich nicht.

Walter: Hier diesen Doppelkorn erheb ich auf meinen Stiefvater, den Gastwirt Weihnacht, der ein Leben lang den Durstigen zu trinken gab, damit wir was zu essen hatten. Er verwandelte Schnaps in Braten. Mit dem ausgeschenkten Bier hat er seine Miete bezahlt und dem Sohn den Fußball und die Schuhe dazu. Mit dem ausgeschenkten Wein hat er der Wirtin Manna, die meine redliche Mutter ist, den Hut und das Kleid finanziert, und der Köhm, den er ausschenkte, brachte ihm Tabak, Pantoffeln und Lampen ins Haus. Nehmt alles, prüft es und sagt: Sein Leben war ehrlich, prost!

Alle: Prost... prost, Vater Weihnacht... prost, Silberbräutigam...

Walter: Jetzt aber erheben wir den andern Doppelkorn auf das Wohl der Wirtin Manna, die ein Leben lang Kartoffeln schälte und die Stuben fegte, ein Weib, stark wie ein Buchenstamm am Köllnischen Park, grob wie eine Fischfrau. Sie sieht jeden Knopf, der fehlt. Was ihre Hände säen, wächst im Garten; wo sie schrubbt, bleibt kein Staubkorn. Was sie anfaßt, wird gesund. Sie hat Glück an den Händen, und wenn sie mir eins hinter die Ohren gab, so wurde der Sohn leicht nachdenklich. Eine Braut ist sie, eine Silberbraut, Freunde, wie aus einem Märchen! Manna, das prächtigste Weib aus der Alexanderstraße, Gastwirtin, Silberbraut und meine Mutter... sie lebe hoch...!

Alle: Hoch ... Hoch ... Hoch!
Manna: Der Junge hat mir zu gut gesprochen, so gut ist kein Mensch, und die Welt ist nicht zu verbessern ... *(Sie bricht in Tränen aus.)*
Weihnacht: Fünfundzwanzig Jahre hab ich dich nicht weinen gesehn, und jetzt flennst du ...
Manna: Fünfundzwanzig Jahre schäl ich jetzt in dem Haus die Kartoffeln. Durch meine Hände ist die Jahre direkt ein Güterzug Kartoffeln gegangen, das macht einem die Hände müde und den Kopf alt.
Walter: Ist der Kopf alt, so ist das Herz jung. Und dein Lachen hast du dir redlich verdient.
Manna: Lachen kann man sich nicht verdienen, dann würden wir Armen gar nichts mehr zu lachen haben. Wir verdienen ja nicht, was wir verdienen. Wir verdienen ja kaum unser Graubrot ... *(Es wird hell.)*
Walter: Nanu? Wer hat denn hier die Sicherungen eingeschraubt?
Lill (taucht auf): Ich!
Weihnacht: So wollen wir, liebe Gäste, jetzt zum Essen nach oben gehn, hoffentlich haben wir keinen Alarm heut abend.
(Die Gäste gehn ins Haus, der Klavierspieler hinterher.)

5

Walter (dreht am Radio)
Lill (bringt ihm Rock und Waschschüssel): Um Himmels willen! Am Radio dürfen Sie nicht drehn, das hat sie streng verboten.
Walter: Meine Mutter?
Lill: Ja, nur Deutschlandsender oder Berlin darf gespielt werden.
Walter: Aha! Angst vor Gustav Siegfried I, was?
Lill: Ja, es kann doch was passieren in einem Lokal.
Walter (wäscht sich): Und wenn hier kein Lokal wäre?
Lill: Was stellen Sie für neugierige Fragen?
Walter: Haben Sie denn Angst vor mir?
Lill: Vor Ihnen? Nein.
Walter: Warum nicht?
Lill: Ich weiß genau, was mit Ihnen los ist. Es gibt heutzutage Menschen, die sind undurchsichtig und haben trotzdem ein klares Auge.
Walter: So? Wie kommen Sie darauf?
Lill: Wir haben uns ja oft genug unterhalten.
Walter: Sie kennen mich also genau, was?
Lill: Mag sein.
Walter: So.

Lill: Ja. Für manchen Menschen hat man einen Blick. Da sagt man sich: Das ist ein Gesicht, kalt wie Eis, aber seine Worte sind lautgewordene Herzschläge.

Walter (zieht den Rock an): Und Ihr Herz? Schlägt das manchmal etwas schneller, wenn wir reden?

Lill: Was geht das Sie an!

(Man hört Manna rufen: Walter! Walter!)

Walter: Ja! Ich komme! Und mit mir zusammen würden Sie also Gustav Siegfried hören?

Lill: Und Sie?

Walter: Ich? Mit Ihnen? Ja.

Lill (gibt ihm die Hand): Danke. Das ist heutzutage direkt eine Liebeserklärung.

Walter: Und wenn es eine wäre...?

Lill: Und wenn Sie sich über mich lustig machen...?

Walter: Und wenn es mir ernst wäre ..?

Lill: Sie müssen gehen.

Walter: Sie haben da einen hübschen Mund, Lill.

(Er geht ins Haus. Sie sieht ihm nach, dann betrachtet sie sich im Spiegel.)

6

Flöte (tritt ein): Hast du ihn gefragt, Lill, was ist seine Meinung? Unsereins erkennt die Menschen unter den Deutschen an einer Art Witterung. Unsereins spürt wie ein Tier. Die Deutschen haben einen wilden Geruch in diesem Krieg, aber zuweilen wittre ich einen Menschen darunter, das ist unser Mann. Wie steht es mit ihm?

Lill: Heute noch versuch ich das letzte Wort. Heut geh ich aufs Ganze.

Flöte: Ein Neuer ist eine große Gefahr! Sei vorsichtig, Lill!

Lill: Ich hab ihn geworben, und ich bürge für ihn, sein Herz ist von Eisen. Es wird glücken, Flöte.

Flöte (gibt ihr einen Brief): Der gute Nachbar gab mir diesen Brief, es ist der Brief, mit dem du es versuchen sollst, wie es besprochen wurde. Hier ist er.

Lill (steckt ihn ein): In Ordnung, Flöte, heut abend bring ich euch den Neuen zum Treff, oder ich hab kein Auge für Männer.

Flöte: Gut, ich muß weiter. Bulle erwartet mich, er hat geklebt. Bis abends...

Lill: Auf Wiedersehn, Flöte, viel Glück!

7

(Sargnägelchen und Erna in Trauertracht aus dem Nebenraum.)
Sargnägelchen: Die Frau, Erna, die Frau wird älter als der Mann, Erna, weil sie weniger denkt, Erna. Der Mann dagegen ist ein Denker, so denk ich.
Erna: Es ist hohe Zeit, zahl! Frollein! *(Lill kassiert.)*
Sargnägelchen: Zu einer Beerdigung, Erna, kommt der Mensch nie zu spät.
Erna: Wir gehn jetzt direkt ins Trauerhaus, sag ich.
Sargnägelchen: Noch einen Schnaps vorher! Dann gehn wir. *(Beide zurück ins Nebenzimmer.)*

8

Walter (kommt aus dem Nebenraum, will ins Haus gehn): Lill, stimmt das mit dem Mund? Ihr Mund und meiner werden vielleicht noch ein Pärchen ... vielleicht, sag ich.
Lill: Jetzt haben Sie sich Ihren Mund aber gehörig verbrannt!
Walter: Wir müssen uns mal darüber unterhalten, am besten nach Feierabend.
Lill: Unterhalten können wir uns schon, aber nicht über meinen Mund.
Walter: Worüber denn?
Lill: Es gibt ja noch mehr auf der Welt, zum Beispiel den Krieg.
Walter: Aha! Also politisch?
Lill: Ist nicht alles politisch auf der Welt?
Walter: Wie meinen Sie das?
Lill: Nun, wenn jemand ein Butterbrot ißt, so ist das doch sicher eine politische Handlung. Er verzehrt Roggen und Butter, das hat mit Landarbeit zu tun, mit der Mühlenindustrie, mit Transportfragen, Preis und Lohn.
Walter: Sieh einer an. Lange Haare und kein dummer Kopf.
Manna (erscheint): Walter! Jetzt ist es mir aber zu bunt! Willst du die Gäste noch länger warten lassen?
Walter: Gut, ich komme! Auf in den Kampf der Messer und der Gabeln. *(Geht ins Haus.)*

9

Manna: Ich hol nur den Steinhäger, ich komme sofort. Übrigens, Lill, was haben Sie dauernd mit meinem Jungen?
Lill: Ich habe gar nichts mit ihm.
Manna: Meinen Sohn, den lassen Sie, wie er ist! Sonst fliegen Sie, wie noch nie eine Kellnerin geflogen ist, oder ich meld Sie dem Arbeitsamt für die Fabrik, verstehn Sie? Sie sollen den Jungen in Ruhe lassen! Er ist mein Letzter!
Lill: Was fällt Ihnen ein? Ich brauche Ihren Sohn nicht!
Manna: So?
Lill: Ja! Luft ist er mir! Luft! Verstanden?
Manna: So! Denken Sie, ich hab Sauerkraut auf meinen Augen? Die alte Manna hat einen verdammt grauen Kopf, aber die Ohren dran sind fein wie beim Hasen. Ich weiß, was gespielt wird, und ich weiß auch, wie das Spiel heißt.
Lill: Na, wie? Skat oder Flirt?
Manna: Es heißt: Politische Verführung! Verstehn Sie!
Lill: Seien Sie doch still! Sie brüllen ja, als ob Sie alte Lumpen ausrufen.
Manna: Eure ganze Weltverbesserung ist ein ganz gottverdammter Unsinn! Diese Welt hier läßt sich nicht verbessern! Mein erster Mann wollte auch verbessern! Darauf haben sie ihn beim Hamburger Streik ins Fleet geschmissen, nur seinen Hut haben zwei Kinder sonntags gefunden. Es ist ein verdammtes Gefühl, Fräulein, wenn man einen Tischler als Mann hatte, der priemte und lachte und breit neben einem im Bett schnarchte, und jetzt hat man nichts mehr davon als einen Hut im Schrank. Das, was unter dem Hut war, Frollein, das konnte man anfassen! Das ist weg! Die Weltverbesserung hat es mir weggenommen. Und immer wieder stehen solche unruhigen Menschen im Land hinter den Türen und flüstern und verführen die Unschuldigen. Verstehn Sie jetzt, warum ich nichts davon wissen will?
Lill: Was hab ich Ihnen denn bloß getan?
Manna: Was Sie mir getan hat! Läßt der Mutter das einzige Kind in den Kanal fallen und fragt: Was hab ich Ihnen denn getan! Ihr Gehirn paßt in eine Kaffeetasse, Schaf, verdammtes! Wenn Sie mir noch einmal mit meinem Walter poussieren, stehn Sie vor der Tür wie ein Regenschirm.
Walter (will Bier holen): Was ist denn hier los? *(Geht ins Nebenzimmer.)*

Manna (rauscht davon): Das war mein letztes Wort! Hüten Sie sich!
Lill (starrt ihr nach):
   Sie werden dich warnen,
   du wirst erschrecken
   und eine Minute stillstehn.
   Wer hilft dir?
   Du kannst ihn nicht greifen,
   er ist nicht belangbar,
   aber überall ist der Verdacht.
   Wer hilft dir?

10

Tünn (tritt ein, stolpert): Hoppla! *(Lacht.)* Es ist immer derselbe Fuß, mit dem ich stolpere, immer der linke. *(Lacht.)* Ein Bier. Der hat sich mal erschreckt, als ich einen Hund getreten hab. *(Lacht, setzt sich.)* Seit der Zeit stolpert der Fuß. Ich hab nämlich noch nie einen Hund getreten vorher. Es war ein Spitz. Man wird ja genug getreten. Man ist ja selber ein Hund ... und Fußtritte sind billig wie Brombeeren.
Lill: Ein Bier.
Tünn: Ich wollte den Sohn des Hauses sprechen, ich bin nämlich ein alter Kamerad von ihm. *(Lill ab.)*
Walter (tritt ein, sieht sich um): Ach, der Tünn! *(Er geht zur Tür, lauscht hinaus, dann laut:)* Wie geht's dir denn? *(Leise:)* Also was gibt's?
Tünn: Mir geht's gut! Ich hab bei Borsig rechtzeitig die Blume gezeigt. *(Zieht vorsichtig einige Ersatzteile heraus.)* Hier sind die Ersatzteile, die du angefordert hast, steck sie weg! Hoppla, jetzt hätt ich es beinah fallen lassen.
Walter (laut): Hast du immer noch zwei linke Hände, Tünn?
Tünn (laut): Ja, weiß der Teufel, und zwei linke Füße dazu! Wenn ich was anfaß, geht es kaputt! Ich fall jede Treppe runter und komm überall zu spät. Ich hab Pech wie ein Gänseblümchen auf der Veranda von Lametta-Hermann.
Walter (leise): Aber als Kurier kommst du doch in Berlin immer durch. Wie schaffst du das?
Tünn: Toi, toi, toi ... unterwegs muß eben alles klappen! Aber wenn ich nach Haus komm, da bricht mir die Gabel ab, der Teller fällt in Scherben, und das Kind schreit, wenn ich London hören will.
Walter: Hast du sonst was für mich?

Tünn: Ja, paß auf: Es ist eine Diskussion gewesen über deine Arbeit, und der Beschluß ist, das soll ich dir sagen: Deine Sendungen sind zu trocken! Du sprichst nur Meldungen und liest vor. Das ist zu wenig. Die Kameraden sagen, du sollst auch mal Musik machen oder ein Lied singen bei jeder Sendung. Die Massen sollst du mehr mitreißen. Ein Lied rüttelt auf und packt die Hörer ans Herz.

Walter: Die zehn Minuten, die ich hab, kann ich keine Opern bringen. Und Lieder kann ich nicht machen.

Tünn: Aber du kannst sie doch singen?

Walter: Singen kann ich im Notfall.

Tünn (zieht Blätter heraus, gibt sie ihm): Hier sind Lieder, die einer von uns geschrieben hat.

Walter: Ich weiß nicht, wie man das macht.

Tünn: Unsereiner muß alles können.

Walter: Gut. Sag ihnen, ich werde das machen, wie ich es eben kann.

Tünn: Und du sollst nicht mehr zwölf Minuten senden, sondern du sollst nur noch zehn Minuten den Sender laufen lassen.

Walter: Ich werde mich danach richten, das sag ihnen. Und wenn ich was brauche, so steht an meinem Fenster oben ein Geranientopf, dann kommst du herein.

Tünn: Eine Geranie ist rot, das seh ich. Dann weiß ich Bescheid und komme als Kriegskamerad.

Walter: Und sag ihnen auch, es muß eine Gruppe hier sein.

Tünn: Was? Eine Gruppe? Die wir nicht kennen?

Walter: Ja, sie arbeitet, aber ich weiß noch nicht viel von ihr. Kann sein, daß ich bald mehr weiß, dann werde ich dafür sorgen, daß sie Verbindung mit euch aufnimmt. Sie wollen mich keilen. Sie wissen sonst nichts von mir, ich bin ein Anfänger für sie, und das bleib ich, bald weiß ich mehr, dann geb ich euch Nachricht. Achte gut auf die Geranie.

Tünn: Das ist eine gute Nachricht. Das schlägt ein wie eine Kindstaufe, da werden sie sich freuen wie Patenonkels. Die Gruppen schießen jetzt aus dem Boden wie Pilze ... *(Es fällt ihm ein Glas vom Tisch.)* Teufel! *(Hebt die Scherben auf.)* Mein Bier wird nie ausgetrunken ... Zeig die Geranie! *(Stolpert im Abgehn.)* Immer das linke Bein, ich hab nämlich mal einen Hund getreten, das tut dem Bein direkt leid, leb wohl! Muß auch mal mit dem rechten einen Hund treten. Aber wo find ich einen andern Spitz?

Walter: Daß du noch kein Bein gebrochen hast, ist ein Wunder. Leb wohl ... *(Allein, liest in den Blättern, summt halblaut. Man hört von oben Klaviermusik.)*

11

(Sargnägelchen und Erna kommen aus dem Nebenraum.)
Erna: Komm doch endlich! Mit dir kommt eine Frau nie ins Krematorium! Was ein Kranz ist, will niedergelegt sein.
Sargnägelchen: Was sich so ein Kranz verändert, wenn man die Stunde verpaßt. Zuerst war man stolz darauf, und jetzt ist er lästig. Arme Anna.
Erna (sieht auf die Uhr): Jetzt ist es zu spät für Anna.
Sargnägelchen (erleichtert): Der Mensch kommt immer zu spät. Es ist besser, nirgends hinzugehn, da kommt er nirgends zu spät an.
Erna: Zu spät für Anna heißt noch nicht zu spät für mich.
Sargnägelchen: Arme Anna ... sie war eine Frau wie ein Sonntag. Natürlich regnet es auch an Sonntagen. Und die Blätter fallen vom Baum nicht nur in der Woche. Um es kurz zu machen, sie trug einen falschen Zopf und liebte Fisch auf dem Teller. Sie hat mir drei Kinder ausgetragen und sie geküßt, angelogen und geschlagen, wie die Weiber tun. Willi, hat sie Freitag gesagt, als sie nach der Entwarnung unterm Schutt lag, ich gehe, sagte sie, dabei konnte sie gar nicht mehr gehen. Arme Anna. Meine Schwester kriegt die drei Hüte, sagte sie, und jetzt liegt sie im Krematorium. Wenn ich gleich die Tür zu Haus aufmach, ist die Stube leer und der Ofen kalt. Unser Ofen war nie kalt. Ich will aufs Amt gehen. Vielleicht krieg ich einen Bezugschein für einen Strick – aber zuerst einen Schnaps! *(Beide zurück ins Nebenzimmer.)*

12

Lill (tritt ein): Sagen Sie, Walter, sind Sie eigentlich leicht zu verführen?
Walter: Ich?
Lill: Ja.
Walter: Das kommt darauf an. Wozu?
Lill: Wozu kann man einen Menschen schon verführen?
Walter: Wollen Sie mich etwa verführen?
Lill: Wo denken Sie hin?
Walter: Was ist eigentlich los mit Ihnen? Ich hab schon oft gemerkt, daß einen ein Mädchen verführen will, aber noch nie, daß es darüber spricht, dann verführt sie nicht für sich, sondern für andere.
Lill: Für andere?

Walter: Ja, als Kupplerin.

Lill: Das bin ich nicht.

Walter: Wenn Sie mich verführen wollen, Lill, dann sind Sie ein Mädchen, das sich allein fühlt, und das interessiert einen Mann manchmal. Da sehen sich die beiden dann ziemlich tief in die Augen, als läg eine neue Bibel darin, und das Mädchen hat da so einen jungen Mund, der steht halb offen ... für ein ...

Lill (steht auf): Und das andere?

Walter: Das andere? Uninteressant.

Lill: Ach, was ich noch sagen wollte, hier diesen Brief, den haben Sie gestern abend hier liegengelassen.

Walter: Ich? Einen Brief? Das kann nicht sein.

Lill: Doch, hier ist er.

Walter: Kann mich gar nicht erinnern.

Lill (deckt die Tische)

Walter (liest den Brief, steht auf, sehr ernst)

Lill: Die Tischtücher müssen auch wieder weg zum Waschen.

Walter: Was heißt das?

Lill: Was ist denn los?

Walter: Was soll der Brief?

Lill: Der Brief? Ich weiß nicht.

Walter (gibt ihn ihr zu lesen): Lesen Sie!

Lill (liest): Deutschland erwache! ... Macht euch nicht mitschuldig! Zerbrecht eure Waffen ... werft Sand in die Getriebe ... zerschneidet die Leitungen ... schließt euch zusammen ... kämpft für die Freiheit eures Vaterlandes ...

Walter (steckt ihn in den Ofen): Wie kommt das in Ihre Hände?

Lill: Sie haben den Brief doch gestern hier liegenlassen, Walter. Ich dachte ...

Walter: Das mit dem Brief ist ein alter Trick.

Lill: Ich weiß nicht, wovon Sie reden. Er lag auf dem Tisch hier.

Walter: Brav so, Mädchen. Alles in Ordnung.

Lill: Ich weiß nicht, was darin steht.

Walter: Also ist hier irgendwo ...

Lill: Was?

Walter: Eine Gruppe.

Lill: Eine Gruppe?

Walter: Das ist großartig.

Lill: Interessiert Sie das?

Walter: Das interessiert mich sehr.

Lill: Das freut mich.
Walter: Also, Lill, heraus mit der Sprache!
Lill: Sind Sie ein Mensch, mit dem man ganz offen sprechen kann?
Walter: Sie können Vertrauen haben.
Lill: Ich weiß es. Sie sind jeden Tag scharf beobachtet worden, nicht nur von mir.
Walter: Wer sind die Menschen? Welche Art, welche Partei?
Lill: Es gibt nur noch eine einzige Partei, die heißt: Freiheit! Etwas anderes interessiert uns nicht mehr.
Walter: Sind da Sozis und Kommune mit dabei?
Lill: Ja. Sie kennen keinen Unterschied, wie im KZ.
Walter: Und das Zentrum? Und Demokraten?
Lill: Sind auch dabei. Nach der Partei wird nicht gefragt. Es wird nur gefragt: Ist der Mann gut?
Walter: Aha!
Lill: Sehn Sie, in Berlin leben vier Millionen. Davon denken drei Millionen nicht nach, bleibt eine Million. Davon haben Neunhunderttausend Angst, laufen nach, jubeln und verdienen, bleiben Hunderttausend, von denen haben Neunzigtausend zu viel zu tun, oder sie sagen, sie sind unpolitisch und haben keine Gelegenheit, bleiben Zehntausend. Von denen sind Neuntausend hochgegangen, bleiben Tausend. Tausend entschlossene Männer und Frauen in ganz Groß-Berlin, davon sind Neunhundertdreiundneunzig mir unbekannt, bleiben sieben, das ist unsere Gruppe. Wenn wir also von vier Millionen Menschen nur sieben sind, so kommt Ihnen das vielleicht ein bißchen wenig vor. Aber irgendwo in Berlin müssen noch andere sein, das wissen wir.
Walter: Vielleicht sind sie gar nicht so weit von euch, die andern, nur wißt ihr nichts voneinander.
Lill: Und das ist gut so.
Walter: Ja.
Lill: Und Sie? Was sind Sie für ein Mensch?
Walter: Die Diktatur prägt die Menschen wie Münzen. Aussehen, Preis und Kurs werden von oben angeordnet. Die Öffentlichkeit muß die Münzen nach ihrem Kurswert annehmen und nicht nach ihrem wahren Wert.
Lill: Der Kurswert ist mir gleichgültig.
Walter: Wenn ihr eine Münze in Zahlung nehmt, müßt ihr daran herumkratzen, ob sie auch Gold enthält, denn sonst ...
Lill: ... sonst ist es Falschgeld.

Walter: Richtig. Woher wissen Sie, wenn Sie an mir herumkratzen, daß Sie kein Blei finden?
Lill: Ich hab's schon gehört. Am Klang. Blei klingt nicht, aber Silber. Wollen Sie, Walter?
Walter: Ja.
Lill: Und Ihre Mutter?
Walter: Mütter müssen weinen, es ist die Zeit. Wann kann ich anfangen?
Lill: Wenn Sie bei uns anfangen, begehen Sie in Zukunft sehr oft Hochverrat.
Walter: Wo der wirkliche Hochverrat auf dem Thron sitzt, nennt er die Freiheit Hochverrat.
Lill: Ihr Kopf da wird sehr lose sitzen.
Walter: Ein loser Kopf denkt besser. Wann kann ich anfangen?
Lill: Jetzt hab ich Sie doch verführt.
Walter: Ich frage: Wann?
Lill: Wenn ich heut mit Ihnen spreche, so weiß das die ganze Gruppe. Sie warten alle sehr gespannt. Bleiben Sie gleich nach Feierabend hier? Sie verstehen ...
Walter: Achtung! Die Silberbraut! ...

13

Manna (rauscht herein): Aha! Jetzt ist es genug! Sie sind entlassen!
Walter: Willst du mir sagen, was los ist!
Manna: Sie weiß Bescheid! Ist sie eine Schlange, dann werd ich eine Löwin!
Walter: Lill, was hat sie?
Lill: Ich soll nicht mit Ihnen reden, das hat sie mir verboten!
Manna: Halten Sie den Mund! Vorlaute Göre!
Lill: Ich hab ihn lange genug gehalten, und jetzt rede ich! Was Sie da mit mir tun, ist eine Schweinerei! Sind wir denn alle Sklaven?
Walter (läßt einen Warnton zwischen den Zähnen hören)
Lill (stockt, denkt nach)
Manna: Na, mein Täubchen, was hat denn mein dummes Put-put-Hühnchen? Die alte Manna ist wohl eine zu harte Nuß, he? Morgen fliegt das dumme Huhn, als wär es ein Adler.
Lill (rennt hinaus)
Manna: Was hat sie denn auch immer mit dir zu tuscheln?
Walter: Mit mir? Ach, Mutter, was hat wohl ein hübsches Mädchen mit einem Mann zu reden, he?

Manna: Hat das auch nichts mit Politik zu tun, Walter?
Walter: Hast du denn schon ganz vergessen, wie das damals war mit der Liebe, Manna?
Manna: Ja, Politik war damals nicht dabei, das ist wahr. Aber ihr jungen Menschen von heute, ihr seid mir unheimlich geworden.
Walter: Die Liebe hat sich nicht geändert seit Babylon.
Manna: Dann geh doch mit ihr ins Bett, aber gehörig, zum Donnerwetter! ... Aber tuschel nicht soviel mit ihr, und laß dich nicht von ihr verrückt machen. Sie ist eine Fanatikerin, sag ich dir. Und sie fliegt!
Walter: Wie kann eine Silberbraut so jähzornig sein, Manna?
Manna: Wie kann ein Sohn vor der Mutter sein Zimmer verschlossen halten?
Walter: Das ... ach das ... ist wegen der Leute im Haus.
Manna: Früher hast du das nie getan, da gab's auch Leute. Aber seit du zurück bist, hast du dich überhaupt verändert.
Walter: Früher ... sag mal, Manna, du hast doch früher soviel gesungen am Klavier.
Manna: Ja. Den »Jungfernkranz« ... und »Treulich geführt« ... und alles.
Walter (führt sie ans Klavier): Komm, sing doch mal die Melodie von »Innsbruck, ich muß dich lassen ...«
Manna: Ja, was willst du denn von mir?
(Sie singt einige Takte:)
»Innsbruck, ich muß dich lassen«.
Walter (unterbricht sie): Das ist auch nicht das richtige, Mutter. Warte mal, es muß längere Verse haben ... etwa so ... trallalala ...
Manna: Was hast du denn plötzlich mit der Singerei?
Walter: Na, das hat doch bestimmt nichts mit Politik zu tun, nicht wahr?
Manna: Nein, Gott sei Dank, das ist ja auch Kunst.
Walter: Na also. Wie war das doch?
(Er summt eine Melodie.)
Manna: Ach das ist doch das Lied von der Schreierei!
Walter: Ja, das sing!
Manna: Warum? Hab ich dir etwa zuviel geschrien eben?

14

(Manna singt, indes Walter sie begleitet, das)
   Lied vom Geschrei

Ich liebe kein Geschrei, was kann man machen?
Sie haben rote Köpfe vor Geschrei,
sie kümmern sich um aller Leute Sachen,
sie schrein sich heiß, warum ist einerlei.
   In Lust und Tod und bei der Freierei
   bleib ich dabei: Ich liebe kein Geschrei!

O wär's so still, daß alle Ohren welken,
die Hähne flüstern, und der Haß schweigt zart,
im Wind sich wiegen hört man ferne Nelken,
Moos wächst im Mund, die Zunge wird gespart!
   In Lust und Not und bei der Freierei
   bleib ich dabei: Ich liebe kein Geschrei!

Und muß bei uns das Maul der meisten brüllen,
nun denn, so schreit, daß euch der Kragen platzt!
Man wird euch schon das Ohr mit Flüchen füllen,
brüllt, kommandiert, bis ihr daran verratzt!
   Jedoch, ihr Freunde, merkt euch auch dabei,
   der Friede, der liebt meistens kein Geschrei!

(Gäste kommen aus dem Nebenraum und hören zu. Zum Schluß klatschen sie Beifall.)
Manna: Ihr braucht nicht zu klatschen, das Bier wird nicht billiger dadurch. Außerdem ist für heute Feierabend! Komm, Junge! *(Beide ab. Die Gäste gehn wieder zurück ins Nebenzimmer bis auf Erna und Sargnägelchen. Karl mit einer Aktentasche und Willi treten ein, setzen sich und spielen Karten.)*

15

Erna: Jetzt steh ich hier mit dem Totenkranz, und im Krematorium sind sie schon mit Anna fertig.
Sargnägelchen: Was sind wir für arme Luder, bezahlen einen teuren Kranz vor lauter Trauer und verpassen die Stunde vor lauter Liebe.
Erna: Wo soll ich nun mit dem Kranz hin?

Sargnägelchen: Heb ihn auf für den nächsten, der dran ist, Erna, komm!
Erna: Daß er verwelkt!
Sargnägelchen: Wo wir jetzt hingehn, Erna, brauchen wir keinen Kranz.
Erna: Was hast du vor mit mir?
Sargnägelchen: Du bist mein Sündenröselein, und ich will dich begießen, trink.
Erna: Du bist schlimm, aber du bist uk.-gestellt.
Sargnägelchen: Tröste dich. Das Obere einer Frau schickt dem Unteren oft einen Zahlungsbefehl. Ist er noch nicht angekommen?
Erna: Nein, aber vielleicht ist er unterwegs.
Sargnägelchen: Ach, wir armen Menschen. Heil Hitler! *(Beide ab. Man hört von oben Musik, Lärm, Gesang.)*
Lill (geht über die Szene, ruft in den Nebenraum): Feierabend! Heute ist früher Feierabend wegen Familienfeier!
(Zwei Gäste verlassen den Nebenraum und gehn hinaus. Flöte tritt ein, setzt sich zu Karl und Willi. Ein Liebespaar kommt aus dem Nebenraum.)
Sie: Was eine Frau ist, bewahrt die Rasse.
Er: Was meinst du damit?
Sie: Ich krieg doch mal Kinder, die sollen blond sein. *(Beide ab.)*

16

(Weihnacht kommt herein, Lill zu ihm.)
Lill (leise): Die Skatspieler fragen, ob sie noch eine Stunde bleiben dürfen.
Weihnacht: Heute zur Silbernen Hochzeit? Ich kenne die Menschen nicht.
Lill: Alle guten Gäste trinken einmal ihr erstes Bier.
Weihnacht: Du hast recht. Dann sorg du für die Gäste.
Lill: Das mach ich.
Flöte: Grand - Bube - Dame!
Karl: Auch kleine Mäuse haben lange Schwänze.
Weihnacht (in der Tür): Es ist ein warmer Abend, man müßte einen Garten haben mit blauem Boretsch und Majoran. Der Mensch lebt zu sehr in den Steinen, es fehlt unsereinem quasi das Gras unterm Fuß! Ich speziell hab Goldlack gern. Man nimmt so was gern in die Hand, braun und glatt wie die Haut einer Frau, wenn sie jung ist, verstehst du mich, Lill?
Lill: Nein, was meinen Sie damit, Vater Weihnacht?

Weihnacht: Kennst du Goldlack? So 'n alter Budiker wie ich steht einem doppelten Korn mannhaft gegenüber, aber sieht er einen Goldlack an, kriegt er weiche Beine. Es liegt an der Natur.
Lill: Wieso, Vater Weihnacht?
Weihnacht: Du bist noch jung, quasi, und der Abend ist warm und feucht draußen. Man ist auch mal ein Mann gewesen, der über alle Zäune sprang, Lill. Die Welt ist voll von Zäunen, aber jetzt sind es so viele geworden, daß man überall draußen steht. Sie sind mit den Amtswaltern gekommen.
Lill: Bei mir brauchen Sie nicht über den Zaun zu springen.
Weihnacht: Ach, ihr Mädchen! Ihr laßt einen in den Vorgarten, aber wo der Goldlack steht, da kommt unsereiner nicht hin.
Lill: Der Goldlack ist nur für einen, Vater Weihnacht.
Weihnacht: Das ist es ja eben. Man ist ja nur ein alter, verschlampter Budiker, die Hände welk vom Gläserspülen. Ich werde heute soviel Schnaps trinken, daß er mir zu den Ohren rausläuft.
Lill: Was sehn Sie mich so an?
Weihnacht: Weil ich für Goldlack meine Abendkasse geb.
Lill: Gute Nacht, Vater Weihnacht.
Weihnacht: Wenn die drei nichts mehr bestellen, mach ich Feierabend.
Lill: Gut.
Drei Skatspieler: Nein. Einundzwanzig – vierundzwanzig – siebenundzwanzig – Passe! ... Für mich ... Wer geht mit ... Karo, die Waldfee!
Weihnacht (geht nach oben)

17

(Lill sieht ihm nach. Die Skatspieler blicken auf sie.)
Karl: Sasa, ist das 'ne Karte, die man abschmeißt? Ich hatte eine Tante, die sagte: Zuerst das Haarband, dann das Hemd.
Willi: Karo und prost, wo bleibt da die Schönheit der Arbeit?
(Eine Tür fällt ins Schloß.)
Lill (nickt, leise): Er ist oben.
Flöte: Die hintere Tür?
Lill: Verschlossen.
Flöte: Wenn jemand kommt?
Lill: Hören wir ihn rechtzeitig.
Flöte: Die Außentür?
Lill: Verschlossen. Alles in Ordnung.

Flöte: Gut.
Alle (werfen die Karten nieder und sehn sich um)
Karl: Wo ist Bulle?
Willi: Und der Nachbar und Spatz?
Flöte: Bulle und Spatz haben geklebt. Die werden wohl erst später kommen.
Lill: Und der Nachbar?
Willi: Ja, wo bleibt er? Warten wir.
Lill: Soll ich schon den Neuen holen?
Willi: Ich hab hier den Artikel aus der Seestraße mitgebracht über die letzte Churchillrede. Der soll gedruckt werden.
Flöte: Gib ihn her. *(Er liest ihn durch.)*
Lill: Ich hab hier unter den Tisch einen Nagel eingeschlagen, da kannst du ihn aufspießen, wenn jemand kommt.
(Es klopft, alle fahren zusammen, nehmen die Karten auf.)
Flöte: Wer spielt aus? Da rauscht der Wald ... Karo ist kalt!

18

Lill (öffnet)
Flöte: Aha. Der gute Nachbar!
Nachbar (tritt ein): Ist Bulle hier?
Flöte: Nein.
Nachbar: Spatz?
Flöte: Was ist los?
Nachbar: Sonderbar, daß die beiden noch nicht hier sind.
Karl: Habt ihr geklebt?
Nachbar: Ja, die beiden haben ein Liebespaar gemacht, ich hab gespannt.
Flöte: Weiter.
Nachbar: Dann haben wir uns getrennt.
Flöte: War die Straße sauber?
Nachbar: Klar.
Flöte: Was willst du dann?
Nachbar: Bulle wollte mich abholen. Und er ist nicht gekommen.
Lill: Bulle passiert doch nichts. Bulle ist doch Schachspieler, der denkt an alles. Der ist von Eisen.
Willi (zu Lill): Du wolltest doch den Neuen ...
Lill: Ich hol ihn also. *(Ab.)*
Nachbar: Habt ihr den zweiten Artikel hier?

Flöte: Ja.
Willi: Morgen krieg ich den über Rüstungssabotage, sechs Tippseiten.
Nachbar: Dann kann nächste Woche ein neues Blatt gedruckt werden.
Flöte: Wo?
Nachbar: Was geht's dich an?
Flöte: Ich brauche Geld, die Wachsmatrizen sind alle.
Nachbar (gibt ihm Geld): Hier, kauf ordentlich ein, sie werden knapp, aber kauf jedesmal eine andere Marke, anderes Papier und in einem anderen Laden.
Flöte: Was denkst denn du?

19

Karl: Achtung, sie kommt mit dem Neuen!
Nachbar (rasch): Wer spielt aus? *(Sie spielen Karten.)*
Lill (kommt mit Walter, der stehenbleibt): Hier ist er! *(Schweigen.)*
Walter: Guten Abend! *(Schweigen.)* Oder soll ich Heil Hitler sagen?
Karl: Ja, wenn Sie ein deutscher Mann sind.
Nachbar: Wollen Sie ein bißchen mitspielen?
Lill: Walter heißt er, Walter Baake.
Flöte: Setz dich, Baake.
Lill: Wollen Sie was trinken, Walter?
Nachbar: Du weißt, Walter, was hier gespielt wird, was?
Walter: Ja, ein Grand.
Flöte: Rot sticht.
Nachbar: Wir nehmen nur erstklassige Karten auf.
Walter: Was verstehst du darunter?
Karl: Keine Buben.
Nachbar: Sie müssen sauber sein und die Farbe zeigen.
Walter: Und wer mischt?
Karl (zeigt auf den guten Nachbarn): Der hier.
Walter: Also, bei mir braucht ihr keine Angst zu haben vor einem Null ouvert.
Nachbar (wirft die Karten weg): Du weißt also Bescheid?
Walter: Ja, Lill hat mir so was erzählt.
Nachbar: Was?
Walter: Ihr seid illegal.
Nachbar: Setz dich! Ja, wir sind illegal.
Walter: Was meinst du damit?
Nachbar: Illegal heißt ungesetzlich. Du hast sicher gemerkt, daß die

Gesetze sich verändert haben. Wo Unrecht als Gesetz erklärt wird, dort wird das Recht Unrecht genannt. Darum sind wir illegal. Jeder erfährt nur soviel, als er unbedingt wissen muß. Keiner weiß Bescheid über die Aufgaben des andern.

Walter: Warum?

Nachbar: Es kann keiner aussagen, was er nicht weiß.

Flöte: Wir haben gelernt, daß die Gestapo so meisterhaft foltert, daß oft die besten Nerven versagen.

Walter: Ich versteh.

Nachbar: Du fragst nichts, du sagst nichts. Du hörst nichts und siehst nichts.

Walter: Gut.

Nachbar: Weiter. Der illegale Kämpfer gehorcht. Der Beschluß der Gruppe ist Gesetz. Wenn du eine Frage hast, wende dich an mich!

Walter: Wie heißt du?

Lill: Er heißt überall: der gute Nachbar.

Karl: Er fährt früh als guter Nachbar vom Osten ab und diskutiert als guter Nachbar im Westen.

Willi: Er ist der gute Nachbar der ganzen Stadt.

Flöte: Ein guter Nachbar fällt nie auf. Er steht an jeder Straßenecke, geht durch alle Kneipen und durch die Bahnhöfe, sitzt auf den Bänken, und er spricht mit Tausenden von der Freiheit.

Lill: Und in jeden setzt er einen Stachel gegen Hitler.

Nachbar: Das ist das zweite, Walter, was du lernen mußt. Vorsicht!

Flöte: Wenn du Papier anfaßt, tue es nur in Handschuhen. Wenn du eine eigene Schreibmaschine hast und Material tippen willst, hol dir eine fremde aus einem Verleihgeschäft.

Nachbar: Werde der Unauffälligste. Wenn du jemand liebst, verlaß ihn. Wenn du jemand traust, so hast du einen Fehler gemacht, vertraue nur uns in der Welt. Sei verschlagen wie ein Fuchs im Winter. Sei eiskalt dir selbst gegenüber. Wenn du wütend wirst, kann das unser Leben kosten. Werde der Unauffälligste. Werde nie angezeigt, folge jedem Befehl der Polizei. Erzürne dich nicht mit Mann, Weib oder Kind. Werde der Unauffälligste, der Jedermann, werde der Herr Niemand von überall. Werde kalt, still, bescheiden, du bist ein Pfennig in der Bewegung, bis sie dein Silber entdeckt.

(Musik setzt oben wieder ein.)

Flöte: Und dann die Angst. Du wirst ein Jahr lang Angst haben und jeden Morgen das Klopfen an deiner Tür hören. Du wirst nicht zu einem Treff kommen, weil dir der Mut fehlt. Du wirst dich drücken und zitternd und schwitzend durch die Straßen rennen vor Angst.

Du wirst feige sein und einige Male weinen vor Verzweiflung. Aber eines Tages wirst du die Angst hinter dir haben. Dann hast du die Tricks und die Technik gelernt, du wirst ein eiserner illegaler Kämpfer sein, erfahren in der Konspiration, gelassen in deinen Gedanken und furchtbar im gelernten Verrat, ein organisierter Kämpfer für die Freiheit in der beispiellosen Unterdrückung des Reichs.
Karl: Wir wollen dem großen Biest an die Kehle, das Hitler heißt und ein Herr der Welt sein will.

20

Lill (am Fenster): St!
Karl: Achtung! Da ist jemand!
  (Die drei Skatspieler nehmen die Karten zur Hand. Walter setzt sich ans Klavier. Lill bringt Bier. Eine böse Spannung.)
Lill: Hinterm Fenster steht jemand.
Nachbar: Wer spielt aus?
Karl: Wer die Krone auf hat.
Flöte: Wer hat sie auf?
Willi: Wer mehr wiegt als ein leerer Sarg.
Flöte: Bube, Dame, König, As.
  (Es klopft in bestimmtem Takt. Alle blicken zur Tür.)
Lill (öffnet)
Spatz (schiebt sich leise und steif herein, blinzelt, starrt sie an, tonlos): Bulle ist weg!
Nachbar: Mach die Tür zu!
  (Spatz bleibt großäugig und kläglich stehen.)
Spatz: Verhaftet ...
Nachbar: Wo?
Spatz: In der Lindenstraße.
Willi: Wann?
Spatz: Vor einer Stunde. Zwei Mann. Einer hatte gelbe Handschuhe an.
Nachbar: Und du?
Spatz: Ich bin zweimal ums Karree gegangen. Ich bin sauber. Ich hab Angst ...
Karl: Sasa, Angst ... hat dich jemand angesprochen?
Spatz: Nein.
Nachbar: Hoffentlich haben sie nicht seine Wohnung gefunden?
Spatz: Ich weiß nicht.

Nachbar: Er hat noch Material in der Wohnung. Wenn sie das finden ...
(Von oben Tanzmusik, Lärm, Gelächter.)
Lill: Die Prinz-Albrecht-Straße wird alles dransetzen, um mehr Namen von ihm zu erfahren.
Spatz: Mehr Namen sind unsere Namen! *(Alle blicken sie bleich an.)*
Karl: Sasa, die Luft schmeckt noch nicht nach Blut.
Walter: Jetzt heißt es Gehirn gegen Gehirn, und ich glaube, euer Kopf ist schärfer wie ein Gestapokopf.
Nachbar: Gut. Jeder überprüft noch einmal seine Aussagen. Sie sind alle gelernt, jeder kennt sie. Walter und Lill, ihr müßt noch die Einzelheiten festlegen. Zweitens, jeder kontrolliert seine Wohnung, seine Papiere. Die Beziehungen zu anderen Menschen bleiben unverändert.
(Man hört von oben Mannas Stimme: Walter! Walter!)
Walter: Habt ihr irgendeinen Auftrag für mich? Ich muß nach oben.
Nachbar: Nein.
Walter: Gute Nacht. Ich kenne euch nicht.
Nachbar: Ja. Gute Nacht.
Walter (ab)
Nachbar: Wir gehn jetzt auseinander. Ich werde euch zusammenrufen, wenn es nötig ist.
Karl: Und die Mappe hier? Wer nimmt die mit?
(Alle blicken auf die Mappe.)
Spatz (die daneben steht, weicht zurück): Ich kann nicht ... ich kann sie nicht mitnehmen, guter Nachbar ... ein anderes Mal ... aber jetzt ist es ein bißchen viel alles für mich ...
Nachbar (blickt sie an): Was hast du denn, Spatz? Wer nimmt also die Mappe mit? Du nimmst sie mit, Lill.
Lill (blickt ihm lange in die Augen): Ich?
Nachbar (ruhig): Ja, du, Lill.
Lill: Gut. *(Nimmt die Mappe.)*
Nachbar: Du mußt dich so verhalten, Lill, als ob bereits hinter jedem von uns ein Spitzel rennt.
Karl: Ein liebes Spitzelchen mit einer braven Bluthundnase und Familienzulage.
Nachbar: Ich gebe euch Bescheid, wann wir uns wieder versammeln. Lill hat Separation. Jede Tätigkeit ruht inzwischen. Gute Nacht.
Flöte (geht zum Tisch, nimmt das Papier vom Nagel herunter, steckt es ein)
Karl: Die Gruppe stellt sich tot. Auf zur Treibjagd mit Piff und Paff. Gute Nacht! *(Ab.)*

Flöte: Ich geh mit dir. Der Nahkampf beginnt. Gute Nacht. *(Ab.)*
Willi (wartet ein wenig an der Tür, geht dann)
Spatz: Und ich, Nachbar? Was soll ich tun?
Nachbar: Ich geh mit dir. Und denk daran, Lill, komm mit niemand zusammen, mit niemand. Kommst du mit, Spatz? Was hattest du denn eben?
Spatz: Ich weiß nicht. Ich bin eben nicht so mutig wie Lill.
Lill: Was sagst du da, ich bin doch nicht mutig.
Spatz: Seit Bulle weg ist, komm ich mir so verloren vor wie ein Groschen im Kanal.
Nachbar: Du darfst dir keine dummen Gedanken machen, kleiner Spatz.
Spatz: Ja, Spatz sagt ihr zu mir, und ein Spatz bleib ich, klein und grau und armselig. Andere aber sind Nachtigallen und Tauben und Fasanen und kostbar wie Gold.
Lill: Du mußt dich ausschlafen, Spatz.
Nachbar: Komm, darüber reden wir noch. Gute Nacht, Lill.
Spatz: Gute Nacht, Lill.
Lill: Gute Nacht!
(Nachbar und Spatz ab. Lill allein. Von oben verwehter Festlärm. Plötzlich Finsternis, Stille.)
Lill: Verdammter Kurzschluß! *(Geht ab ins Haus.)*

21

(Nach einer Weile hört man langsame Schritte.)
Manna (tritt im Dunkeln auf, eine Kerze in der Hand): Ich bin ihm auf der Spur, der Junge ist auf einem bösen Weg, das läßt mir keine Ruhe... Die Politik holt mir den Jungen, wie sie seinen Vater geholt hat. Es ist die Unzufriedenheit der Männer, die geht auf Leben und Tod, ich weiß es. *(Sie öffnet ein Fenster.)* Die Luft tut dem armen Kopf gut. Was sind wir für Menschen? Wir sind geboren, um zu verlieren, und wir leben, um mehr zu verlieren. *(Ein Windzug löscht die Kerze aus. Dunkel.)* Aber den Sohn, den letzten Sohn, laßt ihn mir bitte... laßt ihn mir... Laßt mir den Sohn... bitte... bitte!
(Schluchzen.)

ZWEITER AKT

> Die Stirn umkränzt mit falschem Lorbeer,
> geblendet vom Gold der Erfolge,
> jetzt aber
> in der Asche des Zusammenbruchs kniend,
> graues Volk unsrer Väter,
> lerne!

22

Lills Zimmer.

Frau Fisch (regennaß mit einem offenen Regenschirm herein): Puh! So eine Sauerei, so eine! Tach ooch, Frollein! Jeht det Biest nicht zu. Kein Wunder, is ja auch aus Frankreich! Da sind unsre deutschen Schirme doch andere Qualität. Wenn wa bloß welche hätten, wa? Schickt mir mein Oskar aus Paris solchen Dreck, verdammten! Gehst du zu oder nicht? Mistvieh! Wollt ick ebent die Sonderzuteilung Zitterschnaps holen, steh ich zwee Stunden Schlange, icke klatschnaß, Kaffee wech und jetzt der Schirm! Konnta mir nich einen guten schicken? Ham wa nich Anspruch drauf? Schließlich sind wir doch die Sieger, wa? Jestern ham wa ooch wieda Zweeunsechzich abjeschossen! Jetz ham wa nu ganz Europa und stehn mit die Beene im Regen.

Lill: Können Sie mir ein bißchen Tee bringen, Frau Fisch?

Frau Fisch: Wat denn, ick hör hier immer Tee? Jehn Se denn wieder nich auf Arbeit?

Lill: Nein, diese Woche nicht.

Frau Fisch (greift wieder den Schirm): Scheen, den Tee kriegen Se und ooch en paar Ölsardinen. Hat mir mein Schwager aus Norwegen geschickt. Willst du zugehn, verfluchtigtet Biest von einem Regenschirm? Det soll nu Politik sein, ganz Europa unterwerfen wa uns, und dann ärjert sich die deutsche Frau mit dem Pariser Tinneff rum! Et liecht an der Klemme hier! Ne scheene Klemme. *(Haut ihn auf den Boden.)*

Lill: Na, unsere Klemme ist auch nicht schön.

Frau Fisch: Wat? Wir sind in der Klemme? Mit'n Krieg?

Lill: Ja, es sieht doch so aus.

Frau Fisch: Pah, kann ja nich! Kann ja jarnich schief jehn! Auf uns

können die sich verlassen da drüben in de Wilhelmstraße. Wir ham doch een prima Leben! Bloß det der Schirm nich zujeht, det ärgert ma. Jetzt ha 'ck en ooch noch vabojen! Verfluchtet Aas, willste immer noch nich? Herrgott! Ick hau dir zu'n Krüppel, wenn de nich willst, wat ick will! Geh zum Teufel. Pariser Tinneff, vadammter! *(Sie haut den Schirm kaputt, daß die Fetzen fliegen.)*
Lill: So, jetzt haben Sie ihn ganz kaputt.
Frau Fisch (aufatmend): Jawoll, det Biest ha 'ck mal gezeigt, wer in Deutschland wat zu sagen hat! So, un jetzt jeh ick den Tee kochen!
Lill: Vergessen Sie die Krücke nicht, Frau Fisch!
Frau Fisch: Int Feua schmeiß ick se, und Oskar pfeffer ick jetzt een Ding hin nach Paris, det a weeche Beene kriegt, der Heini! Entweder schickt a ma Qualität, oder er trächt die Folgen, wenn er auf Urlaub kommt ... so oder so! *(Es klopft.)*

23

Lill (erschrickt)
Frau Fisch: Wat erschrecken Sie denn? Et kloppt. *(Sie macht auf. Manna schwer atmend tritt ein.)* Aha, Besuch. Na, ick störe nich ... *(Geht ab.)* Ick mache Tee.
Manna (setzt sich schweigend): Sie wohnen ja direkt unterm Mond.
Lill: Parterre kann ich ja Ihretwegen nicht wohnen.
Manna (weich, mit Hundeblick): Sehn Sie mal, Frollein, eine alte Frau, die ihr Leben lang Kartoffeln für andere Leute schält, die kommt nicht lustig wie ein Lämmchen hier die vier Treppen raufgehüpft. Das fällt ihr ziemlich schwer, Frollein. Und ick komm da nun mit meinem Kreuz hier raufgekrochen, um anzufragen, ob Sie bei uns wieder arbeiten wollen.
Lill: Warum haben Sie mich denn auf die Straße gesetzt?
Manna: Ich hab das doch nicht so ernst gemeint.
Lill: Gift bin ich für Ihren Sohn, haben Sie gesagt.
Manna: Sie brauchen ja mit meinem Sohn auch nicht lange Gespräche zu führen. Das wäre auch nicht nötig. Im Gegenteil ...
Lill: Also jetzt hat Ihnen Walter gesagt, Sie sollen mich holen.
Manna (scheinheilig): Mädchen, bist du wahnsinnig? Der Walter hat keinen Fingerschnipp Interesse für Sie. Er hat Sie vergessen wie seine Kinderschuhe.
Lill: Mutter Manna, Sie schwindeln!
Manna: Da hört sich doch alles auf. Ich komm aus eigenem Herzen zu

Ihnen, als Frau zur Frau, weil ich eine Schwäche für Sie hab, und Sie...

Lill: Ich will nicht mehr bei Ihnen arbeiten.

Manna: Aber Lill, ich hab noch dreierlei Kuchen im Haus, und ein Rindsbraten liegt da, der paßt in keine Markttasche, und da frag ich Sie, ob Sie...

Lill: Was Sie mir da von Politik vorgeworfen haben, das hat mir nicht gefallen, Mutter Manna.

Manna: Aber warum haben Sie dann mit ihm geflüstert?

Lill: Warum flüstert wohl ein Mädchen mit einem Mann?

Manna: Also keine Politik?

Lill: Ich weiß nichts davon.

Manna (hilflos): Aber dann...

Lill: Trotzdem arbeite ich nicht mehr bei Ihnen.

Manna: Ist das Ihr letztes Wort?

Lill: Ja.

Manna: Gut.

Lill: Ja.

Manna: Und es war doch die Politik! Die alte Manna ist kein Tanzbär, die führt ihr nicht an der Nase herum! Aber das sag ich Ihnen, ich halte meine Augen auf! Sie mögen nichts von meinem Kopf halten, aber Heu hab ich nicht darin! Und ich werd ihn gebrauchen. Sie aber enden ohne Kopf in einer Grube, und das dauert nicht mehr lang! Und wenn mein Junge Sie mir als Braut ins Haus bringt, Hand in Hand mit Astern und Kranz, dann schmeiß ich das Gemüse in den Müll, Frollein, und Sie die Treppe runter, daß die Stufen qualmen! Daß er Sie heiratet, erlaub ich nie! *(Ab.)*

Lill: Er denkt ja nicht daran.

Manna (steckt ihren Kopf durch die Tür, leise): Denken Sie daran: Wer die Welt verbessern will, der endet im Schauhaus!

24

Lill:
Ein falsches Wort... und der Verdacht ist da...
Sie sprach von einer Braut, die mit Astern
in der Tür steht, doch ich bin keine Braut.
Gute Alte, ich hab meine Unschuld
verloren, als ich zum erstenmal klebte.
Bin ich eine Braut der Freiheit...? Freiheit...? *(Erschrickt.)*

Pst... Ein falsches Wort... und der Verdacht ist da.
Ach, was haben wir Mädchen in dieser Zeit,
in der es kalt ist unter den Männern, was
haben wir von ihnen? Liebe? Wir halten ihnen alles
auf unseren Händen hin, sie aber pflücken
sich heimlich das Beste heraus und stehlen sich davon.
Die Zeit ist gegen uns Mädchen.
Es ist die Zeit der Knechte... Knechte? *(Erschrickt.)*
Pst... Ein falsches Wort, und der Verdacht ist da...
Früher konnte sich ein Mädchen die Hände
wärmen an den Männern, an ihrer Glut.
Heute warten wir vergeblich, das Wort wird nicht
gesprochen, die Stirn wird nicht gestreichelt.
Denn das Herz der Männer schlägt im kalten Takt
des Hasses. Sie stehn bleich unter dem Scheinwerferlicht
des Luftalarmhimmels, ihre Stirnen sind finster und
ihre Muskeln bös gespannt. Der Haß geht um.
Woran aber soll sich ein Mädchen heute
die Hände wärmen? Soll es weinen?
Soll es kämpfen gegen den allgemeinen Haß,
gegen die Gewalt... Gewalt? *(Erschrickt.)*
Pst... ein falsches Wort, und der Verdacht ist da... *(Es klopft.)*

25

Walter (tritt ein): Es hat mich keiner gesehn.
Lill: Mein Gott... du?
Walter: Nanu? Freust du dich nicht ein bißchen?
Lill: Nein... Du mußt gehn!
Walter: Was hast du denn?
Lill: Du mußt gehn!
Walter: Hör mich doch an.
Lill: Nein, sofort, sofort mußt du gehn!
Walter: Warum denn? Was ist denn los?
Lill: Frag nicht! Geh um Gottes und aller Heiligen willen, geh!
Walter: Ist das ein Empfang?
Lill: Weißt du nicht, daß ich Separation habe?
Walter: Separation? Du?
Lill: Ja.
Walter: Ist das wirklich wahr?

Lill: Ja.
Walter: Wer hat das angeordnet?
Lill: Der gute Nachbar.
Walter: Das konnte ich nicht wissen.
Lill: Nein.
Walter: Material hier?
Lill: Frag nicht, Walter.
Walter: Ich bin kein Anfänger.
Lill: Natürlich bist du das.
Walter: Hm. Du hattest da eine Mappe. Ist es die?
Lill: Quäl mich doch nicht.
Walter: Hör zu, ich muß das wissen.
Lill: Vielleicht hast du die Gestapo hierhin geführt. Begreifst du das nicht?
Walter: Ich begreife mehr, als du denkst.
Lill: Ich konnte die Mappe noch nicht unterstellen. Die Leute kommen erst morgen von der Reise zurück.
Walter: Ist sie hier?
Lill: Ja, im Schrank.
Walter: Sie muß weg.
Lill: Aber wohin?
Walter: Moment. *(Er denkt nach.)*
Lill: Jetzt wird die Gestapo untersuchen, wer hier wohnt. Wir können alle platzen.
Walter: Eine verdammte Lage, aber ich bin verdammte Lagen gewohnt.
Lill: Wieso?
Walter: Fest steht: Ich hab einen Fehler gemacht.
Lill: Aus Unkenntnis?
Walter: Ja. Es ist nicht sicher, ob sie dich beobachtet haben. Gibt es hier möblierte Zimmer?
Lill: Ja, eins.
Walter: Wieviel Treppen?
Lill: Drei.
Walter: Wer vermietet das?
Lill: Frau Fisch, meine Wirtin.
Walter: Ich bin in dieses Haus gegangen. Sie werden fragen, wen sucht er in dieser Wohnung. Ich suche ein möbliertes Zimmer, ein alltäglicher Vorgang. Wenn der Spitzel die Aufgabe hat, dich zu beobachten, wird ihm der Mann, der ja einer unter hundert ist, die im Haus aus und ein gehen, damit gleichgültig. Den Spitzel wird nur

interessieren, ob der Mann dich aufsucht. Das tut er nicht. Der auftauchende Verdacht zerstreut sich. In Ordnung?
Lill: In Ordnung.
Walter: Wenn überhaupt ein Spitzel unten stehen sollte.
Lill: Es ist wie ein Schachspiel. Die Gestapo sagt: schach, und ...
Walter: ... und wir decken ab. Wir schlagen Haken, kalt, flink, intelligent. Das Matt wird ihr nicht glücken.

26

Frau Fisch (tritt mit Tee ein): Hier ist der Tee, Kindchen.
Lill: Danke, Frau Fisch.
Walter: Guten Tag, bin ich bei Ihnen an der richtigen Adresse? Das Fräulein sagte mir so was. Ich suche ein Zimmer.
Frau Fisch: Kennen Sie sich?
Walter: Nein, ich dachte, die Dame wäre die Hauswirtin.
Frau Fisch: Ein Zimmer? Möbliert?
Walter: Ja, natürlich.
Frau Fisch: Ich hätte noch eins, sehr sauber und sehr ruhig.
Walter: Darf ich das mal sehen?
Frau Fisch: Ja, wenn Sie noch einen Augenblick ... ich will nur eben die Kartoffeln aufsetzen.
Walter: Gut, ich warte hier.
Frau Fisch (ab)

27

Lill: Willst du denn wirklich hier einziehn?
Walter: Nein. Ich habe das Alibi ja schon, wenn ich nur deswegen mit Frau Fisch verhandele.
Lill: Ja.
Walter: Beinahe hätten wir unter demselben Dach gewohnt.
Lill: Das ist nicht wichtig.
Walter: Aber schön wäre es doch gewesen, nicht?
Lill: Das weiß ich nicht.
Walter: Weißt du das wirklich nicht, Lill?
Lill: Was willst du eigentlich von mir?
Walter (dicht vor ihr): Frag nicht. Wäre es schön?
Lill: Doch ...
Walter: Aber ...?

Lill: Du wolltest grad was sagen. Aber ...
Walter: Ich mag dich leiden, weiter nichts.
Lill: So etwas solltest du nicht sagen.
Walter: Warum nicht?
Lill: Daran dürfen wir nicht denken in der Gruppe.
Walter: So, wir sollen also Fremde bleiben?
Lill: Ja.
Walter (läßt sie): Danke.
Lill: Denkst du, es macht mir Spaß, daß ich ...
Walter: Ach was, Spaß! Ich hab dir gesagt ...
Lill: Ach, Walter, am besten, du sagst es nicht noch mal.
Walter: Bestimmt nicht, verlaß dich drauf.
Lill: Dann ist es gut.
Walter: Sehr gut, ausgezeichnet ist es.
Lill: Ach, Walter, sei doch vernünftig. Entweder tun wir unsere Arbeit, und dann darf kein Wort von Liebe zwischen uns gesprochen werden, kein Sterbenswörtchen ...
Walter: Oder ...?
Lill: Wir Illegalen sind eine leise Gemeinde im Land. Wir sind gekleidet wie alle, wir haben die gleichen Gebräuche aller, aber wir leben doppelt zwischen Verrat und Grab. Wir werfen keine Schatten, wir gehören der Zukunft, von der wir Wurzeln sind, vereinsamte Wurzeln der Zukunft. Wir müssen unmenschlich sein, das ist es.
Walter: Unmenschlich im Dienst der Menschlichkeit!
Lill: Ich bin keine Frau für dich ...
Walter: Einmal kein Treff, keine Heimlichkeit, keine List! Einfach einmal nicht für Millionen denken, nicht für die Zukunft, nicht politisch!
Lill: Wolltest du mir das heute sagen?
Walter: Ich wollte heut einmal eine Stunde lang alles vergessen, zum erstenmal seit Jahren! Ich wollte heute einmal einer Frau das Haar streicheln, ganz leise, ganz zart ... ich wollte ihr vielleicht, wenn die blaue Dämmerung hinter der Gardine steht und es still ist, einen Kuß geben, einen kleinen weichen Kuß ... ich hatte nämlich Sehnsucht danach ... ich wollte egoistisch sein, ich weiß ... na, es ist vorbei.
Lill: Aber, Walter ...
Walter: Laß nur! Aber du! Hast du nicht einmal solche Stunde nötig? Kannst du das, jahrelang mißtrauisch sein, verbergen, lügen, politisch denken und in der Gefahr leben, kannst du das, ohne Schaden an deiner Seele zu nehmen? Willst du das, deine Liebe, deine Jugend opfern? Für eine bessere Zukunft der Massen?

Lill: Ja.
Walter: Willst du dann später, wenn alles vorbei ist, mit Falten am Hals und mit Tränensäcken und grauen Fäden in den Haaren alles nachholen? Das geht nicht. Jugend geht vorbei, flink wie ein Luftzug.
Lill: Dann ... wird es eben zu spät sein.
Walter: Dann klopft keiner mehr bei dir an.
Lill: Aber dann ist die neue Zeit da! Es wird viele junge Frauen dann geben, die tragen meine Schönheit auf ihrem Gesicht. Die Welt geht weiter, aber wenn uns die Zukunft dann wirklich die Freiheit bringt, dann hat es sich gelohnt. Dann kann ich getrost in einem Altersheim Strümpfe stricken.
Walter: Das ist viel, das ist ungeheuer viel! Eine junge Frau gibt ihre Jugend, ihre Liebe für irgendeine neue Zeit ... für alte Menschen.
Lill: Für unsere neue Zeit.
Walter: Und wenn die neue Zeit kommt, sitzen die Menschen breit auf dem Sofa am Kaffeetisch, schimpfen über die Bürgermeister, spielen Skat, machen ihre Einkäufe, hocken im Büro, bummeln ins Kino ... und wissen nichts von solch einer jungen, herrlichen Frau.
Lill: Walter.
Walter: Ja, sie kümmern sich einfach nicht um die Menschen, die jahrelang ihr Leben und ihre junge Liebe ihnen geopfert haben, ihre Schönheit, ihre Tatkraft, ihren Heldenmut. Und diese Menschen werden tot sein, wenn die Zeit gekommen ist, oder häßlich, früh gealtert, ohne Zähne, krank mit unappetitlichen Leiden und müde ... So werden sie durch die neue Zeit schleichen und etwas verlegen lächeln, wenn sie von den Stärkeren zurückgestoßen werden. Ja, sie haben sich geopfert. Die Welt liebt Opfer, aber die Welt vergißt sie. Die Zukunft ist vergeßlich.
Lill: Wollten wir nicht die Aussagen besprechen?
Walter: Lill. In deinen Augen sieht man ganz hinten jemand um Hilfe rufen. Es ist, als ob einer sehr weit weg mit einer Laterne winkt, sehr weit weg, Lill, in deinen Augen. Lill ...
Lill (erregt): Was ist das für ein Unsinn?
Walter (scharf): Unsinn? Gut! *(Geht zum Schrank und nimmt die Mappe heraus.)*
Lill: Was tust du da?
Walter: Ich nehme die Mappe mit.
Lill (schnell zu ihm): Bist du wahnsinnig? Die Mappe bleibt hier!
Walter: Ich nehme sie mit, sag ich.

Lill (packt die Mappe, flammend): Sie bleibt hier!
  (Schweigen. Sie starren sich an.)
Walter: Sie muß hier fort, sag ich dir!
Lill: Ich bin dafür verantwortlich und kein anderer, so lautet mein Auftrag.
Walter: Ich nehme sie doch nur mit, damit du aus der Gefahr bist.
Lill: Das ist meine Gefahr! *(Entreißt sie ihm.)* Du aber bist neu bei uns.
Walter: Ich bin doch kein Anfänger. Ich kann nur nicht ...
Lill: Was sagst du da?
Frau Fisch (tritt ein): So, da wär ick wieda. Kommen Sie mit, ick zeig Ihnen mal det Zimmer.
Walter: Also, auf Wiedersehen, Fräulein, entschuldigen Sie die Störung.
Lill: Auf Wiedersehn. *(Allein.)* Kein Anfänger? ... Was ist er denn?

28

Eine Mansarde.

Walter (geht zur Tür hinaus, man hört ihn abschließen. Er kehrt zurück, schließt sich ein, steht still): Hab ich alles bedacht? *(Er holt den Koffer, öffnet ihn und baut das Sendegerät auf. Er schaltet den Sender ein, wirft eine Decke über sich und zieht ein Manuskript heraus.)* Achtung! ... Achtung! Hier ist der Widerstandssender Waldemar I! Ich verlese jetzt den Aufruf eines unbekannten Widerstandsmannes: »Deutschland erwache! Deutscher, denk nach, beginn endlich nachzudenken! Es gibt keinen ehrlicheren Anruf als diesen, der den Menschen zum eigenen Nachdenken auffordert.

Das alte Volk der Deutschen wird heute wie eine gewaltige Herde der Katastrophe entgegengeführt, umtanzt von hunderttausend Amtswaltern, umbrüllt von Versprechungen und Lobgesängen! Vorne die Gläubigen, die verklärten Auges hinter Hitler herrennen, der vor ihnen die Palmenwedel des Lobes schwingt, den Weihrauch der falschen Versprechungen spendet, den goldenen Sterntalerregen der Ritterkreuze ausstreut. Und den Zaghaften zur Seite hinkt der kleine Einflüsterer mit dem Honig, den er ihnen ums Maul schmiert. Millionen von Fahnen und Girlanden rauschen im Wind, und das riesige Volk stampft beladen dahin. Sie marschieren immer hinterher, immer hinterher!

Hinten aber, am Ende des Schicksalsmarsches der Deutschen, hinten trabt die armselige Schar der Unwilligen, der Ungläubigen, der Nein-

meinenden, der Flüsterer und Meckerer, auf sie knallt die lange Peitsche Himmlers nieder. Am Ende des Zuges stolpern die Opfer, fallen, bleiben liegen. Schwärme von deutschen SS-Henkern machen sie fertig: Immer hinterher, immer hinterher!
Aber das Volk blickt sich nicht um, es beachtet die Zurückbleibenden nicht. Es starrt fasziniert nach vorn, wo die goldenen Borten blinken, die Ritterkreuze hageln, wo die Beförderungen, Verdienste, Profite, die Ehrendolche, die silbernen Kragensterne, die Goethe-Medaillen, die Nationalpreise, die Ehrenstandarten, die Einladungen, die Titel, die Ehrenämter, die Orden und die Ministergeschenke verteilt werden. Geblendet, wild vor Gier nach allem Elend starrt das Volk dahin und rennt den flinken Verteilern nach. Immer hinterher, immer hinterher! – Führer befiehl, wir folgen!
So donnert der riesige Schicksalszug des deutschen Volkes in den Untergang. Voraus zieht schallend die Marschmusik, die das Gestöhn der Gequälten übertönt, die Hosiannas schallen von Horizont zu Horizont, die Sieg-Heil-Rufe rauschen von Wien bis Oslo herauf. Hinten aber hört man wie prasselnden Hagelschlag das Knallen der Genickschüsse. Und über dem ganzen Volk erheben sich lautlose Wälder von Rauch aus den Gaskammern als fahle Anklage ...
Die Stirn umkränzt mit falschem Lorbeer, geblendet vom Gold der Erfolge, betäubt von der Musik der europäischen Eroberung, gebissen vom Schmerz, profitgeschwellt und vor Egoismus tanzend, gejagt von der alten jähzornigen Weltbegierde, blutdurstig und wutgeladen, so nähert sich der apokalyptische Zug unseres Volkes, umdröhnt von tausend Orchestern der Hölle, dem Horizont seiner Geschichte! Das ganze Volk wird in den Abgrund stürzen mit Mann und Maus und mit ihm der Rattenfänger aus Braunau, der Schimärenbläser aus der Reichskanzlei! Auf den totalen Krieg wird der totale Untergang folgen! Soll das sein, Deutsche? Besinnt euch! Erwacht!« *(Pause.)*

29

»Der Widerstandssender Waldemar I sendet jetzt
    Das Lied der Illegalen

Ein Zettel geht von Hand zu Hand,
Ein Flugblatt wandert durch das Land.
Die es erdacht, gedruckt, geklebt,
Die haben unter euch gelebt.

>   Wir sind die Illegalen,
>   Hört Gottes Mühlen mahlen!
>   Wer Blut säuft, muß bezahlen!
>   Wir sind die Illegalen ...
>
> In allen Städten flüstert es,
> Auf tausend Treffs, da wispert es.
> Uns gilt der Haß des Volksgerichts.
> Wer nach uns greift, der greift ins Nichts.
>   Wir sind die Illegalen,
>   Hört Gottes Mühlen mahlen!
>   Wer Blut säuft, muß bezahlen!
>   Wir sind die Illegalen ...
>
> Wir wissen, nach uns greift der Tod,
> Gestapo droht, Himmler sieht rot!
> Doch so wie unsere Zuversicht,
> So groß ist die von Hitler nicht!
>   Wir sind die Illegalen,
>   Hört Gottes Mühlen mahlen!
>   Wer Blut säuft, muß bezahlen!
>   Wir sind die Illegalen ...«

30

Leere Bühne mit Schreibtisch.

(Haber am Schreibtisch, Bock in Uniform abseits.)
Bock: Na, und die Beschattung?
Haber: Observation ergab keinen Anhaltspunkt ... ich hab Adam beauftragt.
Bock: Ach, Adam, na, dann wird ja was rauskommen dabei!
Haber: Adam hat eine Nase aus Gold, der wittert das illegale Gelumpe bei jeder Kindstaufe. Wenn der in der Friedrichstraße steht, wittert der einen Treff am Fischerkietz, so'n Näschen hat unser Adam.
Bock: Na, und der von gestern, Bullerjahn?
Haber: Liegt unten ... wo hab ich die Haftliste ... hier ... liegt Zelle 2 ... verweigert jede Auskunft. Er heißt Becker, sagt er. Eine Wohnung hat er nicht, gibt er an.
Bock: Na, und die Wohnung, die wir gestern ausgeräumt haben, Luisenstraße 10?

Haber: Ist nicht seine, sagt er.
Bock: Lüge! Sie haben doch Material gefunden?
Haber: Flugblätter ... hier der Durchsuchungsbericht.
Bock: Aha! Na und wird der Mann kommen?
Haber: Sieht schlecht aus. Ist einer von den Ruhigen. Hat einen Kopf wie ein Panzerschrank, bloß die Kennummer haben wir nicht. Hat Nerven wie ein Ochse und ist gerissen wie ein Talmudjud.
Bock: Na, wenn er nicht kommt, dann Nachtvernehmung mit der ganzen Kapelle.
Haber: Ja. Er wartet draußen.
Bock: Man muß ihm Nachbarn gegenüberstellen, die ihn identifizieren.
Haber: Wird alles veranlaßt, Herr Kriminalrat.
Bock: Also: Wir haben eine Wohnung, und wir haben einen Mann.
Haber: Und daß beide zusammengehören, das müssen wir ihm beweisen. *(Telefoniert.)* Schicken Sie jemand in die Wohnung Luisenstraße 10. Er soll dort jemand mitbringen zur Identifizierung von dem Häftling 2. Was? ... Egal, und wenn ihr die Oma aus dem Sarg holt ... danke ... Na, denn mal rein mit ihm!

31

(Ein Ziviler bringt Bulle gefesselt herein.)
Haber (immer freundlich): Setzen Sie sich, Herr Bullerjahn.
Bulle: Ich heiße nicht Bullerjahn. *(Setzt sich.)*
Haber: Sondern?
Bulle: Becker. Artur Becker.
Haber: Sagen Sie mal, Becker, warum haben Sie eigentlich keine Brieftasche bei sich, wie?
Bulle: Ich hab mal eine verloren mit 120 Mark drin, seit der Zeit trag ich keine mehr mit.
Haber: Und Ihren Ausweis haben Sie natürlich auch verloren, wie?
Bulle: Ich bin ein alter Verlierer, aber vielleicht gewinne ich eines Tages auch mal was ...
Haber: Aber die Schneidermarke im Anzug, die kann man nicht verlieren. Wieso haben Sie die rausgetrennt?
Bulle: Ich? Nee, ich hab keine rausgetrennt.
Haber: Sondern?
Bulle: Weiß ich nicht. Ich hab den Anzug alt gekauft.
Haber: Welche Partei haben Sie eigentlich früher gewählt?
Bulle: Partei? Ich? Deutschnational.

Haber: Und dann findet man Sie an einer Litfaß-Säule, an der defaitistische Flugblätter kleben? Wie?
Bulle: Reiner Zufall.
Haber: Mit dem Bolschewismus haben Sie also gar nichts zu tun?
Bulle: Ich? Da muß ich aber lachen, Herr Kommissar. Ich pfeife drauf. Das ist bloß eine jüdische Mache, um uns Arier aufs Kreuz zu schmeißen. Pfui Deuwel.
Haber: Na, und die Sozialdemokraten? Wie?
Bulle: Bei mir nicht. Das sind doch alles Marxisten! Die ganzen Roten sind mir verhaßt. Geben Sie mir einen Knüppel, und ich schlage sie tot.
Haber: Und was halten Sie vom Zentrum?
Bulle: Die ganze katholische Bande soll nach Rom gehen. Uns Deutsche sollen sie mit ihrem Weihrauch in Ruh lassen ...
Haber (lacht): Sie sind also deutschnational, Bullerjahn, wie?
Bulle: Aber feste, Herr Kommissar.
Haber: Und da glauben Sie ...
Bulle: Übrigens, Becker heiß ich, Artur Becker.
Haber: Wie wollen Sie das beweisen?
Bulle: Muß ich denn das beweisen?
Haber (freundlich): Sie wissen doch, daß jeder Mensch einen Ausweis bei sich tragen muß laut Polizeiverordnung, wie?
Bulle: So?
Haber: Aber feste! Und wenn er kein Papier bei sich hat, setzt er sich einem schweren Verdacht aus.
Bulle: Das versteh ich nicht.
Haber: Wo haben Sie gearbeitet?
Bulle: Ich? Ja, ich hab bloß gehandelt.
Haber: Was haben Sie da gehandelt?
Bulle: Postkarten und Zigaretten ...
Haber: Wo?
Bulle: Am Alex.
Haber: Und wo Sie wohnen, wissen Sie also nicht.
Bulle (denkt nach): Doch, aber ich hab nirgends fest gewohnt, ich hab mal hier 'ne Schlafstelle gehabt, mal da, einmal in der Linienstraße und zuletzt Schönhauser Allee.
Haber: Also eine feste Wohnung haben Sie nie gemietet?
Bulle: Doch früher mal, aber die letzten Jahre nicht. Ich bin ein starker Raucher, wissen Sie, und hab meine Zigaretten oft aufgeraucht, da hat es nicht für die Miete gelangt.

Haber (vergnügt): Und nun denken Sie, wenn Sie uns das vorgeschwindelt haben, dann lassen wir Sie wieder laufen, wie?
Bock: Na, glauben Sie bloß nicht, daß Sie mit Ihren widerlichen Schwindeleien hier durchkommen. Mann, Sie wissen wohl nicht, wo Sie sind.
Bulle: Ich denke, auch in der Prinz-Albrecht-Straße wird man einen anständigen Menschen von einem Verbrecher unterscheiden können.
Bock: Na, das können wir, verlassen Sie sich drauf! Wir haben Sie nie für was anderes gehalten als für einen ganz gemeinen Verbrecher! Verstehen Sie das?
Haber (plötzlich ausbrechend): Wenn du, verdammtes Schwein, glaubst, uns hier an der Nase rumführen zu können, dann hast du dich geschnitten, du dreckiges Subjekt. Mit Untermenschen deiner Art sind wir bisher immer fertig geworden, verstehste! Mimst hier den Harmlosen und bist ein ganz verstockter Hochverräter! Ich frag dich zum letztenmal: Deine Wohnung ist Luisenstraße 10?
Bulle: Nein!
Haber (leise): Überleg dir das! Noch sitzt du hier gesund und munter. Wenn ich dich wieder nach der Wohnung frage, dann fühlst du dich sehr elend. Und wenn du Drecksau dann noch nicht zugibst, daß du da wohnst, dann werden wir dich so lang fragen, bis du uns als Engel im Himmel die Antwort runterflötest, verstanden? *(Er geht zu Bock. Sie flüstern miteinander. Bulle starrt glanzlos geradeaus.)*
Haber (wieder zu ihm): Was hast du denn? Dein Gesicht ist ja ganz naß?
Bulle: Ach, ich ... ich schwitz nur ein bißchen. *(Wischt sich sein Gesicht ab. Schweigen.)*
Haber: Also, wo wohnst du?
Bulle: Ich wohne ...
Haber: Luisenstraße 10?
Bulle: Nein.
Bock: Posten!
(Bulle steht auf, geht zur Tür, wo ihn Haber einem Posten übergibt.)
Bock: Na, also Nachtvernehmung mit allen Schikanen.
Haber: Ja, wenn wir den Nachweis haben, daß die Luisenstraße 10 seine Wohnung ist, dann gehört ihm das Material, das dort lagerte.
Bock: Und dann?
Haber: Dann rollt Weihnachten sein Kopf.
Bock: Was war es doch?
Haber: Flugblätter natürlich ...

32

Adam (tritt ein, sonnig und blond): Eine reizende kleine Neuigkeit, Sturmbannführer. Der beschattete Walter Baake ist gestern in das Haus Kantstraße 4 gegangen.
Bock: Na, und was ist in dem Haus Besonderes?
Adam: Eben nichts Besonderes. Und das fiel mir auf.
Bock: Wieso, Adam?
Adam: Irgend jemand muß doch in dem Haus wohnen, der ihn interessiert, dachte ich mir. Aber er hat mich doch enttäuscht. Er wollte ein Zimmer mieten. In dem Haus wohnt doch die Serviererin aus der Kneipe Weihnacht.
Haber: Aha!
Adam: Nein! Wenn die zwei was miteinander oder mit der Gruppe zu tun hätten, würde der Mann bestimmt nicht in das Haus ziehn. Die beiden kennen sich vom »Doppelten Mond« her, das ist alles.
Bock: Sonst kein Anhaltspunkt?
Adam: Nein. Die Gruppe 17 hat durch die Verhaftung Wind gekriegt. Die stellen sich tot wie die Mistkäfer. Aber wir pieken sie mit der Nadel auf, passen Sie mal auf, Sturmbannführer, wie sie dann krabbeln. Ach, krabbeln die! Und dann kommen sie in unser großes Herbarium Plötzensee.
Bock: Ein Herbarium ist für Kräuter, Adam.
Adam: So? Für Kräuter? Na, das ist ja auch Unkraut, allerliebstes Unkraut... aber diesmal vergeht es wie eine Pfeife Tabak. Da sorgt Adam für. Ich fasse die Gruppe, Sturmbannführer, verlassen Sie sich drauf. *(Ab.)*
Bock: Ich hätte Lust, ihm das Kriegsverdienstkreuz zu geben und ihn abzuschieben.
Haber: Um Gottes willen, Sturmbannführer, wo Adam hinkommt, platzen die Gruppen wie Luftballons, der Mann ist ein Genie.

33

Ein Ziviler (tritt ein): Hier ist jemand zum Identifizieren. Aus der Wohnung Luisenstraße 10. Die Tochter... na komm, Marie, hab keine Angst. *(Marie tritt zögernd ein, etwa siebenjährig. Ziviler ab.)*
Bock: Nanu? Wer kommt denn da?
Haber: Na, komm mal näher, Kleine. Wie sagt man denn?
Marie: Guten Tag.

Haber: Nein, wie sagt man?
Marie: Heil Hitler!
Haber: Wie heißt du denn?
Marie: Marie Bullerjahn.
Haber: So, Marie Bullerjahn. Komm her, magst du ein Stück Kuchen? *(Gibt ihr Kuchen.)* Hier, iß mal.
Marie (kaut)
Haber: Ißt du gern Süßes?
Marie: Hm.
Haber: Ich eß auch gern Süßes. *(Zu Bock:)* Was andere verrauchen, das verlutsch ich. Ist das nicht komisch? Ich geb meine Seligkeit für Negerküsse und Lakritze. Süß auf der Zunge gibt Sonne im Herzen.
Marie: Wo ist denn der Pappi?
Haber (erstaunt): Nanu, ist er denn nicht zu Hause?
Marie: Nö.
Haber: Seit wann denn nicht, Marie?
Marie: Seit vorgestern.
Haber: Hat er denn nicht gesagt, wo er hin ist, wie?
Marie: Er ist gar nicht mehr nach Haus gekommen.
Haber: Na, das ist aber komisch, wie?
Marie (sicher): Och, der kommt schon wieder.
Haber: So?
Marie: Ja, Pappi ist stark.
Haber: Wie sieht denn dein Pappi aus?
Marie: Weiß ich doch nicht.
Haber: Was, du weißt nicht, wie dein Pappi aussieht?
Bock: Willst du ihm mal guten Tag sagen?
Marie: Ja.
Bock: Dann warte, er kommt gleich. *(Er telefoniert.)* Den Häftling 2 zu mir.
Haber: So, jetzt hast du schön Kuchen gegessen, da bist du auch artig, nicht?
Marie: Ja.
Haber: Wenn dein Pappi jetzt reinkommt, läufst du auf ihn zu und rufst ganz laut: Guten Tag, Pappi, wie?
Marie: Ja, ganz laut. Warum soll ich denn nicht Heil Hitler sagen?
Haber: Laß nur, das hört er nicht gern. *(Nimmt eine rote Nelke aus einer Vase und gibt sie ihr.)* Und hier das Blümchen schenkst du ihm dann, wie?

Marie: Ja. *(Nimmt es.)*
Haber: Der Pappi soll doch ein Blümchen kriegen, nicht wahr, der liebe Pappi.
Marie: Ja, das schenk ich ihm.
Bock: Komm, stell dich hierhin, weit von der Tür weg, ja?
Marie: Ja, kommt er jetzt?
Haber (geheimnisvoll): Ja, denk dir, er steht schon vor der Tür. Das ist wie Weihnachten, nicht, Marie? Gleich macht es klingling, und dann geht die Tür auf...
Bock (geht ans Fenster, von wo aus er Bulle besser beobachten kann)

34

(Ein Sekretär bringt Bulle herein und geht ab. Bulle bleibt ungewiß stehn.)
Marie (rennt ihm aus einer entfernten Ecke aufschluchzend entgegen): Guten Tag, Pappi! *(Bulle erstarrt. Er blickt angespannt zum Fenster hinaus.)* Hier ist ein Blümchen für dich! *(Sie steckt ihm die Nelke in die gefesselten Hände.)* Pappi! *(Schweigen.)* Was hast du denn, Pappi...? *(Schweigen.)* Warum kommst du denn nicht nach Hause...? *(Schweigen.)* Warum siehst du mich denn gar nicht an, Pappi...? *(Schweigen.)* Sag doch was!
Bulle (mühsam): Ich kenne das Kind nicht.
Haber: Was, Sie kennen Ihr eigenes Kind nicht? Aber Bullerjahn...
Marie: Was sagst du da, Pappi?
Bulle (erkennt, daß er verloren hat, mit bebender Stimme, sehr leise): Tag, meine kleine Marie...
Haber (weich): Na, wollen Sie uns jetzt immer noch Märchen erzählen, Bullerjahn? Wollen Sie immer noch leugnen, daß Sie Luisenstraße 10 wohnen? Wie? Wo wohnen Sie?
Bulle: Ich wohne... Luisenstraße 10.
Haber: Na, also. Man muß bloß die richtigen Mittel anwenden, wie? Zur Belohnung dürfen Sie sich auch eine Minute unterhalten.
Bock: Na, Kopf hoch, wer noch einen hat!
Bulle: Wo hast du denn das schöne Blümchen her?
Marie: Das hat mir der Onkel da geschenkt.
Bulle: Der Onkel da?
Marie: Hm.
Bulle (blickt Haber lang und verzehrend an)
Marie: Warum bist du denn so traurig, Pappi?

Bulle: Ich bin doch nicht traurig, Marie, sieh mal, ich lach doch ... *(Er lacht mühsam.)*
Marie: Was hast du denn da an den Händen?
Bulle: Ach, das ... das haben wir alle. *(Er hebt die Hände bittend zu Haber.)*
Haber: Nee, Mann, den Schmuck behalten Sie man an.
Marie: Warum habt ihr denn das an, Pappi?
Haber: Weil er unartig war.
Marie: Pappi ist nie unartig. Schläfst du damit auch, Pappi?
Bulle: Ja.
Marie: Wann kommst du denn wieder nach Haus, Pappi?
Bulle (schweigt, starrt hinaus)
Marie: Weißt du das nicht?
Bulle: Sobald ich kann.
Marie: Nächste Woche?
Bulle: Nein.
Marie: Übernächste Woche?
Bulle: Nein.
Marie (fängt an zu weinen): Warum denn nicht? Dann hab ich doch Geburtstag. Hast du denn das vergessen?
Bulle: Nein ...
Marie: Dann schenkt mir ja keiner was. Und keiner steckt die Kerzen an ...
Bulle: Hör, Marie, wir sehn uns jetzt sehr lang nicht. Aber du bleibst ein tapferes Mädchen, nicht wahr? Und du wirst deinen Vater in Ehren halten, auch wenn die andern schlecht über ihn reden, nicht?
Marie: Ja.
Haber: Schluß! Die Sprechzeit ist um!
Bulle (eilig, gehetzt, leise als Testament): Und geh zu Frau Lierke. Sie soll sich um dich kümmern mit den Brotkarten, ja?
Marie: Ja.
Bulle: Und wenn du dir Kaffee kochst, dreh immer den Gashahn ganz fest zu, damit nichts passiert, ja?
Marie: Ja.
Haber: Los, machen Sie Schluß, Mann!
(Der Zivile tritt ein.)
Bulle (ausbrechend, groß): Und wenn sie dich fragen, warum ich gegangen bin, Marie, dann sag ihnen: für die Freiheit, Marie, für die Freiheit! Vergiß das nie!
Haber: Machen Sie, daß Sie rauskommen!

Marie (schreit auf): Auf Wiedersehn, Pappi!
Bulle (schreit): Auf Wiedersehn, Marie ... auf Wiedersehn ... Marie.
(Er wird abgeführt.)
Bock: Na, die Identität haben wir und damit den Schuldbeweis. Den Mann haben Sie fertiggemacht. Gut, Haber!
Haber: Ich hab doch gesagt: Weihnachten rollt sein Kopf. Ich diktiere gleich das Protokoll. Allmählich kommen wir voran. Na, jetzt will ich mal essen gehn. Es gibt heute Erbsensuppe in der Kantine. Essen Sie einen Teller mit?
(Beide in der Tür.)
Bock: Und das Kind?
Haber: Ach, das Kind! Ach so!
Marie: Was hat der Pappi da gesagt?
Haber: Was denn?
Marie (leise): Das mit der Freiheit ... was meint er denn damit?
(Beide starren sie an.)

DRITTER AKT

> *Es bezahlen meist die,*
> *die nicht an der goldenen Tafel saßen.*
> *Auch Walter bezahlt*
> *und rettet die Gruppe.*

35

Eine Mansarde.

Manna: Du hast jetzt so viele Geheimnisse, Sohn. Du hast ein entferntes Auge bekommen, das über seine Mutter hinwegsieht.
Walter: Was willst du von mir?
Manna: Warum hast du dein Elternhaus verlassen? Bist du verliebt?
Walter: Nein.
Manna: Da steht er nun. Ganz schön hab ich ihn auf ein Laken geboren und genährt und aufgezogen. Er ist mir sehr teuer gekommen, der Sohn, und nun geht er fremde Wege, und sie sind gefährlich.
Walter: Warum bist du eigentlich gekommen, Mutter?
Manna: Ich hab da von einem schwarzen Engel geträumt, der lehnte

an der Theke und zog dir den Hut ins Gesicht, ganz langsam. So. Er ging dann durch die Tür. Da hab ich geweint, weil ich allein war. In der nächsten Nacht hab ich geträumt, du lagst in einem Rübenfeld, und es fiel Schnee auf dich. Er fiel auch auf deine Augen, die aber hast du nicht zugemacht. Da hab ich wieder geweint. Sohn, Sohn, laß das alles und kehr zurück. Die Welt ist gefährlich, und das Elend steht vor der Tür.

Walter: Ich werde damit schon fertig werden.

Manna: Wann werd ich zum dritten Mal über dich weinen, Sohn?

Walter: Laß das Weinen, Mutter, denk an die Zukunft.

Manna: Meine Ahnung ist schwarz wie mein Kleid.

Walter: Eines Tages, Manna, wirst du wieder lachen, wie du früher gelacht hast, wenn ich Fußball spielte, weißt du es noch?

Manna: Jaja, eine Alte vergißt die Tore nicht, die der Sohn schoß.

Walter: Eh du gehst, Mutter, sing das Lied von der Laterne. Sing es ganz leise.

Manna: Sohn, Sohn, ich versteh dich nicht, aber ich will es singen...
(Sie singt:)
Ich will hinausgehn
Und sehn,
Ob die Laterne brennt.

Es regnet so sehr,
Da ist
Die Laterne verlöscht.

Ich will fortgehn
Und sehn,
Ob andere glühn...

Walter: Du bist eine treue Mutter, ich danke dir.

36

(Klopfzeichen an der Tür.)

Walter (öffnet und läßt Tünn herein, der einen Gipsverband am Arm trägt): Setz dich, Tünn. Dies ist meine Mutter.

Tünn (stolpert): Hoppla, guten Abend, ich kenne Sie doch.

Manna: Ich weiß nicht, wer er ist.

Walter: Das ist ein Freund von mir, Manna.

Manna: Gefallen tut er mir nicht. Na, ich gehe, Sohn. Guten Abend.
(Ab.)

Walter (schließt die Tür hinter ihr ab): Wobei hast du dir den Arm gebrochen, Tünn?

Tünn: Bei einem Stellungsbefehl, den ich vorgestern erhielt. Tünn und Soldat für Hitler werden? Nicht doch. Na, da war ein Doktor derselben Meinung. Der sagte mir, mein linker Arm wäre gebrochen. Ich hatte das noch gar nicht gemerkt. Radikalfraktur. *(Er zieht den Gipsverband vom Arm, legt den Gipsarm auf den Tisch und holt daraus ein Papier, das er Walter gibt.)* Na, und so'n Doktor muß es doch wissen, hat doch drauf studiert.

Walter: Zur Sache, Tünn, was gibt es zu berichten?

Tünn: Die Gruppe ist zufrieden mit dir.

Walter: Ich brauche neue Texte.

Tünn: Ich soll dir etwas ausrichten von der Gruppe: Morgen früh um sechs Uhr hält ein Auto an der Ecke Karlstraße. Du bringst beide Koffer dorthin. Der Sender wird in Baruth aufgebaut.

Walter: Morgen früh um sechs Uhr?

Tünn: Ja. Und weiter soll ich dir bestellen, du sollst dich von der Gruppe trennen.

Walter: Das war mein Plan.

Tünn: Dein Eintritt dort war richtig, um zu erfahren, wie die Gruppe dort beschaffen ist. Dein Bericht hat uns gezeigt, daß diese Gruppe brauchbar ist. Es wird Kontakt mit ihr gesucht. Das Netz von Gruppen wächst, es geht voran. Also, auf Wiedersehn in Baruth.

Walter: Einen Moment, Tünn. Wenn ich mal hochgehn sollte, glaubst du ...

Tünn: Was?

Walter: Ich weiß es schon. Es ist ja selbstverständlich.

Tünn: Was denn?

Walter: Glaubst du auch, daß ich aus bin, wenn sie mich fassen? Ich weiß es ja, nur frag ich, weil ...

Tünn: Wenn sie dich fassen, Walter?

Walter: Ja.

Tünn: Wenn sie dich fassen, gibt's nur eins für dich.

Walter: Und das ist?

Tünn: Du weißt es.

Walter: Selbstmord.

Tünn: Ja. Du sagst es. Und sofort.

Walter: Ich weiß.

Tünn: Am besten ist ein Angriff auf den Beamten. Dann bist du schnell im Himmel.

Walter: Ich danke dir, ihr denkt an alles.

Tünn: Wir haben es bitter gelernt.
Walter: Ist gut, mein treuer Tünn. Du kannst jetzt gehn.
Tünn: Mach's gut, bis morgen, Walter. Ich sitz um sechs im Wagen. Halt! Beinah hätte ich meinen Gipsarm vergessen. *(Er schiebt ihn auf seinen Arm und geht.)*
Walter (liest und probiert sein Lied)
  (Es klopft.)

37

Walter: Wer ist da?
Nachbar (draußen): Ein guter Nachbar.
Walter (schließt auf): Herein mit ihm.
  (Der gute Nachbar und Flöte treten ein.)
Walter: Setzt euch.
Flöte: Wir bleiben besser stehn.
Walter: Was habt ihr?
Nachbar: Wir haben dich.
Walter: Was heißt das?
Nachbar: Wir hatten Vertrauen zu dir.
Flöte: Wir haben es nicht mehr.
Walter: Warum nicht? Was ist passiert? Ihr steht hier so feindlich. Was habt ihr?
Nachbar: Wie kommt es, daß du bei Lill warst?
Flöte: Wie kommt es, daß du bei ihr die Mappe abholen wolltest?
Nachbar: Was wolltest du mit der Mappe?
Flöte: Du hast Lills Separation nicht beachtet.
Nachbar: Das ist ein schwerer Fehler.
Flöte: Wenn du nicht ein Anfänger wärst ...
Nachbar: Du bist kein Anfänger! *(Schweigen.)*
Flöte: Wohin wolltest du mit unserer Mappe?
Nachbar: Bleib da stehn! *(Legt einen Revolver auf den Tisch.)*
Walter: Was heißt das? Was habt ihr vor?
Flöte: Wir wollen Klarheit über dich!
Nachbar: Du treibst ein doppeltes Spiel. Wir wollen wissen, wie das Spiel heißt.
Flöte: Das fragen wir dich im Namen von Menschen, deren Leben hier zwischen uns steht. *(Schweigen.)*
Walter: Ich wußte nicht, daß Lill Separation hat.
Flöte: Wohin wolltest du mit der Mappe?

Walter: Ich wollte sie hier unterbringen, bei mir, damit sie nicht gefährdet ist.
Flöte: Warum hast du in Lills Haus wegen eines Zimmers verhandelt?
Walter: Um einen eventuellen Verdacht, der Lill hätte treffen können, abzulenken auf mich.
Nachbar: Du hast also einen Verdacht auf dich gelenkt. Warum?
Walter: Warum? Weil ich sie leiden mag.
Nachbar: Was hast du zu erwidern, wenn dir einer sagt, daß du Lill benutzt hast, um uns zu beobachten?
Walter: Ich erwidere darauf, daß ich aus der Gruppe austrete.
Flöte: Eine Gruppe ist kein Taubenzüchterverein, aus dem man ohne weiteres austreten kann.
Nachbar: Es ist da irgend etwas im Hintergrund bei dir. Das fühl ich, das weiß ich, danach frag ich.
Walter: Flöte, kannst du uns allein lassen?
Nachbar: Flöte bleibt hier.
Walter: Ich darf eure Frage nicht beantworten.
Nachbar: Du mußt es leider tun.
Flöte (fährt ihm an den Hals): Gib es zu, daß du ein Spitzel bist, ein verdammter. Bulle ist dein erstes Opfer. Sie haben ihn gequält, und er hat sich in der Zelle erhängt. Das ist deine Schuld! *(Schweigen.)*
Walter: Ich kann nicht antworten. Ich darf nicht.
Nachbar: Wessen Auftrag führst du aus? Antworte! *(Schweigen.)* Wer ist dein Auftraggeber?
Walter: Ich weiß von keinem Auftraggeber. *(Pause. Holt die Mappe, gibt sie Flöte.)* Hier ist die Mappe, die ich heimlich aus Lills Schrank geholt habe. Sie weiß noch nicht, daß die Mappe bei mir ist. Sie war noch nicht zu Hause heute abend.
Flöte: Du hast das Material gehabt? Desto schlimmer. *(Greift nach der Pistole.)*
Nachbar: Ruhe, Flöte.
Walter: Laßt mich nachdenken, eine Minute.
Nachbar: Eine Minute! Dann hast du uns entweder überzeugt, daß du ehrlich bist, oder ... *(Schweigen.)*
Walter (geht auf und ab. Plötzlich mit einer Wendung): Kennt ihr den Sender Waldemar I?
Nachbar: Ja.
Flöte: Was willst du damit?
Walter: Der Sender Waldemar I befindet sich hier in der Mansarde. Der Sprecher bin ich.

Flöte: Was soll das bedeuten?
Nachbar: Du machst den Sender Waldemar I?
Walter: Ja.
Nachbar: Kannst du das beweisen?
Walter (holt die zwei Koffer, öffnet sie. Sie betrachten sie): Hier ist er. Hier ist der Text meiner nächsten Sendung. *(Schweigen.)*
Nachbar: Donner! Das ist ... in Ordnung ist das.
Walter (stellt die Koffer weg): Jetzt seid ihr wohl beruhigt, was?
Flöte: Ja. Ich bitte dich, meine Ausdrücke zu entschuldigen.
Walter: In Ordnung. Praktisch ergibt sich jetzt eins –
Nachbar: Trennung.
Walter: Ja, sofort.
Flöte: Wir werden sagen, er ist aus der Gruppe ausgeschieden, er hat einen Sonderauftrag.
Nachbar: Ja.
Walter: Ich habe euch weitergemeldet. Man wird mit euch Kontakt aufnehmen.
Nachbar: Gut.
Flöte: Schade, daß du nicht in unserer Gruppe bleiben kannst.
Nachbar: Leb wohl, Walter!
Flöte: Auf Wiedersehen!
Walter: Auf Wiedersehn! Grüßt die Gruppe!
(Beide ab.)

38

Walter:
Bist du ein Mensch, so bist du auch verletzlich.
Ein Kätzchen ritzt dir spielend schon die Haut.
Wie dünn ist aber deine Menschenhaut,
wenn ihr ein Tiger gegenübertritt.
So rosenblattdünn und so zart wie Schaum
ist deine Haut, indes er zwanzig Krallen hat
wie zwanzig Dolche an vier Pranken
und ein Gebiß voll Mord und voll Gebrüll!
Wie sehr verletzlich ist der Mensch und wie verloren,
wenn ihn das Untier anfällt, es ist stärker
mit Dolch, mit Mord, mit Gas, mit dem Schafott.

Wer gegen einen Tiger seine Hand erhebt, der fällt,
lehrt die Erfahrung, doch wir wissen auch,
daß es zuweilen möglich ist,
ein Untier zu erlegen, waffenlos, in Gruben,
auf die man Fallen baut, wie es die Inder tun,
und die Erfahrung lehrt auch, daß der Mensch,
sei dessen Haut auch noch so dünn und so verletzlich,
schließt er sich eng zusammen, baut ihm Fallen,
organisiert nach Plan den Widerstand,
vom Untier ungemein gefürchtet wird,
da es nichts Stärkeres auf Erden gibt
als Gruppen, die organisiert und willens sind,
auf Tod und Leben ihren Weg zu gehn.

Hier steht der Tiger, und hier steht die Gruppe.
Scharf ist sein Zahn, und dünn ist unsere Haut,
und dennoch, wir, erreichbar jedem Windzug,
belangbar und verhaftbar und auch tötbar,
wir setzen selber uns auf eine Karte,
um jenes Untier einst zu Fall zu bringen.
Vielleicht ist's Wahnsinn, wie die Braven sagen.
Doch wird man eines Tags sehr deutlich sehn,
wie dünn die Haut war, die das Leben in uns,
den Illegalen, von dem Zahn der Bestie trennte.

Schon wendet sich das furchtbare SS-Gebiß
in unsere Richtung, die Gestapo leckt ihr Maul,
dicht vor der Tür steht leise die Gefahr.
Es ging um Leben, jetzt geht's um den Tod ... *(Es klopft.)*

39

Walter (fährt zusammen, steht versteinert. Dann blickt er wild umher, eilt zum Fenster, öffnet es leise, naht auf Zehenspitzen der Tür, horcht. – Es klopft. – Er weicht zurück, wartet. – Es klopft. – Er geht entschlossen zur Tür, öffnet)
Lill (tritt, weiß vor Entsetzen, leise ein): Es ist etwas Furchtbares passiert!
Walter: Was? Sag was?
Lill (gehetzt): Die Mappe ist weg.
Walter: Nein, ich war es, ich!

Lill: Was sagst du da?
Walter: Ich hab die Mappe geholt.
Lill: Du?
Walter: Ja.
Lill: Wo ist sie?
Walter: In Sicherheit.
Lill (sinkt aufschluchzend auf einen Stuhl): Mein Gott ... mein Gott! Und ich hatte solche Angst ...!
Walter: Es ist alles in Ordnung, Lill.
Lill: Und warum? Warum hast du sie aus meinem Schrank weggeholt?
Walter: Weil ich einen Fehler gemacht hatte und die Folgen dieses Fehlers beseitigen wollte.
Lill: Vielleicht war es aber kein Fehler. Vielleicht bist du nicht beobachtet worden.
Walter: Dann haben wir Glück gehabt.
Lill: Wenn jemand Glück braucht, dann sind wir es.
Walter: Also hab keine Angst mehr.
Lill: Ich hab keine Angst. Eben hatte ich Angst. Mein Gott, war ich erschrocken, als der Schrank leer war.
Walter: Und da bist du gleich zu mir gekommen.
Lill: Ja.
Walter: Dachtest du, ich hab die Mappe?
Lill: Nein. Eigentlich nein. Ich bin nur so gekommen. Weil ich ... weil ich ... Angst hatte ... und da ...
Walter: Und da wolltest du mit mir reden.
Lill: Ja, ich dachte ...
Walter: Was dachtest du ...?
Lill (blickt ihn an): Du bist doch auch ein Mann.
Walter: Ja, man sagt so.
Lill: Ach, entschuldige, ich hab gar nichts an. Ich wollte grade ins Bett gehn. Ich hab nur einen Mantel übergeworfen und bin rasch über die Straße gelaufen. Ich war so in Eile.
Walter: Das macht nichts.
Lill: Nein?
Walter: Nein.
Lill: Vielleicht ist dir das unangenehm.
Walter: Du hast mir ja gesagt, daß du keine Frau bist.
Lill: Hab ich das gesagt?
Walter: Ja. Wie spät ist es eigentlich?
Lill: Es wird um Mitternacht sein.

Walter: Dann sind wir ja sicher.

Lill: Ja, vor fünf kommen sie nie.

Walter: Ja, fünf Stunden, die wir sicher sind.

Lill: Manchmal ist man eben einfach zu Ende. Dann fragt man sich, ob denn unsere Arbeit überhaupt einen Erfolg hat. Es ist ja sinnlos. Das ist ja, als ob man sich anstrengt, in einem Sandsturm ein Veilchen einzupflanzen. Es ist so, als ob jemand eine Handvoll Streichhölzer in die Nordsee wirft und hofft, eines Tages trocknet die Nordsee aus, und jemand findet ein Streichholz, trocknet es, zündet ein Feuer an und wärmt die Welt damit. Es ist so sinnlos. Ich bin müde, Walter.

Walter: Wenn du müde bist, so hab ich einen Wein. *(Er schenkt Wein ein.)* Er wird dich wecken. Dies ist Wein, rot wie Blut, und ich trink ihn auf dich! Sei gegrüßt, tapfere Lill, Kameradin der Heimlichkeit, Braut der langen Schatten, Genossin der Verborgenen, Freundin der Flüsterer, tapfere Schwester der heimlichen Helden, sei gegrüßt.

Lill (trinkt): Ich möchte das alles werden.

Walter: Und sonst? ... Nichts?

Lill (schweigt): Nein.

Walter: Ich trinke auf eine Frau, die mir gegenübersitzt, eine verheimlichte Frau, eine Frau, die schön ist ...

Lill: Ich bin keine Frau.

Walter: Es widerspricht sich nicht, eine Frau zu sein und illegal.

Lill (steht auf): Ach, man kann nur eines sein. Beides fordert einen ganzen Menschen. Ich bin ja nicht die einzige Frau! Es gibt Tausende, die in dieser Nacht in Deutschland auf der leisen Wache stehn, die arbeiten. Sie kleben, sie machen Fotokopien in ängstlich verhängten Badezimmern, sie tippen unter den Dächern geheime Artikel, sie kämpfen sich allein durch die Nacht in Sturm und Schnee; mit vereisten Augenbrauen ziehn sie über Land und bringen Botschaft. Sie werfen Briefe in viele Postkästen. Sie reisen als Kurier. In ihren zierlichen Handtäschchen halten sie tödliches Material verborgen ... Ach, die Tausende von Frauen in dieser Nacht ...

Walter (steht auf, hebt das Glas): Sie seien gegrüßt, die mutigen, gehetzten Kameradinnen, den Tod hinter sich, armselig und unbeugsam, die Mädchen, die Frauen, die Mütter.

Lill: Und die unzähligen, die gefaßt wurden, die in elendsgrauen Kolonnen durch die Zuchthäuser und Lager ziehen, häßlich gemacht, krank gemacht, geohrfeigt, beleidigt, getötet. Hunderttausende liegen in dieser Nacht hinter Gittern und Stacheldraht, politische Frauen, Kameradinnen. *(Leise:)* Ich hör sie weinen ...

Walter: Sie seien gegrüßt wie die Männer, denn sie kämpfen und leiden für die Freiheit! *(Sie trinken. Schweigen.)*
Lill: Gib mir die Mappe, ich will gehn...
Walter: Der gute Nachbar hat sie abgeholt.
Lill: Der gute Nachbar? Dann ist es ja gut.
Walter: Lill... kleine Lill.
Lill: Was... willst du?
Walter: Wolltest du mir die Gefahr wieder abnehmen?
Lill: Nein... ich weiß nicht.
Walter: Das ist sehr tapfer. Das tun die Frauen draußen nur, wenn sie einen lieben.
Lill: Aber ich... tue es... weil...
Walter: Weil...
Lill: Walter...
(*Sie fallen in eine lange Umarmung. Sie sind fast verdurstet, und sie sind jung, und sie trinken.*)
Walter: Lill... ich hab auf dich gewartet.
Lill (unirdisch leise): Das ist schön... ach, ist das schön...
Walter (trägt sie auf ein Sofa)
Lill: Ich hab gar nicht gewußt, wie das ist.
Walter: Was?
Lill: Das mit der Liebe.
Walter: Liebst du mich?
Lill: Ja, und du? Liebst du mich?
Walter: Ja.
Lill: Sie können Liebenden nichts tun.
Walter: Nein. Du bleibst bei mir, in meinen Gedanken, in meinem Geist.
Lill: Jetzt weiß ich, was das ist: Geist. Der heilige Geist.
Walter: Ja. Mach die Augen zu. *(Er küßt sie.)*
Lill: Wir wollen nie wieder auseinandergehn.
Walter: Es ist noch soviel Zeit bis fünf Uhr.
Lill: Bis fünf Uhr...? *(Flüsternd:)* Komm...
Walter (legt sich zu ihr): Ja.
Lill: Wie der Schatten an der Wand entlang läuft...
Walter: Wie ein Menetekel...
Lill: Ob wir auch zu leicht befunden werden? Ich weiß es nicht. Wir sind zwei winzige Menschen in der großen Stadt und lieben uns.
Walter: Und wir versuchen, unsere Pflicht zu tun.
Lill: Du darfst mich nie verlassen.
Walter: Noch ist es Nacht, da sagt es sich leicht: Ja. Aber morgen...

Lill: Morgen! Sprich nicht davon.
Walter (richtet sich halb auf, nach vorn): Ich kenne sie nur vom »Doppelten Mond«, Herr Kommissar.
Lill (ebenso): Wir haben kaum miteinander gesprochen, Herr Kommissar.
Walter: Nur einen Abend haben wir zusammen auf dem Sofa gesessen.
Lill: Das war an dem Abend, als die Silberhochzeit war, Herr Kommissar.
Walter: Wir haben zuerst von Musik gesprochen.
Lill: Von Liedern.
Walter: Innsbruck, ich muß dich lassen.
Lill: Er singt nämlich manchmal.
Walter: Dann haben wir von Liebe gesprochen, Herr Kommissar. Ob sie schon einmal einen Mann gehabt hat...
Lill: Nein.
Walter: Nein?
Lill: Einmal, da war ich achtzehn. Er hatte hellblonde Haare auf den Händen, und er lachte immer, ohne einen Laut. Er ist gefallen.
Walter: Sie hat schon einen gehabt, Herr Kommissar.
Lill: Aber ich hab noch keinen geliebt, Herr Kommissar... noch nie... nur ihn... nur dich... nur dich... *(Küßt ihn.)*
Walter: Wir saßen auf dem Sofa und sprachen von Liedern und dann von Liebe.
Lill: Und dann küßte er mich.
Walter: Dann hatte sie einen Apfel, den schnitt sie durch, und wir aßen ihn. Der Apfel war süß wie ihr Mund.
Lill: Der Apfel war sauer und holzig.
Walter: Aber der Mund war süß... Übrigens, mein Geschmack ist sie nicht, Herr Kommissar.
Lill (lacht): Den führst du schön an.
Walter: Klar. Ich liebe sie nicht. Ich weiß nur keine andere.
Lill (lacht): Stimmt das? *(Küßt ihn.)*
Walter: Nein. Ich fühle dich.
Lill: Ich habe ja auch nur den Mantel an.
Walter: Und ein Nachthemd, es riecht noch nach Bügeleisen.
Lill: Ich glaub, ich muß gehn.
Walter: Lill... sag: Ja.
Lill: Nein.
Walter: Sag ja.
Lill: Ich hab Angst.

Walter: Vor mir?
Lill: Ich weiß nicht.
Walter: Sag ja.
Lill (leise): Ja.
Walter (dreht das Licht aus)
  (Dunkelheit. Man hört sie beide nur flüstern.)
Walter: Ich hab mein Leben lang auf dich gewartet.
Lill: Ich war so allein, Liebster.
Walter: Und dann sah ich dich, Lill. Und mein Herz zog den Hut vor dir.
Lill: Und da verbeugte sich meins.
Walter: Komm.
Lill: Ich liebe dich.
  (Man hört fünf schwere Glockenschläge.)
Walter (dreht das Licht an): Es ist soweit.
Lill: Ich muß gehn.
Walter: Es wird wieder schön werden, das Leben, später, glaub fest daran.
Lill: Auf Wiedersehn, Walter.
Walter: Auf Wiedersehn, Lill. *(Umarmung.)*
Lill (eilt hinaus)

40

Walter: Und jetzt an die Arbeit! *(Er holt die beiden Koffer hervor und macht das Gerät sendefertig.)* Achtung, Achtung, hier ist der Widerstandssender Waldemar I! Ich verlese den Brief eines Zuchthäuslers an die deutsche Jugend:
»Wenn ich mir, ihr jungen Deutschen, euer Gesicht vorstelle, ob ihr nun Lehrlinge, Schüler, Mädchen, Studenten, Hilfsarbeiter oder Soldaten seid, so seh ich es erröten darüber, daß ein Zuchthäusler, ein Verdammter, es wagt, euch anzureden. Ihr seid jung, ihr wollt den Sieg, den Triumph Deutschlands über Europa.
Ich aber wollte die Niederlage Deutschlands. Das ist ein furchtbarer Vorsatz für einen Deutschen. Und dafür hab ich jahrelang illegal mit meiner Gruppe gearbeitet, bis uns die Gestapo faßte. Von acht jungen Menschen, aus denen unsere Gruppe bestand, wurden fünf hingerichtet. Es waren junge Freiheitskämpfer, wie von einem Dichter geträumt, in ihrer heiteren und herrlichen Todesbereitschaft, junge, schöne Menschen, die Besten, eine kühne Elite der deutschen Geschichte, in die sie eingegangen sind.

Aber wie war es möglich, daß tapfere deutsche Menschen ihr Leben für die Niederlage ihres Vaterlandes opferten? Was war mit diesem Vaterland geschehen?

Nun, in unser Vaterhaus war eine Seuche eingedrungen, eine goldverbrämte Seuche, die alle ansteckte und krank machte. Unser Volk, unser geliebtes Volk der Deutschen, begann mit Wutschaum vor dem Mund zu rasen. Es wollte endlich einmal aus dem Elend heraus, und es ward ihm vom Rattenfänger aus Braunau ein Weg gezeigt. Ach, es war ein schrecklicher Weg, ein Golgathaweg. Es kochten auf den alten Herden unseres großen Volkes die uniformierten Wutanfälle auf, und der Vorgarten unseres Vaterhauses war mit den bösglühenden Blüten infamer Lügen bestückt. Dieser historische Amoklauf eines Volkes wird ihm Millionen von Toten kosten, vor denen ich mich verneige, und er wird mit dem totalen Zusammenbruch enden, vor dem mich schaudert. *(Es wird langsam dunkel auf der Szene.)*

Ihr fragt nun, was das mit euch, mit der Jugend, zu tun hat? Nun, der Zusammenbruch wird euch gehören, sonst nichts.

Es wird der Tag kommen, da stehst du, deutsche Jugend, vor der furchtbarsten Aufgabe, vor die je eine junge Generation gestellt wurde. Wirst du sie bewältigen? Wird die Jugend zerbrechen, auf die wir unsere letzte Hoffnung setzen?

Oder wird sie den ungeheuren Impuls des Schmerzes benutzen, um wieder emporzusteigen, geläutert in der heiligen Wandlung des Vaterlandes? Ja, du wirst eine neue Welt aufbauen, eine Welt derer, die guten Willens sind, deutsche Jugend, denn der Schmerz ist dein Motor.

Du wirst es schwer haben, deutsche Jugend, erbarmungslos schwer, aber wenn du fast verzweifeln willst, weil das Ziel fast unnahbar ist, schau dich um.

In derselben fast aussichtslosen Lage befanden sich jene jungen Menschen, die sich damals gegen die Gewalt erhoben, heldenhafte Männer und Frauen in Berlin. *(Dunkel.)*

Bewege ihr Bild in deinem Herzen und gehe ihren großen Weg. Und wenn du verzweifeln willst, flüstere ihre geheiligten Namen. Und ihre Namen sind diese:

Harro Schulze-Boysen,
Walter Husemann,
Kurt Schumacher,
Elisabeth Schumacher,
Walter Küchenmeister.

Es gab viele Helden auf allen Fronten dieses Krieges, aber die bitterste Front war die Schafottfront, und hier fielen die Helden in bleichen, schweigenden Kolonnen, die dir den Weg gewiesen haben, den Weg in die Menschlichkeit!« *(Es klopft.)*

41

Walter (macht Licht an): Wer ist da?
Stimme: Aufmachen! Polizei!
Walter: Polizei?
Stimme: Aufmachen! Polizei!
Walter (eilig zum Fenster, will hinaus, weicht jedoch zurück): Eingekreist! Verdammt, die Stunde ist gekommen! Hört, ihr Deutschen überall: Der Feind steht vor der Tür! Dies ist die letzte Minute des Senders Waldemar I...
Stimme: Aufmachen, aufmachen!
Walter: Wenn ihr morgen diesen Sender nicht mehr hört, so werden andere Sender euch anrufen. *(Schwere Schläge gegen die Tür.)* Die Stimme der Freiheit ist nicht mehr zu ersticken. Sucht morgen andere Freiheitssender, denn der Sender Waldemar I stellt seine Sendungen ein! *(Er hebt den Sendekoffer hoch und zerschmettert ihn am Boden.)*
(Die Tür wird aufgebrochen, vier Männer in Zivil dringen ein.)
Adam: Hände her! *(Er fesselt ihn.)*
Haber: Ein Sender!
Adam: Aha!
Eine Frau (erscheint atemlos in der Tür): Um Himmels willen! Was ist denn hier los mitten in der Nacht?
Lill (erscheint ebenfalls): Mein Gott, was ist geschehn?
Haber (zu Lill): Kennen Sie den Mann da?
Lill: Den Mann da?
Walter: Nein, wir kennen uns nicht.
Lill: Doch, wir haben mal zusammen in der Kneipe von Weihnacht auf dem Sofa gesessen. Da hat er mich geküßt...
Walter: Deswegen braucht man sich doch nicht zu kennen. Wen küßt man nicht alles...?
Lill: Er hat gesungen damals...
Walter (summt): Innsbruck, ich muß dich lassen...
Adam: Schluß! Gehen Sie vor! *(Mit Walter ab.)*
Haber (zu der Frau): Und Sie? Kennen Sie ihn?

Die Frau: Das war bloß der neue Mieter von uns, sonst nichts.
  (Draußen Tumult, Rufe: Halt! Halt! Schüsse, Flüche.)
Adam (stürzt herein): Er hat mich angegriffen. Ich mußte schießen. Er fiel übers Geländer. Wer eingeht, geht ein.
Haber: Sie sind ein Dummkopf, Adam. *(Ab mit ihm. Dunkel.)*
Die Frau: Bezahlt hat er jedenfalls ... bezahlt hat er ...
Lill (jäh aufschluchzend): Ja, das ist wahr ... das ist wahr!

Kommentar

Nationalsozialistische Bilanz:
Der Verfall der Kultur und des Theaters

Das Theater der Weimarer Republik nahm sich in den Augen der nationalsozialistischen Bewegung anders aus, als es durch unsere Analyse in den ersten beiden Bänden erscheint. Die grundsätzliche Einstellung wurde früh durch Hitler selbst gegeben, der im 10. Kapitel von »Mein Kampf« bei der Behandlung der »Ursachen des Zusammenbruchs« des alten Reichs und der Krankheit der neuen Republik auch über den »Verfall des Theaters« schrieb:

»Gleichlaufend mit der Erziehung des Körpers hat der Kampf gegen die Vergiftung der Seele einzusetzen. Unser gesamtes öffentliches Leben gleicht heute einem Treibhaus sexueller Vorstellungen und Reize. Man betrachte doch den Speisezettel unserer Kinos, Varietés und Theater, und man kann wohl kaum leugnen, daß dies nicht die richtige Kost, vor allem für die Jugend, ist. In Auslagen und an Anschlagsäulen wird mit den niedrigsten Mitteln gearbeitet, um die Aufmerksamkeit der Menge auf sich zu ziehen. Daß dies für die Jugend zu außerordentlich schweren Schädigungen führen muß, ist wohl jedem, der nicht die Fähigkeit, sich in ihre Seele hineinzudenken, verloren hat, verständlich. Diese sinnlich schwüle Atmosphäre führt zu Vorstellungen und Erregungen in einer Zeit, da der Knabe für solche Dinge noch gar kein Verständnis haben dürfte. Das Ergebnis dieser Art von Erziehung kann man an der heutigen Jugend in nicht gerade erfreulicher Weise studieren. Sie ist frühreif und damit auch vorzeitig alt geworden. Aus den Gerichtssälen dringen manches Mal Vorgänge an die Öffentlichkeit, die grauenhafte Einblicke in das Seelenleben unserer 14- und 15jährigen gestatten. Wer will sich da wundern, daß schon in diesen Alterskreisen die Syphilis ihre Opfer zu suchen beginnt? Und ist es nicht ein Jammer, zu sehen, wie so mancher körperlich schwächliche, geistig aber verdorbene junge Mensch seine Einführung in die Ehe durch eine großstädtische Hure vermittelt erhält?

... Wenn wir die Jugend nicht aus dem Morast ihrer heutigen Umgebung herausheben, wird sie in demselben untersinken. Wer diese Dinge nicht sehen will, unterstützt sie und macht sich dadurch zum Mitschuldigen an der langsamen Prostituierung unserer Zukunft, die nun einmal in der werdenden Generation liegt. Dieses Reinemachen unserer Kultur hat sich auf fast alle Gebiete zu erstrecken. Theater, Kunst, Literatur, Kino, Presse, Plakat und Auslagen sind von den

Erscheinungen einer verfaulenden Welt zu säubern und in den Dienst einer sittlichen Staats- und Kulturidee zu stellen. Das öffentliche Leben muß von dem erstickenden Parfüm unserer modernen Erotik befreit werden, genau so wie von jeder unmännlichen prüden Unaufrichtigkeit. In allen diesen Dingen muß das Ziel und der Weg bestimmt werden von der Sorge für die Erhaltung der Gesundheit unseres Volkes an Leib und Seele. Das Recht der persönlichen Freiheit tritt zurück gegenüber der Pflicht der Erhaltung der Rasse.
... Wenn die Kraft zum Kampfe um die eigene Gesundheit nicht mehr vorhanden ist, endet das Recht zum Leben in dieser Welt des Kampfes. Sie gehört nur dem kraftvollen ›Ganzen‹ und nicht dem schwachen ›Halben‹.
Eine der ersichtlichsten Verfallserscheinungen des alten Reiches war das langsame Herabsinken der allgemeinen Kulturhöhe, wobei ich unter Kultur nicht das meine, was man heute mit dem Worte Zivilisation bezeichnet. Diese scheint im Gegenteil eher eine Feindin wahrer Geistes- und Lebenshöhe zu sein ...
Wem dies befremdlich vorkommt, der braucht nur die Kunst der glücklich bolschewisierten Staaten einer Betrachtung zu unterziehen, und er wird mit Schrecken die krankhaften Auswüchse irrsinniger oder verkommener Menschen, die wir unter den Sammelbegriffen des Kubismus und Dadaismus seit der Jahrhundertwende kennenlernten, dort als die offiziell staatlich anerkannte Kunst bewundern können. Selbst in der kurzen Periode der bayerischen Räterepublik war diese Erscheinung schon zutage getreten. Schon hier konnte man sehen, wie die gesamten offiziellen Plakate, Propagandazeichnungen in den Zeitungen usw. den Stempel nicht nur des politischen Verfalls, sondern auch den des kulturellen an sich trugen.
So wenig etwa noch vor sechzig Jahren ein politischer Zusammenbruch von der jetzt erreichten Größe denkbar gewesen wäre, so wenig auch ein kultureller, wie er sich in futuristischen und kubistischen Darstellungen seit 1900 zu zeigen begann. Vor sechzig Jahren wäre eine Ausstellung von sogenannten dadaistischen ›Erlebnissen‹ als einfach unmöglich erschienen und die Veranstalter würden in das Narrenhaus gekommen sein, während sie heute sogar in Kunstverbänden präsidieren. Diese Seuche konnte damals nicht auftauchen, weil weder die öffentliche Meinung dies geduldet noch der Staat ruhig zugesehen hätte. Denn es ist Sache der Staatsleitung, zu verhindern, daß ein Volk dem geistigen Wahnsinn in die Arme getrieben wird. Bei diesem aber müßte eine derartige Entwicklung doch eines Tages enden. An

dem Tage nämlich, an dem diese Art von Kunst wirklich der allgemeinen Auffassung entspräche, wäre eine der schwerwiegendsten Wandlungen der Menschheit eingetreten; die Rückentwicklung des menschlichen Gehirns hätte damit begonnen, das Ende aber vermöchte man sich kaum auszudenken.

Sobald man erst von diesem Gesichtspunkte aus die Entwicklung unseres Kulturlebens seit den letzten 25 Jahren vor dem Auge vorbeiziehen läßt, wird man mit Schrecken sehen, wie sehr wir bereits in dieser Rückbildung begriffen sind. Überall stoßen wir auf Keime, die den Beginn von Wucherungen verursachen, an denen unsere Kultur früher oder später zugrunde gehen muß. Auch in ihnen können wir die Verfallserscheinungen einer langsam abfaulenden Welt erkennen. Wehe den Völkern, die dieser Krankheit nicht mehr Herr zu werden vermögen!

Solche Erkrankungen konnte man in Deutschland fast auf allen Gebieten der Kunst und Kultur überhaupt feststellen. Alles schien hier den Höhepunkt schon überschritten zu haben und dem Abgrunde zuzueilen. Das Theater sank zusehends tiefer und wäre wohl schon damals restlos als Kulturfaktor ausgeschieden, hätten nicht wenigstens die Hoftheater sich noch gegen die Prostituierung der Kunst gewendet. Sieht man von ihnen und einigen weiteren rühmenswerten Ausnahmen ab, so waren die Darbietungen der Schaubühne derart, daß es für die Nation zweckmäßiger gewesen wäre, ihren Besuch ganz zu meiden. Es war ein trauriges Zeichen des inneren Verfalls, daß man die Jugend in die meisten dieser sogenannten ›Kunststätten‹ gar nicht mehr schicken durfte, was auch ganz schamlos offen zugegeben wurde mit der allgemeinen Panoptikum-Warnung: ›Jugendliche haben keinen Zutritt!‹

Man bedenke, daß man solche Vorsichtsmaßnahmen an den Stätten üben mußte, die in erster Linie für die Bildung der Jugend da sein müßten und nicht zur Ergötzung alter, blasierter Lebensschichten dienen dürften. Was würden wohl die großen Dramatiker aller Zeiten zu einer derartigen Maßregel gesagt haben, und was vor allem zu den Umständen, die dazu die Veranlassung gaben? Wie wäre Schiller aufgeflammt, wie würde sich Goethe empört abgewendet haben! . . .

So war das Traurigste am Zustand unserer Gesamtkultur der Vorkriegszeit nicht nur die vollkommene Impotenz der künstlerischen und allgemein kulturellen Schöpferkraft, sondern der Haß, mit dem die Erinnerung der größeren Vergangenheit besudelt und ausgelöscht wurde. Fast auf allen Gebieten der Kunst, besonders in Theater und

Literatur, begann man um die Jahrhundertwende weniger bedeutendes Neues zu produzieren, als vielmehr das beste Alte herunterzusetzen und als minderwertig und überwunden hinzustellen; als ob diese Zeit der beschämendsten Minderwertigkeit überhaupt etwas zu überwinden vermöchte. Aus diesem Streben aber, die Vergangenheit dem Auge der Gegenwart zu entziehen, ging die böse Absicht dieser Apostel der Zukunft klar und deutlich hervor. Daran hätte man erkennen sollen, daß es sich hier nicht um neue, wenn auch falsche kulturelle Auffassungen handelte, sondern um einen Prozeß der Zerstörung der Grundlagen der Kultur überhaupt, um eine dadurch möglich werdende Vernarrung des gesunden Kunstempfindens – und um die geistige Vorbereitung des politischen Bolschewismus . . .
Eine wirklich segensvolle Erneuerung der Menschheit wird immer und ewig dort weiter zu bauen haben, wo das letzte gute Fundament aufhört. Sie wird sich der Verwendung bereits bestehender Wahrheiten nicht zu schämen brauchen. Ist doch die gesamte menschliche Kultur sowie auch der Mensch selber nur das Ergebnis einer einzigen langen Entwicklung, in der jede Generation ihren Baustein zutrug und einfügte. Der Sinn und Zweck von Revolutionen ist dann nicht der, das ganze Gebäude einzureißen, sondern schlecht Gefügtes oder Unpassendes zu entfernen und an der dann wieder freigelegten gesunden Stelle weiter- und anzubauen.«
Hitler bezog sich für seine Urteile auf die bis 1924/25 überblickbare kulturelle Produktion in der Bildenden Kunst und im Theater (s. Band 1). Die künstlerischen Äußerungen in der zweiten Hälfte der Weimarer Republik (s. Band 2) verstärkten Hitlers Bewertungen noch. Die NS-Publizistik spiegelt diesen Vorgang. Die summarische Abwertung des Hervorgebrachten war die Grundlegung für die »umfassende Neuordnung«, die der Nationalsozialismus auf dem Gebiet der Kultur anstrebte. Eine »parteiamtliche« Abrechnung mit der Dramatik und dem Theater der Weimarer Republik erschien am 11./12. Februar 1933 im »Völkischen Beobachter«, dem Parteiorgan der NSDAP (wieder gedruckt in: »Materialien zum Leben und Schreiben der Marieluise Fleißer«, hsg. v. G. Rühle, edition suhrkamp Nr. 594, S. 187 ff.).

DIE NATIONALEN AUTOREN

Hanns Johst Schlageter

Geschrieben 1930/32. – Erste Veröffentlichung: Albert Langen/Georg Müller Verlag, München 1933.

»Schlageter« war das erste Schauspiel, in dem das »Dritte Reich« sich feierte. Das Stück ist die deutlichste Ausprägung von Johsts über viele Zwischenstufen entwickelter »heroischer Dramaturgie«. – Johst, ein Lehrersohn aus Seerhausen bei Dresden (geb. 8. Juli 1890), hatte um 1916 zu jenen neurasthenischen jungen Menschen gehört, die im Suchen nach einer neuen Welt den Expressionismus hervorbrachten. »Der junge Mensch« (1916, Urauff. 13. März 1919, Thalia-Theater Hamburg) und sein vielgespieltes Grabbe-Stück »Der Einsame« (Urauff. 2. November 1917, Schauspielhaus Düsseldorf) hatten seinen Enthusiasmus, sein expansives Selbstwertgefühl, aber auch eine Suche nach dem »Märchen im Menschen« und einer übergeordneten Aufgabe formuliert. Johst fand deren Inhalte in seiner Reaktion auf die Niederlage von 1918, auf die Bürgerkriegskämpfe im Land und im Widerspruch zur Entwertung der Begriffe Erde, Seele und Vaterland. Im Gedichtband »Rolandsruf« (1919) verstand er sich schon als Rufer und Mahner in der Zeit, im Schauspiel »Der König«, das Hitler faszinierte (Urauff. 22. Mai 1920, Schauspielhaus Dresden), verherrlichte er schon den antibürgerlichen »Revolutionär von oben«. – In seinen Komödien »Stroh« (1915), »Wechsler und Händler« (1923) – darin: Hettner, eine Skizze zu »Schlageter« –, »Die fröhliche Stadt« (Urauff. 19. Mai 1925, Schauspielhaus Düsseldorf), »Marmelade« (Urauff. 10. April 1926, Stadttheater Ulm) gab er die Negativbilder der als krank interpretierten Gesellschaft der zwanziger Jahre; seine pathetischen Dramen, das Luther-Stück »Propheten« (Urauff. 2. November 1922, Schauspielhaus Dresden) und »Thomas Paine« (Urauff. 31. März 1927, Schauspielhaus Köln), versuchten durch eine mitreißende Dramaturgie, Figuren geschichtlicher Erneuerung und der Überwindung alter Zustände in den Empfindungsbereich der Zuschauer einzuführen. In »Schlageter« fand Johst den ersten zeitgenössischen Helden, an dem er seine eigene Leidenschaft zum Vaterland darstellen, aber auch den Typus des aus dem Volk aufsteigenden und sich für das Volk opfernden Helden verklären konnte.

Johsts Dramaturgie

Johsts Grundgestus ist nicht Beschreiben und Analysieren, sondern emotionales Erleben, das in Bekennen übergeführt wird. Seine erste Zielsetzung heißt: »Das Erleben zur Auferstehung im Gebilde der Dichtung führen.«

Das »Krankheitsbild des gegenwärtigen Theaters« ergab sich für ihn in den zwanziger Jahren aus der immer deutlicheren Trennung von Drama und Theater, aus der Brechung des Erlebniszusammenhangs zwischen Bühne und Publikum. Seine Dramaturgie suchte nach Überwindung dieser Trennung (s. Einleitung zu Band 2).

»Wir kennen heutzutage nur noch Theater, und kaum die geringste Beziehung lebt mehr von Zuschauerraum und Drama. Als ich ... in Syrakus die latinischen Wiederbelebungsversuche an der Dramaturgie des Äschylos mit ansah, wurde es mir klar, was der Gegenwart fehlt, um ein Drama zu erzeugen und zu tragen: Die Kultgemeinschaft.« *(In: »Ich glaube«, S. 22)*

Als Voraussetzung für die Herstellung dieser Kultgemeinschaft nannte er eine neue Glaubensbereitschaft im Publikum. In der Schrift »Ich glaube« (1928) gab er Zeugnis von sich und reflektierte über die Möglichkeiten der Wiederherstellung solcher Gemeinschaft und damit des Dramas:

»Das heutige Theater arbeitet an den Beziehungen der Menschen untereinander. Die Beantwortung folgender Frage entscheidet: Sind diese Beziehungen nur weltwirklich, oder bieten sie noch Berührungspunkte mit der Gottheit, mit dem Göttlichen in uns über den Menschen? Die Schicksalsfrage des deutschen Dramas steht vor uns! Ich muß, ich kann sie nur persönlich beantworten! Ich glaube!

Ich glaube an mehr denn an Menschen, an mehr denn an Menschenmacht und Menschenübermacht und Übermenschenmacht! Ich glaube an eine Macht des All, an eine Allmacht! Damit lebt für mich die Sendung des Dramas noch, denn damit ist der ursprüngliche Sinn des Dramas noch am Leben. Wohl sind wir jungen Dramatiker aus dem Paradies des Mythos und seiner Gemeinschaft verbannt, aber was blieb, ist Aufgabe genug! Es gilt, die Beziehungen der Menschen untereinander wieder in Beziehung zu setzen zu dem geheimnisvollen Abspiel der Ideen! Das Drama steht vor einer neuen Schöpfungsstunde. Es gilt, das Drama vor der Macht des Theaters zu retten!« *(S. 25)*

Als Ausgangspunkt eines neuen Glaubens sieht er die Entscheidung, vor der er Deutschland sieht: Nation zu werden oder zugrunde zu gehen.

»Wir glauben alle an die deutsche Sendung, sonst verwirken wir das

Recht, uns Deutsche zu nennen. Wir gehen also der einen Voraussetzung eines dramatischen Eigenlebens entgegen. Es bleibt die Kultgemeinschaft als Problem übrig.« Für deren Entstehen sieht er eine Chance in der Kraft der deutschen Seele und dem Verlangen nach einer neuen metaphysischen Überhöhung des Lebens:

»... Es hieße, die deutsche Seele leugnen, nicht daran zu glauben, daß eine deutsche Nation je erstehen könnte ohne Zusammenhänge mit dem Reich der Ideen, die ihre Existenz immer tiefer oder ... immer höher begründen müssen als mit dem Niveau des Menschen. Der Mensch als treibende Idee hat abgewirtschaftet ... Die Politik Europas ist am Ende, die Zivilisation hat ausgespielt, der dramatische Boden ist bereitet ... Die Masse ist einsam, und der Geist aus der Höhe wird einen Kult bringen, um dessen Stätte uns nicht zu bangen braucht! Das neue Drama wird aus übersinnlichen Quellen springen, und es wird national sein, wie es das griechische Drama war, und es wird übernational werden, wie es das griechische wurde. Ein solches Drama ist kein Programm ... Ein solches Drama bedeutet – Gnade! Und Gnade setzt immer Glauben voraus.« – »Das kommende Theater wird Kult werden müssen, oder das Theater hat seine Sendung, seinen lebendigen Ideengehalt abgeschlossen und wird nur noch als eine Art versteinte Fossilie in den Kulturschiebungen mitgeführt. Die Not, die Verzweiflung, das Elend unseres Volkes braucht Hilfe. Und Hilfe kommt ... aus der Wiedergeburt einer Glaubensgemeinschaft ... Wir gehen nach dem inneren Beistand aus ...« (*»Ich glaube«, S. 30, S. 36*)

Allgemeines Prinzip des künftigen Dramas soll nicht mehr der Konflikt von Mensch zu Mensch, auch nicht mehr das »Ewigmenschliche« (als Ausdruck einer höchsten Sittlichkeit) sein, sondern die Unterstellung des Menschlichen unter die »Blickeinstellung des Ewigen«. Der naturalistischen wie der realistischen Epoche hatten wir uns entfremdet: »Statt vor einer vernunftgemäßen Dramaturgie stehen wir vor einer gefühlsmäßigen ... Das Theater will wieder, wie bei ... den Griechen etwa ... die Gemeinschaft der Handelnden und Aufnehmenden bis vor das Mysterium einer übersinnlichen Weltanschauung führen.« (*»Ich glaube«, S. 38 f.*)

Johst setzt als Zweck der Politik wie der Dichtung: den Menschen wieder begreifbar zu machen, daß sie ein Volk und eine Schicksalsgemeinschaft sind.

»Das Volk ist die Einheit der Menschen, denen ein Stück Erde, ein Land gemeinsam gehört. Mag der einzelne Arbeiter durch die kata-

strophale Wirtschaftsgeschichte der letzten Dezennien gerade auch in Deutschland des Gefühls für seinen Besitz an diesem Lande, der metaphysischen Zugehörigkeit zu dieser Heimat verlustig gegangen sein, so ist es Aufgabe und Pflicht der geistigen Führung des Staatswesens, diesen Volksgenossen ihren ideellen Anteil an der Nation klar und eindringlich, sinnlich und unzweideutig nahe zu bringen. Es gibt keinen Deutschen, der nicht Deutschlands Schicksal tragen müßte. Dieses bindende, zwingende Gesetz, unter dem wir Menschen in dieser Welt antreten, freiwillig oder gezwungen, ist eine jener mystischen Tatsachen, die das mit Vernunft begabte Lebewesen an Naturgesetze verknüpft, die jenseits aller menschlichen Orientierung eine Existenz an sich führen.« *(»Ich glaube«, S. 47)*

Die Einzelnen zum Volk zusammenführen kann für Johst nur die aus dem Volk aufsteigende, die besten Kräfte des Volks selbst verkörpernde Persönlichkeit. Seine Dramaturgie mündet konsequent in die Führungsrolle dieser großen politischen Persönlichkeit; szenische und politische Dramaturgie werden kongruent:

»... Zu den Völkern, die immer nur an der Hand großer Persönlichkeiten Großes geleistet haben, gehört Deutschland. Deutschland ist vielleicht das tragischste Bereich Europas, insofern, als sich hier am offensichtlichsten Staatsidee und religiöse Sehnsucht, Körper und Geist, Geist und Seele gegenüberstehen...

Ein Volk ist geradezu – die Geschichte lehrt es eindringlich – mit den subtilsten Organen begabt, um einem Großen Gefolgschaft zu leisten, mit Leib und Seele sich für ihn einzusetzen, fühlt es sich erst von dessen eigenem Glauben übermannt, gepackt! Wieviel Deutsche starben für Luthers Wort? Wieviel Getreue fielen auf Friedrichs des Großen Befehl! Sie wurden Getreue eines persönlichen Glaubens, der in dieser Welt mehr ist als alle Humanität und Menschlichkeit.« *(»Ich glaube«, S. 58 ff.)*

Von einem persönlichen Glauben ergriffene Führerfiguren dieser Art sind Johsts dramatische Helden: Luther, Thomas Paine und Schlageter.

Drama und Publikum

Für Johst wird das Theater zum (vorerst, 1929!) einzigen Ort, an dem aus dem Publikum »Gemeinschaft« gebildet werden kann. Theater wird ihm eine Stätte der Erhebung, die aus dem materialistisch bestimmten Alltag herausreißt und das Ziel selber spürbar macht: die neue völkische Glaubensgemeinschaft.

»Das Theater ist die letzte Stätte einer unvoreingenommenen, volks-

gemäßen, lebendigen Gemeinschaft. Wo ein jeder auch herkomme und was ein jeder auch immer an innerem Ballast mitbringe, jedermann wird überdunkelt, ballt sich mit allen gemeinsam zu namenlosem Chor, wenn das Spiel beginnt.

Dieser primitive seelische Zustand hat heute wieder wesentliche Geltung und nicht die illusions-spielerische, die raffinierte Bühne, die dem geschmeichelten Zuschauer, der sich ständig seines bezahlten Platzes stolz bewußt bleibt, Einblicke in die Reize aller möglichen und unmöglichen Spielarten des Lebens gewährt und gewährleistet.

Nicht der bloße Vorgang der Szene hat für uns noch Geltung, sondern die Eindringlichkeit seiner Transparenz in das dichterisch Metaphysische, in die Welt der Ideen. Wir trachten wieder darnach, mehr im Theater zu erleben als Bühnenvorgänge und Bühnenbilder, wir wollen uns in Beziehung gesetzt sehen zu einer Weltanschauung, zu dem Ideengehalt der Welt. Wir wollen erhoben sein, wir wollen einem Stück Seele Gefolgschaft leisten, die uns befreit, die uns mit sich emporreißt in den Flug eines neuen, unvergleichlichen Wohlgefühls...

Das Schöne, das Gute als Erlebnis, das ist die neuerwachende Sehnsucht des Theaters...« *(»Ich glaube«, S. 74 f.)*

»...Das Publikum ist immer Gefolgschaft. Es erweist sich im Theater als der gleiche Faktor, mit dem die Geschichte, die Politik rechnen muß. Es ist die Masse derer, die gestaltet sein wollen und werden müssen. Es sind Kreaturen, die überwältigt Gefolgschaft leisten im Guten und im Bösen.

Das Theater ist ein Kampfplatz um die Gesinnung, um die Seele der Masse... Die Gestalt des Dichters kämpft mit dem Instrument des Theaters um die Gestalt der Masse.« *(Aus: »Standpunkt und Fortschritt«, S. 44)*

Zur Herstellung solcher Erlebnisse braucht Johst sowohl eine spezifische Form von Drama als auch ein Publikum, das sich überwältigen läßt. Solche Überlegungen finden sich schon in Johsts frühestem Bekenntnis »Weg und Werk« (1922), und sie wurden in den »theoretischen Bänden« »Wissen und Gewissen« (1924), »Ich glaube« (1928), »Standpunkt und Fortschritt« (1933) immer wieder variiert.

»So ist das Drama für mich nicht die Stätte, in der Weltanschauungen demonstriert, sittliche Forderungen bewiesen werden, sondern das Drama ist Kultstätte eines heroischen Gefühles, das sich gezwungen sieht, sich mit dem phantastischen Spiel aller Begegnisreize auseinanderzusetzen. Diese Auseinandersetzung in ihrer Notwendigkeit und Demut wird gestaltet, dargestellt... Die Strenge der Gesinnung,

die seelische Forderung, der konsequenteste Austrag, der metaphysische schöpferische letzte Akt muß im Zuschauer spielen. Wir sind nur berufen, alle Gesichte, Gefahren, Leiden, Verzückungen wie in einem tumultuarischen Reigen vorüber zu führen ... Das wahre Kunstwerk muß sich immer restlos auflösen in die Menschen, denen es gehört! Es darf kein Rest von Geist, Frage, Anklage, Problematik oder Beschwerde bleiben, das wahre Drama ist die Prophetie von der Freiheit.« (»*Weg und Werk*«, *Nachdruck in:* »*Ich glaube*«, *S. 17 f.*)
»... ich sehe ein Drama, das die Kraft in sich birgt, die geistige und seelische Kraft, alle Beteiligten dergestalt zu überwältigen, daß der Zuschauer am Ende nicht den Abend abschließt, indem er die Garderobe stürmt, sondern daß dieses Drama sich wie ein Elixier in ihm aufzulösen beginnt. Daß er sich erlebnismäßig überschattet fühlt von der Begegnung mit etwas Metaphysischem, was zu ihm persönlich drängt, seine eigene Verantwortung sucht und ihn selbst nicht ruhen läßt, bis er für das Gesicht, für die Begegnung eine Lösung, seine Erlösung, errungen, gefunden hat.« *(»Ich glaube«, S. 35)*
Johsts »Schlageter« ist die energischste Ausführung dieser zum Erlebnis zusammenschließenden Völkischen Dramaturgie.

Der Fall Schlageter

gehört zu den neuralgischsten Ereignissen der Weimarer Republik. Er wurde ausgelöst durch die völkerrechtlich bestrittene Besetzung des Ruhrgebiets im Januar 1923 durch französische Truppen unter der Begründung, ausgebliebene Kriegsentschädigungsleistungen (Reparationen) an Kohle sicherstellen zu müssen. Zwei Tage nach der Besetzung Essens, am 13. Februar 1923, verkündete Reichskanzler Cuno den von den Gewerkschaften unterstützten »passiven Widerstand«; der Einstellung aller Kohlelieferungen folgten viele Verhaftungen durch die Franzosen. Auf den von den Franzosen besetzten Bahnstrecken verweigerten die Eisenbahner die Arbeit. Das harte Durchgreifen der Franzosen führte zu blutigen Zusammenstößen. Innerhalb dieses Ruhrkampfes betätigten sich aktive Gruppen ehemaliger Soldaten, um den Boykott zu verschärfen und den Abtransport der Kohle unter französischer Bewachung unmöglich zu machen. Zu ihnen gehörte Albert Leo Schlageter, damals 29 Jahre alt, Sohn eines Schwarzwälder Bauern, streng katholisch erzogen, Kriegsfreiwilliger von 1914, der im Krieg wegen Tapferkeit zum Leutnant befördert worden war. Schlageter, der 1919 in Freiburg ein Studium der Wirtschaftswissenschaften abgebrochen hatte, hatte 1919 im Baltikum in der Freikorpstruppe von Medem gegen die

vordringenden bolschewistischen Truppen gekämpft, er selbst hatte eine wesentliche Rolle bei der Rückeroberung Rigas gespielt; im April 1920 hatte er bei Boltrup und Gladbeck gegen den »roten Aufstand« im Ruhrgebiet gekämpft, 1921 war er in der Gruppe Heinz (Hauenstein) bei der Erstürmung des Annabergs in Oberschlesien, den die Polen trotz der für Deutschland günstigen Abstimmung in Oberschlesien besetzt hielten. Ende Februar 1923 traf Schlageter sich mit ehemaligen Mitgliedern seiner Freikorpsgruppe im Ruhrgebiet, um durch Sprengstoffanschläge auf die Bahnanlagen den Abtransport der Kohle zu verhindern. Am 12. März beteiligte er sich am Anschlag auf den Bahnhof Hügel (Essen), am 15. März sprengte er die Brücke über den Haarbach in Calcum bei Düsseldorf. Der am 5. April in Kaiserswert ausgestellte Steckbrief gegen »Albert Leo Schlagstein oder Schlageter« enthielt den Hinweis, daß wegen dieses Anschlags inhaftierte Geiseln erst bei Ergreifung der Täter in Freiheit gesetzt würden. Bei der Vorbereitung zur Befreiung von Prinz Wilhelm zur Lippe aus dem Amtsgerichtsgefängnis in Werden wurde Schlageter – wohl durch Verrat – verhaftet und am 8. Mai mit sechs Mitkämpfern vor das französische Kriegsgericht in Düsseldorf gestellt. Die Gruppe war angeklagt, im März und April Nachrichten und Berichte zum Zweck von Attentaten gegen Personen der Besatzungstruppen gesammelt, die oben erwähnten Sprengstoffanschläge ausgeführt und Sabotageakte begünstigt zu haben. Schlageter wurde als einziger aus der Gruppe noch am Tage der Prozeßeröffnung »wegen Spionage und Sabotage« zum Tode verurteilt (die übrigen zu Zwangsarbeit und Gefängnis). – Die Rechtmäßigkeit des aufsehenerregenden Urteils wurde – von der Reichsregierung – mit dem Hinweis auf die Unrechtmäßigkeit der Ruhrbesetzung überhaupt und eines Kriegsgerichts auf deutschem Boden bestritten. Interventionen des Internationalen Roten Kreuzes, des Papstes, der Königin von Schweden und des Erzbischofs von Köln gegen das Urteil blieben ohne Erfolg. Das Urteil wurde als politisches Urteil verstanden und verschärfte die deutsch-französische Feindschaft zusätzlich, als bekannt wurde, daß der deutschfeindliche französische Präsident Poincaré sich am 25. Mai in der Kammer gegen seinen Kritiker Tardieu, der Poincaré mangelnde Härte in der Deutschlandpolitik vorwarf, mit dem Satz verteidigt hatte: »Und das wagen Sie mir zu sagen in einer Stunde, wo ich gerade den Befehl zur Erschießung Schlageters nach Düsseldorf gegeben habe.« – Das Urteil wurde am 26. Mai, vier Uhr morgens, auf der Golzheimer Heide vor dem Nordfriedhof Düsseldorfs von einem französischen Exekutionskommando vollstreckt.

Schlageters Briefe aus dem Gefängnis vor der Hinrichtung zeigen den in engen Begriffen lebenden und an seine patriotische Rolle fixierten Mann:

10. Mai (am Tage nach dem Urteilsspruch)
»Liebe Eltern und Geschwister! Höret das letzte, aber wahre Wort Eures ungehorsamen und undankbaren Sohnes und Bruders. Seit 1914 bis heute habe ich aus Liebe und reiner Treue meine ganze Kraft und Arbeit meiner deutschen Heimat geopfert. Wo sie in Not war, zog es mich hin, um zu helfen. Das letzte Mal hat mir gestern mein Todesurteil gebracht. Mit Ruhe habe ich es vernommen, ruhig wird mich auch die Kugel treffen. Hab ich doch alles, was ich tat, nur in der besten Absicht ausgeführt. Kein wildes Abenteurerleben war mein Verlangen, nicht Bandenführer war ich, sondern in stiller Arbeit suchte ich meinem Vaterlande zu helfen. Ein gemeines Verbrechen oder gar einen Mord habe ich nicht begangen. Wie alle anderen Leute auch über mich urteilen mögen, denkt Ihr doch wenigstens nicht schlecht von mir. Verurteilt Ihr mich nicht auch noch, sondern verzeiht! Versucht wenigstens Ihr das Gute zu sehen, was ich gewollt habe. Denkt auch in Zukunft nur mit Liebe an mich und haltet mir ein ehrenvolles Andenken. Das ist alles, was ich von diesem Leben noch verlange...«

(An die Familie seines Paten) 25. Mai
»Meine Lieben!.. schließlich hat jeder Mensch hier auf Erden eine Hauptaufgabe zu lösen. Meine war unfehlbar restlose Hingabe in den Dienst fürs Vaterland. Sie verlangte mein ganzes ›Ich‹. Ich mußte dabei Euch alle etwas vernachlässigen. Es tat das uns allen manchmal etwas weh, Euch und mir. Mich lenkten immer neue Pflichten ab. Mir brachte immer neue Arbeit neuen Mut. Ihr hattet es schwerer, zumal Ihr nie aufgeklärt werden konntet. So kam die schreckliche Stunde, die Euch die traurige, trübe Nachricht brachte, wie ein Blitz aus heiterem Himmel. Ich war mehr vorbereitet; wenn auch mich die Strafe ihrer Höhe wegen überraschte, so war das nur für einen Moment und ließ mich ruhig und gefaßt. Diesen Tod fürchte ich nicht. Er ist keine Schande, sondern eine Ehre. Denkt genau so wie ich und tröstet in diesem Sinne Vater und Mutter. Sie sind alt und kommen mit der Jugend nicht mehr so mit... Euer Albert.«

Erst die Hinrichtung machte Schlageter, dessen Bild zwischen Abenteurer, Landsknecht und Patriot schwankt, für die national gesinnten Kreise zum Märtyrer des Vaterlandes. Schlageters auf dem Düsseldorfer Nordfriedhof wenige Tage nach der Bestattung wieder ausgegra-

bene Leiche durfte am 6. Juni 1923 ins nichtbesetzte Gebiet überführt werden; die Trauerfeier am 9. Juni in der Stadthalle von Elberfeld sammelte vor dem mit Reichskriegsflagge und Stahlhelm bedeckten Sarg viele tausend Teilnehmer; die Überführung des Toten nach Schönau (Schwarzwald) wurde auf den Zwischenhalts, auf den Bahnhöfen von Weidenau (Siegerland), Gießen, Frankfurt, Donaueschingen, Freiburg, wie schließlich die Aufbahrung auf dem Rathausplatz in Schönau eine Demonstration des nationalen Bürgertums, der Soldaten- und Studentenverbände. (Aus dem Aufruf des Rektors der Gießener Universität: »Der Platz, da sein Blut vergossen wurde, wird für das deutsche Volk eine geweihte Stätte sein.« – S. a. die Berichte der örtlichen Zeitungen.)
Noch 1923 setzte eine heftige publizistische Auseinandersetzung um Schlageter ein. Der Kommunist Karl Radek und Moeller van den Bruck führten z. B. noch 1923 in der Flugschrift »Schlageter« (Vereinigung internationaler Verlagsanstalten, Berlin 1923) eine Auseinandersetzung, in der Radek Schlageter einen »Wanderer ins Nichts« und einen Helden der Konterrevolution nannte, der würdig gewesen wäre, für die Sache des Volkes auch gegen den inneren Feind, den Kapitalismus, zu kämpfen. Bemühungen, Schlageter zum nationalen Helden aufzubauen, in dem sich der Freiheitswille des ganzen Volkes kundtue (»er gehört dem ganzen Volk«), wurden zwar von seiten der Sozialdemokraten und Pazifisten, sogar von einigen nationalen Gruppierungen, sowie durch Flugschriften immer wieder bestritten, ohne jedoch der wachsenden Heroisierung Schlageters begegnen zu können.
Die Haltung der Sozialdemokratie formulierte der Abgeordnete Dr. Hamburger im Preußischen Landtag »unter großem Beifall der Linken und stürmischer Ablehnung der Rechten«:
»Schlageter ist kein Nationalheld, er wird es nie werden. Schlageter kann schon deshalb kein Nationalheld werden, weil er denselben fanatischen Haß, den er Angehörigen anderer Nationen zugewendet hat, auch der republikanischen deutschen Bevölkerung entgegengetragen hat. Schlageter hat, erfüllt von Haß gegen eine fremde Nation, gleichzeitig auch denjenigen Kreisen angehört, die mit demselben Haß gegen Leben und Eigentum von Angehörigen der deutschen Nation vorgegangen sind. Schlageter gehörte der Gruppe der Freikorps an, aus denen das Attentat gegen Scheidemann und die Fememorde hervorgegangen sind. Nicht weil, wie der Herr Minister des Innern ausgeführt hat, heute die völkischen und nationalistischen Kreise den Namen Schlageter mißbrauchen, sondern weil er selbst auf dem Boden dieser völkischen und nationalistischen Kreise gestanden hat, dar-

um verweigern wir ihm eine Achtung, wie sie einem Nationalhelden gewährt werden muß.« – (Nationalhelden seien die Hunderttausende von Arbeitern, die im Ruhrkampf Not und Entbehrung auf sich genommen hätten, um das Recht auf friedliche Arbeit zu verteidigen.)
Ende 1927/28 brachte ein vor dem Amtsgericht Spandau geführter Beleidigungsprozeß wegen des Verrats an Schlageter, der von seinen Mitkämpfern Schneider und Götze verraten worden sein sollte, neue Auseinandersetzungen um Schlageters Bewertung in Gang. Die völkische Bewegung hatte schon 1923 Schlageter für sich in Anspruch genommen. Die noch 1923 im Franz Eher-Verlag (dem späteren Verlag der NSDAP) erschienene Flugschrift »Schlageter« schloß:

»... *Pflicht des deutschen Volkes ist es, daß einmal zum Gedenken dieses Helden und doppelt verratenen Kämpfers sich ein Denkmal erhebt als Wahrzeichen dafür, daß inmitten einer unnennbaren Schmach deutsches Heldentum nicht untergegangen war, sondern durch die Tat hinweist auf eine noch kommende große Zukunft.*

Schlageter war einer jener Tausenden von Männern, die erkannt haben, daß das kommende Deutschland nur auf einer innerlich wahren völkischen Grundlage erbaut werden kann, welche wissen, daß nur in unbändigem und leidenschaftlichem Nationalgefühl Kräfte schlummern, denen die Begriffe Ehre und Würde nicht hohle Worte, sondern die das ganze Leben bestimmenden Mächte sind.

Schlageter hat für nichts *anderes* die Jahre hindurch sein Leben gewagt und es zuletzt geopfert als für die Idee des freien deutschen Vaterlandes, für die Erlösung des deutschen Volkes aus seinen Ketten ... Im ganzen Volke wird von nun ab der Name Schlageters als einer derjenigen gelten, dem die Herzen aller Deutschen entgegenschlagen werden. Möge das Blut Albert Leo Schlageters nicht vergebens geflossen sein! Möge aus seinen Gebeinen dereinst ein Rächer erstehen!«

Rachelieder und volkstümliche, »vaterländische« Schlageterschauspiele entstanden (Verfasser: Gustav Pfennig, Ottomar Warlitz). – Die bürgerlich-nationalen Parteien, die Soldaten und die Studentenverbände, von diesen vor allem der CV (Cartell-Verband der katholischen deutschen farbentragenden Verbindungen, der 1932 eine eigene materialreiche Flugschrift »als schützendes Schild vor die Ehre des Toten« hielt), brachten 1931 das seit 1923 verlangte nationale Schlageterdenkmal zustande. Am 23. Mai 1931 wurde es unter Teilnahme der Vertreter der Reichs- und Länderregierungen auf der Golzheimer Heide eingeweiht. Dieses Denkmal (Entwurf Clemens Holzmeister) mit seinem 27 Meter

hohen Stahlkreuz und großem Aufmarschplatz zeigte schon den kommenden nationalsozialistischen Baustil. (Holzmeister: »Die Gesamtanlage durch ihre Arenaform ermöglicht die Aufstellung großer Formationen bei vaterländischer Feier, und es hat sich bei der Einweihung dieses Denkmals gezeigt, daß der Eindruck durch die so ermöglichte Aufstellung der Formationen doppelt stark und erhebend war.«) Die Schlußrede der Einweihungsfeier hielt der ehemalige Reichskanzler Cuno, der zur Zeit der Ruhrbesetzung die Politik des passiven Widerstandes gegen die Besatzungsmacht inauguriert hatte und jetzt Schlageter als Helden für die ganze Nation darzustellen versuchte:

»Das weltgeschichtliche Ereignis des stillen Kampfes an Rhein und Ruhr, dessen Blutopfer dieses schlichte Kreuz des Gedenkens und der Mahnung geweiht ist, fällt in jene Zeit deutscher Not, für die ich als Reichskanzler die politische Verantwortung trage, und die trotz aller Drangsal und Bedrückung für das gesamte nationale Deutschland immer groß und unvergeßlich bleiben wird. Denn während der Ruhrabwehr hat das deutsche Volk in allen seinen Schichten und Parteien zum ersten Male wieder einmütig Front gemacht gegen fremde Willkür und Anmaßung.

Bei der gerechten Abwehr dieses rechtlosen militärischen Angriffs auf ein friedliches Volk wurde an dieser Stelle der deutsche Soldat und Offizier Albert Leo Schlageter, dem sein Leben nichts, sein Vaterland aber alles war, auf Grund eines Fehlspruchs unzuständiger Richter von französischen Kugeln hingerichtet. Er starb als ein Held, betrauert von einer Nation. Seine letzte Tat war die Versöhnung mit Gott, sein letztes Wort ein Gruß an Deutschland. So waren seine letzten Stunden ein heroisches Beispiel dafür, was ein Mensch auch mitten im Frieden für sein Vaterland an Schwerem und Allerschwerstem erdulden kann, wenn ihn wahrer Glaube an einen Gott und wahre Liebe zu seinem Vaterland beseelt. Damit ist er uns für alle Zeiten das Symbol des wahren Deutschen geworden. Als ewiges Wahrzeichen für ihn und für die anderen, die in der Abwehr an Ruhr und Rhein ihr Leben ließen, ragt dieses Kreuz über die Lande und grüßt alle Deutschen mit der tiefernsten Mahnung, einig zu sein und treu, wie die es waren, für die es errichtet ist, und sich über alle Partei- und Klassengegensätze hinweg die Hand zu reichen zu gemeinsamer Arbeit am Vaterland wie in jener Zeit, von der das Denkmal Zeugnis gibt.

Diese Mahnung ist in einer Zeit schmerzlicher Zersplitterung der deutschen Kraft und schier endlos wachsender Bedrängnis von außen

nötiger denn je. Nur ein Volk, das einig ist in dem Willen zum Wiederaufbau, kann nach innen die Ordnung schaffen, die für das Wohl aller Volksgenossen die unbedingte Voraussetzung ist...
Im Zeichen des hier errichteten Kreuzes wollen wir feierlich geloben, wie Schlageter und die anderen Toten, deren Namen dieses Denkmal trägt, bis zum letzten Atemzug mit all unserer Kraft gemeinsam, ohne Unterschied von Partei und Stand, um Einigkeit und Recht und die Freiheit des deutschen Volkes zu ringen. Deutschland muß leben, auch wenn wir sterben müssen! Unser Deutschland lebe hoch!«
Zu jener Zeit begann Johst mit der Niederschrift des »Schlageter«.

Stoff und Ausführung

Johst war mit dem Schlageter-Stoff in Berührung gekommen, als er im Sommer 1923 in den Essener Krupp-Werken zur Stärkung des Widerstands aus seinem »Rolandsruf« las. Er lernte dabei »die jungen brotlosen Leutnants« kennen, die den aktiven, und die Arbeiter, die den passiven Widerstand durchhielten. Er las die von Dr. Drexel herausgegebene Zeitschrift »Widerstand«, in deren Kreis über die Methoden diskutiert wurde, wie die Niederlage von 1918, als deren Fortsetzung die Ruhrbesetzung erschien, überwunden werden könne. Johst fühlte sich von der Argumentation der Jungen ergriffen. »In den Hexenkesseln meiner Brust kristallisierte sich das alles, und ich gab den Jungen recht. Diese ausgestoßenen Existenzen waren für mich ›junge Menschen‹.« *(Mitteilung a. d. Hsg.)* – Johst rückt mit dieser Formulierung »Schlageter« in direkte Beziehung zu seinem ersten Stück »Der junge Mensch«; das heißt: Schlageter wurde für ihn der junge Mensch von einst, der eine politische Zielsetzung gefunden hat. – Der Schlageter-Stoff kristallisierte sich in Johst während der Lektüre von Möller van den Brucks »Der preußische Stil«. Erste Notizen 1929, die Niederschrift dann unter dem Eindruck der Schlageterfeiern und des starken, auffordernden Interesses, das Hitler an dem Stoff und an Johsts Dramatisierung gewann. Für Hitler war die Besetzung des Ruhrgebiets durch die Franzosen »eine große entscheidende Schicksalsstunde«. »Mein Kampf« schließt mit der Betrachtung dieses Ereignisses, das für Hitler die erste Möglichkeit bot zur Stärkung des Abwehrwillens der Nation. (»Wenn in diesem Augenblick unser Volk einen Wandel seiner Gesinnung verband mit einer Änderung der bisherigen Haltung, dann konnte das deutsche Ruhrgebiet für Frankreich zum napoleonischen Moskau werden.« [»Mein Kampf«, 28. Auflage 1933, S. 769]) Hitler, der Schlageter auf der zweiten Seite von »Mein Kampf« zusammen mit dem 1848 er-

schossenen Freiheitskämpfer, dem Buchhändler Palm, erwähnt, erbat sich von Johst die Widmung des Stückes. Sie drückt andererseits Johsts seit 1924 gewachsene Bindung an Hitler aus. (»Ich bin ein alter Anhänger der Hitler-Bewegung. Ich habe das Glück der persönlichen Bekanntschaft dieses Mannes, und so ist mein Wort, mein Satz, mein Grundsatz und Einsatz für diesen Mann und seine Weltanschauung keine blasse Theorie noch orthodoxe Doktrin, sondern ein persönliches Erlebnis.« *(Johst in: »Maske und Gesicht«, München 1935, S. 89/90)*
Rolf Brandt schrieb in seinem 1937 wiederaufgelegten, zuerst 1926 erschienenen Buch »Schlageter«: »Schlageter war ein Soldat Adolf Hitlers.« Hanns Johst: »Er war der erste Soldat des dritten Reiches.«

Die Uraufführung
fand statt zu Hitlers erstem Geburtstag als Reichskanzler am 20. April 1933 im Staatlichen Schauspielhaus in Berlin (10. Jahrestag der Erschießung Schlageters: 26. Mai 1933). – Regie: Generalintendant Franz Ulbrich. – Schlageter: Lothar Müthel, Alexandra Thiemann: Emmy Sonnemann (Görings spätere Frau), General: Albert Bassermann, Thiemann: Veit Harlan, Peter: Erich Dunskus, Regierungspräsident: Hans Leibelt. – Die Aufführung endete mit gemeinsamem Gesang des Deutschland- und Horst-Wessel-Liedes. – Bernhard Diebold schrieb in seiner Rezension in der »Frankfurter Zeitung« vom 25. 4. 33: » . . . Das Drama Johsts wurde durchaus nicht nur als Kunst, sondern als ein nationaler Akt empfunden.« (Rezensionen s. in: G. Rühle, »Theater für die Republik 1917–1933«, S. Fischer Verlag, 1967.)
Die Kritiken bestätigten Johst die Erfüllung seiner Dramaturgie. Johst war am 1. März 1933 Chefdramaturg des Staatlichen Schauspielhauses in Berlin geworden, nachdem er als Intendant nicht durchgesetzt werden konnte. Im Dezember schied er wegen Differenzen mit Göring um Fehlings Inszenierung seiner »Propheten« aus dem Staatstheater aus. – »Schlageter« ist das letzte Drama, das Johst schrieb. Er begann als preußischer Staatsrat, 1935 als Präsident der Reichsschrifttumskammer eine politische Karriere, die er als Weiterführung seiner literarischen verstand. Seine heroischen Stücke gehörten in den »nationalen Spielplan« der Theater im Dritten Reich. – Nach 1945 Haft im Lager. – Johst lebt heute in Oberallmannshausen/Starnberger See.

Heinrich Zerkaulen   Jugend von Langemarck

Geschrieben Anfang 1933. – Erste Veröffentlichung: Dietzmann-Verlag, Leipzig, Mai 1933.

Zerkaulens »Jugend von Langemarck« war eines von drei Schauspielen, die 1933 die Erinnerung an die Kämpfe bei Langemarck zu Beginn des Ersten Weltkriegs auf die Bühne brachten. Gleichzeitig erschienen von Edgar Kahn »Langemarck« (Urauff. 23. Oktober 1933, Landestheater Braunschweig) und von Max Geißler-Monato »Flandern 1914« (Urauff. 24. November 1933, Stadttheater Döbeln). »Jugend von Langemarck« war Zerkaulens erstes Schauspiel. Es wurde von den dreien das erfolgreichste. Zerkaulen war 1933 schon durch seine Romane »Der Strom der Väter« und »Musik auf dem Rhein« als Erzähler aus der rheinischen, den Rheinstrom mythisch verklärenden Tradition bekannt. Schon in den ersten Büchern wie »Wandlung« (1914) oder »Insel Thule, Erzählungen aus Deutschlands Notzeit« (1921) hatte er seine innere Beteiligung an den Zeitereignissen dargestellt. Er verstand sich als ein Sucher nach dem »ewigen Deutschland«.

Zerkaulen lebte aus einer national geprägten Vorstellung von dem besonderen Wert Deutschlands, die er im Elternhaus aufgenommen hatte. Er war der Sohn eines Schusters (geboren am 2. März 1892 in Bonn), hatte sich als Werkstudent zum Apotheker ausgebildet und hielt im Sekretariat sozialer Studentenarbeit immer Verbindung zu Arbeitern. Bei Kriegsausbruch 1914 meldete er sich freiwillig und kam an die russische Front. Er verstand seinen Einsatz als Dienst am Vaterland, wie der Vater es ihm eingeprägt hatte:

»...ich danke meinem Vater und seiner soldatischen Haltung... alle Liebe zur Heimat... Mein Vater sprach das Wort Deutschland aus, wie er das Wort Gott aussprach: das Wort an sich war ihm ein sakraler Begriff... Noch heute kann der Sohn dieses Vaters vor dem großen und geheiligten Worte Deutschland erschauern in Ergriffensein und bebendem Ahnen. Undeutbar im tiefsten scheint ihm der Sinn dieses Wortes, die Welt ohne seinen Inhalt schal und öde. Er kann nur denken aus der schicksalsschweren Vielfalt dieses Wortes, dessen Geschichte sich gleich einem Strom über Deutschland ergossen hat, das von der Erde bis zu den Sternen reicht, das alles umschließt, was es an Schmerz und Leid, an Heldentum und Sieg, an Treue und Sünde, an Opfer und tragischer Irrung auf dieser Welt zu bestehen gilt.

Wer als Deutscher geboren wird, der bleibt diesem Land verfallen,

ob er ein Liebender ist oder ein Hasser, ein Kämpfer oder ein Dulder, ein Bürger oder Bauer, ob Maler oder Musiker, Feldherr, Erfinder oder Dichter, ob er hinter dem Schraubstock steht oder über die Meere fährt, ob er es weiß oder nicht – sein Herz, seine Sehnsucht, sein letztes Ziel, sein Wollen, Lieben und Beten heißt: ›Deutschland!‹«
(Zerkaulen in: »Erlebnis und Ergebnis«, Edmund Huyke Verlag, Leipzig 1939)

In diese weit verbreitete sakralisierte Vorstellung von Deutschland war schon während des Ersten Weltkriegs der Sturm junger Freiwilligenregimenter bei Langemarck (9. November 1914) als Vorbild selbstlosen Sich-Opferns eingegangen, von dem es im Tagesbericht der Obersten Heeresleitung am 10. November 1914 hieß: »Westlich Langemarck brachen junge Regimenter unter dem Gesang ›Deutschland, Deutschland über alles‹ gegen die erste Linie der feindlichen Stellungen vor und nahmen sie.«

Der historische Stoff
Dieser später immer wieder zitierte Satz hatte folgenden historischen Hintergrund in den Kampfhandlungen an der Westfront, die am 12. September um Ypern begannen und am 15. November 1914 zu Ende gingen:

»Die Schlacht bei Ypern hatte inzwischen zur stärksten Verstrickung geführt, die auf flandrischer Erde erfolgt ist. Die Verteidigung war nach den letzten Rückschlägen abermals verstärkt worden...
Am 9. November begann sich der deutsche Druck auf Ypern zu verstärken, obwohl das deutsche Artilleriematerial keine solche Häufung von Geschützen und keine Verschwendung von Geschossen erlaubte. Die Stadt litt schwer unter dem deutschen Feuer... Am rechten Flügel, bei Bixschote, Langemarck und Paschendock kämpften das XXIII., das XXVI. und das XXVII. Reservekorps und bemühten sich, die starke Ost- und Nordfront aufzureißen, die von Franzosen und Engländern auf das kunstvollste ausgebaut war. Der Schulterpunkt Langemarck, der den ganzen Abschnitt beherrschte, bildete eine Festung, die von Maschinengewehren starrte und von ringsumlaufenden Gräben umgeben war. Die Gasfabrik, das Schloß, das Kloster und die große Kirche waren zu einer breitgelagerten Befestigung vereinigt, die trotz der deutschen Granaten widerstandsfähig geblieben war. Auch Bixschote, das durch den Kanal in der Flanke gedeckt war, trotzte jedem Angriff.
Die deutschen Freiwilligenregimenter hatten alte französische und

englische Truppen gegen sich und litten schwer unter dem französischen Artilleriefeuer, das unablässig auf ihre Gräben niederging und ihre Angriffe unterband. Doch als sie der Befehl zum Sturm rief, da warfen sich die Deutschen singend in die Schlacht. Tag- und Nachtangriffe folgten sich, bis junge Regimenter, Knaben und grauhaarige Männer Schulter an Schulter, von Begeisterung getragen, mit dem Vaterlandslied in die erste Linie der feindlichen Stellung westlich von Langemarck einbrachen und sie nahmen und 2000 Gefangene wegrafften. Langemarck selbst wies alle Angriffe ab.
Nordwestlich von Becelaere, wo sich Haigs Flügeldivision an d'Urbals rechte Schulter lehnte, war der Kampf blutiger, als Worte sagen. Aus ihren überhöhenden Stellungen überschütteten die Briten die Sturmgräben des XXVII. Reservekorps an der Halde von Becelaere mit Kreuzfeuer. Da stieg aus diesen verschlammten, zerfallenden Gräben das Lied ›Deutschland, Deutschland über alles‹, und als das Spitzenregiment 245 sich aus seinen Gräben erhob und Hunderte sanken, ehe sie sich auf die Böschung schwingen konnten, als der Graben sich mit Toten und Verwundeten füllte, da ging das Lied mit den Überlebenden zum Sturm und warf den Feind auch hier aus seinen ersten Linien. Doch vor Hooge und Westhoek erstarb auch das Lied, die tiefgestaffelte Stellung war nicht im Sturm zu nehmen und widerstand.
Die allgemeine Handlung hatte den Gipfelpunkt überschritten und begann vor der eingeengten Hauptstellung zu erstarren.
Die Vaterlandslieder, mit denen die Freiwilligenregimenter gegen die feuerspeienden Bastionen von Langemarck, Bixschote und Dixmuiden marschiert waren, verhallten als Geistergesang Jung-Deutschlands über den toten Gewässern der flandrischen Ebene. Doch hinter ihren Dämmen und Bastionen lagen die Belgier, d'Urbals Franzosen und Frenchs Engländer eingeengt, erschöpft und zerschlagen vom unausgekämpften Streit, der am 13. November von der Höhe herabsank und sich von Graben zu Graben weiterspann...
Die Schlacht in Flandern hatte sich ausgelebt. Mit ihr war nicht nur der ›Wettlauf zum Meere‹, sondern auch der Bewegungsfeldzug endgültig zur Ruhe gegangen.« *(Aus: H. Stegemann, »Geschichte des Krieges. II«, Deutsche Verlagsanstalt, 1917, S. 144 f.)*
Hitler, der 1914 an der flandrischen Front eingesetzt war und dort seine »Feuertaufe« erhielt, beschrieb 1924 den Sturm vom 9. November in »Mein Kampf« und brachte damit das auf viele patriotische Kreise wirkende Ereignis in die nationalsozialistische, heroische Geschichtsschreibung ein:

»Und dann kommt eine feuchte, kalte Nacht in Flandern, durch die wir schweigend marschieren, und als der Tag sich dann aus den Nebeln zu lösen beginnt, da zischt plötzlich ein eiserner Gruß über unsere Köpfe uns entgegen und schlägt in scharfem Knall die kleinen Kugeln zwischen unsere Reihen, den nassen Boden aufpeitschend; ehe aber die kleine Wolke sich noch verzogen, dröhnt aus zweihundert Kehlen dem ersten Boten des Todes das erste Hurra entgegen. Dann aber begann es zu knattern und zu dröhnen, zu singen und zu heulen, und mit fiebrigen Augen zog es nun jeden nach vorne, immer schneller, bis plötzlich über Rübenfelder und Hecken hinweg der Kampf einsetzte, der Kampf Mann gegen Mann. Aus der Ferne aber drangen die Klänge eines Liedes an unser Ohr und kamen immer näher und näher, sprangen über von Kompagnie zu Kompagnie, und da, als der Tod gerade geschäftig hineingriff in unsere Reihen, da erreichte das Lied auch uns, und wir gaben es nun wieder weiter: Deutschland, Deutschland über alles, über alles in der Welt!
Nach vier Tagen kehrten wir zurück. Selbst der Tritt war jetzt anders geworden. Siebzehnjährige Knaben sahen nun Männern ähnlich. Die Freiwilligen des Regiments List hatten vielleicht nicht recht kämpfen gelernt, allein zu sterben wußten sie wie alte Soldaten. Das war der Beginn. So ging es nun weiter Jahr für Jahr; an Stelle der Schlachtenromantik aber war das Grauen getreten. Die Begeisterung kühlte allmählich ab, und der überschwengliche Jubel wurde erstickt von der Todesangst. Es kam die Zeit, da jeder zu ringen hatte zwischen dem Trieb der Selbsterhaltung und dem Mahnen der Pflicht. Auch mir blieb dieser Kampf nicht erspart ... bis endlich nach langem inneren Streite das Pflichtbewußtsein den Sieg davontrug. Schon im Winter 1915/16 war bei mir dieser Kampf entschieden ... Aus dem jungen Kriegsfreiwilligen war ein alter Soldat geworden.«
Um 1927/28 belebte sich die Erinnerung an den Krieg wieder neu (s. Kommentar in Band 2); äußerer Anlaß war der zehnte Jahrestag des Kriegsendes; unter der schnell anwachsenden pazifistischen und patriotischen Kriegsliteratur erschien mit der umfangreichen und wirkungsvollen Sammlung »Kriegsbriefe gefallener Studenten« des Literaturwissenschaftlers Philipp Witkop (Verlag Georg Müller, München 1928) auch eine weit wirkende Dokumentation der nationalen Gesinnung der Jugend von 1914, in der nationale Opferbereitschaft und idealistische Geistigkeit verklärt wurden. Es hieß im Vorwort: »Mögen sie ein lebendiges Denkmal werden, darin die Frühgefallenen weiter leben und wirken, Vorbilder der Pflichterfüllung, des Opfermutes, der Liebe zu Hei-

mat und Volk – ein Ehrendenkmal und ein Vermächtnis! Ein Vermächtnis an uns, das ideale Vaterland zu verwirklichen, das sie sehend geschaut, dafür sie ihr Leben gelassen haben.« 1932 sagt der »Jüngling« in Hans Rehbergs »Preußischer Komödie«: »Ich fiel bei Langemarck. Wir waren die ersten einer neuen Zeit. Durch Langemarck lebt Preußen.« (S. a. Kommentar zu Bethge.)
Die Reaktivierung des Langemarck-Gedächtnisses und dessen Steigerung zum Langemarck-Kult, der die Opfer verklären sollte, vollzog sich zwischen 1929 und 1934. Als der Frontsoldaten-Schriftsteller Thor Goote 1930 – in Zusammenhang mit dem 1929 hervortretenden Gedanken der Auferstehung der Kriegstoten (s. Einleitung) – eine Reportage über die deutschen Soldatenfriedhöfe unter dem Titel »Sie werden auferstehen« (Verlag E. S. Mittler und Sohn, 1931) schrieb, gab er über den Friedhof von Langemarck noch diesen Bericht:
»Die Straße ist ausgefahren und lehmig. Zu beiden Seiten sind Drähte gezogen. Zu beiden Seiten dehnen sich grüne Weideflächen mit wenigen jungen Bäumchen. Links ist der Drahtzaun heruntergerissen. Ein paar Pfosten sind umgefallen. Dahinter stehen in langen Reihen nebeneinander und hintereinander schmucklose, graue Holzkreuze. Hier gibt es keine Grabhügel, hier gibt es keine Blumen, keine Kränze. Hier steht kein Denkmal. Hier stehen nur diese einfachen, grauen Holzkreuze im nackten, nassen Lehm. Wer hier vorübergeht, erschrickt über die Trostlosigkeit dieser Todesstätte: nur Lehm und graue, verwitterte Kreuze. Auf Blechtäfelchen stehen die Namen, aber die Nägel sind verrostet. Hier liegt das Blech schon auf der Erde, dort fehlt es ganz – ... Der Querbalken ist heruntergebrochen hier – und hier – und hier. Namenlose, – Vergessene. Der Lehm hängt schwer an den Stiefeln. Die Schritte platschen. Der Wind singt in den Drähten des Zaunes und biegt die dünnen Bäume nieder, die hinter dem Friedhof stehen. Das ist der deutsche Friedhof von Langemarck. Wir kommen vom Wasgau, wir sahen Verdun und die Champagne, – Somme und das Artois. Wir sahen manchen deutschen Friedhof, – aber nicht einen fanden wir wie den von Langemarck. Hier sind graue Kreuze ohne Hügel, ohne Blumen, ohne Kränze. Kreuze ohne Namen, ohne Arme und ohne Grab. – Die Kreuze ohne Grab liegen auf einen Haufen gestapelt in einer Ecke. Man las sie wohl auf, weil sie umgefallen waren. Und da sind Kreuze, die verlassen zwischen Trichtern stehen, zwischen Höhlen, aufgewühlten Gräbern, in denen das unerbittliche flandernsche Wasser hochsteigt. Grau spiegeln sich die grauen Kreuze in den grauen Wasserlachen. Sie stehen kreuz und

quer, sie stehen in Reihen, sie liegen auf Haufen, und sie sind unachtsam mit dem Feldbahnwagen umgefahren. Man arbeitet hier wohl sonst nicht gerade mit Gefühl, nicht gerade in Erinnerung, daß unter jedem Kreuz, so unscheinbar es ist, ein Mensch schläft. Grasbewachsene Betonklötze stehen in langer Reihe mitten im Weideland. *So fanden wir den deutschen Friedhof von Langemarck.*

Die hier liegen, sind junge, deutsche Männer, in keinem besser und in keinem schlechter als alle die anderen, die unter Kreuzen ruhen, oder die der Frieden vergaß und die immer vermißt in verschütteten Bunkern hocken, oder von denen nichts übrig blieb als Namen in der Stammrolle, hinter denen der Feldwebel Kreuze schrieb. Nicht besser und nicht schlechter. Die hier aber liegen, starben so anders, starben mitten in einer großen, rauschenden Welle, weil sie so jung waren, weil ihre junge Kraft und ihre junge Seele mit einem Lied, mit einem brausenden Singen sie enden ließ. Aufschäumend in der ganzen Ergriffenheit ihrer Jugend. Mit ›Deutschland, Deutschland über alles‹ sprangen sie aus der Deckung. Mit diesem Lied, das ihnen alles war, stürmten sie, mit diesem Lied siegten sie, und dieses Lied rauschte im Blut der Fallenden...

Nun liegt diese Jugend in langer Reihe, ohne Schmuck in zähem Lehm. Ihre Kreuze sind arm, und sie haben keine Hügel. Sie liegen im flandrischen Schlamm wie ein unverstandenes, graues Heer – unverstanden, weil sie so jung, so hemmungslos jung waren. Weil sie trotzig und jubelnd ihr Lied sangen, ihr Lied von Deutschland, – von Deutschland, das sie hier liegen läßt, ohne eine Blume, ohne Hügel, ohne Erinnerung.«

Unmittelbar mit der Machtübernahme setzte 1933 eine neue Bewertung der Leistung der Frontsoldaten und damit eine Förderung der »deutschen Heldenverehrung« ein, die der 1919 gegründete »Bund deutscher Kriegsgräberfürsorge« jetzt zu seiner nationalen Aufgabe erklärte. Auf vielen Soldatenfriedhöfen, vor allem in Langemarck, wurden nationale Ehrenmale errichtet. Im Bericht über diese Arbeit, »Das Werk der deutschen Heldenehrung«, schrieb Dr. Willi Könitzer im November 1938 in der HJ-Zeitschrift »Wille und Macht«:

»Noch nie in der Weltgeschichte hat ein ganzes Volk den Auftrag erkannt und übernommen: seinen Gefallenen sichtbare Zeichen des Dankes, der Mahnung an gegenwärtige und künftige Generationen zu errichten. Das Werk der Heldenehrung wuchs im Wort, in der Kriegsdichtung, die uns die Verpflichtung auf jenen Geist geweckt hat, es wuchs im Bild und in der Plastik. Das Werk der deutschen

Heldenehrung wuchs im Ring der Ehrenmale, die überall da aufragen, wo jene Front am heftigsten im Feuer des Kampfes lag und am tapfersten sich im Opfer bewährte ... seht, wir vergaßen sie nicht, denen wir den Glauben und die Kraft und das Reich verdanken ... Der Krieg war nicht Vernichtung, er war Vorbereitung, Stufe zu einem großen Neuen ... Das Werk der Heldenehrung ist nicht Totendienst und nicht Totenklage, sondern Dienst an Deutschland ...«

In demselben Bericht heißt es über den inzwischen vollzogenen Ausbau des Friedhofs von Langemarck zum nationalen Denkmal:

»Wo über das flandrische Land der Wind vom Meer herüberweht, da liegen die jungen Helden von Langemarck. Mochte ihnen der Wind Wort um Wort des Liedes von den Lippen reißen, Ton um Ton der Melodie, mit der sie gegen den Feind stürmten – sie sangen und stürmten und fielen für Deutschland, seinen Namen auf den Lippen, im Herzen sein Blut. Sie marschierten im Grauen des höllischen Feuers und waren selbst dieses Deutschland. Mit ihnen fiel Deutschland, tapfer, heldisch. Aber wie sie nicht starben, sondern unter uns lebendig sind, so starb auch nicht Deutschland. Es erhob sich uns schöner und herrlicher im Bild jener Jugend, die nun als Jugend von Langemarck unter uns steht, umstrahlt vom Ruhm ihres Heldentums, Verpflichtung und Anruf an alle, die Deutschland nun tragen.

Aus dem Opfer ihrer Kameraden, der deutschen Jugend, erstand das Ehrenmal Langemarck, errichtet vom Volksbund Deutsche Kriegsgräberfürsorge. Nun weht heute wie vor zweieinhalb Jahrzehnten der Wind vom Meer über den roten Mohn im Niemandsland, über den breiten Wassergraben, der mit den ehemaligen Bunkern in den Bereich des Males einbezogen wurde. ›Deutschland muß leben, und wenn wir sterben müssen!‹ Der Ehrenhof trägt dieses unvergängliche Wort von Heinrich Lersch. Und die holzgetäfelten Wände der Ehrenhalle tragen die tausende Namen der Gefallenen, zu deren Ruhm das Mal in die Zukunft ruft.«

Zum Entstehen und zum Stoff der »Jugend von Langemarck« berichtet Zerkaulen folgendes:

»Ist es verwunderlich, daß mit einemmal all jenes in einem aufbrechen mußte, das aus der Zeit des Werkstudententums in einem schlummerte? Es war wenige Wochen vor dem Tag von Potsdam, da sprach Vizekanzler von Papen in dem Auditorium maximum vor den Berliner Studenten. Er erinnerte sie an den Tag von Langemarck. Ich hörte die Rede im Rundfunk, und mir war, als riß ein Vorhang auseinander, der neunzehn Jahre ein Erlebnis zudeckte. Ich fühlte

fast körperlich, wie eine Faust nach meinem Herzen griff. In dieser Stunde wußte ich, daß ich das Weihespiel von Langemarck schreiben würde.«

»Meine ›Jugend von Langemarck‹ entstand im Erleben und aus dem Sturm des Aufbruches von 1933. Als der Heeresbericht über den Tag von Langemarck am 10. November 1914 herauskam, erschien unser Leutnant in der Stube. Es war in der Infanteriekaserne zu Eisenach, am Fuße der Wartburg ... kurz vor unserem Ausmarsch nach Rußland. Die von Langemarck zogen unsichtbar mit uns. Sie zogen weiterhin mit uns all die furchtbaren Jahre nach dem Zusammenbruch bis zum dröhnenden Glockenklang der Kirchen von Potsdam. Hier aber blieben sie stehen, ausgerichtet zu unübersehbaren Linien wie einst auf den Kasernenhöfen Deutschlands.

Eine neue Jugend aber hat ihr Banner entrollt, eine neue Jugend brach im Herzen des Vaterlandes vor und nahm die feindlichen Stellungen unter dem Gesang ›Deutschland, Deutschland über alles‹. Der Kreis hat sich geschlossen: das Vermächtnis von Langemarck lebt!«
(»*Erlebnis und Ergebnis*«, S. 9 f.)

Die Uraufführung
Zerkaulens »Jugend von Langemarck« ist ein Hauptstück in dieser fortschreitenden weltanschaulichen Verklärung einer Kriegshandlung. – Das Stück wurde zum Gedenktag, der mit dem Gedenktag der NSDAP an den Marsch auf die Feldherrnhalle zusammenfiel, am 9. November 1933 gleichzeitig in mehreren Städten uraufgeführt: im Sächsischen Staatstheater Dresden (Regie: Josef Gielen), an den Staatstheatern Bremen und Kassel, am Hessischen Landestheater in Darmstadt, an den Stadttheatern Halle, Lübeck, Hagen, Greifswald, am Oberschlesischen Landestheater in Beuthen und im Schauspielhaus Bonn. An vielen dieser Bühnen trugen die Inszenierungen den Charakter von nationalen Gedenkfeiern.

Bericht der »Vossischen Zeitung«, Berlin, 11. November, über die Dresdener Uraufführung, an der Zerkaulen teilnahm:
»Ein großer schwerer Rahmen, der mit Lorbeerkränzen und Eisernen Kreuzen schlicht geschmückt war, kennzeichnete den ernsten, festlichen Charakter dieses Erinnerungstages. Auf der Bühne betonte dieser symbolische Rahmen zugleich den legendären Charakter des Spiels. Die Aufführung selbst wurde unter Gielens Regie ausgezeichnet. Zu Anfang traten studentische Korporationen in Wichs vor den

Vorhang. Unter den Klängen ›Ich hatt' einen Kameraden‹ senkten sie die Fahnen, und das ganze Haus beteiligte sich mit erhobenen Armen an dieser Heldenehrung für die von Langemarck.«

In Darmstadt wurde die Aufführung durch einen »akademischen Akt« eingeleitet, der von der Studentenschaft, dem Stahlhelmbund Langemarck und der Hitlerjugend veranstaltet worden war (»ein SA-Mann beschwor das Andenken an die jungen Gefallenen von Langemarck für die Gegenwart«).

Die Rezensionen haben noch viele Vorbehalte gegen das Stück, heben aber immer wieder die nationale Bedeutung des Stoffs hervor. »Jugend von Langemarck« stand neben Johsts »Schlageter«, Friedrich Forsters »Alle gegen einen, einer für alle«, Kolbenheyers »Heroische Leidenschaften« und Klassikern wie »Wilhelm Tell« und »Götz von Berlichingen« auch auf dem Spielplan der ersten Reichstheaterfestwoche in Dresden 1934. Es wurde so Teil des mit der Machtübernahme aufkommenden Langemarck-Kults. Zerkaulen:

»Oft war ich in der Folge dabei, wenn von der Hitler-Jugend oder von SA-Verbänden der zweite Akt, jener in der flandrischen Scheune, aus meinem Frontstück gespielt wurde. Wie glaubhaft erklang dann das Gebet des ›Rausches‹, das Testament der Vaterlandsliebe, klang nicht anders, als es 1914 in unseren Herzen brannte.« *(»Erlebnis und Ergebnis«, S. 10)*

Des zwanzigsten Jahrestags des Sturms von Langemarck wurde 1934 mit vielen Beiträgen in den Zeitungen und Zeitschriften des Reiches gedacht. Die neu gegründete Zeitschrift »Das innere Reich« brachte im Novemberheft 1934 einen Beitrag von Wolf Justin Hartmann, »Langemarck«, der die Entwicklung des Langemarck-Kults aus dem patriotischen Opfer bis in die Symbolik der neuen nationalen, sozialistischen Volksgemeinschaft anschaulich belegt. Es heißt darin am Schluß:

»Denn seht sie an, diese Jünglinge auf einer vernichtungsumheulten und von allen heiligen Schauern der Selbstüberwindung und eines lauteren Glaubens geisterhaft regen Flur: sie sprangen in die Lücken, sie sprangen über die Wunden, Sterbenden und Toten wie bisher nur über Kanäle, sie schlossen sich zusammen, Studenten, Arbeiter, Bauern, Kaufmannsgehilfen und Handwerker und Künstler, sie schmolzen ineinander im glutheißen Keuchen der Schlacht, in einer einzigen Flamme, die lodernd aus ihnen brach, sprengten die alten Krusten der Klasse und des Standes, der Konfession, der Titel und des Besitzes, sprengten den Bann, den die Vorurteile des Stumpfsinns und des Dünkels, den Geldgier, Machthunger, Haß und Neid, den alle Män-

gel und Laster menschlichen Empfindens durch nichtsnutzige, gedankenlose Jahre wie eine starre Lähmung über sie geworfen, sprengten das deutsche Unheil und wurden eine Einheit, eine unlösbare Gemeinschaft auf Gedeih und Verderb! Dasselbe Schicksal wölkte über sie, dasselbe Schicksal fuhr in ihre zuckenden, vorwärtsgeschleuderten Reihen, ob arm, ob reich, ob bei Gebet oder Fluch, ob mit zusammengebissenen Zähnen oder seltsam lachenden Mundes: der große Tod im Herbst von Flandern schwang seine Sense ohne Unterschied und mähte eine Jugend, die sich mähen ließ aus freiem Willen, Dienerin des ganzen Volkes zu sein..., da halfen sie sich und stützten sie sich und fingen sich auf im Sturz, im Hagel der prasselnden Garben, Hände der Hämmer faßten Hände der Feder in einem letzten Druck, zum Abschied und zum Gelöbnis und einem neuen, köstlichen Beginn!
Das Wunder der Verwandlung hatte sich vollzogen!
Im Untergang der Blüte einer zerklüfteten Generation keimte und sproßte die Schöpfung für die Zukunft!
Das neue Wesen, der neue deutsche Mensch, geboren aus dem Blut der Kameradschaft, erstanden im Inferno eines ungeheuren Ernstes, emporgebaut aus der Sittlichkeit des Opfers, wuchs aus dem Tod in das Leben!
Seht an! Sie erkannten sich als Wanderer gleicher Art aus einer versinkenden Zeit, in eine Epoche des Aufbruchs der Nation, des Umbruchs zur Gemeinschaft, um der Gemeinschaft willen, erkannten sich bei den Feuern ihrer Verzehrung als Glieder *eines* Volkes, als Tropfen in *einem* Strom, der aus der Tiefe ihrer Adern rauschte, aus dem Gebein der Ahnen in der Scholle der Heimat, aus Vätergräbern und aus Mutterschoß...
Und ihre Berufung war, als ein Denkstein an der Straße unseres Volkes zu stehen, durch alle Zeiten, wohin uns das Schicksal auch führe. Ein Denkstein für die Stunde der Gefahr, auf daß sich Deutschland entsinne, daß Stunden der Gefahr auch Stunden der Größe sein müssen, wenn wir sie bestehen wollen.
Langemarck hieß es damals.
Langemarck heißt es noch heute.
Langemarck wird es heißen, solang eine deutsche Jugend bereit und fähig ist, diejenigen zu lieben, die sich verschwenden und vergeuden können im heiligen Überschwang – um dieser Größe willen!«
Langemarck wurde im Dritten Reich »zum Sinnbild der deutschen Vaterlandsliebe und Einsatzbereitschaft bis zum Tode. Ihre Pflege ist der

Sinn der akademischen Langemarck-Feiern« *(Meyers Lexikon, Bibl. Inst., Leipzig 1939).* – In der Reichsjugendführung wurde im November 1934 ein »Referat Langemarck« eingerichtet, dessen Aufgaben waren: »Heldenehrung durch Achtung und Ehrfurcht vor ihren Opfern, Übernahme und getreue Verwaltung des Erbes der Frontsoldaten durch die deutsche Jugend« *(ebd.).* – Als am Beginn des Feldzuges gegen Frankreich 1940 die deutschen Truppen Flandern besetzten, hieß es am 29. Mai 1940 im Wehrmachtsbericht: »Über dem Mahnmal der deutschen Jugend bei Langemarck, dem Schauplatz ihres heldenmütigen Kämpfens 1914, weht die Reichskriegsflagge.« – Zerkaulen, der seinem Schauspiel ein am 10. November 1914 geschriebenes Gedicht vorangesetzt hatte, schrieb zu diesem Tag in einem zweiten, »Langemarck« betitelten Gedicht, auf Hitler als den »unbekannten Soldaten des Weltkriegs« anspielend: »Der Unbekannte aus dem Krieg / Der leben blieb, um doch zu siegen / Er hat die Flagge neu gehißt / Zu Ehren derer, die hier liegen.« *(Gedruckt in: »Erlebnis und Ergebnis«, S. 187)*
Langemarck wurde für Zerkaulen der höchste Ausdruck der erflehten Einheit von Einzelnem und Volk. Der Name »Langemarck« kehrt in seinen Schriften immer wieder. Der in der nationalen Tradition der rheinischen Familie lebende Zerkaulen erlebte die Jahre der Republik unter den negativen Wertungen, die mit dieser Erziehung verbunden waren. Sein Bericht enthält also eine für die »nationale Jugend« typische Biographie:

»Als wir 1914 ins Feld zogen, da umbrandete uns die Kündung eines einzigen Willens, einer einzigen Meinung. Bildende Kunst, Dichtung, Musik, die Presse, alles stand unter der klammernden Gewalt dieses einzigen Grund- und Gipfelgedankens: Deutschland! Seit dem letzten Sieg der Nation, seit dem Sedan von 1871, das unsere Väter erlebt und erstritten hatten, seitdem hatten die Väter uns, der jungen Generation, nur ein Ziel in Herz und Hirn gehämmert: Deutschland voran! Im Jahre 1914 nun versuchte eine neidvolle Welt diesem Willen nach oben mit brutaler Rücksichtslosigkeit den Atem abzuschnüren. Die Väter griffen noch einmal zu den Waffen. Aber wir jungen Kriegsfreiwilligen fühlten, die Entscheidung würde diesmal so oder so unser Leben bestimmen.
Die Entscheidung blieb aus. Die Frucht aller Not und Kämpfe wurde uns jählings aus den Händen gerungen. Als wir geschlagen, aber nicht besiegt, aus dem Felde zurückkehrten, da saßen daheim andere an unserer Stelle. Der Soldat war entrechtet, der Soldat sollte ein Parteimann werden. Einem Fächer gleich und in vielen Farben, so breitete

sich das neue Parteiwesen der Heimat vor uns aus. Wir brauchten nur zu wählen, welche Farbe uns am besten zusagte... Wo war sie hin, die heilige Einheit von 1914...?
Aber der Kampf war nicht zu Ende. Alle, die im Felde gewesen waren, sie wußten, daß sie weiterhin unter den Waffen stehen mußten, bis sie zum letzten Appell gerufen würden. So verbanden sie sich wiederum der neuen Jugend. Und endlich brach der Hörnerklang der Frühe über Deutschland auf. Geführt von einem, einem einzigen, von Adolf Hitler, haben altes Frontsoldatentum und neue Jugend die Heimat sich zurückerobert. Seither werden alle Erscheinungsformen des Lebens und unseres Volkes geprüft und geprägt vom Willen der Nation, vom Willen der uns überkommen reinen und ureigenen Art unserer Rasse...« *(Aus: »Erlebnis und Ergebnis«)*
Zerkaulens Glaube an Deutschland war pathetisch, naiv und blieb bis in die letzten Jahre ungebrochen. In »Erlebnis und Ergebnis« schreibt er 1942 anläßlich der Betrachtung über seinen Roman »Herr Lukas aus Kronach«:

»Deutschland bleibt der Sauerteig der Welt. Kein Land unter Gottes Sternen kann so auf den Knien liegen in inbrünstigem Ringen um die letzte Wahrheit. Kein Land unter der Kuppel des Himmels kann sich so verbluten bis in fallende Nacht hinein, um mit brechendem Atem am Ende wieder die Fackel hochzureißen, sie dennoch weiterzureichen den Kommenden, den ewig Kommenden, aus dem heiligen Schoß seiner Erde.

Und immer wird der unter den herrisch Kämpfenden sein, der ihnen das leise Lied ihrer Herzen singt, der ihnen die Mutter mit dem Kinde malt, der ihnen den Samen der blühenden Linde heimlich in den Festungswall trägt. Immer ist Gott bei ihnen, der das Todesleuchten junger Augen segnet, wie er die von Langemarck gesegnet hat, daß sie singend stürmten, das Gebet ihres Volkes auf den Lippen.«

Zerkaulen gab seiner »deutschen Sehnsucht« noch einmal dramatische Form, als er – nach der Komödie »Der Sprung aus dem Alltag« (1933, Uraufführung 14. September 1935, Städtische Bühnen Köln) – sein Schauspiel »Der Reiter« schrieb (Uraufführung 15. Januar 1937, Staatstheater Braunschweig und Stuttgart). In ihm verband Zerkaulen sein Verlangen nach einer charismatischen Symbolfigur des Deutschen mit dem »Reiter aus dem Bamberger Dom«, der nach 1933 als das Inbild des zukunftsgläubigen Deutschen ausgegeben wurde:

»Ich habe das Sinnbild, das mir den Titel gab zu meinem Schauspiel

›Der Reiter‹, nicht gesucht, denn wenn ich den Reiter suchen wollte, fand ich ihn nicht. Doch oftmals ist er mir begegnet. Nicht nur im Dom zu Bamberg, nicht nur in der alten reichsfreien Stadt Nördlingen, viel früher schon, wenn ich mich recht entsinne: Als ich fortzog vom Rhein mit den Kameraden nach Rußland, denen von Langemarck wird er auch begegnet sein und jedem, der an Deutschland geglaubt hat. An keinem, der seine Sendung erfüllt hat, ist er je vorübergegangen. Und wenn einer fragt, wie der Reiter wohl heißt, so würde ihm Antwort: der ewige Deutsche! Und wenn einer fragt, wohin er reitet, so schlüge es wie erzene Glocken: in die Zukunft! – In die Zukunft!«

Zerkaulen bestätigt den Zusammenhang zwischen dem Kriegserlebnis und diesen Stücken: »Der Weg von 1914 her ist so gradlinig wie möglich und bleibt entscheidend für das gesamte Leben. Als Pfeiler dieser Brücke sehe ich mein Frontstück ›Jugend von Langemarck‹ und mein Schauspiel ›Der Reiter‹.« 1939 folgte ein Schauspiel um den völkisch gesehenen Gründer der ersten deutschen Flotte, 1849, Admiral Brommy. Auch Brommy ist, wie alle dramatischen Helden Zerkaulens, ein Sucher nach dem Reich. (Uraufführung von »Brommy« am 22. September 1939 am Bremer Schauspielhaus [Regie: Hans Tannert], am Staatlichen Schauspielhaus Dresden und am Alten Theater Leipzig.) – Zerkaulen hat in Dresden, dann in Witzenhausen gelebt. Er gab dort die Unterhaltungszeitschrift »Der goldene Born« (ab 1936) heraus. Über seine politische Haft im Camp 94 nach 1945 und die Verarbeitung der politischen Enttäuschung berichtete Zerkaulen in dem Buch »Zwischen Tag und Nacht« (Verlag Hieronymus Mühlberger, München 1951).

Zerkaulen starb im Februar 1954 in Hofgeismar bei Kassel.

Friedrich Bethge   Marsch der Veteranen

Geschrieben 1932/33. – Urfassung: »Der Hungermarsch der Veteranen«. Gedruckt als Bühnenmanuskript im Theaterverlag Albert Langen/Georg Müller, Berlin. – Zweite Fassung: »Marsch der Veteranen«. Erste Veröffentlichung: Albert Langen/Georg Müller Verlag, Berlin 1935.

Bethge galt als der »Frontsoldat« unter den Dramatikern des Dritten Reiches. Der Krieg hatte ihn entscheidend geprägt. Der Kriegsfreiwillige von 1914 (Sohn des Berliner Germanisten Richard Bethge, geb. am 24. Mai 1891 in Berlin) nahm teil an den großen Schlachten an der Westfront (Ypern 1914, Tankschlacht bei Cambrai 1917), die jeweils selbständige Kriegsmythen entwickelten (den Opfermythos von Langemarck, s. d., und den Mythos des Einzelkämpfers in der Materialschlacht). Sie brachten ihm das Lebens- und Bildungserlebnis vom Dasein als Form des heroischen Kampfes. Bethge war Leutnant, Kompanieführer, ausgezeichnet mit dem Eisernen Kreuz erster Klasse; er war, was als stolzes Moment seiner Biographie immer hervorgehoben wurde, fünfmal verwundet. Der heimgekehrte Offizier nahm 1919 in Berlin an den Kämpfen gegen Spartakus teil (dafür 1935 Auszeichnung mit dem Schlageterschild), war danach Beamter im Magistrat von Berlin und Theaterkritiker für die »Vossische Zeitung«. Die frühen Gedichte brachten ihm 1923 einen Lyrikpreis ein. Sein erstes, noch expressionistisch gefärbtes Schauspiel, »Pfarr Peder« (geschrieben 1919/20), und die Komödie »Die Blutprobe« (geschrieben 1927) wurden vom Theater der Republik nicht aufgenommen und erst aufgeführt, als Bethge nach 1933 in die Reihe der führenden Dramatiker des neuen Staates aufrückte. (Uraufführung der ersten Fassung »Pfarr Peder« am 3. Oktober 1936 in Altona, der zweiten Fassung am 19. Januar 1941 am Landestheater Darmstadt. – Uraufführung »Die Blutprobe«: 20. Februar 1937, Schauspielhaus Frankfurt.)

Erst als Bethge an die Verarbeitung des Kriegserlebnisses ging (der Krieg war schon Hintergrund seiner Novellensammlung von 1925, »Pierre und Jeanette«, Neufassung 1937: »Das triumphierende Herz«), gelang ihm 1928 mit seinem Schauspiel »Reims« ein Drama, das ihn auf dem Theater bekanntmachte.

Mit »Reims« nahm Bethge, der als Schriftsteller den Krieg nur durch Verklärung verarbeiten konnte, teil an dem um 1926 einsetzenden, 1928 durch den Zehnjahrestag des Kriegsendes geförderten Prozeß der Rückerinnerung, aus dem auch Hintze/Graffs Schauspiel »Die endlose Stra-

ße« (s. Band 2) entstand. In der biographischen Notiz im Programm der Uraufführung von »Reims« (Stadttheater Osnabrück, 27. 2. 1930) notierte Bethge über seine bleibende Fixierung an das Kriegserlebnis:
> »Ich vermag noch heute kein Dorf, keine Landstraße, kein Feld, keinen Wald – zumal in der Dämmerung – zu betreten, ohne alles sofort mit Frontaugen zu sehen. Der Krieg sitzt bereits im Blute... Hier ist einmal – und für Generationen! – ein Erlebnis und Thema, das als drittes neben den beiden ewigen Themen: Hunger und Liebe – bestehen kann.«

Bethge nannte »Reims« »die Auseinandersetzung zwischen dem Autor und seinem vom Kriegserlebnis überwältigten Herzen«.

»Reims« ist die Geschichte des Sergeanten Jarkusch, der, irritiert durch Gerüchte über die Untreue seiner Frau, die Front verläßt, verhaftet wird, vor dem Kriegsgericht von dem Fronthauptmann Jünger verteidigt und vor dem Todesurteil gerettet wird und wieder zur Front zurückgeht. Darf man einen – so war die Frage – aus dem Geist der Frontkameradschaft lebenden Mann juristisch zu Tode bringen? »Über die Front kann nur die Front urteilen«, sagt Hauptmann Jünger im Stück. Die Figur des Hauptmann Jünger ist Bethges Huldigung an Ernst Jünger, der mit seinem Buch »In Stahlgewittern« 1920 das Kriegserlebnis als das Selbsterlebnis einer Generation heroisch interpretiert hatte; Bethge gab mit Jünger 1930/31 das Buch »Antlitz des Weltkrieges. Fronterlebnisse deutscher Soldaten« heraus. Bethge 1935: »Der Sergeant Jarkusch ist der unbekannte, Hauptmann Jünger der bekannte Soldat des Weltkrieges.«

Die Uraufführung von »Reims« in Osnabrück (Regie: Hermann Pfeiffer) und die erste Berliner Aufführung im Theater des Westens (5. Oktober 1931, Regie: Curt von Möllendorf) waren nur halbe Erfolge. Die Bewertung des Stücks spiegelt schon die um 1930 vollzogene Parteilichkeit der Theaterkritik. Herbert Ihering schrieb: »Das Stück ist weder heroisch noch kritisch. Es redet – aber unklar. Es ist ohne Haltung« *(»Berliner Börsen-Courier«, 6. Oktober 1931).* Dagegen Felix Buttersack im »Berliner Lokal-Anzeiger« vom 3. März 1930 nach der Osnabrücker Aufführung: »Bethge... läßt einen Hauptmann auftreten, der ... ein leidenschaftlich mitreißender Führer ist... In ihm richtet der Dichter das Maß auf, mit dem sie, Soldaten für Deutschland, gestern und morgen gemessen werden. Niemand besteht, ob General oder Mann, außer denen, die sich in der höheren Ordnung der Nation erfüllen. Jener Mensch, der in den Gewittern von Reims untertauchte, wird in der Schicksalsstunde des Vaterlandes wieder aufstehen und die Fahne ergreifen.«

Mit der Änderung der politischen Verhältnisse in Deutschland durch Hitlers Machtübernahme veränderte sich auch die Rezeption dieses Stücks. – Bethge dazu im Vorwort zur Buchausgabe von »Reims« (1934, Verlag Reimar Hobbing, Berlin), die die für die Frankfurter Aufführung (25. Februar 1934) hergestellte neue Textfassung enthält:

»... ›Reims‹ ist der Niederschlag des eigenen Kriegserlebnisses, Niederschlag des – trotz aller Einsicht in die Schrecknisse des Krieges – heroischen Weltgefühls.

Das bisherige Deutschland vermochte einem heroischen Kriegsdrama unmöglich gerecht zu werden – weder der Liberalist noch die Reaktion. Denn wie konnte man das Grauen der Schlacht so sehen und – nicht Pazifist sein? – bzw. wie konnte man nicht Pazifist sein und das Grauen der Schlacht dennoch so zeichnen? – Oder: wie konnte man so ›gut national‹ sein und dann eine Spannung: Front – Stäbe aufdecken? Das war, das schien alles unvereinbar; – heut ist es – selbstverständlich ... *uns* war der Krieg niemals ein Problem ...

... der Held von Bapaume ist zwar schon Held – aber noch seelenloser Held der Materialschlacht; – der Held von Reims aber ist bereits religiöser Held. Die Materialschlacht ist wie der Materialismus überwunden und im Hintergrund funkelt eine prächtige Stadt: Reims! – von den goldenen Türmen der Kathedrale singet der Chor – so klingt es in die Eichendorffschen Verse aus: ›Wir aber stürmen das himmlische Tor.‹

›Bapaume‹ – das war die Materialschlacht – das war Tod und Vernichtung – ›Reims‹ aber ist: Tod und Verklärung ...

Der Stil von ›Reims‹ ist nicht naturalistisch, sondern vom Rhythmus des Trommelfeuers, des Marschierens, vom Rhythmus des Räderrollens der unaufhörlichen Züge von der Front – zur Front. Das Marschlied zu Beginn gibt den Rhythmus des ganzen Stückes an, der sich aber zum Schluß zur Inbrunst steigert ...«

Die im Begleittext zur Buchausgabe gedruckten Kommentare und Akklamationen von Wulf Bley, Ernst Jünger, Heinrich George u. a. bis zum »Nachwuchsdramatiker« Uli Klimsch belegen, wie diese neue Einschätzung von »Reims« dem Stück auch eine neue politische Funktion zuweist. Eberhard Wolfgang Möller empfiehlt dort das »Stück eines Frontsoldaten« seiner »starken männlichen Gesinnung« wegen »vor allen anderen« zur Aufführung »auf einem neuen deutschen Theater«. Bethge, der »Reims« eine »dramatische Ballade« nannte, weil sich »innere, durchaus lyrische Stimmführung mit dramatischer Form« verbanden, sah später in der »dramatischen Fabel von ›Reims‹ nur einen Vor-

wand, das Herz des Autors vom Kriegserlebnis zu erlösen«. Dieses Kriegserlebnis galt für viele als das »Grunderlebnis« der neuen nationalen Dramatikergeneration:

»Die führende – ältere — junge Dramatikergeneration verdankt dem Kriege, der ja nur scheinbar 1918 beendet ist, alles – und in solchem Maße, daß man sagen darf: sie alle sind nicht in irgendeiner Stadt, in irgendeinem Dorfe Deutschlands geboren, sondern vielmehr in den Granattrichtern Flanderns, im Trommelfeuer der Somme, vor Reims, vor Verdun oder in den Tankschlachten bei Cambrai.
Die noch ungeschriebene, aber gelebte deutsche chorische Tragödie heißt Langemarck: als eine Gemeinschaft junger, gläubiger Menschen unter Gesang (sowohl vom rationalistischen wie auch vom militärischen Standpunkt aus gesehen: scheinbar sinnlos, ja sinnwidrig) die englische Front stürmte. (Anm. d. Hsg.: s. dazu auch Anm. zu »Jugend von Langemarck« in diesem Band.) Der erste Akt des großen, noch ungeschriebenen, aber gelebten Dramas unserer Zeit war jener 13. August 1932, als der bekannteste und der unbekannte Soldat des Weltkrieges – die beiden erhabenen Chorführer – zum ersten Male einander gegenüberstanden. (Anm. d. Hsg.: Erste Begegnung von Reichspräsident Hindenburg und Hitler.)
So hat folgerichtig der Krieg als das Grunderlebnis auch seine direkte – wenn vielleicht auch noch nicht endgültige – Gestaltung im Schaffen der jungen Dramatikergeneration gefunden. Ebenso folgerichtig aber blieb die Frontdramatikergeneration nicht bei der Gestaltung des Kriegserlebnisses stehen. Es ergab sich vielmehr aus der eigenen Seelenlage heraus der Zwang, zu gestalten, wie der Soldat der Front mit dem Frieden – dem wirklichen oder dem scheinbaren – fertig wird; inwiefern das Kriegserlebnis individualistisch sich wie eine Manie im Hirn des Frontsoldaten und Dichters festgesetzt hat, oder inwiefern ihm eine fruchtbare Auswertung des Kriegserlebnisses für den Aufbau der Gemeinschaft, der Nation glückt. Ja, der Weg vom Kriegserlebnis und seiner Gestaltung zur Schicksalsmeisterung noch grausigerer, völlig entseelter Nachkriegsjahre und ihrer Gestaltung ist der Weg des leidenden Dichters zum Schicksal meisternden Dramatiker...
...So fußt das neue deutsche Drama im Erlebnis des Krieges und in der großen deutschen Erhebung, die man auch die metaphysische Rache der betrogenen Frontsoldaten nennen darf...« *(Bethge, Rede bei der Theatertagung der HJ in Bochum 1937. In: »Das innere Reich«, Juni 1937)*

Das Stück

Bethges erfolgreichstes Stück, »Der Hungermarsch der Veteranen«, wurde schon Ende 1932 konzipiert. Im April des Jahres hatten amerikanische Weltkriegsteilnehmer vor dem Weißen Haus in Washington gegen die Kürzung der Kriegsteilnehmerrenten um 48 Millionen Dollar protestiert, die in dem Spargesetz-Entwurf der Regierung dem Repräsentantenhaus vorgeschlagen wurde. Die Demonstrationsmärsche – auf dem Höhepunkt der Weltwirtschaftskrise – verhinderten diese Kürzung (s. »Frankfurter Zeitung« vom 5. Mai 1932). – Die in solchen Kürzungen anscheinend zum Ausdruck kommende Verkennung und Geringschätzung des Kriegsteilnehmers durch den Staat hatte in Deutschland sein Pendant. Wohl war die Kriegsopferversorgung durch Gesetz vom 24. 10. 1920 geregelt, aber allein in der zeitgenössischen Kunst deuteten sowohl die Zeichnungen von George Grosz wie Tollers Schauspiel »Hinkemann« (von links) auf das gleiche Faktum der Unterversorgung und mangelnden Anerkennung der Invaliden. Der »Hungermarsch der Veteranen« wurde für Bethge ein Protest gegen die Verachtung des Frontsoldaten in der Weimarer Republik und zum Versuch, dessen sozialen und politischen Anspruch im Zusammenhang mit dem sich auf »Preußen« berufenden »Ordnungsdenken« des NS-Staates zu formulieren.

Bethge brachte den aktuellen Zeitaspekt literarisch in Verbindung mit dem thematisch verwandten fordernden Auftritt des Hauptmann Kopejkin in Gogols Roman »Die toten Seelen« und begründet diese Koppelung der Stoffe in seinem Vorwort zum Stück (Text siehe ebd.).

Für Bethge bedeutete der »Marsch der Veteranen« eine Erlösung vom Alpdruck des Krieges und den Übergang in eine aktuelle Kampfsituation:

»Im ›Marsch der Veteranen‹ mußte sich der Autor und Soldat nach Erlösung vom Kriegserlebnis mit der den Soldaten nach der Heimkehr umgebenden Umwelt kämpferisch auseinandersetzen. In der ersten Nachkriegszeit bleibt der Frontkämpfer dem ungeheuerlichen Kriegserlebnis in solchem Maße verhaftet, daß es Jahre braucht, bis die Loslösung von dem Alpdruck, die Loslösung von den wirklichen und leibhaftigen Dämonen des Krieges gelingt. In dieser Übergangszeit war der während des Krieges Daheimgebliebene, vom Grauen des Krieges nicht Angepackte gegenüber dem Frontsoldaten ›im Vorteil‹. Er kannte nur ›Probleme‹; kein innerer Zwang, kein Alp belastete ihn. Doch der Frontsoldat erwacht aus dem Siebenschlaf, und er tut das, was er in den fünf Frontjahren ›so gelernt‹: er stellt den Gegner. Und der Überwinder von Tankelefanten, von fliegenden

Teufeln, von Stahlregen und Giftatem entfesselter Dämonen ringt den meist jüngeren Daheimgebliebenen nieder – die Frontgeneration 1890 ringt den ›Jahrgang 1902‹ nieder. Das ist nicht mehr Kampf mit dem Alpdruck in der eigenen Brust, nicht mehr Ballade, dramatische Lyrik, das ist blutig ernster Kampf mit einem realen Gegner. Damit ist die Seelenlage über die dramatische Ich-Ballade hinaus ins Drama gefunden.

In Gerhart Hauptmanns ›Webern‹ sind es hungernde, durch den Siegeszug der Maschine entrechtete schlesische Weber, die das Herz des landsmännischen Dichters bewegen und zum öffentlichen, zum gestalteten Protest entflammen; im ›Marsch der Veteranen‹ sind es hungernde, kaputtgeschossene Soldaten. Hungernde werden jedes Herz mit Mitleid und Entsetzen erfüllen, um wieviel mehr das Herz eines Dichters; aber Dramenstoff sind sie nicht. Für das Drama kann die Fragestellung einzig lauten: wer hungert – und wofür?

Liberalismus und Drama sind Gegensätze. Der Liberalismus kennt eine ›Freiheit wovon?‹, das Drama nur eine ›Freiheit wofür?‹. Der Liberalismus strebt auszugleichen, Entscheidungen auszuweichen; das Drama dagegen sucht die Entscheidungen, und je höher es hinaufstrebt, um so eindeutigere Entscheidungen. Darum gehört im ›Marsch der Veteranen‹ neben die herzensreine Gestalt des Veteranenführers Hauptmann Kopejkin die Entscheidungen erzwingende Gestalt des Generalgouverneurs, des ›verfluchten Preußen‹, wie neben das reiche Herz des Dichters der ethisch gerichtete unbeirrbare Wille des Kämpfers gehört, der erst den Dichter zum Dramatiker schmiedet...« *(Aus der Bochumer Rede 1937)*

Die Gemeinschaft der von Kopejkin geführten Frontsoldaten sah Bethge als eine »revolutionäre Gemeinschaft« an. In den kurzen Anmerkungen zur Urfassung (»Der Hungermarsch der Veteranen«) 1934 heißt es: »Gegenüber stehen sich: Gesellschaft, Staat und revolutionäre Gemeinschaft in ihren echten und Pseudovertretern.«

Text und Aufführungen
Für die Uraufführung wurde der Text neu bearbeitet: vor allem die höfischen Szenen wurden gestrafft, neue, ausführlichere Szenen an drei Stellen eingefügt. In unserem, nach der Buchausgabe von 1935 gedruckten Text sind dies: Verstärkung des Leitmotivs »Wir kommen wieder« (S. 235/36), Ottoff erinnert Kopejkin nachdrücklicher an den Schwur, nicht mit den Großen zu paktieren (S. 246–248), deutlichere Hervorhe-

bung der Funktion des Gouverneurs und seiner preußischen Maximen (S. 249/50).

Die Uraufführung fand im Augsburger Stadttheater (30. Januar 1935) und im Frankfurter Schauspielhaus (2. Februar 1935) gemeinsam, wenn auch unter versetzten Terminen statt. – In Augsburg: Regie: W. Oehmichen, Bühnenbild: B. Klein, Kopejkin: Hans Eick, Smerkoff: Erich Marks, Generalgouverneur: H. Mühlberg, Major Rostow: Harry Buckwitz, Ottoff: Hans Nielsen, Boris: W. Haßler, Lisaweta: Else Quecke, Fürstin Alexandrowna: Erna Sellmer. – In Frankfurt: Regie: Friedrich Bethge, Bühnenbild: Ludwig Sievert, Kopejkin: Robert Taube, Fähnrich Ottoff: Paul Verhoeven, Smerkoff: Franz Schneider, Generalgouverneur: Ernst Sattler, Major Rostow: Toni Impekhoven, Lisaweta: Cläre Kaiser, Fürstin: Lu Säuberlich, Gutsbesitzer: Hans Schomberg.

Die Rezensionen waren zunächst nicht begeistert (s. Rudolf Geck zur Frankfurter Aufführung in der »Frankfurter Zeitung«, 3. Februar 1935). Im »Völkischen Beobachter« hieß es in der ungezeichneten Rezension u. a.:

> »... Eine starke Tiefe steckt in Bethges neuem Drama. Aber man geht mit einem leisen Unbehagen fort: Denn das, was man gesehen hat in diesem Drama, das ist uns Deutschen zu fremd, der Gedanke zu fern, daß nicht für die Veteranen gesorgt sein könnte. – Bethge versteht es meisterhaft, das ganze Milieu dieses zaristischen Rußland aufzuzeigen. In prächtiger Weise zeichnet er den Ministerhof, zeichnet er das Wesen des Menschen am grünen Tisch, dem der Militär, der Frontsoldat schlechthin in seiner zerrissenen ›Kluft‹ abscheulich ist. Prächtig auch zeichnet er die Disziplin der Soldaten, die auch bei dem bitteren Hunger nicht nachgelassen hat ...«

»Marsch der Veteranen« wurde an über 60 Theatern gespielt. In Stettin inszenierte Hans Schalla (Mai 1935), in Oldenburg Gustav Rudolf Sellner (9. November 1937), für die Gautheaterwoche in Köln setzte 1938 Paul Riedy das Stück in Szene. Die Berliner Aufführung (Regie: Graf Solms) fand in der Volksbühne am Horst-Wessel-Platz (Bülowplatz) im Beisein von Joseph Goebbels, Reichsdramaturg Rainer Schlösser und des Geschäftsführers der Reichskulturkammer, Hinkel, statt. Matthias Wieman spielte den Kopejkin, Fritz Genschow den Ottoff. Die Aufführung während der Münchner Theaterfestwochen am 11. Mai 1936 reihte das Stück mit Hanns Johsts »Thomas Paine« und E. W. Möllers »Rothschild siegt bei Waterloo« unter die »Hauptdramen der neuen Bewegung« ein.

Am 1. Mai 1937 erhielt Bethge für das Schauspiel den Nationalen Buchpreis, der Teil des Deutschen Nationalpreises war, mit dem für Deutschland der Nobelpreis abgelöst worden war. Die Verleihung wurde vom Reichsminister für Volksaufklärung und Propaganda, Joseph Goebbels, so begründet:

»Friedrich Bethge gehört zur alten Garde der Partei. Er hat die Bewegung aktiv mit zum Siege geführt. Als Frontkämpfer wurde er viermal verwundet. Seine preisgekrönte Dichtung ist bestimmt vom Begriff der nationalen Ehre. Der ›Marsch der Veteranen‹ ist ein hohes Lied preußischer Zucht und soldatischen Gehorsams. Die einzelnen Szenen haben dichterische Atmosphäre, sie sind getragen von einem außerordentlich plastischen Dialog. Sie verraten die feinste dialektische Geschliffenheit. Der ›Marsch der Veteranen‹ darf als eine erste glückliche Erfüllung der von der nationalsozialistischen Kulturpolitik erhofften Bühnendichtung gelten.« *(Zit. nach »Berliner Lokal-Anzeiger« v. 2. Mai 1937)*

Der »Marsch« wurde danach – wie alle wichtigen Stücke aus dem »neuen Geist« – in den Lehrstoff der deutschen höheren Schulen aufgenommen. In der »Zeitschrift für deutsche Bildung« (Jg. 13, Heft 11) behandelte im November 1937 Kurt Jacob Bethges Stück unter dem Aspekt der Aufnahme in den Deutschunterricht: »Das echte Gefühl für Recht und Unrecht, für Treue und Ehre, für sinnvolles Handeln und verstiegene Ichsucht kann und muß der Ertrag für die Lebenshaltung der ganzen Klasse sein.«

In »Die deutsche höhere Schule« (Heft Januar 1938) formulierte Joseph Schwetje das Lehrziel so:

»Eine Volksgemeinschaft kann nur von Männern aufgebaut werden, die denken und handeln wie Kopejkin und der Generalgouverneur. ... Unsere Jugend wird an diesem wertvollsten Drama der Gegenwart erkennen, was heroische Haltung, echtes Führertum, Opfergeist, Gehorsam und Disziplin für den einzelnen und die Gesamtheit bedeuten. Sie wird in dieser aus bester soldatischer Grundhaltung geborenen Dichtung die Reinheit der Idee, den Schwung der Gedanken, die Kraft der Sprache und die Kunst echter Menschengestaltung bewundern und erkennen, wie gegenwartsnah dieses aus dem Geist unserer Tage gestaltete Drama eines Frontoffiziers und echten Dichters ist. Sie wird aber auch erkennen, daß in diesem hohen Lied der Treue, der Kameradschaft und des soldatischen Gehorsams es nicht um den einzelnen, sondern um die Gemeinschaft geht, über deren Handeln

stahlhaft das Wort leuchten muß: Eines aber muß ewig bleiben: das Gesetz!«

Bethge, der 1933 unter Generalintendant Hans Meissner Chefdramaturg und stellvertretender Intendant des Frankfurter Schauspielhauses, 1935 Reichskultursenator wurde, gab Zusammenfassungen seiner Dramaturgie in der »Rede bei der Theatertagung der HJ in Bochum« (gedruckt in: »Das innere Reich«, Juni 1937) und, abgewandelt und ergänzt, in »Die Geburt des neuen Dramas« (»Berliner Lokalanzeiger«, 20. April 1939). Er setzte darin das neuverkündete Ethos des Dramas mit dem Ethos des Autors gleich.

»... *Woran ist das neue Drama erkennbar?* Die Kernfrage beim Drama ist die Frage der Echtheit, ist die Frage, ob die heroisch-tragischen Entscheidungen der Gestalten des Dramas wohl auch gegebenenfalls die Entscheidungen des Autors sein würden oder – milder formuliert – zumindest sein könnten. Dramatiker wie Aischylos, wie Lessing, Schiller, Kleist oder Hebbel lassen wohl die eindeutige Beantwortung der Frage zu. Höher als Dichterlorbeer und den Ruhm der Mitwelt wertete Aischylos seine Teilnahme an der Schlacht bei Marathon und Salamis, und er feierte hernach die hohe Bedeutung des Tages in seiner Tragödie ›Die Perser‹. Höher als seinen Dichterruhm wertete Cervantes den Verlust seiner Hand in der Schlacht gegen die Sarazenen. Die Zukunft des Theaters hängt davon ab, wieweit es uns gelingt, die *Einheit zwischen Idee und Leben*, zwischen Handelnlassen und eigenem Handeln herzustellen. Es ist nicht genug, daß das Drama die ›großen Gegenstände der Menschheit‹ zu formen sucht, daß es ›die schöpferische Fülle‹, die Vielstimmigkeit des Daseins zum Klingen bringt, daß wir in den Werken der Bühne den Herzschlag unserer Zeit spüren. Große Kunst kommt immer nur aus der Erhabenheit einer Idee, die einen großen Charakter belebt, und die von ihm erlebt und nicht nur ›erkannt‹ wurde. In keiner Kunst weniger als im Drama genügt Talent, ja selbst Genie. Es genügt nicht, ›eine Vision‹ zu haben und sie gestalten zu können. Entscheidend ist das Erlebnis eines *Ethos*. Entscheidender ist, daß das Ethos, das da ›gepredigt‹ wird, auch *vorgelebt* ward ...

Dramatiker ist *der* Mann einzig, dessen Atmosphäre – auch und gerade im täglichen Leben – Kampf und Konflikte um große Dinge sind, der sich einzig in dieser Atmosphäre wohlfühlt – der *ethische Kampf- und Willensmensch* ist es einzig, der die Voraussetzungen zum Dramatiker besitzt.

Heute bestehen alle Voraussetzungen für das große tragische Drama:

Staat, Gemeinschaft, Krieg und Revolutionserlebnis. Was unsere Dramatiker erlebt haben, ist das neue Ethos. Es ist ihnen ›geschehen‹, sie haben es ›erlitten‹...« *(Aus: »Geburt des neuen Dramas«)*
Von 1938 ab arbeitete Bethge – dessen Familie mütterlicherseits aus Ostpreußen stammte – an zwei Schauspielen aus der Geschichte des deutschen Ordenslandes Preußen, »Rebellion um Preußen« und »Anke von Skoepen«, die er später mit dem Mysterium »Kopernikus« (zu dessen 400. Todestag) zu einer »Preußischen Trilogie« zusammenfaßte. »Rebellion um Preußen« behandelte die Tragödie des letzten großen Hochmeisters des Deutschen Ordens, Heinrich von Plauen, den Bethge als das Urbild des tapferen, sittlich und gerecht denkenden Kämpfers darstellte. Plauen, der die Marienburg nach der Niederlage des Ordens 1410 gegen die Polen rettete, setzt sich im Drama gegen rebellische Ordensbrüder zur Wehr, die den Orden verweltlichen und Plauen zum Herzog von Preußen machen wollen. Plauen hält über sie Gericht, wird dann selbst gestürzt, in Haft gesetzt (Uraufführung am 19. März 1939 im Frankfurter Schauspielhaus). – In »Anke von Skoepen« stellte er eine junge Jeanne d'Arc, die »symbolhaft die gesunde, junge Kraft des preußischen Landes und Volkes verkörperte«, gegen Plauens Gegenspieler, den schwachen Hochmeister Michael Küchenmeister (Uraufführung 27. September 1940, Schauspielhaus Frankfurt am Main). Durch diese Stücke wie durch den »Kopernikus« (Uraufführung 24. Mai 1943, Schauspielhaus Frankfurt und Königsberg) zieht sich eine nationale Polemik gegen die ermländischen, mit Polen paktierenden Bischöfe. Alle diese Stücke zeigen auch einen fortschreitenden Zug aus dem antagonistischen Drama in das kultische Spiel, wie Langenbeck und vor allem E. W. Möller und Müller-Scheld (»Novemberballade«) es versuchten. In seiner Rede zur Uraufführung der »Anke von Skoepen« sagte Bethge über dieses kultische Drama:

»Das neue Drama wird aus dem Erlebnis des Freiheitskampfes unseres Volkes – uns, den Mitstreitern – geboren, niemals aus ästhetischen Maximen von außen her. Die Tragödie ist – Tat des religiösen Ethos; schon Äschylus besiegelte sie bei Marathon und Salamis mit seinem Blute.
Auch das (im Anti-Mimos-Sinne verstandene) ›kultische‹ Drama ist (im Gegensatz zur Tragödie allgemein) boden- und mythosgebunden und kann nur im eigenen Lebensraum gedeihen. Jeder Versuch, es in fremden oder erdichteten Kultbereichen anzusiedeln, oder es gar für Themen der privaten bzw. staatlichen Sphäre zu bemühen, muß – unbeschadet seiner Ernsthaftigkeit – sich im luftleeren Raum der Ab-

straktion verlieren bzw. an der inneren Paradoxie scheitern. Das ›kultische‹ oder Mythos-Drama hat einzig und allein das Thema der heimischen Mythen und Heiligtümer (auch und gerade in ihrem christlich-heidnischen Widerstreit) zur Voraussetzung. Unsere Geschichte ist reich an diesen echt tragischen – von einer Weihe getragenen ›Konflikten‹, für deren Schau und Erfassung freilich erst unsere welt- und weltbildumpflügende Gegenwart den Blickpunkt schafft. Unserm Volk schlummern mythische Kräfte nicht weniger lebensstark als den Griechen, vielleicht noch mythenbildende! – wie sollte es sonst seiner Mission fähig und würdig sein! Wir haben nur jetzt erst den Archimedespunkt gewonnen, von dem aus wir uns selber, unsere Geschichte, unsere Mythen zu ›erfassen vermögen‹. Die bodenlos tragische Einsicht, daß vor unserm gottgewollten, gottgeprägten Wesen im ehrlichen Jahrtausendringen die christliche Gottheit nicht Bestand behält und seit Wiclef, Kopernikus und Luther vor unsern sehenden Augen zerrinnt, uns damit erst den Weg zu uns selbst freigebend, ist gelebte und also die von den Dichtern der Deutschen zu gestaltende Tragödie. An Mythosgestalten in diesem bodenlosen, entgotteten, schier luftleeren (aber höchst konkreten, nämlich volkhaften) Raume sollte es uns nicht fehlen. In dieser zwischenreligiösen Schicksalslage ist das Entstehen der Tragödie einzig denkbar, und hier auch liegt ihr tieferer Sinn, ihre Mission: Stolz und Trost zu sein allen am zerschmetternd empfundenen ›Verblassen der alten Gottheiten‹ Leidenden.«

Bethge, der wegen seiner Kriegsdramen von der SS den Ehrentitel eines Sturmführers erhalten hatte, als Kurator des Freien Deutschen Hochstifts das Institut vor der Auflösung bewahrte, wurde im Zweiten Weltkrieg wieder Soldat. Seine 1944 geschriebene romantische Komödie »Der Genius« wurde wegen der Kriegsereignisse, dem nahenden Zusammenbruch und der Schließung der Theater nicht mehr aufgeführt. 1947 kehrte er aus der Kriegsgefangenschaft zurück. Die danach geschriebenen Schauspiele »Manon Roland« (1950; ein Drama um Danton und die Vernichtung der Girondisten), »Die Auserwählten« (1951/52; über das Schicksal einiger angeblich von 1945 bis 1951 im Verpflegungsbunker von Gdingen eingeschlossenen deutschen Soldaten) und ein Drama über Vincent van Gogh, »Vincent« (1953), und »Der Fall Calas« sind im Nachlaß; alle bisher unaufgeführt. – Bethge starb am 17. September 1963 in Bad Homburg v. d. H.

Erwin Guido Kolbenheyer   Gregor und Heinrich

Geschrieben 1933/34. – Erste Veröffentlichung: »Das innere Reich«, April-Mai 1934. – Buchveröffentlichung: Verlag Albert Langen/Georg Müller, München 1934.
Kolbenheyer gehörte zu den wichtigsten Vor-Denkern der nationalen Bewegung, ab 1933 auch zu den Apologeten des Neuen Staates; er wurde einer der repräsentativen Dichter des Dritten Reichs, obwohl Denken und Schreiben Kolbenheyers dessen ideologische Enge weit überschritt.
Er stammte aus dem Grenzland, war 1878 als Sohn eines Architekten in Budapest geboren, nach dem Tod des Vaters in Karlsbad und Eger von der Mutter erzogen und sah aufgrund dieser Herkunft das Leben unter dem Aspekt der Selbstbehauptung und der deutschen Führungsrolle. Philosophische, psychologische und biologische Studien in Wien hatten den Grund zu seiner philosophisch-biologischen Weltanschauung gelegt, die er zwischen 1920 und 1925 in Tübingen in der Philosophie der »Bauhütte«, die er »Elemente einer Metaphysik der Gegenwart« nannte, als einen »Mahnruf an das deutsche Gewissen« formulierte.
Kolbenheyers Denken knüpfte an Darwins Lehre vom Kampf ums Dasein (Lebenskampf) an, suchte diese aber in Richtung auf eine metaphysisch-biologistische Deutung der geschichtlichen Abläufe zu überwinden und zu vergeistigen. Sein zentraler Begriff ist der der plasmatischen Kraft, die in der Natur als eine ursprüngliche Entwicklungskraft vorhanden ist, sich in den Lebewesen wie den Völkern darstellt und ihnen immer wieder die Anpassung an die sich ändernden Gegebenheiten und die Bewährung durch Lebensleistung abverlangt. Der Begriff des »Schwellenzeitalters« spielt in diesem Zusammenhang eine so zentrale Rolle, daß der größte Teil von Kolbenheyers Dichtungen in ein solches Schwellenzeitalter, in den Übergang vom religiös-katholisch denkenden Mittelalter in die naturwissenschaftlich-philosophisch denkende Neuzeit, zurückverlegt ist. So der Spinoza-Roman »Amor dei« (1907), »Meister Joachim Pausewang« (1910), die Paracelsus-Trilogie (1914–1924) und das Giordano Bruno-Schauspiel »Heroische Leidenschaften« (1927). In diesem auch durch Luthers Reformation gekennzeichneten Übergang sah Kolbenheyer die ersten Zeichen einer Ablösung der mediterranen Kultur durch die nordisch-germanischen Völker. »Damals hat der nordisch-germanische Rassenbestand im mündig gewordenen deutschen Volke die mittelländische Hegemonie zum erstenmal in entscheidender Weise gebrochen« (»*Die völkischen Grundlagen*

der Freiheitsbewegung«, S. 8). Er bestritt das Vorhandensein einer gemeinsamen europäischen Hochkultur; die Vorstellung von der »Hochgestalt Europas« sei seit der Aufklärung verbreitet worden und habe immer die mittelländisch-französischen Hegemonie-Vorstellungen zur Grundlage gehabt. Die Kulturgüter der Menschheit seien aber nie europäischen, sondern »stets volksgearteten Ursprungs« gewesen. Das deutsche Volk nannte er ein »junges Volk«, »das noch viel unbeanspruchtes und unausdifferenziertes Lebensgut in sich trägt«, und wies ihm als Aufgabe zu, »die seiner Art und Lebensmächtigkeit entsprechende Funktion im Kampf der (weißen) Rasse um ihren Fortbestand« zu erlangen.

Kolbenheyer setzt aufgrund seiner »wissenschaftlichen Ableitungen« der historischen Rolle des Volkes als kulturpolitisches Programm einen »aufgeklärten Nationalismus« und, was die neue gesellschaftliche Ordnung des Volkes betraf, einen »biologischen Sozialismus«, der jedem nach seinem Können und seiner Anlage eine Funktion im Staat geben solle (im Gegensatz zum »kollektivistischen Sozialismus«). Jenen nannte er »das Ziel des neuen Deutschland«.

Die »deutsche Freiheitsbewegung« wurde ihm die Führungskraft im Kampf um ein »neues Europa«. »Die Lebenswende Europas ist vor allem ein deutsches Ereignis« (*»Die volksbiologischen Grundlagen der Freiheitsbewegung«, 1933*). Als die entscheidende Frage der Gegenwart nannte er, ob Europa »weiter durch die von den mittelländischen Völkern geprägte Lebensart oder aus der Lebenshaltung der nordisch germanischen Völker geprägt werde«. In dieser Funktionsbestimmung des Volkes im Kampf um die Erhaltung der Rasse sprach er auch dem Individuum keinen eigenständigen Sinn mehr zu, wie es der Idealismus mit seiner Vorstellung von der selbstverantwortlichen Persönlichkeit tat, sondern nur noch eine »Bedeutung als Funktionsexponent der plasmatischen Anpassung...«, also im überindividuellen Prozeß der biologisch-historischen Aufgabe, die sich politisch als »Aufbau des neuen Europa« auf völkischer Grundlage darstellte. Die Funktion hatte gleichwohl »heroischen« Charakter.

Kolbenheyer kam so zu seiner Kritik an der liberalen Demokratie und den »individualistisch-liberalistischen« Kunstäußerungen der Weimarer Republik, vor allem an ihrer dramatischen Produktion und ihrem Theater. 1928 begann er – nach Abschluß seines epischen Werkes und nach der Formulierung der Bauhütten-Metaphysik – mit seiner eigenen dramatischen Produktion, die bewußt »gegen die Zeit« geschrieben war.

Kolbenheyer zur Kunst der zwanziger Jahre und ihrem Verhältnis zum »Volk« im Anhang zu den »Heroischen Leidenschaften«:

»Das deutsche Theater, unter die sehr unkünstlerischen Kalamitäten eines politischen Umsturzes geraten, hat sich schnell und allzu bereitwillig anzupassen gesucht. Es glaubte in dem Schrifttum dieser stürmischen Läufe einer ›neuen Literatur‹ gegenüberzustehen, weil überall Neues und Umgeändertes als das Erreichenswerte, Eigentliche, Bleibende und für alle Zeit zu Befestigende ausgerufen wurde. Man hatte in den achtziger Jahren des vorigen Jahrhunderts (auch nach einem Kriege) eine neue Literatur erlebt und schien gewillt, all das Entfesselte, das ein rasch zugreifendes Literatenwerk nach 1919 aufwarf, für Literaturepoche zu nehmen, ein Irrtum, der unter den Erregungszuständen nach einem verlorenen Kriege verständlich wird, aber darum doch Irrtum bleibt ...

Das Schreiende, Flackernde, Überhitzte, Entblößte einer Umsturzzeit haftet der Literatur unmittelbar nach 1919 an; sie hat vergebens versucht, sich als Epoche zu führen. Das bedrängte deutsche Theater, das sich dieser Übergangserscheinung geöffnet hatte, wurde aus einer Kunststätte zur Tribüne: zur politischen Tribüne, zur Tribüne der Leidenschaften und der kolportagehaften Sensation.

Allein das Theater, so lebhaft und darum wechselvoll seine Geschicke sind, kann, wenn es bestehen soll, nicht die Stätte literarischer Reflexe bleiben. Es ist jener Kunst wesentlich verhaftet, es steht und fällt mit ihr, die der inneren Entwicklung des Volkstums als einer seiner tiefsten Gefühlsoffenbarungen naturverbunden ist. Ein notgepeinigtes Volk kann in Reaktionszustände geraten, die *alles* Hergebrachte und in stetem Wachstum Gewordene auszutilgen scheinen. Und doch wird in Umsturzperioden (Zeiten einer gesteigerten Auslese) nur das wirklich gestürzt und vertilgt, was unter der stetigen Entwicklung eines Volkes bereits überfällig, unangemessen geworden war. Das, was zum *eigengearteten Aufbau* eines Volkes gehört, was in einem organischen Wachstum nach Form und Inhalt *Lebensbahn* des Volkes geworden ist und von den Stürmen der Oberfläche zuweilen überschüttet werden mag, bleibt und erhebt sich aus dem Schwall und Schaum. Und die Kunst gehört zum organischen Wachstum eines Volkes. In der Kunst kann es darum nur eine vorbedingte, volkseigene Entwicklung, aber keinen eigentlichen Umsturz geben, gleichwie der Fall der Blütenblätter eines Baumes und das Reifen seiner Frucht kein Umsturz, sondern natürliche, wachsende Entwicklung eines Lebendigen sind.

Umsturzzeiten haben ihr Schrifttum, ihre Tribünen; sie überschwemmen mit ihrem Schrifttum auch das Theater und machen es zur Tri-

büne. Daraus erklärt sich die Theaterkrise der Gegenwart: Das Theater kann nicht Literaturtribüne bleiben, wenn das Volk zu den stetigen Bahnen seines Wachstums zurückfindet. Das Theater muß wieder die Kunststätte werden, die es ehedem war. Es muß dem Volke wieder gehören, nicht dem Publikum, das für seine überreizten Nerven Sensationen sucht.«

Kolbenheyers Schauspiele verstehen sich als Überwindung der zeitgenössischen Dramatik der zwanziger Jahre. »Heroische Leidenschaften« (1929), das einen Giordano Bruno zeigte, der der römisch-mittelalterlichen engen Welt der Kirche entgegentrat und sie im Opfer seines Lebens für seine wissenschaftliche Erkenntnis »überwand«, waren ebenso wie die aus der Gegenwart genommenen Stoffe der »Zeitstücke«: »Die Brücke« (1929), »Jagt ihn, ein Mensch« und »Das Gesetz in Dir« (1931) schon Überhöhungen des historischen Schauspiels wie des »Zeitstücks«. In allen Kolbenheyerschen Stücken werden vorbildhafte, durch Überzeugungen gedeckte Haltungen vorgeführt. (Uraufführungen: »Heroische Leidenschaften«: Schauspielhaus Düsseldorf, 10. Mai 1928; »Die Brücke«: Schauspielhaus Düsseldorf, 19. November 1929; »Jagt ihn, ein Mensch«: Schauspielhaus Düsseldorf, 31. Januar 1931; »Das Gesetz in Dir«: Städtisches Schauspiel Dresden, München, Weimar u. a., 14. November 1931.)

Schon diese Stücke sind als Probierstücke für Kolbenheyers Theatertheorie zu sehen, die aus seiner Philosophie und der Überzeugung, in einem »Schwellenzustand« der Entwicklung zu leben, entstanden. Kolbenheyer sah die Theatergeschichte geprägt von der Entwicklung zweier gegensätzlicher dramatischer Typen, einer vor allem auf der »Dramatik der Gedanken«, auf Ideen bezogen, akustisch arbeitenden Form (ideogene Kunst, griechische und deutsche Klassik) und einer charakterisierenden, realistisch-optisch wirkenden, »ästhetogenen« Form (wie sie der Naturalismus ausbildete). Kolbenheyer suchte nicht die Mischform beider, den Stil Shakespeares, sondern deren Synthese. Er nannte sie die »Dritte Bühne«, in der der Ideen-bezogene Inhalt optisch-sinnlich in Erscheinung trat und Bühne und Publikum durch ein Erlebnis band. In seinem Essay »Die dritte Bühne« (in: »Neuland«, Verlag Albert Langen/Georg Müller, München 1934) heißt es:

»*Es gibt noch eine dritte Bühne*. Sie kann erst jetzt geschaffen werden, weil die Mittel der ideogenen und der ästhetogenen Bühne durchgebildet sind. Die dritte Bühne erfaßt den Zuschauerraum mit, sie reißt das Publikum ins Spiel ... ist eine innere, bildnerische Aktivierung des Publikums im Augenblicke des Kunstempfangens, die erst zur

letzten Gestaltung, und zwar zu einer Erlebnisgestaltung des Kunstwerkes führt, das vom Publikum nicht nur passiv empfangen, sondern *mitgebildet* werden muß. Die Zuschauer und Zuhörer erleben nicht nur mit, sondern sie leben die *elementarisch* gebotenen Kunsterregungen aus ... Hinter dem Gestalteten liegt das Erlebnis, das erst gefunden werden muß, es birgt das eigentliche Motiv des Gestaltens ...

Die dritte Bühne wird auf einem Kunsterleben errichtet, das erst durch die entwickelten Kunstmittel der optischen und der akustischen Bühne möglich wird. Erst eine Sprache, die höchste Form hält, und eine Darstellung, die aus einer szenischen und mimischen Vollendung hinter die Oberfläche des Augenscheines lockt, können es erreichen, daß das, was von der Bühne gehört wird oder was auf ihr gesehen wird, nicht mehr der *unmittelbare* Inhalt der Dichtung bleiben muß, sondern schöpferischer Anlaß wird, den *eigentlichen* Inhalt während des Kunsterlebnisses in der Brust des Empfangenden selbst zu wecken und zur bildnerischen, lebensführenden Wirkung gelangen zu lassen ...

Um diese Wirkung zu erreichen, sind neugeartete Bühnendichtungen und ist eine neugeartete Darstellungskunst nötig.

Der Dichter wird nicht mehr auf das Wort in seiner Hochform verzichten können, denn er braucht die Erlebniswelt der überindividuellen, menschheitlichen Gesetze, die zur annähernden Gefühlsberufung nur dann gelangen können, wenn das Wort, d. h. die dramatische Sprache, seiner Kunstmittel mächtig bleibt. Der Dichter wird aber auch nicht mehr der ›naturalistischen‹ Mittel der Szene und Darstellung entbehren können, die von den optischen Gestaltungsmöglichkeiten der Bühne das wählen, was so charakteristisch wirkt, daß es, über die Sinnfälligkeit hinaus, auf die Bühne des innersten und eigentlichen Geschehens lockt. Die Dichtung wird den Typus nur berufen und den Charakter nur bedeuten. Und aus der Spannung, die das Aufgerührte und nicht Entblößte weckt, wird die Wirkung der neuen Kunst, die Kunst der dritten Bühne erwachsen ...

Wir dürfen nie vergessen, daß wir angesichts der Szene nicht vor dem Alltage stehen. Was der Dichter zu Gestalt bringt, ist das Erlesen-Bedeutsame. Die Gestalten der Bühne befinden sich in Erlebnislagen, die ihr Inneres unter so hoher Spannung halten, daß sie nicht nur konzentriert sprechen können, um einander verständlich zu werden, sondern auch eine ganze Welt von vorbereitenden und zutreibenden Erlebnissen mit sich führen. Der Dialog der dritten Bühne muß also

imstande sein, gerade durch die *charakteristische* Beschränkung der Sätze und Worte und durch die *typische* Verinnerlichung des mimischen Spieles und des szenischen Aufbaues diese Welt in jeder Szene neu zu exponieren und weiter zu entwickeln ...

Das Schaffensgebiet der dritten Bühne ist vergleichbar mit dem der griechischen Hochstiltragödie, ohne daß es dem Klassizismus in seiner oratorischen Einseitigkeit zufallen könnte. Davor ist es durch die Durchbildung der optischen Bühne bewahrt. Die Sackgasse bleibt vermieden, und neue Entwicklungsmöglichkeiten eröffnen sich. Es ist eine Art Regeneration der Entwicklungsmöglichkeiten eingetreten, da zwei technisch ausgereifte Kunstweisen des Dramas, deren Darstellungsstoffe geartet waren, zur gegenseitigen Befruchtung gelangen können ...

Die Dichtung der dritten Bühne verlangt vom Darsteller und von der Szene die äußerste Konzentration, um jene zeugende, mitschaffende Erregung zu erreichen, und darum muß sie selbst auf eine haarscharfe Wirkung hin gebaut sein ... Denn keine Bühne hat je so sehr aus dem intuitiven, fast triebmäßigen Zusammenwirken des Dichters, des Spielleiters und der Darsteller erbaut werden müssen, als die dritte Bühne, das Theater der nächsten Zukunft, vor dessen Schwelle wir stehen.

Noch also ist die dritte Bühne in das Wagnis gestellt. Welches Theater kann heute wagen? Nur das Theater, in dem noch Kräfte der inneren Entwicklung leben, das also nicht zum Unterhaltungs- und Kassentheater herabgesunken ist. Überall stoßen wir auf allerletzte Bewahrungs- und Entwicklungsforderungen, auch auf dem Gebiete des Theaters. Sie aufzugreifen und neuerdings fruchtbar werden zu lassen, ist das Gebot der Stunde.

... Wir dürfen nicht zurückhalten, daß unser Volk berufener ist als jedes andere, diese Entwicklung zu vollziehen. Das Sprachgut und die Sprachentwicklung der mediterranen Völker und jener Völker, die aus mediterranem Kulturboden erwachsen sind, ist einer anderen Lebensmächtigkeit als unser Sprachgut und unsere Sprachentwicklung. Wir vermochten die akustische und die optische Bühne in einem Zeitraume durchzubilden, der kaum hundert Jahre umfaßt, und haben, da es kurz und stark geschah, nichts der Verkalkung anheimzugeben brauchen. Der Weltkrieg und seine Folgen haben unsere Lebenskräfte in uns selbst verdichten lassen. Ein beispielloser Aufbruch des geknechteten und dem Ersticken nahen Volkes war das erste große Zeichen dieser innersten Lebensmächtigkeit.

Wir sind also nicht nur kunsterfahren, sondern besitzen wahrscheinlich auch den einzigen Volksboden in Europa, auf dem die neue Entwicklung des Theaters, auf dem die dritte Bühne geschaffen werden kann ...«

Das Stück

Kolbenheyers letztes Schauspiel ist zusammen mit der Ausformulierung dieser Überlegungen entstanden. Der historische Stoff – der Bußgang des deutschen Königs Heinrich IV. nach Canossa, wo er im Winter 1077 den Papst Gregor um Freisprechung vom Bann bat – wurde von der offiziellen Geschichtsschreibung des Dritten Reiches nach der Machtergreifung als »zeitnaher Konflikt« (Rom-Reich) in den Vordergrund gerückt. Kolbenheyer gab ihm eine eigenwillige, in den Geschichtslehrbüchern der Zeit dann immer wiederkehrende Interpretation. Er sah Heinrichs Gang nach Canossa nicht mehr als Demütigung des Kaisers, sondern als die erste Demütigung des römischen Papsttums und als kluge Strategie Heinrichs zur Rettung des Reiches. »Gregor und Heinrich« rückte damit in die gleiche Perspektive der Schwellenzeit, die Kolbenheyer in »Heroische Leidenschaften« zum ersten Mal dramatisch formuliert hatte.

Kolbenheyers Bemerkungen zu »Gregor und Heinrich«:

»Schon mehrmals ist die Frage gestellt worden, wer in dem Schauspiel ›Gregor und Heinrich‹ Sieger sei. Vielleicht ist es am ehesten möglich, den Kern des Schauspiels bloßzulegen, wenn man von dieser Frage ausgeht. Wer das Stück hört und sieht, der wird sich die Frage nicht mehr stellen, sofern die Aufführung dem inneren Gehalte des Dramas gefolgt ist. Sieger ist der junge König. Und damit ist auch die geschichtliche Wahrheit des Canossaganges getroffen. Vor der ernsthaften Geschichtsforschung ist es längst keine Frage mehr, daß durch den Bußgang König Heinrichs die mit allen Mitteln der Diplomatie vorbereitete politische Unterwerfung des Deutschen Reiches unter die Hoheit des päpstlichen Stuhls verhindert worden ist. Aber wer die außerordentliche Begegnung des Papstes und des deutschen Königs auf der toskanischen Feste nur unter die Tatsache eines diplomatischen Sieges stellt, hat das Wesen des geschichtlichen Ereignisses noch keineswegs erfaßt. Und das allein ist der dichterischen Gestaltung wert.

Es sind schon sehr viele Dramen um diesen Canossagang geschrieben worden und werden wahrscheinlich noch versucht werden. Keines dieser Dramen hat wesentlich ergreifen können, weil man in Canossa

nur ein tragisches Opfer erblickte, das Canossa nicht gewesen ist. Canossa ist eines der heroischen Ereignisse der Geschichte. Auch ein Drama, das nur die diplomatische Handlung und den diplomatischen Sieg Heinrichs brächte, würde den heroischen Grundcharakter nicht erfassen. Das Dramatische der außerordentlichen Begebenheit, der Grund auch, weshalb sie in der Geschichtsbetrachtung so leidenschaftlichen Anteil weckte und einen dichterischen Vorwurf bietet, liegt weder in einer tragischen Demütigung noch in der diplomatischen Klugheit, sondern darin, daß bei einem überwältigenden Geschichtsakte zum ersten Male in der Weite eines Symbols, die europäisch genannt werden kann, das mittelländische Wesen gegen das nordisch-germanische unserer Rasse zur geistigen Entscheidung gelangt ist, bei der es auf die Unterwerfung des Nordens ankam, die wahrscheinlich Reich und Volk einer völlig anderen Entwicklung zugeführt hätte. Die Entscheidung ist aber zugunsten des deutschen Wesens ausgefallen.

Was der mediterrane Geist heute noch (vornehmlich durch Frankreich) erstrebt, und was vorher in der Geschichte nie so einleuchtend und entscheidend nahe an den Triumph des Südwesens gebracht zu sein schien, konnte im letzten und gewagtesten Augenblicke durch eine Tat, die fast einer Verzweiflungstat gleichkam, aufgehalten werden. Der Triumph des Südens über das deutsche Wesen wurde durch den Canossagang vereitelt. Von den Historikern – soweit sie beeinflußt waren und sind, soweit sie auch nur die Oberfläche zu betrachten vermögen – wird nur das Auffällige: Canossa – gesehen. Der treibende historische Hintergrund aber war in der sicheren Aussicht eines Reichstages zu Augsburg gelegen, der unabwendbar schien und mit allen Mitteln des politischen Ränkespiels und der Gewalt gefördert war. Und was für eines Reichstages! Gregor VII. sollte angesichts der deutschen Fürsten und des Volkes persönlich Gericht über den deutschen König halten, ein Gericht, dessen Ausgang unzweifelhaft war, denn der bannbeladene König, dem man alle Wege der Entsühnung abgeriegelt hatte, war von der deutschen Lebenswelt bis auf wenige Getreue verlassen, der neue König war schon in Aussicht genommen.

Der dichterische Vorwurf, das dramatische Geschehen, hängt also nicht am Canossagange, werde dieser nach alter oder neuer Auffassung betrachtet, der dichterische Vorwurf, das dramatische Geschehen liegt in der Gestaltung der beiden, unter höchster Spannung der artgebundenen Kräfte zusammenprallenden europäischen Lebenswelten, die heute noch im Entscheidungskampfe liegen, der mediterranen (mit-

telländischen) und der nordisch-germanischen. An diesem Stoffe kann die Geschichte zweier Jahrtausende gerafft und zum Gefühlserlebnis getragen werden.
Und das ist auch Vorwurf und Anlaß meiner Dichtung gewesen. Ich habe sie dem auferstehenden deutschen Geist gewidmet.
Gestaltungstechnisch sei bemerkt, daß nur an so Außerordentlichem möglich wurde, zwei gegnerische Welten erst in der letzten Szene in ihren Repräsentanten einander gegenüberzustellen und doch im Spielverlaufe jeder Szene den unsichtbaren Gegner mitwirken zu lassen. So konnte eine Gestaltung gesucht werden, die über den Raum der Bühne in ein Haus mitschaffender Hörer wächst und über das zeitbeschränkte Geschehen eines Spielabends hinaus in die völkischen Spannungen unserer europäischen Gegenwart.
Ich darf den Wunsch und die Erwartung aussprechen, daß die Besucher der Aufführung – sollten sie meine Zeilen auch lesen, bevor sie hören und sehen – diese meine Ausführungen vergessen, aber an dem dramatischen Erlebnisse der Aufführung alles innerlicher und tiefer erfassen, als ich es hier sagen konnte.« *(Aus: »Braune Blätter der Frankfurter Städtischen Bühnen«, 1936)*

Die Aufführungen
Die Uraufführung fand am 18. Oktober 1934 gleichzeitig im Dresdener Schauspielhaus (Regie: Josef Gielen), am Mannheimer Nationaltheater (Regie: Intendant Brandenburg), am Städtischen Schauspielhaus Hannover (Regie: Alfons Pape), am Deutschen Volkstheater Erfurt (Regie: Hermann Schaffner), am Königsberger Schauspielhaus (Regie: Karl Pempelfort) und am Staatstheater Karlsruhe statt. Bedeutende weitere Aufführungen: Prinzregententheater München, September 1940 (Regie: Arnulf Schröder, Heinrich: Paul Wagner, Gregor: Alexander Golling); Schiller-Theater Berlin, November 1940 (Regie: Ernst Legal, Heinrich: Horst Caspar, Gregor: Paul Wegener); Burgtheater Wien, September 1942 (Regie: Adolf Rott, Heinrich: Siegmar Schneider, Gregor: Ewald Balser).
Ein Kommentar:
»Dieser neuesten Bühnendichtung Kolbenheyers gegenüber gibt es keine andere Feststellung als diese: hier gab uns endlich ein Dichter des neuen Deutschland die dramatische Darstellung des Problems unserer Geschichte, das bisher ungelöst blieb, des Gedankens vom deutschen Reich schlechthin. Wenn wir in Paul Ernsts Canossadrama, das denselben Vorgang unserer Geschichte zum erstenmal in dichterisch

würdiger und der Idee nach wirklich tiefer Form gestaltete, trotzdem nicht die letzte und höchste Veranschaulichung der Bedeutung des Kampfes zwischen Gregor und Heinrich sehen konnten, weil es den Vorgang zu sehr allein von der inneren Entwicklung Heinrichs sah, so können wir von Kolbenheyers Drama heute ohne Übertreibung aussagen, daß eine tiefere Auffassung des geschichtlichen Geschehens und eine dramatisch wirksamere Gestaltung dieser Idee kaum zu erwarten ist. Natürlich handelt es sich bei diesem Schauspiel nicht um ein geschichtliches Drama im hergebrachten Sinn, vielmehr um die Darstellung eines Kampfes, der zum Schicksalskampf unseres Volkes geworden ist und seine letzte Deutung aus dem inneren Kampfe unserer Zeit erst empfangen konnte. Heinrichs IV. Erleben hat hier nur die Bedeutung des veranschaulichenden Gleichnisses. Gregor aber wird zu einer Gestalt, die in sich gewissermaßen alle die Kräfte vereinigt, gegen die das deutsche Volk im Ringen um die Gestaltung seines Reichsgedankens immer wieder anzugehen hatte. In Gregor und Heinrich treten zwei grundverschiedene und durchaus gegnerische Auffassungen vom Wesen des Reiches überhaupt in einen Kampf miteinander, der als notwendig und unvermeidbar erscheint, dazu zwischen zwei Menschen ausgefochten wird, die einander würdig sind, weil sie nicht aus irgendwelchen Gründen für ihre Sache eintreten, sondern bis in die letzte Zelle ihres Wesens von der gottgewollten Bedeutung ihrer Aufgabe überzeugt und von ihrem göttlichen Auftrag erfüllt sind. So ist dem Dichter dieses Seelendramas voll tiefster Innerlichkeit und stärkster äußerer Spannung nicht nur eine Handlung gelungen, die uns als Volk fesselt und uns den Spiegel unserer Aufgabe vorhält, sondern auch in der Anlage und Durchgestaltung der beiden Hauptpersonen eine Leistung, die von der überragenden Kraft seines hohen Dichtertums zeugt und einen Beweis dafür liefert, daß dieser deutsche Gestalter tief in die Wesenheit unseres völkischen Wesens eingedrungen ist, so daß ihm seine Deutung so wesentlich gelingt, wie wir sie uns von den Dichtern unserer Zeit wünschen... Trifft auf dieses Drama die Mitwirkung einer kongenialen Bühnenführung und innerlich von der Dichtung erfaßter Schauspieler, muß von ihm eine Wirkung ausgehen, wie wir sie nur in Ausnahmefällen in unserer Bühnengeschichte zu verzeichnen haben.   E. L.«
(»*Das deutsche Drama*«, 6. Jg., 1934)

Kolbenheyer, der erst 1940 der NSDAP beitrat, erhielt zahlreiche öffentliche Ehrungen: den Goethe-Preis der Stadt Frankfurt 1937, den Adlerschild des Deutschen Reiches 1938, die Kant-Medaille 1941 und

den Grillparzer-Preis 1943. – Die Auseinandersetzungen um die Bedeutung seines Werks hielten nach 1945 an. 1956 veröffentlichte er eine – wirkungslos gebliebene – dramatische Tetralogie »Menschen und Götter«, der 1957/58 eine dreibändige Autobiographie folgte: »Sebastian Karst über sein Leben und seine Zeit«. – Kolbenheyer starb am 12. April 1962, 83 Jahre alt, in München.

Eberhard Wolfgang Möller   Das Frankenburger Würfelspiel

Geschrieben 1935/36 aufgrund eines Auftrags des Reichsministers für Volksaufklärung und Propaganda, Joseph Goebbels, zur Eröffnung der Dietrich-Eckart-Bühne (Waldbühne) und des Kulturprogramms der Olympischen Spiele, Berlin 1936. – Erste Veröffentlichung: Theaterverlag Albert Langen/Georg Müller, Berlin 1936.
Das »Frankenburger Würfelspiel« ist das Modellstück und das erfolgreichste Beispiel für die 1933 einsetzenden Versuche, eine neue Form des Theaters zu entwickeln, die kultische Veranstaltung und Staatsakt war und das Publikum auch zum Erlebnis der »Volksgemeinschaft« führen sollte. Für diese unter dem Symbol-Titel »Thing-Spiel« laufenden Versuche war Möllers Stück zugleich der Scheitelpunkt; für Möller selbst wurde das Stück zum stärksten Ausdruck seiner Bemühungen um ein neues chorisches Theater. Der Dreißigjährige stand mit diesem Erfolg auf der Höhe seines politischen Ruhms.
Möller, der am 6. Januar 1906 als Sohn eines Bildhauers in Berlin geboren wurde, hatte bei Max Dessoir Philosophie, bei Max Herrmann und Reich in der Theaterwissenschaft das griechische Theater und Formen des Mimus studiert. Entscheidend aber hatte ihn Paul Ernst geprägt, der im Hause seines Vaters verkehrte und den Möller zeitlebens als »Gesetzgeber« rühmte (s. »Wille und Macht«, 6. Jg., Heft 9). Dem Dramaturgen Möller, der 1926 am Berliner Staatstheater mit jungen Schauspielern Paul Ernsts »Kriemhild« inszeniert hatte, war die Paul-Ernst-Renaissance der dreißiger Jahre zu danken, die er am Theater in Königsberg (Ostpreußen) mit der Uraufführung von Ernsts Komödie »Pantalon und seine Söhne« (10. 9. 1933) einleitete. – Möller war ein Mann mit energischem Temperament, Bildung und nationaler Gesinnung. Im Elternhaus wurde auf »bewußtem Deutschtum« bestanden, es hatte gute Verbindung zum VDA (Verein für das Deutschtum im Ausland). Das erste Drama des Gymnasiasten Möller, der sich an Gerhart Hauptmann, Büchner, Strindberg, Wedekind, Georg Kaiser und Hanns Johst zu orientieren versuchte, »Die Bauern, ein siebenbürgisch Schauspiel«, behandelte die Kämpfe der Siebenbürger Sachsen mit dem ungarischen Fürsten Bathory (1923; 1925 ediert vom VDA Verlag in Dresden), es wurde von Jugendgruppen und Wandertheatern viel gespielt. Dramatische (unveröffentlichte) Arbeiten aus der Schlußphase des Expressionismus (Titel: »Verfall«, »Der arme Hans«, »Mord«, »Miserere«) sind ein Zwischenakt zwischen den nationalen Stoffen, denen

Möller sich zuwandte. »Aufbruch in Kärnten« (1926, Urauff. 19. April 1928 Stadtth. Elberfeld-Barmen) behandelte die Versöhnung feindlicher Brüder unter den Abstimmungskämpfen gegen die Slawen in Kärnten 1920. Perkonig zeichnete das Stück mit einem Preis aus.
In die allgemeine Aufmerksamkeit kam Möller mit 23 Jahren, als »Douaumont oder die Heimkehr des Soldaten Odysseus« in Essen und Dresden auf der Bühne erschien (17. Februar 1929). Möller hatte an einer Gedenkfeier für die Toten des Weltkriegs vor dem Berliner Reichstag teilgenommen; die sich aus der Feier entwickelnde Schlägerei zwischen links- und rechtsextremen Kräften erregte ihn so, daß er sich mit dem Weltkrieg zu beschäftigen begann. »Douaumont« (Titel von dem hart umkämpften Fort an der Westfront) wurde das dramatische Ergebnis: die Geschichte eines Heimkehrers in eine entfremdete Welt, in der der Heimkehrer im Namen der Toten wieder einen Platz für diese beansprucht. Das Stück, »ein Denkmal für die Toten des Weltkriegs«, war das erste deutsche Stück, das in England wieder gespielt wurde. Von den Kritikern der Republik abgelehnt (Ihering: »Eine geistige Reaktion ohne Beispiel wird den Vorstoß, den das Theater versuchte, beantworten«), setzte es sich vor allem nach dem Erfolg an der Berliner Volksbühne (6. Mai 1929) durch. »Douaumont«, die »Kalifornische Tragödie« um den Schweizer Kolonisator Kaliforniens, Suter, (Urauff. Stadttheater Erfurt, 18. Januar 1930) und der »Panamaskandal« (Urauff. Neues Theater Frankfurt, 25. Oktober 1930) zeigten Möller um 1930 als einen Dramatiker, der gegen die Vergeßlichkeit »in nationalen Belangen«, gegen Geldsucht, Spekulation, Korruption, aber auch gegen den »Parlamentarismus« (»Panamaskandal«) anging und dem »linken Zeitstück« jener Jahre eine entsprechende Form von rechts entgegensetzen wollte. Die 1932 schon konzipierte, 1934 in Weimar und Aachen uraufgeführte Komödie »Rothschild siegt bei Waterloo« (Urauff. 5. Oktober 1934) – die immer wieder als die erste Komödie des Dritten Reiches apostrophiert wird – griff jenen kapitalistischen Profitgeist in Gestalt des Juden Rothschild scharf an, dem das Sterben der Soldaten auf dem Schlachtfeld nur Voraussetzung für einen Börsencoup in London wird, der die Grundlage zu seinem Vermögen legt. Möller zum »Rothschild«: »Es gab eine dritte Macht, die der Sieger war. Eine heimliche Macht, die den Gewinn hatte, eine unheimliche dritte Macht, die aus Menschen Zahlen machte, aus Männern Börsenobjekte, aus Leben Profit, aus Blut Kapital. Das ist der Sinn der Anekdote vom Bankier Rothschild bei Waterloo. Es ist die Anekdote des Kapitalismus.« – Noch den Zweiten Weltkrieg hat Möller (in: »Die geistige

Entscheidung des Krieges«, »Wille und Macht«, Januar 1943) als Krieg »gegen die bürgerlich-kapitalistische Gesinnung« in der ganzen Welt interpretiert.

Um 1930 zeigte sich Möller stark von den Lehren Bakunins und vom Gedanken der permanenten Revolution beeinflußt (nicht aber vom wissenschaftlichen Sozialismus von Marx). Damals kam es auch zu einigen Gesprächen mit Brecht. (Möller: »Ich habe mich selbst mehrere Male mit Bert Brecht unterhalten über seine Lehrstücke, den ›Ja-Sager und den Neinsager‹, in denen ja auch nicht mehr individuelle Charaktere geschildert werden, sondern ein Thema dialektisch abgehandelt wird. Es war immer eine Gemeinschaft und der einzelne in der Gemeinschaft das Thema. Das Verhalten des einzelnen in der Gemeinschaft und zur Gemeinschaft sollte nicht nur dargestellt, sondern richtig geübt werden. Das waren Exerzitien...« [Tonbandinterview mit Glen Gadberry, 1972]). Das unveröffentlichte Drama »Baranow oder Die Gerechtigkeit in Rußland« (1931), das einen sowjetischen Ingenieur zwischen Anklage und Verteidigung zweier Gruppen stellt, bestätigt diese Bindungen. 1933 wurde es wegen seines Stoffs und Themas zurückgezogen, aber dieser Versuch, »ein Stück mit zwei statuarisch die Bühne beherrschenden Chorgruppen aufzubauen«, deutet an, wie Möller über das Zeitstück hinweg nach einer neuen großen kommentierenden Form des Dramas suchte, in dem auch das chorische Element neu zur Wirkung kam. Ein zweites Element dazu gaben die Cantaten, mit denen Möller von 1932 ab eine barocke Form wiederzubeleben und mit neuen, zeitgenössischen Inhalten zu erfüllen versuchte. Eine Denkmalsenthüllung für die Toten des Weltkriegs im Lichterfelder Schillergymnasium wurde Anlaß der ersten Cantate »Anruf und Verkündigung der Toten«, die Möllers Douaumont-Thema im Wechselgespräch zwischen einzelnem und Gruppe (ein Grundmuster der Cantaten) wiederaufnehmen. 1932 im Parteiorgan, dem »Völkischen Beobachter«, veröffentlicht, belegt sie die unter Einwirkung des Bruders sich vollziehende Annäherung Möllers an den Nationalsozialismus. Die 1934 erschienenen Gedichte »Erste Ernte« und weitere Cantaten brachten ihm die Freundschaft von Rainer Schlösser ein, der 1933 Reichsdramaturg wurde, und über diesen 1934 die enge Verbindung zum Reichsjugendführer Baldur von Schirach. Daraufhin wurde Möller, der 1933 Chefdramaturg am Königsberger Theater geworden war, am 1. April 1934 in die Theaterabteilung des Propagandaministeriums, die Reichsdramaturgie, berufen. Er war Referent für Dramaturgie und Spielplangestaltung, gehörte damit zwangsläufig zum Kreis um Goebbels und damit in die Opposition zum Kreis um Alfred

Rosenberg. Möller war Gebietsführer im Stabe der Reichsjugendführung, Referent im Reichsjugendministerium und so auch ein Exponent der von der Hitler-Jugend ausgehenden Impulse zur Schaffung eines jungen nationalsozialistischen Dramas. Im Auftrag von Schirach schrieb Möller das »Führerbuch« für die HJ, das Schirach dann auch gegen die Ablehnung von Goebbels und Rosenbergs Angriffe (es sei zu mystisch) verteidigte. Für die gesammelten Cantaten »Berufung der Zeit« erhielt Möller 1935 den Nationalen Buchpreis.

Das Thing-Spiel

Im Briefwechsel mit Schlösser aus Königsberg, dann in der Reichsdramaturgie entwickelte Möller Überlegungen zu jener Form eines »neuen Theaters«, das zwischen 1933 und 1938 unter dem Begriff »Thing-Spiel« behandelt wurde und das seinen eigenen neuen Interessen für die griechische Tragödie und das mittelalterliche Mysterienspiel entgegenkam. (Richard Euringers »Deutsche Passion«, am 13. April 1933 von Werner Pleister über alle deutschen Sender ausgestrahlt, hatte als erstes dieser Spiele ein großes Echo ausgelöst.)

Im Januar 1934 wurden in einem Gespräch zwischen Schirach, Schlösser und Möller einige Grundsätze für die Entwicklung des Thingspiels zu finden versucht, um der anschwellenden, aber dilettantischen Bewegung (s. Einleitung) Halt und Kontur zu geben. Diese maßgebend von Möller mitgeprägten Überlegungen trug Schlösser in seiner Rede über das Thingspiel, die auf der ersten Tagung des von Otto Laubinger gegründeten »Reichsbundes für deutsches Freilicht- und Volksschauspiel« in Berlin gehalten wurde, vor:

»Am Anfang all unserer Arbeit muß als unverrückbarer Grundsatz die These stehen, daß neues kulturelles Schaffen nur aus dem lebendigen Leben fließen kann. Gerade der Blickpunkt des Volksschauspiels muß sich mit dem des Volkes decken; sein Inhalt und die daraus wachsende Form müssen dem Erlebnisbereich des Volkes entsprechen ... Unser Volksschauspiel steht vor der Volksgemeinschaft, die den mit allen akademischen Wassern gewaschenen Sachkenner ebenso in sich einbegreift, wie das ›unbeschriebene Blatt‹, den vom bisherigen Bildungsbetrieb verschonten, voraussetzungslosen Volksgenossen. Beiden Teilen muß die kommende Schöpfung das gleiche geben ... In bisher nicht gekanntem Ausmaße muß der Dichter heute Volksgenosse sein, in Tuchfühlung stehen mit den Bataillonen der heroischen Zucht, in die sich heute die Nation gliedert. Tun sie das, so werden sie in der Lage sein, die Thingplätze zu echten und rechten Kultstätten der Nation zu machen.

Der Dichter, der für die Thingplätze zu schaffen gewillt ist, wird sich zunächst einmal über die verschiedenen Vorformen, aus denen das Volksschauspiel allmählich wurde, Rechenschaft abzulegen haben. Die wesentlichen sind folgende: Erstens das *Oratorium*, will heißen ein Programm aus Chören und Einzelsprüchen, zweitens die *Pantomime* – die Allegorie, lebende Bilder, Fahnenweihe, Festakte –, drittens der *Aufzug* – Paraden, Festzüge, Versammlungen – und viertens der *Tanz* – Ballett, Ausdruckstanz, Gymnastik, Sportfeste. Das alles sind natürlich vorerst nur Elemente und noch keine Formen, auch wenn man sie vielfach als eigene Ausdrucksformen in sich angesehen hat. Das sind sie aber nur dann, wenn sie, jedes in sich, durch ein bindendes Mittel zu einer Art Form geschaffen werden. Dieses bindende Mittel war bis jetzt gemeinhin die *Musik*. Bei dem Oratorium ist es offenbar, daß es erst durch die Musik zu einer Kunstform wird. Beim Tanz hat man sich bemüht, eine künstlerische Eigengesetzlichkeit auch ohne Musik festzustellen, man hat aber nie auf den Rhythmus verzichten können, der Kunsttanz hat sich sogar meistens einer literarischen Sinngebung bedient. Die Pantomime kann ohne diese literarische Sinngebung überhaupt nicht bestehen. Allenfalls Gymnastik und Paraden könnten rein als Zweckveranstaltungen ohne jeden Gestaltwert, also als hygienische oder militärtechnische Notwendigkeiten, angesehen werden. Aber man hat auch da längst bemerkt, daß es sich um eine Art Ausdruck eines Kulturwillens handelt, man hat sie durch Musik und festliches Gepränge längst ausdrucksvoll zu gestalten gesucht. Und zwar als Ausdruck einer *Weltanschauung*. Dabei wird immer klarer, daß die Musik auch nur ein Mittel ist, mit der man zuweilen Form und Gestalt einer solchen Veranstaltung *vortäuschen* kann. *Eine wirkliche Form aber wird alles das erst erreichen, wenn das dramatische Gesetz als formgebendes, treibendes Moment hinzutritt.* In vielfachen Gesprächen, die ich mit einzelnen Dichtern, besonders häufig aber mit dem wohl begabtesten unter den jüngsten Dramatikern, Eberhard Wolfgang Möller, hatte, gelangten wir immer wieder zu dieser Grunderkenntnis. Sie dürfte zu Recht bestehen, ob man auch überall da, wo man sie zu realisieren versucht hat, bisher allzuoft wieder ins naturalistisch Theatermäßige abgeglitten ist oder ins allegorisch Gestellte ...

Die erste Bedingung für die Erfüllung des dramatischen Gesetzes, wie ich es verstehe, wäre die Notwendigkeit, durch eine einheitliche dramatische Fabel alle verschiedenartigen Elemente zu einem Ganzen zusammenzuschweißen ... Allein aber durch die Fabel ist es möglich,

zu sinnvollen Szenen, Auftritten und packenden Vorgängen zu gelangen und statt abstrakter Begriffe blutvolles Erlebnis zu vermitteln. Die Schwierigkeit dabei ist die, in der Geschichte, vor allem in der heutigen, einen Moment zu finden, in dem sich die Fabel abspielen kann. Einen Erlebnisraum abzustecken, in dem die Fabel sich ansiedeln läßt. Bei den alten Mysterienspielen, die man hier zum Vergleich heranziehen kann, und für ihre Dichter wie für ihre Zuschauer war dieser allgemeingültige Erlebnisraum die biblische Geschichte. In ähnlicher Weise stellt der Nationalsozialismus den *heutigen* Erlebnisraum dar. Zweifellos aber nicht in seiner handgreiflichen, realistisch vorliegenden Form, sondern in seinen mythischen Untergründen. Es ist da ein bedeutender Unterschied zwischen den Mysterienspielen und der heutigen Aufgabe. Das Mittelalter lebte und webte in seit Jahrhunderten in Fleisch und Blut übergegangenen und bereits ge- und verklärten biblischen Vorstellungen. Ganz anders fordert heute die eben erst erlebte und im Augenblick noch gelebte Geschichte ihre mythische Untermauerung. *Die Sehnsucht geht nach einem die historischen Vorgänge zur mythischen allgemeingültigen eindeutigen Überwirklichkeit steigernden Drama.* Nur wer um diese Sehnsucht weiß, wird das kultische Volksdrama der Zukunft zu schaffen vermögen.

Sehr wichtig ist in dieser Entwicklung die Umwandlung der landläufigen Vorstellung vom Theaterraum... An die Stelle des eindimensionalen Spielschauens der Rampenbühne tritt ein mehrdimensionales. Die großen nationalsozialistischen Versammlungen haben diese Bewegung ausgelöst und ein erstes Beispiel für das Gemeinschaftserlebnis gegeben, aus dem das neue kultische Schauspiel erwachsen kann. Wer für diesen neuen Schauplatz ein Werk schaffen will, muß, was dramaturgisch ungemein bedeutsam ist, auf alle Mittel und Effekte der Illusionsbühne unweigerlich verzichten. Er tauscht dafür den großen Vorzug unmittelbarer Berührung mit dem Zuschauer ein. Erst mit der Arena nämlich, die offene Zugänge und keine Hintergrundgeheimnisse (Kulissen, Illusionsmittel) mehr hat, ist die volle Entfaltung des kultisch-chorischen Schauspiels möglich, der Zuschauer Mitakteur und der Schauspieler Volksgenosse... Im übrigen muß das kultische Theater, will es nicht in seinen Vorformen steckenbleiben, zu tieferen Ansichten des Tragischen kommen, als die in ihrem geistigen Gehalt geradezu niederdrückenden Bühnenwerke der jüngsten Vergangenheit. Das neue Volksschauspiel wird also nicht mehr Volksrührstück sein können, sondern eine tragische Härte anstreben müssen, wie sie vergleichsweise die Antike gekannt hat. Man darf aber

diesen Hinweis auf die antike Tragödie nicht dahin verstehen, als gälte es, sie sklavisch nachahmen. Das hieße an Stelle arteigener Dichtung öden Eklektizismus setzen. Wir wollen indessen hoffen, daß aus dem eigentümlichen Erlebnis der Volksgemeinschaft auch ein eigentümliches Drama erwächst. Dieses Drama wäre dann ein Drama im Sinne der höchsten Höhe, die ein Volk erreichen kann. Man würde, so äußerte sich der Dichter Möller mir gegenüber, in diesem Augenblicke nicht mehr vom niederen Volk, sondern nur noch vom hohen Volk sprechen können... Da die Spielstätten in Form eines Thingplatzes als Mittelpunkt des gesamten festlichen, nationalpolitischen und künstlerischen Lebens der einzelnen Städte gedacht sind, liegt auf der Hand, daß die festlichen Aufführungen sich stofflich mit dem Tag der Arbeit, dem Tag des Handwerks, dem Erntedankfest beschäftigen könnten. Als Vorwurf würden auch die Ereignisse der letzten Jahrzehnte und die großen Vorgänge unserer Geschichte natürlich nicht ausschalten. Was das Stoffproblem ganz im allgemeinen anbetrifft, so ist festzustellen, daß die stoffliche Stagnation, an der die Literatur des sterbenden Liberalismus krankte, durch die geistige Umwälzung des Nationalsozialismus beseitigt wurde. Die Gesamtheit aller nur erdenklichen Vorwürfe ist uns heute als neue Möglichkeit anhand gegeben. Gibt es auch nur *einen* Stoff der Geschichte, welcher, in das Licht unseres echten und gerechten Mythos von Blut und Ehre gerückt, nicht ein völlig neues Gesicht enthüllte? Gibt es einen Problemkreis, der sich nicht von Grund auf wandelte, sobald er zum nordischen Gedanken in Beziehung gesetzt wird? In der Tat, wir glaubten stofflich am Ende der Welt angekommen zu sein und die Summe aller Vorwürfe erschöpft zu haben, und nun ist uns durch die nationale Revolution die ganze Welt *abermals*, zum *zweiten Male* geschenkt...

Das nationale Drama braucht das Nationale weder zu verherrlichen noch zu verkünden, wenn das Nationale, d. h. das eigentlich Volkhafte und Völkische selbst in ihm enthalten ist. Ein gutes, technisch gekonntes und dichterisch erfülltes Drama geschrieben zu haben ist, gleichgültig was es zunächst behandelt, allein schon an sich eine nationale Leistung. Das Nationale eines Dramas wirkt um so stärker, je weniger davon auf der Bühne geredet und je mehr davon im Zuschauerraum empfunden wird. Nationalen Wert erhält ein Drama nicht durch seine nationale stoffliche oder textliche Unanstößigkeit, sondern durch seine geistige Atmosphäre, durch seine innere Haltung. Es gibt nur wenige Themen und Probleme, die der Dichter in diesem

unserem neuen Staat nicht behandeln dürfte. Und die schließen sich für den deutschen Menschen ganz von selbst aus. Es kommt in jedem einzelnen Falle darauf an, wie der Dichter Thema und Problem behandelt, d. h. wie er seinen Stoff geistig durchdringt und überhöht. Es ist eine gefährliche Verkennung, wenn man glaubt, das Historische und das Nationale seien identisch. National sind alle Stoffe, die völkischer, d. h. unserer blutsmäßig bedingten Ausdeutung fähig sind.

Das Drama eines Volkes kann ebensowohl im bäuerlichen Bereich wie in fürstlichen Bezirken, ebensowohl innerhalb einer ganzen Kompanie Soldaten, wie zwischen einem halben Dutzend Menschen spielen. Es kommt weder auf die Zahl noch auf das Milieu an, sondern einzig und allein auf die gestaltete Idee, das volknahe und lebensechte Problem.« *(Aus: Rainer Schlösser, »Das Volk und seine Bühne«, Theaterverlag Albert Langen/Georg Müller, Berlin 1935)*

Möller über die Thingspiel-Bewegung:

»Wir wollten das Theater wieder lebendig machen und in eine unmittelbare Funktion bringen. Die Thingspiel-Bewegung hatte nicht den Zweck, ideologische Probleme an das Publikum heranzubringen. Es war eine Erneuerungsbewegung, die komplex zusammenfassen sollte, was es an theatralisch-dramatischen Problemen in der abendländischen Kulturentwicklung gab. Man wollte zu einem großen und nüchternen Stil kommen. Alles hatte nichts mit großem Pathos zu tun. Es war nüchterner gedacht, obwohl große Formen nötig waren...« *(Tonbandinterview)*

Der mit Schlössers Rede formulierte Willensakt, die Thingspiel-Bewegung offiziell zu unterstützen, und der Bau der großen Freilichtbühne auf dem Olympia-Gelände 1935 durch Werner March machte die Beschaffung modellhafter Stücke notwendig. Möller erhielt von Goebbels den Auftrag, eine Stoffauswahl vorzulegen. Unter einem halben Dutzend Stoffen wählte Goebbels dann den des »Frankenburger Würfelspiels« aus und gab Möller den Auftrag, das Stück zur Einweihung der Dietrich-Eckart-Bühne und zur Eröffnung der Olympischen Spiele fertigzustellen.

Das historische Würfelspiel

fand am 15. Mai 1625 auf dem Haushamer Feld bei Frankenburg in Oberösterreich statt. Anlaß dazu war der Widerstand der protestantischen Bauern gegen die Maßnahmen des Statthalters von Oberösterreich, des Grafen Herbersdorf. Herbersdorf, ehedem selbst Protestant, sollte nun unter der Aegide des Kaisers Ferdinand II. und des bayeri-

schen Kurfürsten, an den Oberösterreich verpfändet war, das Land im Zuge der Gegenreformation »zum alten Glauben zurückführen«. Evangelische Lehrer und Priester wurden des Landes verwiesen. Im Mai 1625 war auch in Frankenburg ein katholischer Geistlicher eingesetzt worden. Ihn verprügelten die Bauern und jagten ihn davon. Der Oberpfleger des österreichischen Beauftragten, Graf Khevenhüller, versprach den Bauern, daß kein katholischer Geistlicher mehr eingesetzt und keiner der Bauern bestraft werde. Am 14. Mai aber rückte Graf Herbersdorf mit 650 Mann, drei Kanonen und dem Henker an, lud für den 15. Mai unter der Drohung der Kassation von Hab und Gut und der Abführung von Frauen und Kindern die Bauern zum Haushamer Feld. Zu den etlichen Tausend, die dort ohne Waffen erschienen, sprach er zunächst von den Gnaden und Gebräuchen der katholischen Kirche, verlangte dann nach den Rädelsführern; da sich keiner zeigte, ließ er 36 Bauern auswählen, um ein abschreckendes Beispiel als Strafe zu statuieren. Die Hälfte der 36 sollte sich jedoch in einem Würfelspiel freiwürfeln können. Das Spiel wurde auf einem ausgebreiteten schwarzen Mantel ausgetragen; wer verlor, wurde sofort gehenkt. Die Gehenkten hingen an den Kirchtürmen und Türmen von Frankenburg, Vöcklamarkt und Neukirchen. Nach drei Tagen wurden sie an den Wegen aufgespießt. – Über diesen Gewaltakt kam es zum Aufstand der Bauern, zum letzten Bauernkrieg. Das Heer der Bauern wurde zwischen Pinsdorf und Gmunden eingeschlossen und bis auf den letzten Mann vernichtet. Es wird von 4000 bis 7000 Toten berichtet. Das Ende des Widerstands ermöglichte die Wiedereinführung des katholischen Glaubens in Oberösterreich.

Möller über die Vorbilder:
Das Thing – (der Ding) – war altgermanisch der Begriff für die Wehr-, Volks- und Gerichtsversammlung. Es wurde an bestimmter Stelle unter freiem Himmel zur Zeit des Voll- und Neumondes abgehalten. Über die Gerichtsurteile entschied die Versammlung. Gemäß diesen Thing-Vorstellungen ordnete Möller den Stoff zu einer »großen metaphysischen Gerichtsverhandlung« gegen die, »die sich historisch am Schicksal und am Leben ihres Volkes versündigten« (Möller). Der Spielaufbau wurde (nachträglich) den drei Spielebenen der Bühne angepaßt, so daß sich als Gliederung ergab: Auf der obersten Spielfläche saß das Richterkollegium, auf der mittleren agierten der Kaiser, Fürsten, die Räte und Kläger, auf der untersten Herbersdorf und das Volk.

»Unmittelbare Vorbilder für mein Frankenburger Würfelspiel waren außer der Orestie, dem Ludus de Antichristo und einigen Mysterien-

spielen Georg Kaisers ›Bürger von Calais‹ und Strawinskis ›Ödipus rex‹. Das erste, zusammen mit Reinhard Sorges ›Bettler‹ und Reinhard Goerings ›Südpolexpedition des Kapitän Scott‹, markiert den expressionistischen Durchbruch zu den Formvorstellungen von einem modernen unnaturalistischen, quasi abstrakten Theater, auf denen auch mein Frankenburger Würfelspiel beruht. Das zweite bedeutet in seiner statuarischen Oratoriumsstrenge die andere unübersehbare Komponente und zeigt, daß sich das moderne Musiktheater parallel zur Thingspielbewegung entwickelte. Egk, Orff und Wagner-Regeny, mit denen ich in Verbindung stand, kamen zu gleichen Überlegungen und Ergebnissen wie ich, und es stand für mich fest, daß bei kontinuierlicher Weiterentwicklung die Oper sofort in die neue Theaterform miteinbezogen werden würde und müßte; denn sie brachte von vornherein das mit, was wir für die Komponenten des neuen Freilicht-(Thing-)Spiels hielten: das Statuarisch-Oratorische, den Chor, den feierlichen Aufzug, die (Tanz-)Pantomime, die große Szene mit ihrem kunstvollen Gegen- und Miteinander von Soli und Ensemble. Als Paradebeispiel für das unwillkürliche Ineinanderübergehen von Schauspiel und Oper, das auf der neuen Bühne möglich, wenn nicht sogar erforderlich war, bot sich Schillers ›Jungfrau von Orleans‹ an, und ganz folgerichtig inszenierte Lothar Müthel sie am Staatstheater als heraldische Oper, während Wagner-Regeny sie gleichzeitig zu komponieren begann. Als weiteres interessantes Beispiel sehen Sie sich Werner Egks ›Columbus‹ an, eine reine Pantomime, die von Solisten mit Chor und Orchester nach Art eines Oratoriums erläutert und illustriert wird. Auch Orffs Carmina Burana und Triomphi gehören hierher ... Beispiele, die zeigen, wie organisch die Thingspielbewegung in der allgemeinen geistes- und theatergeschichtlichen Entwicklung stand.« *(Brief an Michael Dultz vom 6. April 1965)*

Die Uraufführung
des »Frankenburger Würfelspiels« war dem Berliner Regisseur Jürgen Fehling (Staatstheater) angeboten worden. Nach Möllers Bericht begeisterte sich Fehling sehr für das Stück und schlug vor, den Kaiser, Maximilian, Herbersdorf und die Räte in Särgen auf die Bühne bringen, die Särge öffnen und die Toten dann aus ihrer Mumifizierung heraustreten und lebendig werden zu lassen. Fehling wurde abgelehnt. »Solche Konzeption hätte bedeutet, daß an Stelle eines neu zu suchenden Formprinzips wieder die Methode des Guckkastentheaters getreten wäre. Es hätte sich durchgesetzt, was überwunden werden sollte.« *(Möller)*

Regie führte dann der Schauspieler Matthias Wieman und – da komplizierte technische Probleme der Tonverstärkung zu lösen waren – der Spielleiter des Deutschlandsenders, Werner Pleister (der schon Möllers Vorarbeiten für das »Frankenburger Würfelspiel«, »Die Insterburger Ordensfeier« und das »Südender Weihnachtsspiel« im Funk gesendet hatte).

Die Uraufführung fand statt am 2. August 1936, einen Tag nachdem die Olympischen Spiele im unmittelbar benachbarten Stadion (Architekt ebenfalls Werner March) eröffnet und abends mit einem »Weihespiel« unter dem Titel »Olympische Jugend« eingeleitet waren. Mit dem »Frankenburger Würfelspiel« wurde die Dietrich-Eckart-Bühne eingeweiht. – Besetzung der Rollen: Ferdinand II.: Ferdinand Terpe, Maximilian: Arthur Wiesner, Graf Herbersdorf: Alexander Golling, der Geharnischte: Matthias Wieman, Lamormaini: Fritz Rasp, Caraffa: Carl Kahlmann, dazu 1200 Mitwirkende aus dem Reichsarbeitsdienst. Musik von Paul Höffer (später verselbständigt als »Altdeutsche Suite«). – Spätere Aufführungen benutzten die von Möller gewünschte Musik von Hans Joachim Sobanski (Urauff. Erfurt, 1937). – Musikalische Leitung: Rudolf Schulz-Dornburg.

Als besonders problematisch erwies sich die Gestaltung des Chors. Dazu Möller:

»Der mehrstimmige oratorische Chor erschien stilwidrig. Werner Egk und Carl Orff hatten ihre Versuche mit musikalisch in Intervallen notierten Rezitativchören noch nicht weit genug entwickelt. So entschloß man sich zu dem von jeher fragwürdigen Mittel der Sprechchöre für die Uraufführung. Da das aber noch in nächster Erinnerung von kommunistischen Versammlungen und Agitprop-Veranstaltungen war, wurde es kurz vor der Aufführung aus politischen Rücksichten verboten. Wohlgemerkt nur hier vor einem internationalen Publikum, an anderen Stellen kümmerte sich kein Mensch darum.« *(Möller im Brief an Michael Dultz vom 15. Oktober 1965.* – Das Sprechchorverbot wurde Anfang 1936 zunächst von der Reichsjugendführung für die Hitlerjugend-Veranstaltungen ausgesprochen, dann auch von Goebbels übernommen, ohne jedoch strikt befolgt zu werden. Anm. d. Hsg.)

Die Größe der Bühne machte notwendig, die Spieler auf Kothurne zu stellen, die Kostüme zu verstärken, so daß sie »attischen Figuren angenähert« werden konnten.

Möller über die Aufführung:

»Im ›Frankenburger Würfelspiel‹ habe ich die Meinungsäußerung des normalen Menschenverstandes dem Chor übertragen ... Er warnt, er

ruft, er beklagt, er bedauert, und es gehörte zu den größten Erlebnissen, die ich je in meinem Leben gehabt habe, als der Graf Herbersdorf, der dargestellt wurde von Alexander Golling, ... auf einen Einwurf des Chores die ganze orchestra unten abschritt, in dem Rund an den Zuschauern vorbeiging und hinaufrief: ›Wer ruft? Wer warnt? Wer ängstigt meine Schafe?‹ Das war ein atembeklemmender Augenblick, diese 20 000 Menschen hielten buchstäblich den Atem an. Allein diese Konfrontation des Publikums und des Schauspielers, das war das, was es bis dahin im Theater nicht mehr gab. Hier wurde zum ersten Mal wieder die Einheit des theatralischen Vorgangs im Sinne des griechischen Theaters hergestellt. Das Volk nahm unmittelbar teil, und die Schauspieler sprachen über die Rampe hinweg das Publikum an. – Die ganze Verhandlung endet dann nach allen möglichen Verteidigungen in einem Urteil. Und dieses Urteil müßte nach dem Vorbild der Orestie tatsächlich von einer wirklichen Instanz gefällt werden, das heißt: In der Orestie entscheidet im Grunde der Areopag, die Athener selbst über den Fall Orest. Auf der Dietrich-Eckart-Bühne hätte man sehr gut natürlich die oberste Staatsgewalt, wenn auch nur symbolisch, einsetzen können... Man hätte sich denken können, daß bei einer Fortführung unserer Ideen eines Tages ein Theater zustande gekommen wäre, in dem der höchste Repräsentant der Nation in seiner Loge die endliche Entscheidung, und wenn nur durch eine Geste, getroffen hätte – wie dem römischen Kaiser bei den Gladiatorenspielen – wenn auch auf einer sehr niedrigen Stufe – die Entscheidung zugespielt wurde... Das war bei diesem ersten Versuch, die europäische Theaterentwicklung zusammenzufassen, damals in Berlin nicht möglich... Da Hitler die oberste Entscheidung nicht treffen konnte, habe ich eine metaphysische Gestalt eingesetzt, die Figur des obersten Richters...« *(Aus einem Tonbandinterview mit Glen Gadberry, 1970)*

Hitler, der neben Goebbels und Göring und Vertretern des diplomatischen Corps an der Uraufführung teilnehmen wollte, kehrte unmittelbar vor Erreichen der Bühne um. Möller vermutete, weil man ihn vor einer politisch damals inopportunen Sympathiedemonstration der österreichischen Zuschauer gewarnt habe, die ein politischer Eklat gewesen wäre. (Bei der späteren Aufführung des »Frankenburger Würfelspiels« in Passau wurde die österreichische Grenze für diesen Tag gesperrt.)

Fünf Tage vor der Uraufführung kündigte der Berliner Theaterwissenschaftler Hans Knudsen Stück und Aufführung unter dem Titel »Ein Spiel, in dem wir entscheiden« in der Parteizeitung »Der Angriff« so an:

»Die Betrachtungen, die angestellt werden über die Dietrich-Eckart-Bühne und E. W. Möllers ›Frankenburger Würfelspiel‹, noch bevor beide Schöpfungen ihre Ausdruckskraft haben erweisen können, zeigen immer wieder *einen* Grundton: man *fühlt,* daß hier etwas ganz Neues geschaffen ist, und daß die Kunst, die mit dem Begriff ›Theater‹ erfaßt wird, offenbar in eine neue Wegrichtung gebracht wird. Es ist das Merkwürdige geschehen – und man wird das einmal als eine theatergeschichtliche Wunderstunde bezeichnen –: ein Architekt baut eine neue Bühne aus einer neuen raumkünstlerischen Vorstellung heraus, die ein neuer Zeitgeist trägt; und zur gleichen Zeit etwa schreibt ein Dichter aus einer neuen dramaturgisch-wortkünstlerischen Vorstellung heraus eine dramatische Dichtung des gleichen neuen Zeitgeistes, weil in ihm Gefühl und Erkenntnis lebendig sind, daß die Lebensformen der neuen Zeit sich nicht für alle Situationen und für immer mit den überlieferten Ausdrucksmöglichkeiten des Theaters begnügen werden. Die theatralische Idee des Architekten wurde zur dramatischen Erfüllung, die dramatische Idee des Dichters fand die theatralische Erfüllung.

Das ›Frankenburger Würfelspiel‹ ist nicht ein dramatisches Werk, das mit alten Dichtungsbestandteilen einen neuen Bau schaffen wollte. Geblieben ist nur der (jedem Drama zugrunde liegende) dramatische Kampf, und Gerichtstag halten ist eine elementare Form des dramatischen Erlebnisses. Dieser Gerichtstag wird abgehalten vor und von dem Volke der Gegenwart. Die Vision ist großartig: die miterlebenden Volksmengen entscheiden einen ›Fall‹; nicht eine Kleinigkeit, nicht eine juristisch-spitzfindige Nebensächlichkeit, vielmehr: eine Ungeheuerlichkeit der Geschichte, eine Verletzung am Volk und seinen wichtigsten Menschen, eine Versündigung der führenden Schicht am Volksganzen. Jawohl: Versündigung.

Es gibt mehr und andere Sünden und Sünder der Geschichte, und der Nachfühlende und Aufgeschlossene, der auf Großes zu sehen und in großen Zusammenhängen zu denken vermag, wird dieses Möllersche ›Frankenburger Würfelspiel‹ unter dieser Perspektive beurteilen: Welche Großartigkeit ergäbe sich, wenn andere Geschichtssünder, Todsünder der Volksvergangenheit, vor das Gericht der miterlebenden Zwanzigtausend gebracht würden. Jahr um Jahr, unter freiem Himmel! Wir hätten das große Festspieltheater des gesprochenen Wortes, oder besser: wir hätten mehr! Denn der letzte Sinn dieses ›Frankenburger Würfelspiels‹ und aller noch möglichen Gestaltungen ist doch für uns der: nicht nur ein Festspiel zu erleben, sondern im theatra-

lischen Spiel erschüttert, erregt, gepackt zu werden. Alle große Kunst geht darauf aus, den Menschen durch innere Aufrüttelungen zu verändern. Der Sinn des Spiels auf der Dietrich-Eckart-Bühne kann nur heißen: den Menschen aus diesen Erlebnissen heraus zu erziehen zur nationalpolitischen und staatsnotwendigen Einsicht. Festspiel wird hier Staatsdramatik ...«

Der »Völkische Beobachter« schrieb am 4. August 1936 in seiner Rezension: »Das Frankenburger Würfelspiel ist der erste geglückte Versuch, die Formgesetze zu meistern, die zum Thingspiel führen.«

Uraufführung und Stück wurden vor allem von katholischer Seite bestritten. Die konservativ-katholische Tageszeitung »Germania« warf Möller in der Ausgabe vom 3. August 1936 vor, der »Frankenburger Vorgang« sei Möller »Symptom eines Systems, das er treffen will« (nämlich: die römisch-katholische Kirche). Man könne auch mit den Grausamkeiten der Oranier »Abend für Abend die Szenerie der Dietrich-Eckart-Bühne bis zum Ende der Olympiade füllen«. – Der Gruppe um Rosenberg und Himmler gab gerade der mystisch-religiöse Zug der Uraufführung neuen Anlaß, Möller für einen verkappten Vertreter der actio catholica zu halten.

Mit der Uraufführung war die konstituierende Phase des – auch in der offiziellen Diskussion umstrittenen – Thingspiels abgeschlossen. Reichsdramaturg Rainer Schlösser nannte in seinem Aufsatz »Das unsterbliche Gespräch über das Tragische« (s. »Wille und Macht«, 1. Juni 1937) das »Frankenburger Würfelspiel« die für ihn »bezwingendste, wohl auch am ausgeprägtesten nationalsozialistische dramatische Dichtung«. –

Das Stück wurde in vielen Thing-Stätten (u. a. 1937 in Erfurt von über tausend Laien, auf dem Thingplatz Borna bei Leipzig) und auch in stehenden Theatern wie dem Stadttheater Bochum (zur Reichstheaterwoche, Regie: Saladin Schmitt, mit Horst Caspar als dem Geharnischten, 11. März 1937), dem Bremer Stadttheater, dem Schauspielhaus Dresden (27. Oktober 1938, Regie: Rudolf Schröder, mit Paul Hoffmann, Erich Ponto und Bruno Decarli) und dem Prinzregententheater München (Regie: Willy Meyer-Fürst, 11. Mai 1940) nachgespielt.

Möller erhielt nach der Uraufführung von vielen Städten Angebote, Stoffe aus der lokalen Geschichte zu ähnlichen jährlichen Fest-Spielen für die überall eingerichteten Thingplätze zu schreiben. Zwei Stoffe wurden noch bearbeitet, blieben aber Fragment: »Die Frauen von Riga« (das Schicksal deutscher Frauen nach der Besetzung Rigas durch bolschewistische Truppen 1919) und »Wulfram von Stralsund« (für den Stralsunder Marktplatz, ein Coriolan-Schicksal aus dem deutschen Mit-

telalter). »Dem ›Frankenburger Würfelspiel‹ sollte eine große Reihe von Versuchen folgen« (Möller). Planskizzen gibt es zu »Das neue Spiel von Tell«, »Der Tod Alexanders« und »Die Exequien weiland Kaiser Karls V.«. Möller hielt diese synkretistische Form neuen antikisierenden Theaters für sehr ausbaufähig, sprach von Spiel mit neuen Dimensionen und Proportionen, von Kothurn- und Maskenspielen, überlebensgroßen Figuren, »hier wären Spiele von metaphysischer Grausigkeit und unglaublichem Tiefsinn möglich gewesen, eine Entwicklung von kaum ausdenkbarer Weite lag vor uns ... Von den jüngeren Dichtern ist mir nicht ein einziger gefolgt. Die mir vielleicht gefolgt wären, gingen in den Krieg und fielen, einige Freunde konnten sich nicht freimachen von der herkömmlichen Form des Theaters ...« *(Möller im Tonbandinterview mit Glen Gadberry).* – Resümee Möllers: »Das Thingspiel war die einzig wirklich revolutionäre kulturelle Erneuerungsbewegung, die sich in unserem Jahrhundert wenigstens in einem kühnen Ansatz vollzogen hat.« *(Brief an Michael Dultz)*

Weg zur Tragödie
Auch Möller wurde von der Thingspiel-Bewegung abgelenkt durch neue Zielsetzungen der Reichsdramaturgie. Als neues Ziel setzte Schlösser in seinem Aufsatz »Das unsterbliche Gespräch über das Tragische, Dramaturgie als Gesetzwerk nordischer Kultur« (in: »Wille und Macht«, 1. Juni 1937) die Suche nach der Tragödie. Möller, Schlössers engster Mitarbeiter, vollendete danach zwei schon 1932 konzipierte Stücke, das Struensee-Drama »Der Sturz des Ministers« und »Der Untergang Carthagos« (Urauff. »Der Sturz...«: Altes Theater Leipzig, 25. April 1937; wichtigste Auff.: Staatl. Schauspielhaus Berlin und Burgtheater Wien, mit Lothar Müthel, 1940. – Urauff. »Carthago«: Thalia Theater Hamburg, 23. Oktober 1938 und neun andere Bühnen). – Beide Stücke zeigen als Überanstrengung den Versuch, als Zeitstück konzipierten Stoffen Tragödienstruktur zu geben (s. Einleitung). Gegen den »Untergang Carthagos«, den manche als Warnung verstanden, gab es Proteste seitens der Partei; auf Veranlassung Rosenbergs mußte Schlösser das Stück aus den Spielplänen streichen.

Möllers Geltung blieb trotzdem vorerst unbeschädigt. Lieder Möllers wie »Deutschland, heiliges Wort« gehörten zum Liederkanon des Dritten Reiches; für die erste Drehbuchüberarbeitung des Jud Süß-Films (die Veit Harlan später wieder veränderte) wurde Möller bestellt. 1940 ging er – der HJ-Gebietsführer z.b.V. war – als Kriegsberichter der Waffen-SS an die Front. (»Aus dem gleichen hohen Sinn, aus dem die

Worte des Gedichts erwuchsen, entsteht auch die Bereitschaft, das Wort mit der Tat zu besiegeln und das innere Erlebnis des Dichters mit dem körperlichen Einsatz des Soldaten zu decken.« – *In: »Dichter unter den Waffen«, Kriegsalmanach dt. Dichtung, o. J.)*

Der Kriegseinsatz verstärkte Möllers Glauben an die europäische Führungsaufgabe und die spezifischen Tugenden des deutschen Volkes: »... in dem allgemeinen Absinken der Menschheit auf den Stand niedrigster und rohester Barbarei (war) kein anderes Volk außer dem deutschen mehr fähig, der Welt eine Idee wiederzugeben, die sie zu einer neuen Form des Lebens führen könnte ... Der Führer hat der Menschheit eine Idee gegeben. Wir sehen, wie sie die Welt bewegt und alles selbst das Widerstrebende, ergreift.« *(In: »Die geistige Entscheidung des Krieges«, »Wille und Macht«, Januar 1943)*

Aus dem Kriegserlebnis begründete Möller auch seinen »Weg zur Tragödie«:

»Erst das Erlebnis des Krieges (machte mir) klar, wo ich war und wohin ich zu gehen hatte; es gab mir die Kraft, geistig und formal einen Standpunkt zu erreichen, dem ich vordem nur mehr ahnend, mehr gefühlsmäßig bewußt zustrebte. Dieser Standpunkt war ein tragisches Weltgefühl, wie es unsere große klassische Dichtung beseelt hat; mein Streben war, wie mir bewußt wurde, darauf ausgegangen, die Form der deutschen Tragödie zu gewinnen.

... die Tragödie ist ... das höchste Sinnbild eines Lebens, dessen Sinn der Kampf ist ... Auf der Stufe, auf der wir stehen, müssen wir in der Tragödie den Kampf gleich starker Kräfte mit gleichen Waffen um gleich hohe Rechte erleben wollen. Und das ist es denn, was die deutsche Tragödie von der griechischen, welche bis dahin als das schlechthin vollkommene Vorbild galt, unterscheidet ... Wir glauben, daß alles Leben Kampf sein muß. Das ist unser Weltgefühl, und das ist eben ein tragisches Weltgefühl, wie es so kein anderes Volk vor uns und neben uns bisher gehabt hat. Auch wir haben es nicht immer gehabt. Im gegenwärtigen Augenblick aber können wir es aus allen Äußerungen des deutschen Lebens herauslesen. Und daher glauben wir, daß wir jetzt nicht nur berechtigt, sondern auch fähig sein müßten, die deutsche Tragödie, die unsere Dichter immer angestrebt, doch nie ganz erreicht haben, zu schaffen.« *(Nachwort zu: »Das Opfer«, München 1941, Titel: »Die deutsche Tragödie«)*

Möllers im Krieg geschriebene deutsche Tragödie hieß: »Das Opfer«. Sie machte diesen Sendungsglauben an einer Fabel aus dem Türkensturm zur Abwehrbereitschaft gegen den fremdrassigen Osten deut-

lich. »Das Opfer« wurde am 8. November 1941 im Deutschen Landestheater in Hermannstadt (Siebenbürgen/Rumänien) uraufgeführt. Es war Möllers letztes politisches Drama. – Sein letzter Erfolg auf dem Theater war die Neufassung seines Lutherstücks »Die höllische Reise« von 1933, das 1943 im Frankfurter Schauspielhaus inszeniert wurde.

1941 hatte es aus dem Kreis der Brüder d'Alquen in der von der SS kontrollierten Zeitschrift »Weltliteratur« einen zweiten scharfen Angriff auf Möller gegeben. H. W. Hagen rückte Möller wegen seines Gedichts »Der Tote« (Vorwurf: »aesthetisierende Leichenschändung«) in die Reihe der »Kulturbolschewisten« wie Dix, Grosz und Brecht.

In Möllers unter der auferlegten »Frontbewährung« geschriebenem »Russischen Tagebuch« (Munin-Verlag, Osnabrück 1971) heißt es unter Zitierung von Hagens Polemik: »...erlebte ich das Ende aller Illusionen.« Möller wurde jedoch von den HJ-Intellektuellen der Zeitschrift »Wille und Macht« weiter verteidigt. – Er erlebte das Kriegsende an der Front. – Von 1945 bis 1948 war er im automatischen Arrest in verschiedenen Lagern der Alliierten (zuletzt: Hohenasperg). Nach der Entlassung schrieb er vier Romane: Die Frauen von Ragusa (1952), Die Geliebte des Herrn Beaujou (1954), Chicago oder Der Mann, der auf das Brot trat (1936) und, unter dem Pseudonym Anatol Textor: Doppelkopf, die Aufzeichnungen der Henriette Jacobs (1966). – Unveröffentlicht ist ein Schauspiel »Bevor zum letzten Mal der Vorhang aufgeht« (Titanic-Stoff) und als autobiographisches Fragment »Passion Ödipus«. – Möller starb am 1. Januar 1972 in Bietigheim.

Curt Langenbeck Der Hochverräter

Geschrieben 1937. – Erste Veröffentlichung in: »Das innere Reich«, Heft 1 und 2, 1938, als Buch: Theaterverlag Albert Langen/Georg Müller, Berlin 1938.

»Der Hochverräter« ist Langenbecks stärkstes und erfolgreichstes Schauspiel, aber nur ein Teilstück seines Versuchs, dem Drama einen neuen großen Stil zurückzugewinnen. Langenbeck, der 1906 als Fabrikantensohn in Elberfeld geboren wurde, nach Ausbildungsjahren in Basel, USA und Frankreich in Freiburg, Wien und München Literaturwissenschaft und Philosophie studiert hatte und von Josef Nadler und dem Philosophen Martin Heidegger beeinflußt wurde, reflektierte neben und nach Hanns Johst am ausgiebigsten über die »Wiedergeburt des Dramas«. Sein erstes Stück, das Lustspiel »Liebhaberei oder Bianca und der Juwelier«, war noch der Commedia dell'arte und den frühen Shakespearekomödien nachgebildet (Urauff. Münchner Kammerspiele, 25. September 1934). Vier Wochen später erschien im Staatstheater Stuttgart schon das 1932 geschriebene Schauspiel »Alexander« (Regie: Karl Hans Böhm). Dieser erste Versuch, das Alltagsstück wie die Bilderbuchhistorie durch eine gebundene, expressive Sprache zu überwinden, den Übergang vom historischen Stoff in den Mythos zu finden, dem Drama mit einer heroisch gesehenen Figur wieder Größe, Fallhöhe und Tragik zuzuführen, wurde der Beginn einer langen Diskussion um die Schaffung eines neuen Dramas. »Denn« – sagte Langenbeck – »das Drama wird das Theater bilden, nicht umgekehrt.«

Der Erfolg des »Alexander« brachte Langenbeck die Position des Chefdramaturgen am Preußischen Staatstheater Kassel ein, wo der 1933 als Generalintendant ans Berliner Staatstheater berufene, dann durch Gustaf Gründgens abgelöste Franz Ulbrich seit 1934 Intendant war. Langenbeck entwickelte hier und später bei Golling am Münchner Residenztheater seine Stücke und Dramaturgie in engster Berührung mit dem Theater. Nach dem Erfolg des »Alexander« bearbeitete er seinen dramatischen Erstling, »Heinrich VI.«, eine »deutsche Tragödie« (Urauff. 4. Oktober 1935 Staatl. Schauspielhaus Dresden, Regie: Josef Gielen). Langenbeck zeigte den letzten großen Stauferkönig als einen Willensmenschen, der seinen Auftrag, das »Heilige Römische Reich Deutscher Nation« zu schaffen, als einen Auftrag zur Weltherrschaft verstand, am Widerstand der Welfen, der römischen Kirche und den Sonderinteressen seiner sizilianischen Frau scheiterte und erst im Zusam-

menbruch seines Imperialismus begreift, daß nicht Weltherrschaft der Sinn des Auftrags ist, sondern das auf das Volk bezogene Reich, der Volksstaat.

Langenbeck hatte damit die Suche nach dem neuen Drama mit dem politischen Stoff jener Jahre verbunden, in denen auch von seiten der Reichsführung die Sicherung des bestehenden Staats und der Verzicht auf territoriale Ansprüche (Elsaß-Lothringen) u. a. formuliert wurde. Langenbeck stellte die Frage, was das Reich der Deutschen denn sei. Heinrich VI. war, wie Alexander, ein monologischer Held; den »Monologismus« begründete Langenbeck so: »Lebten uns Götter und andere genannte Urgewalten, die wir anreden könnten, so hätten wir das leidige Monologisieren und alle ihm entsprechende furchtbare Selbsterregung nicht nötig. Die Einsamkeit des Dichters steht dabei im genauesten Verhältnis zur tragischen Einsamkeit der weltbildenden und weltvernichtenden Männer, denen er sich zuwendet.« Solche Identifizierung zwischen dem gewählten dramatischen Helden und dem Autor erlaubte jegliche Form der Steigerung, Verstärkung von Figur, Sprache und Handlung. Diese Frühformen der Tragödie mit ihren durch Maßlosigkeit charakterisierten großen Personen verstand Langenbeck als Warnung und als Bindung ähnlicher Kräfte und versuchte, der Tragödie so eine soziale Funktion zuzuweisen:

> »Sie (die Tragödie) gibt also warnend gestaltetes Beispiel eines Äußersten, das gerade in der Wirklichkeit des Lebens sich nicht ereignen sollte, welches aber die Menschen erleben sollten, weil es gilt, eben mit Hilfe der das ganze Wesen packenden Tragödie, immer aufs neue mit ihm sich zu messen – sonst entfesselt es sich und durchwütet zerstörend die menschliche Welt, den Fluch der Ungestalt, furchtbar nützend.«

Diese frühe, für die späteren Werke nur schwer aufrechtzuerhaltende Definition zeigt, daß Langenbeck seine Dramen auch von ihrer Funktion innerhalb der Gesellschaft zu bestimmen versuchte. Er begleitete seine dramatische Produktion mit einer Reihe von Aufsätzen, in denen er weniger eine Theorie, wohl aber Überlegungen und aus ihnen abgeleitete Forderungen an ein neues Theater formulierte: »Über Sinn und Aufgabe der Tragödie in unserer Epoche« (in: »Völkische Kultur«, Juni 1935), »Dürfen wir uns bei dem jetzigen hohen Stand der Schauspielbühne beruhigen?« (in: »Das innere Reich«, September 1936), »Die neue Form der Tragödie« und »Die Wiedergeburt des Dramas aus dem Geist der Zeit« (Theaterverlag Albert Langen/Georg Müller, Berlin 1940).

In dem Aufsatz von 1935 gab er negative Abgrenzungen: Er lehnte sowohl die bürgerliche Tragödie, das soziale Fragen behandelnde Schauspiel, aber auch die philosophisch geprägte Tragödie ab. Er wollte das »geschichtliche Drama«, das einem geschichtlichen Stoff zu seiner Sinngebung verhilft, seine treibenden Kräfte zeigt und diese den gegenwärtig Lebenden vor Augen stellt, um ihnen zu zeigen, daß es vor geschichtlichen Aufgaben kein Ausweichen gibt und daß sie mit heroischer Gesinnung begriffen und selbst unter Gefahr zu lösen versucht werden müssen. Das geschichtliche Drama wurde so Beispiel und Ermutigung für die Gegenwart: »Es kann gar nicht bezweifelt werden, daß diese Entwicklung durchaus dem eigentlichen Stilwillen unserer Epoche entsprechen würde, einer Epoche nämlich, welche sich die Kraft zutraut, einen neuen Lebensstil hervorzubringen und dadurch in aller Kunstübung die Kraft gemeinschaftlichen Wirkens zu wecken...« *(In: »Wille und Macht«)*

Im September 1936, einen Monat also nach der Uraufführung des »Frankenburger Würfelspiels« von Eberhard Wolfgang Möller (s. d.), veröffentlichte Langenbeck seine Vorstellungen vom künftigen Drama und seiner Darstellungsform, für die er eine neue Bühne verlangte. Die Ähnlichkeiten mit Möllers Überlegungen über ein kultisches, dem Oratorium verwandtes Theater sind auffallend, wenn Langenbeck sich auch von den Tendenzen zum Freilicht»theater« distanziert:

»Im Verhältnis zur dargelegten inneren Umformung, die vom deutschen Volk gegenwärtig erlebt und vollzogen wird, im Dichten, Forschen und praktischen Sichbewähren, gehört ohne Zweifel dem im Binnenraum-Rundtheater abends dreiseitig wirkenden Drama der plastisch-symbolischen Gesinnung die Zukunft (Freilichtspiele sind Variation oder Notbehelf; das deutsche Klima verbietet regelmäßige Festaufführungen im Freien, leider).

Um jedes Mißverständnis auszuschließen, will ich gleich hier betonen, daß keineswegs an eine Wiederholung des attischen Dramas gedacht ist, sondern an eine spezifisch deutsche Einigung germanisch-musikalischer und griechisch-dramatischer Kräfte unter völliger Ausschließung romanischer Theatralik und scheindeutscher Zwei-Seelen- oder Zwei-Welten-Phantastik, die dem heroischen Sichverhalten... zuwider ist.

Ich möchte zunächst andeuten, wie dieses Drama der Zukunft sich darstellen würde, ohne zu nahe an dem Eigentlichen, welches nur vom Werk selbst mitgeteilt werden kann, hin und her zu gehn. Es gründet sich auf Bedingungen, die von denen des Dramas der Kulissen- oder Guckkastenbühne völlig verschieden sind. Seine Gestalten

erscheinen, allseits (wie man sagen darf) sichtbar, sich wendend, weniger beleuchtet als ausstrahlend, nicht malerisch, sondern plastisch, und zwar nicht im Sinne eines natürlichen anschaubaren Dings, sondern im Sinne eines zur Verdeutlichung des Wesens bestimmten Kunstwerks. Die Deckenbeleuchtung sei indirekt und einige sich mit der intensiven der Rundrampe; sie vermöge im Ganzen zu wechseln, zum Beispiel von tödlich bläulicher Stimmung zu morgendlicher Frühröte; Einzeleffekte aber (Scheinwerfer) werden nicht für möglich gehalten (nicht Beleuchtung, sondern Licht!); der Zuschauerraum erscheint halbhell oder halbdunkel, die Bühne kann ihm nicht durch einen Vorhang entzogen werden. Die Gestalten des Schauspiels sprechen eine größere, tragendere Sprache als wir zu hören gewohnt sind; sie finden sich in einem keinesfalls zersplitterten Dialog und haben zu den inneren Dimensionen des Tags als Alltag keine Beziehungen mehr. Das Tempo der Darstellung vermindert sich bedeutend, ohne an Intensität zu verlieren. Kulissendekoration ist nicht mehr möglich, sogar Bühnenbild im gewohnten Verstande wird es nicht mehr geben. Die Seiten, das ›Links und Rechts‹ vom Zuschauer, werden viel geringere Bedeutung als die Mitte und der mittlere Hintergrund des Schauplatzes haben; die Einrichtung der Auftritte ändert sich entsprechend. Illusion im Sinne des Vortäuschens von Realität kann und soll nicht mehr stattfinden; folglich ist von vornherein die Erhebung des Spiels in eine höhere Wirklichkeit notwendig, wo Naturalismus, gemeiner und natürlicher Realismus, Psychologie im Zusammenhang mit Gesichtsausdrücken (ohnehin weitgehend längst dem Film überantwortet, zugleich noch dem Kammerspiel belassen) gar nicht mehr sich ereignen können. Nur eine bestimmte, zweifellos seltne und ehrwürdige Art dramatischer Fabel paßt zu solchem Drama, das des Chors nicht wird entbehren können, weil es sonst, im Verhältnis zum Shakespeare-Werk etwa, zuviel von dem, was die Menschen angeht und besorgt, nicht ergreifen könnte. Es wird sich dabei eher um mitgestaltende, mitleidende als um philosophierende und reflektierende Chöre handeln. Das unentbehrliche und wahrhaft große Geschäft, das dem Chor der antiken Tragödie Sinn und Würde gab, müßte, wie ich glaube, bei uns die geschichtlich dazu befugte Musik übernehmen. Auf solcher Musik, dazu auf den sprechenden, mithandelnden Gemeinschaften (den modernen Chören) darf das Individuum (nicht der Individualist), die Persönlichkeit sich, ihr Recht und ihre Schuld, ihr Leiden und Vollbringen zu Leben und Tode gültig erheben. Innere Verbindung zu einer auch typisch deutschen Kunstform, zum Orato-

rium, wird so zweifellos hergestellt, im Einverständnis mit allen (heute noch unfertigen) Kunstbestrebungen der jungen Nation. Und – das darf wenigstens angedeutet werden – von einer so gewonnenen Basis aus wird die Grundfrage der entscheidenden Mitwirkung der Musik im Drama, ohne Rücksicht auf Richard Wagner, zu lösen sein – denn das ist wohl mit Sicherheit anzunehmen, daß ohne Musik Entscheidendes in Deutschland sich nicht vollziehen kann.
Was die Konstruktion des Binnenraum-Rundtheaters, des Hauses der nationalen Festspiele, betrifft, so herrsche zuerst die Idee des erzeugenden Dramas, das dahin will; dann aber gleich ereigne sich die Bildung des Schauplatzes und Gebäudes, und allem anregend Herausfordernden dieser architektonischen Mitwirker lausche der Dichter sowohl wie der ihn begleitende, ihm befreundete Komponist.«
(Aus: »Dürfen wir uns bei dem jetzigen hohen Stand der Schauspielbühne beruhigen?«)

Das Stück
Langenbecks nächster Schritt in der neuen Dramaturgie war das »tragische Schauspiel« (nicht Tragödie) »Der Hochverräter«. – Der historische Stoff führt in die frühe Geschichte von New York.
Zentrale Figur ist Jakob Leisler, Sohn des Pfarrers der Reformierten Gemeinde in Frankfurt-Bockenheim. 1660 war er als Soldat im Dienst der holländisch-westindischen Handelsgesellschaft nach Neu-Amsterdam gekommen, das wenige Jahre später von Engländern besetzt und in New York umbenannt wurde. Leisler hatte sich dort als Reeder und Importeur ein gutes Vermögen erworben und war in den Kreisen der vorwiegend aus protestantisch-reformierten Einwanderern bestehenden Bürger New Yorks als Senior-Hauptmann der Bürgerwehr ein angesehener Mann. Als 1688 der protestantische Wilhelm von Oranien die Herrschaft der katholischen Stuarts in England beendete, fand dieser Umsturz in den nordamerikanischen Kolonien Englands Widerhall und führte an einigen Stellen zum Aufruhr. Der englische Generalgouverneur in Boston, Andros, wurde nach England zurückgeschickt. Als sich in New York das Gerücht verbreitete, der New Yorker Vertreter des Generalgouverneurs, Nicholson, wolle eher die Stadt abbrennen, als einen Umsturz wie in England dulden, kam es zum Aufruhr; das englische Fort, das New York beherrschte, wurde besetzt und in Fort William umbenannt, Leisler Mitte 1689 zum Führer der protestantischen Opposition gewählt, damit er das Amt bis zum Eintreffen des rechtmäßigen Gouverneurs aus England versehe. Leisler bildete in dem zerstrittenen

New York einen Bürgerausschuß aus Freunden der Revolution, schickte einen Abgesandten nach London, aber vor diesem war der abgesetzte Nicholson dort und hatte Gerüchte über Amtsanmaßung ausgestreut; ein Zug gegen die Stadt Albany, wo die Leisler feindlichen Aristokraten saßen, schlug fehl, es gab einen Mordanschlag auf Leisler, die Führer des Anschlags, Bayard und Nicholls, wurden wegen Hochverrats vor Gericht gestellt, aber von Leisler – zu seinem späteren Schaden – begnadigt. Ein an den Vizegouverneur oder »An den, der in New York den Frieden und die Gesetze aufrechterhält« gerichteter Brief aus London kam in den Besitz Leislers; er fühlte sich so im Amt vom König bestätigt. Leisler schlug einen französischen Versuch, sich New Yorks zu bemächtigen, ab. Erst Ende 1690 schickte der englische König den Oberst Henry Sloughter als neuen Gouverneur nach New York. Da dessen Schiffe durch Sturm aufgehalten wurden, landete zuerst Sloughters Vertreter, Major Ingoldsby, in New York; ihn wollte Leisler nicht anerkennen, da er sich nicht ausweisen konnte. Er sprach im Namen des Königs gegen ihn: Es kam zum Kampf in der Stadt. Als Sloughter am 16. März 1691 landete, verlangte er die Schlüssel der Festung, verhaftete Leislers Abgesandte, besetzte das Fort, ließ Nicholls u. a. frei, verhaftete Leisler und stellte ihn unter Anklage des Hochverrats vor ein Sondergericht, in dem Feinde Leislers saßen. Am 15. April wurden Leisler und acht andere Mitglieder der provisorischen Regierung zum Tode verurteilt. Sloughter, der sich gegen eine Vollstreckung des Urteils wehrte, unterzeichnete dann – verführt? – unter dem Druck der Kolonialaristokratie. Das Urteil wurde am 16. Mai 1691 vollstreckt. Die von Leisler gegründete Volkspartei, die »Leislerianer«, blieben nach Leislers Tod eine politische Kraft; durch eine amtliche englische Untersuchung rehabilitiert, wurde Leisler 1698 mit einem großen Leichenbegängnis auf dem holländischen Friedhof in New York beigesetzt.

Dieser historische Stoff kam um 1936, als das neu entfachte Nationalbewußtsein in Deutschland nach den großen Deutschen außerhalb seiner Grenzen suchte, neu zur Geltung. Ihn griff auch Hans Friedrich Blunck auf. Sein Leisler-Schauspiel (»Kampf um New York«), das Leislers Scheitern aus dessen vielfach verständlicher Unentschiedenheit ableitete, wurde 1938 in der Volksbühne in Berlin uraufgeführt. (1951 verarbeitete Blunck es zu einem Roman gleichen Titels.) 1938 hielt Blunck vor der deutschen Akademie in München einen Vortrag über Leisler: »Kämpfer auf fremdem Boden«, in dem es am Schluß hieß: »Wir Deutsche haben in unserer Geschichte bisher selten Gerechtigkeit von den Vereinigten Staaten erfahren...

Zu diesem Bezirk der Ungerechtigkeit gehört auch das Epos von Leisler und vom Undank der Geschichtsschreiber gegen alles, was Deutsche da drüben schufen, wie auch gegen alles, was heute um die Freiheit und den Selbsterweis deutschen Wesens und deutschen Volkes ringt... Der Flüchtling aus der Pfalz ist es, der den Kampf um die amerikanische Unabhängigkeit eröffnet hat. Wir haben Grund, auf ihn stolz zu sein, wir haben Grund, aus seinem Leben zu lernen. Wir haben gelernt, daß es unnütz ist, ein ungerechtes Schicksal zu erwarten, um nachher feierlich ausgegraben und beigesetzt zu werden, daß es besser ist, einen Schlag abzuwehren und wiederzuschlagen, wenn Anmaßung und Selbstsucht Rechte einschränken wollen, die für die Entwicklung der Völker notwendig sind.« – Bluncks Sätze zeigen, auf welchem Hintergrund das Aufgreifen des Stoffs und seine Aufnahme in der Öffentlichkeit zu sehen ist, obgleich Langenbeck in seinen Kommentaren zum Stück den Akzent auf die Lösung formaler Probleme setzte.

Langenbeck über das Problem der Überwindung des historischen Dramas (»aus einem Brief«):

»Warum immer noch so viele historische Dramen geschrieben werden, besonders in Deutschland? Weil uns die mythischen Geschichten abhanden gekommen sind (oder überhaupt fehlten), welche dem Volk und seinen Dichtern die Ursprünge und Keime tragischer Fabeln geben könnten – wie es z. B. bei den Griechen und Japanern war.

Nun haben unsere Autoren freilich recht, wenn sie glauben, daß die Geschichte ihnen den Mythos – wenigstens in einigen Hinsichten – ersetzen könnte. Die Wissenschaft hat aber inzwischen das ihre getan, um den Dichtern die Arbeit schwer zu machen; und die Dichter wiederum haben sich schwach und einsichtslos genug gezeigt, den Lockungen zu verfallen, die eine ausgedehnte und genaue Stoffkenntnis mit sich bringt; sie haben sich mit mehr oder minder gründlicher Dramatisierung historischer Vorfälle begnügt, haben dabei entweder das Milieu besonders liebevoll behandelt oder, im Gegensatz dazu, Zeitmeinungen und Zeittendenzen in ›historischem Gewande‹ aufmarschieren lassen – alles das zum Schaden des Sinnes und der Aufgabe wesentlicher Dichtung, die sich so komplizierte und zugleich primitive Um- und Abwege auf die Dauer nicht gefallen läßt.

Ich auch bin um die Auseinandersetzung mit den Einwirkungen der Wissenschaft nicht herumgekommen. Spuren davon sind in ›Heinrich VI.‹ zu finden.

Als ich vor etwa anderthalb Jahren der Geschichte des Leisler (des ›Hochverräters‹) zum ersten Mal begegnete, glaubte ich für die radi-

kal neue Gestalt des Dramas, die ich erstrebte, noch nicht reif zu sein und disponierte deshalb, nach üblichem Quellenstudium, den spannenden Stoff in fünf Akten und, wenn ich mich recht entsinne, sieben Bildern. Das Drama umfaßte in dieser Form die Begebenheiten mindestens eines Jahres; die Steigerung der Spannung und die allmähliche Ausbildung des Konfliktes folgte also, wie es in solchen Fällen fast unvermeidbar ist, der Chronologie des historischen Verlaufs. Durch Stimmung und Atmosphäre zu wirken war unerläßlich. Das historische Milieu blieb und wurde sehr wichtig. Eine ziemlich große Zahl von Personen war erforderlich. Nebenhandlungen drohten sich einzuschleichen.

Je genauer ich die Sache in dieser Gestalt aber ansah, desto unbehaglicher wurde mir zu Mute; und nachdem ich anderthalb oder zwei Akte geschrieben hatte, wurde ich gar ganz verdrießlich. Sollte ich den Stoff liegen lassen?

Ich sagte mir: wenn er wirklich ein Thema trägt, aus dem sich tragischer Wesensgehalt hervorbringen läßt, und zwar auf eine für uns heutige Menschen bedeutende Weise –: dann ist nicht einzusehen, warum dieses Thema nicht die bezwingende Form des lückenlos in der Zeiteinheit sich vollziehenden Dramas gewinnen sollte. Ich warf alles bisher Gedachte und Versuchte fort, konzentrierte die Handlung so energisch wie möglich und schränkte mich auf etwa zehn Personen ein.

Der Erfolg zeigte sich augenblicklich, obwohl ich nun vor eine völlig neue Aufgabe mich gestellt fand, deren sofortige Bewältigung ich nicht erhoffen durfte.

Alles historisch Zufällige fiel ab. Mit Stimmungen, Impressionen und interessanten Verwandlungen war nichts mehr zu machen. Nirgends eine Möglichkeit der Ausflucht oder des Umgehens. Ich mußte überzeugen durch die offenbare Composition und die strenge Durchführung des Ganzen. – Jetzt aber gab es erst Raum und Gelegenheit, unmittelbar darzustellen und auszusprechen, was uns, als Menschen überhaupt und als deutschen Menschen einer bestimmten Epoche, wesentlich sein mußte, wobei ich, aus Instinkt und mit Bewußtsein – im Sinne eines immer gültigen Gesetzes der künstlerischen Produktion – nicht mehr, als der Stoff von sich aus hergab, hervorzubringen strebte. – Die Charaktere mußten den Bezirk des Privatdaseins endgültig verlassen. Sie durften nur, insofern sie für die Handlung wichtig waren, existieren, und mußten sich hierbei der reinsten Form des Charakters, dem Typus, annähern.

Als ich das Stück so durchgeführt hatte (und zwar im fünffüßigen Jambus), sah ich, daß es leider nicht in Ordnung war. Es gab noch zuviel Nebenhandlung darin; außerdem zeigte sich, daß es unmöglich war, in diesem großen Stil zehn Personen bzw. Rollen hinreichend auszuarbeiten. Ich entschloß mich zu radikaler Vereinfachung, entfernte einige Anfangsszenen in die (nicht auf der Bühne als Handlung erscheinende) Vorgeschichte und verstieß zugleich – so lieb sie mir inzwischen auch geworden waren – diejenigen Personen, die hauptsächlich das Wuchern von Nebenhandlungen zu fördern schienen. Um mich selbst – da der fünffüßige Jambus mir vielfach zu leicht aus der Feder geht – noch mehr zu binden, entschloß ich mich zu einem gewichtigeren Vers; und schließlich entschied ich mich, für dieses Mal noch auf einen regelrechten Chor zu verzichten, dafür aber die Solopartien der Alten desto gründlicher zu behandeln und auf die innigste Weise in den Handlungsverlauf hineinzukomponieren.

So entstand die jetzige, zugleich die dritte Gestalt des Ganzen.

Ich glaube mit viel Vorsicht und Nachdenken die Ordnung und Steigerung der Szene und dramatischen Epochen im Voraus überlegt zu haben, obschon ich abermals merkte, daß ich nicht imstande war, nach einem genau detaillierten Plan zu arbeiten. Einige Wochen nach Vollendung des Stückes aber wurde mir schwindlig, als ich erkannte, wie leicht alles – mochte es auch nicht für durchaus gelungen anzusprechen sein – ganz hätte verunglücken können, da ich, genau genommen, doch fast wie ein Blinder, in der sonderbarsten Benommenheit, Abgründe rechts und links, auf mein Ziel losgedrungen war.

Möchte in Zukunft dergleichen mit mehr Bewußtsein und Ruhe und auf einem besseren Fundament unternommen werden.

Ich habe, wider Gewohnheit und nicht ohne Bedenken, von diesem Werdeprozeß erzählt, weil er meine Person insofern gleichgültig macht, als er Typisches an sich zu haben scheint und deshalb in Bezug auf eine Vielfalt gegenwärtiger Kunstbestrebungen einiges Interesse vielleicht verdient.« *(In: »Frankfurter Braune Blätter«, 1938/39, S. 416 f. – ebd. von Langenbeck: »Vom neuen Stil im Drama«.)*

Nach Ende des Dritten Reiches verfaßte Curt Langenbeck eine (im Nachlaß befindliche) »Skizze meiner Autorschaft, chronologisch«. Darin heißt es über den »Hochverräter«:

»Die gegenwärtige Lage veranlaßt mich, auf etwas hinzuweisen, das ich sonst nicht für erwähnenswert halten würde: der Stoff wurde in keiner Hinsicht zur Erregung nationaler Vorurteile oder zur Fixierung bzw. Verschärfung nationaler Gegensätze benutzt, obschon die

Gelegenheit bei der Hand war, sowohl in Ansehung des Verhaltens der Engländer, wie auch wegen Leislers deutscher Herkunft. Vielleicht ist in diesem Zusammenhang bemerkenswert, daß ein fast gleichzeitig mit dem ›Hochverräter‹ erschienenes Stück, das denselben Stoff behandelte (Anm. d. Hsg.: Bluncks ›Kampf um New York‹) ihn von eben der Seite auffaßte, die dort ignoriert wurde, und daß dieses zweite Stück erfolglos geblieben ist. Doch fehlte im ›Hochverräter‹ über der tieferen Beziehung zum Zeitgeist auch die Aktuelle zur Gegenwart nicht: An zentraler Stelle, mit kaum zu überbietender und jedenfalls auf der Bühne nicht wieder gewagter Deutlichkeit wird der Parteibonze (Anm. d. Hsg.: In der Person Ingoldsbys) dargestellt und angesprochen – angesprochen von den den Chor repräsentierenden Ältesten der Stadt, die mit ihrer Charakteristik jener verhaßtesten Zeiterscheinung eine Prophezeiung verbinden, die nur zu furchtbar in Erfüllung gehen sollte; von beinahe allen großen und mittleren Bühnen des Reichs ist sie zu hören gewesen, doch scheint keiner von denen, die getroffen werden sollten, sich auch nur betroffen gefühlt zu haben:
›Wir klagen, erhabener Herrscher!
Denn schlechte Männer entsandte leider
Dein vielbeschäftigter Arm zu uns . . .‹
›Der Hochverräter‹ tat außerordentliche Wirkung, obgleich er, ›antiker Form sich nähernd‹, ungewöhnliche Ansprüche an das Publikum stellte. – Es ist einzusehn, daß ich befürchten mußte, daß das Stück verboten werden würde. Um das Verbot zu erschweren, versuchte ich (mit Erfolg), Aufführungsverträge vorzubereiten und zu fixieren, ehe die Reichsdramaturgie ihr Gutachten ausfertigen könnte. Meine Befürchtungen erwiesen sich als nicht begründet; man hat dieses Stück seinen Weg machen lassen. Ich wurde dadurch ermutigt, einen großen Schritt weiter zu gehn. (Anm. d. Hsg.: Dieser Schritt war das Stück ›Das Schwert‹.)«

Die Uraufführung
fand am 15. März 1938 am Schauspielhaus Düsseldorf und an den Städtischen Bühnen Erfurt statt. Besetzung in Düsseldorf: Regie: Walter Ullmann, Leisler: Hermann Weiße; Erfurt: Regie: Dr. Schaffner, Leisler: Hans Arpe. – Am Residenztheater München inszenierte Arnulf Schröder den »Hochverräter« mit Alexander Golling als Leisler; am stärksten besetzt war die Aufführung des Berliner Staatstheaters am 30. Oktober 1939. Regie: Karl Heinz Stroux, Bühnenbild: Traugott Mül-

ler, Leisler: Friedrich Kayßler, Nicolls: Bernhard Minetti, Sergeant: Albert Florath, Major: Walter Franck, Gouverneur: Günther Hadank, Meisje: Kitty Stengel.

Aus der Berliner Rezension von Bruno E. Werner:

»Er will zeigen, daß der Geist lebt, wenn auch der Mensch vernichtet wird ... Das Schicksalhafte bleibt jedoch nur Andeutung, und dem tragischen Konflikt fehlt ein gewisses Gewicht, weil Leisler ja nicht einer Welt gegenübergestellt wird, die gleichfalls in ihrer Weise recht hat, sondern weil hier ein Mord geschieht. Aber das Bemühen Langenbecks, die Form des Dramas zu finden, die unserer veränderten Welt entspricht, vereint sich mit seiner echten dramatischen Begabung, so daß die Szenen fern der heute üblichen Bilderbogenwelt mit einer – man möchte sagen – kalten Feuerkette erfüllt sind, von dramatischen Zusammenstößen, die den Zuschauer nicht erwärmen, aber packen.«

Der Weg zur Tragödie

Langenbeck, der sich früh das griechische Drama als Bezugspunkt genommen, aber auch 1936 erklärt hatte, es gehe ihm nicht um die Wiederholung des attischen Dramas, sondern um »eine spezifische deutsche Einigung germanisch-musikalischer und griechisch-dramatischer Kräfte«, hatte im »Hochverräter« den deutschen Stoff griechischer Form angenähert. Der »Hochverräter« war ihm lange die Verkörperung seiner Vorstellung vom nichtillusionierenden, »gestalthaften Theater«. Unter dem Eindruck des Krieges und der Kampfsituation, die Langenbecks Theorie der Bewährung, des Kampfes, aus dem man reiner hervorgeht, wenn man ihn durchstanden hat, neuen Stoff gab, setzte er noch einmal zu weiterer Reflexion an. Seine Rede über die »Wiedergeburt des Dramas aus dem Geist der Zeit« (1939) schließt mit der Überzeugung, daß diese »Wiedergeburt mit Hilfe des griechischen Dramas geschehen muß und geschehen wird«. Solche nicht gegen Shakespeares Wert, aber gegen die Vorbildlichkeit Shakespeares für die gegenwärtige Zeit gerichtete Maxime begründete Langenbeck mit seiner Überzeugung, daß nur die Griechen zur Schaffung der Tragödie fähig waren. Eingebunden in ihren Glauben, ausgesetzt der Erkenntnis, daß das eigene Leben unbehütet sei, hätten sie um Berechtigung und Wahrheit ihres Glaubens kämpfen müssen, damit sie sich »nicht zwischen Erkenntnis und Glauben sinnlos verlören«. Über »Bedingungen und Sinn der Tragödie« schrieb Langenbeck in »Wiedergeburt des Dramas aus dem Geist der Zeit« (Langen-Müller Verlag, München 1940):

»Die erste Bedingung: Der Mensch muß glauben, daß sein Leben vom Tode endgültig beschlossen wird, daß es weder das Nichts, noch ein Wiederkommen gibt. Es gibt dann aus dem Leben keinen Ausweg.

Die zweite Bedingung: Der Mensch muß gläubig, muß gottgläubig sein (Skeptiker, Stoiker, Nirwanaverehrer und Anarchisten bedürfen der Tragödie nicht).

Die dritte Bedingung: Der Mensch muß erfahren haben, daß Gottheit oder Götter weder gütig noch mitleidend, erst recht nicht mitleidig sind; sondern vielmehr gewaltsam, grausam, schön – hierin nicht unähnlich der Natur, ihren Gewalten und Gesetzen.

Die vierte Bedingung: Der Mensch muß erkannt haben, wie gefährlich und bedroht in solchem Falle sein Dasein ist.

Das sind die Bedingungen der Tragödie, ihrer Notwendigkeit und Existenz.

Was demnach die Tragödie leisten muß und geleistet hat, ist klar:

Sie hat denjenigen Menschen, die, wie beschrieben, dem Unheimlichen, dem Verhängnis, der Selbstzerstörung sich preisgegeben sehen, die Möglichkeit vorgebildet, wie man dieser gefährlichsten Gefahren dadurch Herr werden kann, daß man sie, durch und durch, erleidet und dabei den Glauben an die Götter nicht nur in sich bekräftigt, sondern erst recht erringt und in der eigenen Seele wie in der Welt begründet.

Das ist der Sinn der Tragödie: den Menschen zeigen, wie er am verlorensten ist; wie er, *nicht obwohl,* sondern sogar *weil* er den besten Willen für das Richtige hat, ins Unheil stürzen kann; und wie keine Gottheit sich seiner erbarmt, obgleich es an Einsicht und Fähigkeit ihm nicht fehlt: also muß er durch seine Opferwilligkeit, durch seine Beständigkeit und Kraft und Demut sich selbst durch sich selbst und zugleich alles, wozu er beauftragt zu sein glaubte, ans Ziel bringen: dann rettet er nicht nur das Dasein der Menschen aus der Verzweiflung, sondern er rettet zugleich und vor allem das Dasein und die Wahrheit der Götter und bewirkt so, daß das Unbegreifliche, immer zu Verehrende mit den Sterblichen einig bleibe, ihnen willkommen und treu . . .«

Daß seitdem keine Tragödie mehr zustande gekommen sei, leitete Langenbeck ab aus der Vermittlung der christlichen Heilsgewißheit und – nach deren Erlöschen um 1500 – aus dem Umsichgreifen einer tragischen Verlorenheit des Individuums, die jetzt den Menschen vor die Wahl stelle, sich verloren zu geben oder durch Entschluß neu anzufangen.

»Wir versuchen also, die mehr als vierhundert Jahre dauernde Epoche eines im Grunde tragisch gestimmten Individualismus abzuschließen.« Weil Shakespeare der »König des Dramas« dieser Epoche gewesen sei, habe er »uns nichts Entscheidendes mehr zu sagen«.
Langenbeck sah sich an einem Wendepunkt der Geschichte; das Volk sei noch jung genug, »wieder zu den Ursprüngen zu dringen, und empfindlich und gehorsam genug für eine neue völkische Religion«, die sich zeigen werde. Ausgehend von dem (allerdings verschleierten) existenzphilosophischen Begriff der »Situation«, in die man gestellt sei, der Konstellation, der man nicht ausweichen kann und der man sich stellen muß, berief er sich auf Hitler, der dem Deutschen sein »Verhängnis« klargemacht habe. Langenbecks Begriff des »Verhängnisses« entspricht der der geschichtlichen oder aktuellen Situation und Aufgabenstellung, die man akzeptieren muß. »Ein Verhängnis ist für uns ... ein unerbittlicher Zwang, so zu sein und so zu handeln, daß er dieser äußersten Gefährdung seines Lebens zu Leibe geht und sie ans Licht bringt. Insofern ist ein Verhängnis ... ein Weg zu Gott, und wir können nach dieser Begriffsordnung sagen, daß es darauf ankomme, durch ein Verhängnis hindurch sich sein Schicksal zu erobern.« (Den Begriff »Schicksal« behielt er der griechischen Tragödie als von den Göttern Geschicktes, Zugeteiltes, Befohlenes vor.)
Die Tragödie, nach der Langenbeck suchte, sah er als »Möglichkeit der Zukunft«. »Nun ist nie, soviel ich weiß, in der uns bekannten Geschichte das dramatisch gedichtete Verhängnis als die Vorstufe und Bedingung der religiösen Tragödie erschienen. Nie aber auch, soweit ich sehe, hat ein Volk nach zweitausendjähriger Geschichte die *heilige* Möglichkeit bekommen, nicht nur sich selbst zu erneuern, sondern der Welt, in der es lebte, ein neues vom tragischen Bewußtsein und Gefühl erleuchtetes und befestigtes Schicksal zu geben« (S. 42). Noch hielt er die Schaffung der Deutschen Tragödie nicht für möglich, aber sie herbeizuführen, hielt er für die »Aufgabe der Zeit«, weil »an keiner anderen Kunst und Kunstform der Charakter eines Volkes, das Wesen seines Glaubens, die Art seiner Gesinnung und das Stadium seiner Entwicklung so durchgreifend und eindeutig gezeigt werden kann wie an der Kunst der Tragödie«. So klar Langenbeck für sich auch die Frage nach der Form der Tragödie beantworten konnte, »die Frage nach dem Stoff« hielt er noch für unmöglich zu beantworten; er konnte sie nur negativ eingrenzen, indem er davor warnte, historische Stoffe, »wenn sie entweder als solche oder als Gelegenheit zur Veranschaulichung einer modernen Tendenz zur Geltung kommen sollen«, zu benutzen, wie auch vor der »Ausnutzung

deutscher (germanischer) oder anderer Mythen«. Er überließ das Problem »dem Mut und der Einsicht jedes einzelnen«.
Langenbeck selber ging zunehmend den Weg aus dem historischen Stoff weg in Sage und Legende. Dem dramatisierten Märchen vom »Getreuen Johannes« (1938, Uraufführung 1940 in Stettin) folgte 1940 das »Tragische Drama« »Das Schwert« (Urauff. Prinzregententheater München, 25. November 1940 – Regie: Arnulf Schröder, Gaiso: Alexander Golling, Evruin: Albert Lippert – und am Dresdner Schauspielhaus). Es spielt in einem imaginären, anscheinend germanischen Reich, in dem der friedenssüchtige Evruin seinem das Volk im Krieg führenden Bruder Gaiso die Treue aufkündigt und mit dem Feind verhandelt. Gaiso muß den Bruder töten und tötet sich dann, der Ehre wegen, selbst. Langenbeck suchte die Steigerung des Dramas ins Tragische durch den Konflikt zweier Pflichtbegriffe. Sein auf ein japanisches Drama, »Das Schatzhaus der Lehnstreue«, zurückgreifendes Schauspiel »Treue« (Uraufführung Residenztheater München, 5. März 1944. Regie: Arnulf Schröder, Moranao: Alexander Golling) wollte die Treue zum Gefolgsherrn als Tugend verklären. Beide Stücke hatten aktuelle Bezüge: »Das Schwert« den Verrat im Krieg, »Treue« war eine Huldigung an den japanischen Bundesgenossen im Krieg. »Das Schwert« galt bald als »nicht in Einklang zu bringen mit der nationalsozialistischen Weltanschauung« und verschwand von den Bühnen, weil es den Eindruck erweckte, es solle Hitler der Rat gegeben werden, sich umzubringen. »Treue« hatte wegen der baldigen Schließung der Theater keine Bühnengeschichte mehr. Ein 1943 entstandenes U-Boot-Stück wurde nur vom Oberkommando der Marine in kleiner Auflage gedruckt, aber wegen negativer Wirkung auf das Publikum nicht zur Aufführung freigegeben. – 1948 versuchte Langenbeck mit einem Drama um Erfindung und Verrat des Atomgeheimnisses, »Der Phantast« (Uraufführung Staatstheater Stuttgart, 5. Dezember 1948), ein Comeback; die chorischen Versuche waren aufgegeben. Langenbeck suchte jetzt, die Frage der humanen Verantwortung des Wissenschaftlers zum Thema zu machen. Die unter dem Titel »Der Zorn des Prometheus« um 1947 geschriebene unveröffentlichte Tragödie beschäftigte sich »mit dem Endkampf unserer Zivilisation«, in dem »die Herrschaft desjenigen abendländischen Geistes, der schließlich sich vermaß, die Natur zu lenken, zu knechten, auszuwerten, beschlossen erscheint (›Faust III‹, wenn man so will, oder ›Die Atombombe‹)«. – Langenbeck, der sich »in produktiver Opposition zum Nationalsozialismus« sah, starb im August 1953.

Hans Rehberg Der Siebenjährige Krieg

Geschrieben 1936/37. – Letzter Teil des Zyklus »Die Preußen-Dramen«; der Zyklus erschien in dieser Reihenfolge: »Der Große Kurfürst«, Schauspiel, 1934; »Friedrich I.«, Komödie, 1935; »Friedrich Wilhelm I.«, Schauspiel, 1935; »Kaiser und König«, Schauspiel, 1936; »Der Siebenjährige Krieg«, Schauspiel, 1937. Gesamtausgabe des Zyklus »Die Preußen-Dramen« 1937. Alles im Verlag S. Fischer.

Diesem Zyklus voraus ging die 1932 geschriebene, aber erst 1940 veröffentlichte »Preußische Komödie. In drei Tagen«. Sie spielt in der Hohenzollerngruft und versammelt um einige Hauptfiguren des späteren Zyklus wie den Großen Kurfürsten und Friedrich II. Figuren des Theaters und der Geschichte (Caesar, Rainald von Dassel, Ophelia, Hamlet), die vor einem jungen Besucher von 1932 wieder zu reden beginnen. Die Einleitung zu dieser Komödie gibt die Begründung des Zyklus aus der Zeitsituation von 1932: Überdruß an der zeitgenössischen Situation, Wiederbelebung, Sich-erinnern-Wollen, Suchen nach Geschichte, Größe und Richtpunkten.

Der Zyklus der Preußen-Dramen ist das Hauptwerk von Hans Rehberg, der schon 1930 mit einem historischen Zeitstück über den Kolonisator Südafrikas »Cecil Rhodes« (Uraufführung Stadttheater Bochum, 8. März 1930) als kommendes Talent auf sich aufmerksam gemacht hatte. Das folgende Schauspiel »Johannes Kepler« (Urauff. Verein. Bühnen Wuppertal, 3. Dezember 1933) bestätigte, daß Rehbergs dramatisches Interesse sich an historischen Figuren entfesselte, die ihre Zeit prägten. Im Preußen-Zyklus übertrug sich dieses Interesse auf das Thema der Staatsgründung und systematischen Machtentfaltung. Der Zyklus versuchte – ähnlich den shakespearischen Historien – einen wesentlichen Abschnitt der nationalen Geschichte darzustellen. Rehberg, der am 25. Dezember 1901 in Posen geboren war, in den dreißiger Jahren in Pieskow in der Mark Brandenburg wohnte, hatte durch diese Herkunft aus dem Grenzland, in dem wesentliche Schritte zum Aufbau Preußens sich vollzogen, eine biographische Beziehung zu diesem Stoff. Rehberg, ein Schriftsteller aus der nationalen Tradition, seit 1930 auch Mitglied der NSDAP, schrieb aber mit diesem Zyklus keine Stücke nationalsozialistischer Dramaturgie.

Heroisiertes und menschliches Preußen

Der Stoff der preußischen Geschichte wurde, da er zur nationalen Tradition gehörte, von der nationalsozialistischen Bewegung sehr früh okkupiert. Aus ihm wurde ein Bild des Großen Kurfürsten, des »Soldatenkönigs« Friedrich Wilhelm I., vor allem aber von Friedrich dem Großen geprägt, das diese Fürsten unter den heroischen Aspekt der Staatsgründer und verbissenen Kämpfer, der preußischen Tugend und Tapferkeit stellte. Preußen wurde verklärt als Vorläufer des neuen Reiches.

»Durch das Werk Friedrich Wilhelms I. und Friedrichs des Großen wuchs aus der Vielzahl der Territorien eines, Brandenburg-Preußen, zur Großmacht empor, die, vom Rhein bis zur Memel reichend, schon damals eine neue Klammer um das alte Reich bildete. Die Kriege des großen Königs waren eine Empörung gegen das Reich, zugleich aber wurde durch sie der Grund zu einem deutschen Nationalstaat, zu einem neuen deutschen Reich gelegt. Die Keimzelle für eine neue deutsche Einigung war gebildet.« *(Aus: Gerhard Krüger, »Der Mythus vom Reich« in: »Wille und Macht«, September 1940)*

Für die Wiederbelebung der Achtung vor der Vergangenheit hatte Hitler in »Mein Kampf« schon eine Bewertung vorgenommen, die die Figur Friedrichs des Großen zum Argument im politischen Kampf in der Republik machte:

»Solange zum Beispiel die geschichtliche Erinnerung an Friedrich den Großen nicht erstorben ist, vermag Friedrich Ebert nur bedingtes Erstaunen hervorzurufen. Der Held von Sanssouci verhält sich zum ehemaligen Bremenser Kneipenwirt ungefähr wie die Sonne zum Mond; erst wenn die Strahlen der Sonne erlöschen, vermag der Mond zu glänzen. Es ist deshalb auch der Haß aller Neumonde der Menschheit gegen die Fixsterne nur zu begreiflich.«

1929 schrieb Alfred Rosenberg im »Mythus des 20. Jahrhunderts« über die Geltung Friedrichs d. Großen (S. 198-200):

»Es ist kein Zufall, wenn gerade heute inmitten eines neuen furchtbaren Sturzes in den Abgrund die Gestalt Friedrichs des Großen von leuchtendem Glanz überstrahlt erscheint, versammeln sich doch in ihm – trotz auch seiner Menschlichkeiten – alle jene Charakterwerte, nach deren Herrschaft heute wieder sehnsüchtig seitens der Besten des Deutschtums gerungen wird: persönliche Kühnheit, unerbittliche Entschlußkraft, Verantwortungsbewußtsein, durchdringende Klugheit und ein Ehrbewußtsein, wie es noch nie so mythisch groß zum Leitstern eines ganzen Lebens auserkoren worden war. ›Wie kann ein Fürst seinen Staat, den Ruhm seines Volkes und die eigene Ehre über-

leben?‹, fragt er seine Schwester am 17. September 1757. Nie werde
ihn ein Unglück feige machen, im Gegenteil: ›Niemals werde ich die
Schande auf mich nehmen. Die Ehre, die mich im Kriege hundertmal
mein Leben aufs Spiel setzen ließ, hat mich dem Tode aus geringerem
Anlaß trotzen lassen.‹ ›Man wird von mir nicht sagen können‹, betont
er weiter, ›daß ich die Freiheit meines Vaterlandes und die Größe
meines Hauses überlebt habe.‹ ›Hätte ich mehr als ein Leben, ich würde es dem Vaterlande opfern‹, schreibt Friedrich am 16. August 1759
an d'Argens nach einer furchtbaren Niederlage. ›Ich denke nicht an
den Ruhm, sondern an den Staat.‹ ›Meine unwandelbare Treue gegen
das Vaterland und die Ehre lassen mich alles unternehmen, aber die
Hoffnung leitet sie nicht‹, heißt es wenige Tage später. Auch an Luise
Dorothea von Gotha legt er das Geständnis nieder: ›Vielleicht ist
Preußens Schicksalsstunde gekommen, vielleicht wird man ein neues
despotisches Kaisertum erleben. Ich weiß es nicht. Aber ich bürge dafür, daß es dazu erst kommen wird, nachdem Ströme von Blut geflossen sind, und daß ich nicht mein Vaterland in Ketten und die
schmachvolle Sklaverei der Deutschen mit ansehen werde.‹ Und erneut
schreibt Friedrich an d'Argens (18. 9. 1760): ›Sie sollten wissen, daß
es nicht nötig ist, daß ich lebe, wohl aber, daß ich meine Pflicht tue‹
und (28. 10. 1760): ›Niemals werde ich den Augenblick erleben, der
mich zwingen würde, einen unvorteilhaften Frieden zu schließen.‹
›Ich werde mich entweder unter den Trümmern meines Vaterlandes
begraben lassen, oder ... meinem Leben selbst ein Ende machen ...
Von dieser inneren Stimme und von den Forderungen der Ehre habe
ich mich in meinen Handlungen stets leiten lassen und gedenke es
auch künftig zu tun.‹
War Friedrich Wilhelm I. das Gleichnis für bürgerliche Ehrenhaftig-
keit und sich selbst beschränkende Klugheit, so Friedrich II. das Symbol *alles* Heroischen, was verklungen und untergegangen schien in
Blut und Schmutz und Elend. Sein Leben ist echteste, größte *deutsche*
Geschichte und als ein ganz erbärmlicher Schuft erscheint uns heute
ein Deutscher, der die Gestalt des Friedericus mit hämischen Glossen
zu verfälschen trachtet.«
Rosenberg nahm Friedrich d. Großen sogar für seine Rassenlehre in Anspruch:
»Das artbedingte Schöne als äußere Statik der nordischen Rasse, das
ist Griechentum, das arteigen Schöne als innere Dynamik, das ist
nordisches Abendland. Das Gesicht des Perikles und der Kopf
Friedrichs des Großen sind zwei Symbole für die Spannweite einer

Rassenseele und eines rassisch ursprünglich gleichen Schönheitsideals.«

(»Mythus«, S. 293. – Zum Begriff der Rassen-Seele s. Anmerkungen zu Bruckner, »Die Rassen«.)

In späterem Zusammenhang sprach Rosenberg schon vom »Deutschen Reich Friedrichs des Großen und Bismarcks«. Die Genealogie des deutschen Führerstaates wurde in der NS-Ikonographie bald auf die Trias Friedrich der Große – Bismarck – Hitler verkürzt. Das 1935 neugegründete Reichsinstitut für Geschichte des neuen Deutschlands, »mit dessen Gründung das nationalsozialistische Reich den nationalsozialistischen Einbruch in die Geschichtswissenschaft legalisiert hat« (K. Fr. Ganzer), gab als eine der ersten Schriften das »Politische Testament Friedrichs des Großen« heraus, bearbeitet von Friedrich Fester, der 1927 eine Werkausgabe des preußischen Königs ediert hatte. Karl Friedrich Ganzer, der Leiter des Instituts, der junge, führende NS-Historiker, schrieb dazu:

»... eine der glanzvollsten Staatsschriften des großen Königs, der hier einen Leitfaden der Staatskunst und der Menschenführung überhaupt seinem Volke gegeben hat. Die deutsche Geschichte ist an Schriften von solch prägender politischer Gesetzhaftigkeit nicht sehr reich. Gerade aber mit Friedrichs des Großen politischen Schriften, insbesondere diesem politischen Testament, in dem der bauende und züchtende Staatsmann in geradezu kristallischer Durchsichtigkeit erscheint, beginnt die wunderbare Reihe der großen deutschen Staatsschriften, die über Clausewitz und Bismarck aufsteigt zu jenem hohen Gipfel, auf dem in einsamer Höhe das Buch Adolf Hitlers steht.«
(»Wille und Macht«, März 1939)

Friedrich der Große wurde als Leitfigur auch in das auf Vorbilder bezogene nationalsozialistische Erziehungssystem eingefügt. Charakteristische, »hart machende« Sätze von ihm wurden in die von der Partei ausgegebenen Wochensprüche oder z. B. in die Anthologie »Von der Bewährung in der Tapferkeit« aufgenommen, mit der die HJ-Zeitschrift »Wille und Macht« am 1. Januar 1940 die in den Krieg ausziehende Jugend auf heroische Leitbilder festlegte. Beispiele aus »Wille und Macht«:

»Man erreicht große Dinge nur, wenn man sich großer Wagnisse unterfängt ... Wenn unsere Feinde uns nötigen, Krieg zu führen, so muß man fragen, wo sind sie? Und nicht, wieviele sind ihrer!

An den Prinz von Preußen, August 1756.

... Ich arbeite wie ein Pferd, um meiner kritischen Lage ein günstiges Aussehen zu geben. Das Militär wird seine Schuldigkeit tun, und es

gibt keinen unter uns, der sich nicht lieber entzwei schlagen ließe, als daß er einen Fingerbreit Erde durch unsre Feigheit verloren gehen ließe. Kurz, wir brauchen einen guten Frieden, oder wir müssen uns selbst übertreffen durch Handlungen von Tapferkeit und durch Wunder von Kühnheit, die uns eine so offensichtliche Überlegenheit über unsere Feinde wieder erlangen lassen, daß sie gezwungen sind, unsere Freundschaft zu suchen.

Neiße, 17. April 1745.

... Es wird das Jahr stark und scharf hergehen, aber man muß die Ohren steif halten, und jeder, der Ehre und Liebe für das Vaterland hat, muß alles dran setzen; eine gute Husche, so wird alles klarer werden.

An den General von Winterfeldt, Dresden, 5. März 1757.«

Wie aufmerksam die oberste Parteiführung auf die Erhaltung dieses heroischen Bildes vom Preußenkönig war, zeigte sich, als im August 1936 in der Zeitschrift »Das innere Reich« zum 150. Todestag Friedrichs des Großen – auch dieses Datum ist ein Zeitbezug für Rehbergs Zyklus – ein Aufsatz von Rudolf Thiel über den Preußenkönig erschien. Thiel schrieb in diesen »Charakterstudien zu einer Biographie« u. a.:

»Friedrich besaß nicht die wohltuende Güte sicherer Seelen, sondern eine übermäßige Empfindsamkeit. Er kannte gut das Würgen in der Kehle bei dem Anblick der verratenen Menschlichkeit, der hilflosen Armut, des gequälten Fleisches, der geschundenen Kreatur. Im Kriege litt er schwer darunter. ›Guter Gott, wieviel Blut wird noch vergossen, wie viele Menschen noch unglücklich gemacht werden! Ein schöner Ruhm, Städte eingeäschert, Dörfer verbrannt und Einwohner unglücklich gemacht zu haben! Sprechen wir nicht mehr davon, mir sträuben sich die Haare.‹« *(S. 552/3)*

»War er ein Held? Aus seiner ersten Schlacht lief er davon – oder ließ sich wegschicken aus Gründen des Staatsinteresses... Friedrich der Große ward verwegen erst in jenen sieben Jahren, wo der Staat wahrhaftig ganz allein auf seinen blauen Augen stand. Seltsam widersinnige Entwicklung. Die ganze Problematik des Heldentums wird daran sichtbar.« *(S. 568)*

Im Novemberheft mußte die Redaktion dazu erklären, sie habe sich bei der Veröffentlichung des Aufsatzes nur von der Absicht leiten lassen, »den großen König aus Anlaß der 150. Wiederkehr seines Todestags zu ehren«.

Auch Rehberg entzog sich ähnlich der verlangten heroischen Verklärung der Preußenkönige. Die Differenz seiner Stücke zum Preußenbild der

NS-Propaganda erklärt, warum er immer umstritten blieb, obwohl Fehlings und Gründgens' Inszenierungen seiner Preußenstücke zentrale Ereignisse des Theaters im Dritten Reich waren.

Rehbergs künstlerische Basis wurde das von Gustaf Gründgens geleitete Staatliche Schauspielhaus in Berlin. Zu kaum einem anderen Autor hielt Gründgens so wie zu Rehberg. Rehberg – ein guter Freund Gerhart Hauptmanns – hatte gleichwohl auch die Protektion von Hanns Johst und Goebbels (unter dem er eine Zeitlang Gaukulturwart in Berlin war). Um so auffallender ist, daß sich Wolf Braumüller, ehemals Theaterkritiker in München, dann Theaterreferent Rosenbergs und verantwortlich für die NS-Kulturgemeinde, vor der Uraufführung des »Siebenjährigen Kriegs« mit »Hans Rehbergs Hohenzollerndramen« auseinandersetzte. Der am 6. April 1938 in der »Berliner Börsen-Zeitung« erschienene Aufsatz zeigt die ganze Schwierigkeit des Systems, mit Rehberg zurechtzukommen:

> »Wohl um keinen deutschen Dramatiker der Gegenwart ist ein solcher Streit von Meinungen entbrannt wie gerade um Hans Rehberg und die Werke seiner Hohenzollernreihe. Jede der bisherigen drei Uraufführungen brachte ein heftiges Für und Wider, immer wurde wieder aufs neue um Form und Inhalt der Dichtung, um Dichtung und Wahrheit des geschichtlichen Stoffes, um Traditionsgläubigkeit gegenüber der Vergangenheit gerechtet und gerichtet.
>
> Doch wer will entscheiden, wer will Richter sein und sagen, dies ist eine Überspitzung dieser und dies eine jener Seite? Denn eines steht für beide Richtungen, soweit sich ihre Wortführer ernsthaft und wahrhaftig mit den Problemen des Theaters und der dramatischen Kunst befassen, fest: Rehberg ist ein Dichter und Rehberg ist ein Dramatiker... in einer Zeit, wo aus einer völkischen Notwendigkeit ein neues Geschichtsbild des Volkes entsteht, ist es um so schwieriger, über die dichterische Freiheit in der Behandlung der Geschichte zu rechten.
>
> Selbstverständlich gibt uns die nationalsozialistische Weltanschauung Maßstäbe, die es uns erlauben, sie an dem Werke eines Dichters zu handhaben, und auch Hans Rehberg ist an diese Maßstäbe gebunden, die einer für uns wieder neuen, im Grunde aber doch uralten völkischen Gesetzmäßigkeit verpflichtet sind. Aber, wie schon angedeutet, reichen bei Rehberg die Fragen bereits über den Augenblick hinaus. Und damit ist gleichzeitig seine Stellung und seine Bedeutung im dramatischen Schaffen der Gegenwart gekennzeichnet.

Rehbergs intensives Ringen um die Erneuerung des deutschen Theaters

steht außer Zweifel. In der Gestaltung seiner Themen bemüht er sich stets die Ursachen aufzuzeigen. Die Wirkung, die meist in der Vorstellungswelt des Zuschauers lebt, läßt er äußerlich völlig unberücksichtigt. So zwingt er mit der Darstellung und Darlegung der Ursachen zum selbständigen Denken der Zusammenhänge und gibt dadurch dem Vorstellungsbild der Wirkung eine metaphysische Tiefe. Rehbergs Geschichtsdramen sind so zutiefst Ideendramen. In der Unbeirrbarkeit, in der er diesen Weg geht, scheut er sich auch nicht vor philosophischen Einschiebungen. Aber diese Philosophie ist keine Reflektion der Gegenwart auf die Vergangenheit oder umgekehrt, sondern es sind philosophische Monologe der einzelnen Persönlichkeiten seines Dramas, sie dienen ihm nur zur Rundung des Charakterbildes, und sie sollen ihm wohl auch die Tat selbst ersetzen, die zu gestalten er aus einer gewissen Angst vor der Banalität unterläßt. Tat ist für ihn gleich Wirkung, und nur die Wirkung darzustellen ist für Rehberg gleich dramatisierter Denkmalsgeschichte.

Es wäre nun falsch, daraus zu folgern, Rehbergs Dramen wären ohne Handlung. Gerade das Gegenteil ist oft der Fall. Und die Theatralik dieser Handlungen ist oftmals sogar hemmungslos. Aber es ist niemals die Handlung einer Haupt- und Staatsaktion, es ist auch niemals die Handlung aus dem anekdotischen Beiwerk der Geschichte, sondern es sind meist Handlungen aus dem Menschlichen der einzelnen Figur heraus, eine Summe von Handlungen, die einzeln genommen nahezu bedeutungslos, die in ihrer Gesamtheit aber eben dieser Figur eigen und zu eigen sind und von der man auf die Tat, auf die Wirkung, auf die Haupt- und Staatsaktion rückschließen kann.

Diese geistige Konzeption eines Stoffes birgt natürlich Gefahren in sich, die besonders in dem Augenblick fühlbar werden, wo die Figur nicht über das genügende philosophische Eigenleben verfügt, das Rehberg von ihr fordert. Wo dieser menschliche Fundus, wie man es nennen möchte, fehlt, ist Rehberg natürlich gezwungen, einen Ausgleich zu finden, ein Behelfsmittel zu wählen. Und hier sind wir an jenem Punkte, wo die Gegner Rehbergs einsetzen und sagen, er zeichne seine Figuren pathologisch, krankhaft. Und eine weitere Folgerung daraus: Rehbergs Dramen – es ist hier immer von den Hohenzollerndramen die Rede – wären desillusionierend, Rehbergs Darstellung des preußischen Geschichtsbildes wäre keine dichterische Schau. Aber hier kann man schon heute und besonders jetzt, wo die Reihe dieses geschichtlichen Dramenwerkes vollständig vorliegt, von einer Überspitzung im Streite der Meinungen sprechen, mit der man Rehberg ebenso wenig

gerecht wird wie man ihm auf der anderen Seite mit dem Prädikat, er sei der ›Shakespeare der preußischen Königsdramen‹, keinen Freundschaftsdienst erweist ...
Wichtiger ist hier jedoch, zu untersuchen, ob Rehbergs Dramengestalten wirklich pathologischen Einschlag haben. Und es muß zugegeben werden, daß dieser Einwand keineswegs leichtfertig erhoben worden ist, daß vielmehr manche Szene diesem Bedenken recht zu geben scheint. Wie wir bereits festgestellt haben, sucht Rehberg seine Gestalten nicht aus der staatspolitischen Aktion, sondern aus ihrer menschlichen Haltung heraus lebendig werden zu lassen. Aber nicht um sie ihrer geschichtlichen Größe zu entkleiden, wie dies die Bühnenliteratur der Nachkriegszeit zum Prinzip erhoben hat, sondern um dieser geschichtlichen Größe auch die menschliche Resonanz zu geben. Dieses Allzumenschliche ist für viele gleichbedeutend mit Individualistisch, und da das Allzumenschliche in der Zeichnung Rehbergs den Anschein des Krankhaften besitzt, ist die Folgerung auf eine individualisierende Geschichtsbetrachtung Rehbergs naheliegend.
Und auch hier wird man meines Erachtens Rehberg nicht gerecht. Wenn man nämlich die Dramenreihe vollständig vor sich hat ... dann bekommt dieses Allzumenschliche, bisher als privater Charakter gesehen, eine ganz andere Bedeutung. Man bekommt plötzlich das Gefühl, daß hier die Entwicklung einer Erbmasse (dieses Wort im Bewußtsein seiner Gefahr durch die Zeitbedeutung angewandt!) zu gestalten versucht ist. Daß es hier weder um den Großen Kurfürsten noch um Friedrich I. noch um Friedrich Wilhelm I. letzten Endes geht, sondern daß es Rehberg darauf angekommen ist, am Stamme dieser Hohenzollern die typenbildende Kraft eines Geschlechts aufzuzeigen, das über Generationen hinweg des unbeugsamen Willens gewesen ist, aus Preußen einen Staat und aus den Preußen ein bewußtes, sich bewußtes Volk zu machen. Und dieser Wille fand eine doppelte Krönung in Friedrich dem Großen: Preußen ist ein Staat, die Preußen sind ein Volk. Und noch weiter: Preußen wird Deutschland. Aus dem Willen eines einzelnen wird die Realität eines Volkes. Der Wille des Großen Kurfürsten wird durch sein Blut in der vierten Generation zur Tatsache. Alles, was man in den ersten drei Akten als eine allzumenschliche, ja übermenschliche Härte empfinden konnte, alles, was leichtbesaitete Seelen in diesen drei Dramen an Gloire vermißten, ersteht in den zwei letzten zu einer gewaltigen Hymne. Der Vorwurf, daß alles etwas zu familiär wäre (ebenfalls nicht ganz unberechtigt), verliert in dem neuen Werke jegliche Berechtigung ...«

Die Uraufführungen des Zyklus
Der Große Kurfürst: Staatliches Schauspielhaus Berlin, 30. November 1934. Regie: Jürgen Fehling, Bühnenbild: Rochus Gliese, Großer Kurfürst: Eugen Klöpfer, Kurprinz Friedrich: Bernhard Minetti, Kurfürstin: Hermine Körner, Herzogin: Maria Koppenhöfer, Luise Radziwill: Käthe Gold, Markgraf Ludwig: Carl Balhaus, Graf Rebenac: Walter Franck.
Friedrich I.: Altes Theater Leipzig, 10. August 1935. Regie: Detlev Sierck, Bühnenbild: Helmut Freyse, König: Alfred Schlageter.
Erste Aufführung in Berlin: Deutsches Theater, 1. November 1935. Regie: Heinz Hilpert, König: Theodor Loos, Oliphant: Otto Wernicke, Kronprinz: Hans Brausewetter, Sophie Luise: Erika Ziha, Graf Wartenberg: Paul Otto, Gräfin Wartenberg: Elisabeth Flickenschildt, Diener: Bruno Hübner.
Friedrich Wilhelm I.: Staatliches Schauspielhaus Berlin, 19. April 1936. Regie: Jürgen Fehling, Bühnenbild: Rochus Gliese, Friedrich Wilhelm: Eugen Klöpfer, Kronprinz: Bernhard Minetti, Königin: Lina Lossen, Katte: Franz Nicklisch, Kattes Vater: Günther Hadank, Wartensleben: Albert Florath, Grumbkow: Paul Bildt, Rochow: Walter Franck. – Gleichzeitige Aufführung: Altonaer Stadttheater. Regie: Paul Legband.
Kaiser und König: Staatliches Schauspielhaus Hamburg, 27. Oktober 1937.
Der Siebenjährige Krieg: Staatliches Schauspielhaus Berlin, 7. April 1938. Regie: Gustaf Gründgens, Bühnenbild: Traugott Müller, Friedrich der Große: Gustaf Gründgens, Prinz Heinrich: Bernhard Minetti, Major v. Kleist: Hannsgeorg Laubenthal, Graf Donnersmarck: Volker v. Collande, Eichel: Paul Bildt, General Laudon: Walter Franck, Fürst Starhemberg: Kurt Meisel, Graf Kinsky: Otto Kurth, Graf Kolowrath: Friedrich Schoenfelder, Graf Hardegg: Karl Fochler, Geheimrat von Fritsch: Erich Ziegel, Zarin Elisabeth: Hermine Körner, Zar Peter: Claus Clausen, Katharina II.: Hilde Weißner, Fürst Orlow: Gustav Knuth, General Tschernikoff: Albert Florath, General Saltikow: Erich Dunskus, Gesandter Mitchell: Hans Leibelt.

Gründgens machte sich die Rolle des Großen Königs zu eigen: Gründgens' Dramaturg Eckart von Naso spürte einen Zusammenhang von Wesen und Rolle:

»Gründgens ... regierte (als Intendant) regelrecht friderizianisch: schnell, straff pünktlich, ohne Federlesens und mit einem geradezu bürokratischen Fleiß – ein ›erster Diener seines Staates‹, wie der andere, von dem ein Stück in ihm umging, weshalb er ihn zweimal in

Kostüm und Maske auf kongeniale Art verkörpern konnte.« *(In: »Ich liebe das Leben«, Wolfgang Krüger Verlag, 1953)*

Paul Fechter schrieb in der Rezension im »Berliner Tageblatt«:

»Der Rhythmus des Sprachlichen war hart, laut – der Krieg bestimmte die Melodie. Nur einer ging gebändigt, fast schweigsam durch die blutige Welt – der König, den Herr Gründgens spielte. Er gab nicht den alten Fritz, wie ihn die Fridericus-Filme brachten, sondern stellte einen Ekstatiker des Gefühls, einen Mann hin, der im Krieg den Rest seiner Jugend entschweben fühlt und mit harter Hand sich und sein Werk zusammenhält. Die Umrisse des alten Königs wuchsen gleichsam aus dem versinkenden Bild des Jungen hervor – was zuweilen starke Eindrücke gab.«

Nach dem Preußen-Zyklus wandte sich Rehberg europäischen historischen Gestalten zu. Die Schauspiele »Königin Isabella« (1938), »Wallenstein« (1941), »Gaius Julius Caesar« (1942), »Heinrich und Anna« (1942) oder »Karl V.« (1943) beschreiben noch immer das Drama von Person und Macht. In manchen dieser Stücke, vor allem in »Caesar«, waren Sätze zu hören, die in der prekären Situation von 1942/43 als kritische Anspielungen verstanden werden konnten. In einer damals von Alfred Rosenberg ausgearbeiteten Stellungnahme über Rehberg heißt es: »Rehberg ist zwar zweifellos ein begabter Dramatiker, aber er will sich nicht beugen, obwohl wir ihn oft gewarnt haben; es ist Zeit, er muß abgewürgt werden.« *(Zitat nach »Münchner Merkur«, 22. 12. 1961)*

Die letzten Uraufführungen von Rehbergs Stücken (»Karl V.«) fanden dann nicht mehr in Berlin, sondern in Breslau statt. 1943 ging Rehberg als Kriegsberichterstatter mit auf U-Boot-Fahrt; danach schrieb er sein U-Boot-Stück »Wölfe«. Bernhard Minetti inszenierte es im Schauspielhaus in Breslau. Das Stück enthielt eine letzte Szene, in der die Kriegerwitwe den Geist ihres gefallenen ersten Mannes beschwört und der Tote ihr den Rat gibt, das Vaterland zu lieben und Kraft zum Widerstand zu erhalten. Auf dem Hintergrund der zusammenbrechenden Front eine gespenstische Szene, die von der Kritik auch abgelehnt wurde.

Seiner zwiewertigen Stellung wegen konnte Rehberg nach 1945 noch einmal versuchen, »das Theater zu erobern«. Sein Schauspiel »Heinrich VII.« wurde 1949 im Bayerischen Staatsschauspiel uraufgeführt, nach drei Stücken aus dem Maria-Stuart-Elisabeth-Komplex (»Bothwell«, 1949, »Elisabeth und Essex«, »Maria und Elisabeth«) ging er an den Atriden-Stoff (»Der Gattenmord«, »Der Muttermord«, 1953), aber auch Gründgens und Lothar Müthel konnten mit neuen Rehberg-Inszenierungen die Geltung des Autors nicht wiederherstellen. Die letzten

Stücke, »Königsberg« (1955), »Rembrandt« (1956), »Kleist« (1957) und »Christiane«, blieben unaufgeführt.
Rehberg, der von 1941 an in Schlesien gewohnt und bei der Flucht vor den russischen Truppen alle Manuskripte verlor, starb am 20. Juni 1963, 62 Jahre alt, in Duisburg.

AUS DEM WIDERSTAND

Ferdinand Bruckner   Die Rassen

Geschrieben: Mai bis November 1933 im Exil in Paris. – Erste Veröffentlichung: »Thalia«, Paris 1933. – Erste Buchveröffentlichung: Verlag Oprecht und Helbig, Zürich 1933.

Bruckner setzte mit diesem »Schauspiel in drei Akten« seine dramatische Analyse der deutschen Jugend fort, die er 1926 mit »Krankheit der Jugend« und »Die Verbrecher« (1928 – s. Band 2) begonnen hatte. Aber nicht die Fortsetzung dieser Analyse war der Antrieb zu den »Rassen«, sondern das unmittelbare Erleben des Umsturzes in Deutschland und die Erregung Bruckners über die Methode der Nationalsozialisten, die mit anscheinend legalen Mitteln erreichte Machtübernahme zu verewigen. Bruckner, der vor allem wegen der beiden vorgenannten Stücke für die neuen Machthaber der Prototyp des zersetzenden Schriftstellers war, hatte das Entstehen der NS-Bewegung intensiv beobachtet. Präfaschistische Figuren finden sich schon in jenen Stücken (s. Anmerkungen in Band 2). Unmittelbar nach dem Reichstagsbrand (27. Februar 1933) hatte Bruckner, der sich gleich als militanter Antifaschist darstellte, Deutschland verlassen. Am 5. Mai 1933 traf er in Basel Gustav Hartung, einen der bekanntesten deutschen Regisseure, der als Intendant in Darmstadt noch im Februar 1933 Bruckners »Marquise von O.« inszeniert hatte und dann emigriert war. Wahrscheinlich entstand dort der Plan eines Stückes über die damals aktuellen Verhältnisse in Deutschland. Am 6. Mai notierte Bruckner im Zug nach Paris (wo er vorerst im Exil blieb): »Auf der Fahrt Anfangsnebel eines Stücks ›Die Rassen‹.«

Die »Rassen« beziehen sich auf die ersten Wochen des NS-Regimes, das nach dem »nationalen Aufbruch« vom 30. Januar 1933 durch energische Maßnahmen seine Macht sicherte. Am 1. Februar wurde der Reichstag aufgelöst, am 15. Februar demissionierte Heinrich Mann als Präsident der Sektion Dichtkunst in der Preußischen Akademie, womit die erste Verunsicherung der Schriftsteller eingeleitet wurde, am 27. Februar brannte der Reichstag, was viele Schriftsteller (Döblin, Kerr, Brecht, Bruckner, Walter Mehring u. a.) veranlaßte, noch in dieser Nacht Deutschland zu verlassen.

Die Reichstagswahlen vom 5. März erbrachten 44 Prozent aller Stimmen für die NSDAP. Es war die letzte Wahl im Mehrparteiensystem.

Sie bestätigte Hitlers Position. Am 10. März verbrannten NS-Studenten vor der Humboldt-Universität öffentlich Bücher der »Systemschriftsteller«. Am 15. März wurde das Reichsministerium für Volksaufklärung und Propaganda eingerichtet, am 21. März fand der theatralische Staatsakt in der Potsdamer Garnisonkirche zwischen Hindenburg und Hitler statt mit der Verkündung eines nationalsozialistischen Regierungsprogramms und dem Handschlag zwischen »Preußen und Nationalsozialismus«. Am 24. März kam das »Ermächtigungsgesetz«. »Ende März«, so erklärte Hitler im September in seiner Rede, in der er das totalitäre System verkündete, »war die nationalsozialistische Revolution äußerlich abgeschlossen.« Am 1. April setzte der erste Boykott der SA gegen jüdische Geschäftsleute und die Hochschullehrer ein, der den Hintergrund von Bruckners »Rassen« bildet.

Konzeption und Niederschrift der »Rassen« wurde von folgenden Vorgängen im Reich begleitet:

2. Mai: Aufhebung der Gewerkschaften.

8. Mai: Besetzung der durch Emigration oder Rücktritt leer gewordenen Plätze der Preußischen Akademie, Sektion Dichtkunst, mit den Schriftstellern Blunck, Beumelburg, Hanns Johst, Carossa, Kolbenheyer, Dörfler, Griese, Hans Grimm u. a.

16. Mai: Erste »Schwarze Liste« als ›undeutsch‹ erklärter Autoren (135 Namen), im Börsenblatt des Deutschen Buchhandels veröffentlicht.

9. Juni: Gründung des Reichsverbands Deutscher Schriftsteller als Fachverband der Reichsschrifttumskammer.

14. Juli: Gesetz gegen die Neubildung von Parteien. Erklärung des Einparteienstaates. (»In Deutschland besteht als einzige politische Partei die Nationalsozialistische Deutsche Arbeiterpartei.«)

22. September: Reichskulturkammergesetz: Künstlerische Tätigkeit nur noch für Mitglieder der Reichskulturkammer.

12. November: Erste Reichstagswahl im Einparteienstaat. 92 Prozent der Stimmen für die NSDAP. – Faktische Aufhebung der Weimarer Verfassung.

Die Uraufführung der »Rassen« am 30. November 1933 im Zürcher Schauspielhaus hatte den »spektakulären Wahlsieg der NSDAP« vom 12. November als Hintergrund.

Rasse und Politik

Zur ideologischen Grundlage der nationalsozialistischen Bewegung gehörte die Idee vom »völkischen« Staat, der die Gemeinschaft eines Volkes umfaßte, das sich seiner historischen Sendung und seines hohen

biologischen Wertes bewußt war. Hitler hatte in »Mein Kampf« bereits die Lehre von den biologisch erkennbaren Rassenmerkmalen mit einer politischen Wertlehre vermischt, die minder- und höherwertige Rassen, kulturlose und kulturfähige Völker unterschied. Als die höchststehende galt in dieser Lehre die »arische« Rasse, unter der die Germanen und deren Nachkommen, die Deutschen, einen besonderen Rang und Qualität hatten. Die historische Aufgabe der Deutschen wurde damit formuliert, daß sie in Mitteleuropa einen festen germanischen Rassekern zu schaffen hätten. Die Idee einer deutschen »Herrenrasse«, die das Abendland zu ordnen und zu führen habe, wurde in den Parteischriften propagiert. In »Mein Kampf« hatte Hitler schon 1924 Prinzipien formuliert, deren Nachwirkung Bruckner in den »Rassen« zeigt. Hitler: »... Die Sünde wider Blut und Rasse ist die Erbsünde dieser Welt und das Ende einer sich ihr ergebenden Menschheit... Menschliche Kultur und Zivilisation sind auf diesem Erdteil unzertrennlich gebunden an das Vorhandensein des Ariers. Sein Aussterben oder Untergehen wird auf diesen Erdball wieder die Schleier einer kulturlosen Zeit senken...«
Die politische Rassenlehre wurde vor allem durch den »Parteiphilosophen« Alfred Rosenberg ausgebildet. Rosenberg, der Beauftragte Hitlers für die Überwachung der gesamten geistigen und weltanschaulichen Schulung und Erziehung in der NSDAP, schrieb 1931 im Vorwort zu seinem Buch »Mythus des 20. Jahrhunderts«: »Die Unbefangenheit des gesunden Blutes wiederherzustellen, das ist vielleicht die größte Aufgabe, die ein Mensch sich heute stellen kann...« Sein Amt verbreitete eine Unmenge von Schriften, in denen Geschichte vom rassischen Gesichtspunkt, d. i. vom Gesichtspunkt der höchstwertigen nordischen Rasse und als eine Auseinandersetzung zwischen parasitären und schöpferischen Prinzipien gesehen wurde. »Bei derartigen Auseinandersetzungen und Vorgängen können humanitäre Grundsätze überhaupt nicht herangezogen werden, ebensowenig wie bei einer Desinfektion eines Körpers oder verseuchten Raumes. Es muß hier ein vollständig neues Denken Platz greifen. Nur ein solches Denken kann wirklich zu der letzten Entscheidung führen, die in unserer Zeit fallen muß, um die große schöpferische Rasse in ihrem Bestand und in ihrer großen Aufgabe in der Welt zu sichern...« (*Aus den Schulungsgrundlagen für die Reichsthemen der NSDAP*)
Die Übertragung einer solchen Anschauung auf die Zusammensetzung des deutschen Volkes hatte den alten historischen Antisemitismus zu einem Element der völkisch-nationalsozialistischen Ideologie gemacht. In der nationalsozialistischen Geschichte des Barons von Galéra, »Die

Entstehung des Führerreichs« (Leipzig 1935), wurde mit folgender »Statistik« der Kampf gegen die »jüdische Überfremdung« begründet:
»Die Judengeneration von 1865–1890 kam 1890–1932 erst zu voller Entfaltung. Auf den einzelnen Gebieten sah die Verjudung folgendermaßen aus: im *Geistesleben* – 1914 befanden sich unter 3140 deutschen Hochschullehrern 937 Juden, d. h. also 30%... Die *medizinische Fakultät der Universität Berlin* bestand 1932 zu 45% aus Juden, desgleichen bereits 1931 die *medizinische Fakultät der Universität Breslau;* bei der juristischen Fakultät waren sogar 48% Juden. In *Königsberg* war die *medizinische Fakultät* zu 25% verjudet, während die *Göttinger Universität* 1928 in der naturwissenschaftlich-mathematischen Fakultät 23%, in der philosophischen 40% Juden zählte. Im *Wirtschaftsleben* – von 1890 bis 1914 kamen in den Aufsichtsräten der deutschen Banken auf einen Deutschen 44,5 Juden, in den Geschäftsführungen der Banken auf einen Deutschen 24 Juden!... In den Vorständen und Ausschüssen der Berliner Börse hatte sich folgendes Verhältnis herausgebildet: in der Wertpapierbörse waren 69%, in der Metallbörse 83% Juden. 15 Juden hatten 718 Aufsichtsratsposten erobert. In Breslau z. B. waren im Handel beschäftigt von hundert erwerbstätigen Juden in führenden und unabhängigen Stellungen 57,1%, als Arbeiter oder niedere Angestellte 1,8%.
Bei den *Rechtsanwälten* war es so: in *Berlin* gab es 1925 1201 jüdische Rechtsanwälte, d. h. 55%! In der Berliner Anwaltskammer saßen 66% Juden, in der Reichsanwaltskammer, der höchsten Standesvertretung der deutschen Rechtsanwälte, sogar 100%! In *Breslau* war der Stand der Rechtsanwälte zu zwei Dritteln verjudet. In *Hamburg* waren 43% aller Rechtsanwälte jüdisch...
1928 zählte man unter den Berliner Ärzten 52% Juden. Als Oberärzte, Assistenz- und Hilfsärzte waren die Juden an manchen Berliner Krankenhäusern in der Mehrheit, so in Moabit mit 56%, in Neukölln mit 67%! In *München* befanden sich 1920 unter 1100 Ärzten 645 Juden, in *Hamburg* unter 734 Ärzten 412 Juden! Die Verjudung des Arztberufes 1928 in anderen deutschen Städten ist folgende: *Beuthen* 36%, *Gotha* 31%, *Mainz* 30%, *Köln* 27%, *Karlsruhe* 26%, *Wiesbaden* 20%.
In *Theater und Presse* war es dasselbe. In *Berlin* gab es 159 jüdische Schriftleiter... 80% der Berliner Theaterleiter waren Juden, 75% aller Bühnenstücke stammten von jüdischen Schriftstellern.
Die hier gegebenen wenigen Zahlen zeigen, wie sehr der Jude zum maßgebenden Einfluß im deutschen Volke aufsteigen konnte. Es gab

kein Gebiet des völkischen Lebens, in dem nicht der Jude die Führung gehabt hätte. Die Großstädte waren seine Residenzen, und von hier aus strömte er täglich den giftigen Geist ins Volk hinein, der dieses Volk immer weiter vom Reich entfernte. Der Jude, der Schöpfer und Träger des Trugbildes der bürgerlich-freimaurerischen Internationale der Humanität, der Schöpfer und Träger des Trugbildes der proletarisch-marxistischen Internationale des Klassenkampfes, riß mit diesen überstaatlichen Wahngebilden das führerlose Volk vom Staate und somit vom Reiche los. *Hinter den Begriffen von Humanität und Klassenkampf, die für den Juden selbst nichts Gefährliches bedeuten, lauert Zertrümmerung jeder völkischen und staatlichen Ordnung, Aufruhr, Chaos.* Und das, was wir als den zerstörenden Geist der Großstädte bezeichnen, ist in Wahrheit dieser Geist des Judentums.«

Eine der ersten antijüdischen Aktionen war im März 1933 die demonstrative Zurschaustellung des Münchner jüdischen Rechtsanwalts Siegel, der mit abgeschnittenen Hosen und einem um den Hals gehängten Schild mit der Aufschrift »Ich bin ein Jude« durch die Straßen geführt wurde. Siegel gab die historische Figur für Bruckners Siegelmann ab. Für die Boykott-Aktion am 1. April wurde am 28. März 1933 von der Parteileitung der NSDAP folgende Anordnung erlassen:

»1. In jeder Ortsgruppe und Organisationsgliederung der NSDAP sind sofort Aktionskomitees zu bilden zur praktischen, planmäßigen Durchführung des Boykotts jüdischer Geschäfte, jüdischer Waren, jüdischer Ärzte und jüdischer Rechtsanwälte. Die Aktionskomitees sind verantwortlich dafür, daß der Boykott keinen Unschuldigen, um so härter aber die Schuldigen trifft.

2. Die Aktionskomitees sind verantwortlich für den höchsten Schutz aller Ausländer ohne Ansehen ihrer Konfession und Herkunft oder Rasse. Der Boykott ist eine reine Abwehrmaßnahme, die sich ausschließlich gegen das deutsche Judentum wendet.

3. Die Aktionskomitees haben sofort durch Propaganda und Aufklärung den Boykott zu popularisieren. Grundsatz: Kein Deutscher kauft noch bei einem Juden oder läßt von ihm und seinen Hintermännern Waren anpreisen. Der Boykott muß ein allgemeiner sein. Er wird vom ganzen Volk getragen und muß das Judentum an seiner empfindlichsten Stelle treffen.

4. In Zweifelsfällen soll von einer Boykottierung solcher Geschäfte so lange abgesehen werden, bis nicht vom Zentralkomitee in München eine anders bestimmte Anweisung erfolgt. Vorsitzender des Zentralkomitees ist Parteigenosse Streicher.

5. Die Aktionskomitees überwachen auf das schärfste die Zeitungen, inwieweit sie sich an dem Aufklärungsfeldzug gegen die jüdische Greuelhetze im Ausland beteiligen. Tun Zeitungen dies nicht oder nur beschränkt, so ist darauf zu sehen, daß sie aus jedem Haus, in dem Deutsche wohnen, augenblicklich entfernt werden. Kein deutscher Mann und kein deutsches Geschäft soll in solchen Zeitungen noch Annoncen aufgeben. Sie müssen der öffentlichen Verachtung verfallen, geschrieben für die jüdischen Rassegenossen, aber nicht für das deutsche Volk.

6. Die Aktionskomitees müssen in Verbindung mit den Betriebszellenorganisationen der Partei die Propaganda der Aufklärung über die Folgen der jüdischen Greuelhetze für die deutsche Arbeit und damit für den deutschen Arbeiter in den Betrieb hineintragen und besonders die Arbeiter über die Notwendigkeit des nationalen Boykotts als Abwehrmaßnahme zum Schutz der deutschen Arbeit aufklären.

7. Die Aktionskomitees müssen bis in das kleinste Bauerndorf hinein vorgetrieben werden, um besonders auf dem flachen Lande die jüdischen Händler zu treffen. Grundsätzlich ist immer zu betonen, daß es sich um eine uns aufgezwungene Abwehrmaßnahme handelt.

8. Der Boykott setzt nicht verzettelt ein, sondern schlagartig; in dem Sinne sind augenblicklich alle Vorarbeiten zu treffen. Es ergehen Anordnungen an die SA und SS, um vom Augenblick des Boykotts ab durch Posten die Bevölkerung vor dem Betreten der jüdischen Geschäfte zu warnen. Der Boykottbeginn ist durch Plakatanschlag und durch die Presse, durch Flugblätter usw. bekanntzugeben. Der Boykott setzt schlagartig Samstag, den 1. April, Punkt 10 Uhr vormittags ein. Er wird fortgesetzt so lange, bis nicht eine Anordnung der Parteileitung die Aufhebung befiehlt.

9. Die Aktionskomitees organisieren sofort in Zehntausenden von Massenversammlungen, die bis in das kleinste Dorf hineinzureichen haben, die Forderung nach Einführung einer relativen Zahl für die Beschäftigung der Juden in allen Berufen entsprechend ihrer Beteiligung an der deutschen Volkszahl. Um die Stoßkraft der Aktion zu erhöhen, ist diese Forderung zunächst auf drei Gebiete zu beschränken: a) auf den Besuch an den deutschen Mittel- und Hochschulen, b) für den Beruf der Ärzte, c) für den Beruf der Rechtsanwälte.

10. Die Aktionskomitees haben weiterhin die Aufgabe, daß jeder Deutsche, der irgendwie Verbindung zum Ausland besitzt, diese verwendet, um in Briefen, Telegrammen und Telephonaten aufklärend die Wahrheit zu verbreiten, daß in Deutschland Ruhe und Ordnung

herrscht, daß das deutsche Volk keinen sehnlicheren Wunsch besitzt, als in Frieden seiner Arbeit nachzugehen und im Frieden mit der anderen Welt zu leben, und daß es den Kampf gegen die jüdische Greuelhetze nur führt als reinen Abwehrkampf.

11. Die Aktionskomitees sind dafür verantwortlich, daß sich dieser gesamte Kampf in vollster Ruhe und größter Disziplin vollzieht. Krümmt auch weiterhin keinem Juden auch nur ein Haar! Wir werden mit dieser Hetze fertig einfach durch die einschneidende Wucht dieser aufgeführten Maßregeln. Mehr als je zuvor ist es notwendig, daß die ganze Partei in blindem Gehorsam wie ein Mann hinter der Führung steht.

Nationalsozialisten, Ihr habt das Wunder vollbracht, in einem einzigen Angriff den Novemberstaat über den Haufen zu rennen, Ihr werdet auch diese zweite Aufgabe genauso lösen. Das soll das internationale Weltjudentum wissen: Die Regierung der nationalen Revolution hängt nicht im luftleeren Raum, sie ist der Repräsentant des schaffenden deutschen Volkes. Wer sie angreift, greift Deutschland an! Wer sie verleumdet, verleumdet die Nation! Wer sie bekämpft, hat 65 Millionen den Kampf angesagt! Wir sind mit den marxistischen Hetzern in Deutschland fertig geworden; sie werden uns nicht in die Knie beugen, auch wenn sie nunmehr vom Ausland aus ihre volksverbrecherischen Verrätereien fortsetzen. Nationalsozialisten! Samstag, Schlag 10 Uhr, wird das Judentum wissen, wem es den Kampf angesagt hat.«

Die 1933 mit dem Judenboykott einsetzende Trennung von Ariern und Juden (die später im Staatsbürgergesetz und im September 1935 in den »Nürnberger Gesetzen« gesetzlich gesichert wurde) war an den deutschen Universitäten Sache des Nationalsozialistischen Deutschen Studentenbundes. Der Bundesführer der NSDSTB, Dr. Oskar Strobel, erließ zu diesem Tag folgende Verfügung:

»Ab 1. April 1933 stehen vor den Hörsälen und Seminaren der jüdischen Professoren und Dozenten Posten der Studentenschaft, die die Aufgabe haben, die deutschen Studenten vor dem Besuch solcher Vorlesungen zu warnen mit dem Hinweis, daß der betreffende Dozent als Jude von allen anständigen Deutschen berechtigt boykottiert wird. – Für die Durchführung dieser Anordnung sorgen die einzelnen Hochschulgruppenführer zusammen mit den studentischen SA- und SS-Männern im Einverständnis mit dem örtlichen Aktionskomitee.«

Am 6. Mai erließ die Deutsche Studentenschaft der Universität Berlin, die wenige Tage später die Bücherverbrennung ausführte, folgenden Aufruf:

»Die Führung der Studentenschaft der Universität Berlin hält es für eine ihrer wesentlichsten Aufgaben, dafür zu sorgen, daß im kommenden Semester die Universität von Zwischenfällen irgendwelcher Art unter allen Umständen verschont bleibt. Es werden zwar im nächsten Semester auch eine Anzahl jüdischer Professoren, die nicht unter die Bestimmungen des Beamtengesetzes fallen, an der Universität Berlin ihre Vorlesungen abhalten. Träger der geistigen Erneuerung Deutschlands müssen aber vornehmlich deutsche Hochschullehrer als die berufenen geistigen Führer sein. Die Studenten wollen ihren Führern wieder Gefolgschaft leisten können. Juden aber können nicht Führer der Studenten sein. Der deutsche Student wehrt sich dagegen, die Grundlagen seines Wissens und Denkens von Juden übermittelt zu erhalten. Im kommenden Semester ist es daher Pflicht eines jeden deutschen Studenten, bei jüdischen Dozenten Vorlesungen weder zu belegen noch zu hören. Wer diese Verpflichtung nicht erkennt, stellt sich bewußt außerhalb der Reihen der deutschen Studentenschaft.«

Ausgenommen von diesen Boykott- und Ausstoßungsaktionen waren in den ersten Monaten des Dritten Reiches durch Intervention Hindenburgs nationaldeutsche jüdische Bürger, vor allem solche, die Tapferkeitsauszeichnungen im Ersten Weltkrieg erhalten hatten, und bis zur »Kristallnacht« vom 8./9. November 1938 auch jüdische Unternehmer, um wirtschaftlichen Schaden solange abzuwenden, wie der Staat nicht imstande war, diesen Ausfall an Finanzkraft und Erfahrung zu ersetzen. Der Unternehmer Geheimrat Max (frühere Fassung: Marx) in Bruckners »Rassen« ist einer aus dieser zunächst noch geschützten Gruppe.

Der NS-Staat machte ernsthafte Bemühungen, renommierte jüdische Unternehmen noch eine Zeitlang weiterzuführen oder ohne Änderung des Namens in seine Kontrolle zu bringen, um dem Ausland gegenüber seine Liberalität zu beweisen. Ein solches Unternehmen war der Verlag S. Fischer, der Bruckners Rechte an seinen Stücken verwaltete. Der Verlag, rechtlich noch unter Leitung des greisen, die Realitäten aber falsch einschätzenden Samuel Fischer (gest. am 15. Oktober 1934), praktisch unter der Führung von Gottfried Bermann-Fischer, konnte bis 1936 noch relativ frei arbeiten; er versuchte, sich den Gegebenheiten anzupassen, und konnte so z. B. noch den ersten Teil von Thomas Manns »Joseph«-Roman veröffentlichen. Manchem im Februar 1933 schon ins Exil gegangenen Schriftsteller erschien ein solches Verbleiben (Bericht darüber in Peter de Mendelssohn, »S. Fischer und sein Verlag«, Frankfurt 1972) wie Opportunismus und Verrat (s. a. Anmerkungen zu Gerhart

Hauptmann, der damals S. Fischer-Autor war). – Während der Arbeit an den »Rassen« entfremdete sich Bruckner dem Verlag – der im Reich weiterarbeiten wollte – immer mehr; er drängte auf Lösung des Vertrags. Ende 1933/Anfang 1934 führte Bruckner im Zusammenhang mit den »Rassen« einen Briefwechsel mit Bermann-Fischer. Dieser belegt, wie sehr Bruckners Konflikt mit dem Verleger, der erst 1936 Deutschland verließ, in Bruckners Stück einging: Gottfried Bermann-Fischer schrieb noch am 31. Dezember 1933 an Tagger (Bruckner) aus St. Moritz:

»Soeben las ich Ihr Stück, mit Bewunderung für Ihre großartige Objektivität. Sie haben das einzige und erste Werk geschaffen, das weit über der bisher üblichen oberflächlichen Kläfferei steht, die sich gar nicht von den Methoden unserer verhaßten Gegner unterscheidet. Dieser Hieb sitzt. Davon abgesehen, ist das Ihr bestes Stück, das die deutsche und die jüdische Tragödie gültig gestaltet...«

Am gleichen Tag schrieb Bruckner an Dr. Konrad Maril, den Leiter des Theaterverlags von S. Fischer:

31. 12. 33

»Lieber Conny, in meinem neuen Stück zeige ich als die deprimierendste Erscheinung dieser Monate den Juden, der sich in Hymnen ergeht, um seine Fabrik zu retten. Eine Seifenfabrik, nicht eine der geistigen Haltung, die von der ›Freien Bühne‹ bis zu den drei Tr. (Trotzki-) Bänden einmal wirklich einheitlich war. Mit diesem Verlag hatte ich abgeschlossen, nicht mit dem der Hymnen in seiner Zeitschrift, der kriegsfrohen Siegheil Fliegerei und der Widmung, die ein Alpdruck bleibt. Als Betka in Berlin war, wurde noch eine Reise in Erwägung gezogen. Deswegen habe ich meinen Entschluß, die Lösung zu verlangen, immer wieder verschoben. Ihre letzte Gelegenheit wäre vor der Konstituierung der Reichskulturkammer gewesen. Jetzt haben Sie Ihre Stellung festgelegt, wie ich meine, vom ersten Hitlertag an, auf der andern Seite ... die für mich wichtigste Propaganda in der Welt besteht gerade darin, zu betonen, daß ich einer der wenigen deutschen Autoren bin (Ihres Verlages wohl der einzige), die, trotzdem von keiner ›Verordnung‹ dazu veranlaßt, dem Faschismus absolut gegnerisch gegenüberstehn, ihn für ein Unglück halten und ihre Überzeugung nicht geopfert haben oder verschweigen, um sich den deutschen Markt zu retten...

Mit besten Grüßen B.«

(Anm.: Betka = Bruckners Frau. Zum übrigen s. a. G. Bermann-Fischer, »Bedroht – bewahrt. Der Weg eines Verlegers«, S. Fischer Verlag 1967, S. 97 ff.)

Antwort von Dr. Bermann-Fischer:

Chantarella, den 4. 1. 34

»Lieber Herr Tagger!

Ich danke Ihnen für Ihren offenen Brief, durch den ich Ihre Argumente kennenlerne und die Möglichkeit erhalte, Ihnen unsere Stellung klarzumachen. Ich sagte Ihnen schon in meinem letzten Brief, daß wir mit der Beurteilung der Haltung derer, die andere Wege gewählt haben, sehr vorsichtig sein müssen. Sie sind es nicht und lassen sich zu sehr von einseitiger Betrachtung leiten. Niemals ist nur der eine, zunächst allein überzeugend erscheinende Weg wirklich der einzige und richtige. Ihr Weg ist für Sie der richtige, der von uns gewählte für uns. Beide zusammen erst ergeben eine wirksame Front. Ich könnte Ihnen mit vielen Argumenten gegen die Haltung der Emigranten kommen, die ich vielfach für verderblich und falsch halte. Glauben Sie zum Beispiel, daß die Aufsätze von Heinrich Mann oder Kerr oder der letzte Roman von Feuchtwanger ›Die Familie Oppenheim‹ gegen die Barbarei in Deutschland etwas ausrichten? Dieses Buch von Feuchtwanger, das eine Sorte von deutschen Juden als Typus hinstellt, der fast noch im Ghetto steckt, ohne allerdings die tiefere religiöse Bindung noch zu besitzen, ist geradezu ein Beweismittel für den deutschen Antisemitismus, und es sollte mich nicht wundern, wenn der Völkische Beobachter Sätze aus diesem Buch in diesem Sinne zitiert. Kerrs Entgleisungen (s. dazu die Anm. zu G. Hauptmanns Atriden) desavouieren ihn sogar bei seinen Freunden aufs schwerste, und Heinrich Manns schmähliche und völlig aus der Luft gegriffene Verleumdung seines Freundes Sinsheimer zerstört das Bild dieses Mannes, an den wir glaubten. Wir halten diesen Menschen ihr schweres Los zu Gute und trauern darüber, daß wir uns nicht mehr auf diese Männer, die wir gern als leuchtende Beweise unserer Gesinnung vorgewiesen hätten, berufen können, weil sie sich selbst durch Methoden, die sie mit unseren Feinden gemeinsam haben, unmöglich gemacht haben...

Es gibt nur ein Beweis- und Kampfmittel für uns, das ist die *Leistung!* Ob sie drinnen oder draußen vollbracht wird, bleibt sich gleich. Nur muß dafür Sorge getragen werden, daß sie *wirkt*. Wirkung hatte die Broschüre ›Theologische Existenz von heute‹ von Barth, Wirkung haben die Werke von Hofmannsthal, Wirkung hat das Werk Thomas Manns. Und was geschähe, wenn der katholische Verlag Kayser und der jüdische Verlag S. Fischer herausgingen? Wodurch sind wir in unseren Zustand gelangt? Unsere Lehren und Überzeugungen wurden

vor Leuten gepredigt, die das alles schon wußten. Die anderen hörten nicht zu. Jetzt hören viele, die früher die Ohren verschlossen, auf diese Stimmen in der Wüste ...
Wie können Sie so kurzsichtig sein, die Bewohner eines Landes, das von feindlichen Barbaren besetzt ist, mit diesen Barbaren zu identifizieren und ihnen das Recht am Leben und am Kampf für eine Rückeroberung abzusprechen? ...
Und nun zu diesem Plan, hundert und tausendmal von uns durchdacht, den Verlag nach dem Ausland zu verlegen. Lieber Herr Tagger, haben Sie das wirklich mit allen Konsequenzen durchdacht? Mit Ausnahme von Ihnen und Döblin geht nicht ein einziger Autor des S. F. V. mit uns in die Emigration. Weder Hesse noch Mann, noch Broch, noch Hausmann, noch Schickele oder Hofmannsthal. Sagen Sie mir, wer diese Literatur, von der Sie sprechen, außer Ihnen beiden verkörpert. Wo sind diese Dichter, wo blüht der Nachwuchs, ohne den ein Verlag nicht leben kann. Nur aus Deutschlands Boden wird er trotz und gegen die Besetzung durch die Barbaren hervorgehen. Wovon aber sollen die Dichter leben, die ich verlocken könnte, mit mir zu kommen? Kann ich für Hesse diese Verantwortung auf mich laden? Oder für einen der anderen? Besonders, da ich aus den Erfahrungen der letzten Monate weiß, daß der Absatz im deutschsprachigen Ausland im Höchstfalle 35% des Gesamtabsatzes, im Durchschnitt aber nur 10% beträgt. Und alle diese, wer wird sie vertreten, wenn wir die Pforten des Verlages schließen? Soll ich diese kostbaren Schätze deutschen Geistes dem nationalen Langenverlag in die Arme treiben? Bitte, wo ist Ihr Weg, der S. F. unsterblich macht? Die Flüche seiner verlassenen Freunde würden ihn ins Ausland verfolgen. Einen neuen S. F. V. könnten wir alle zusammen nicht mehr aufbauen.
Aber es *ist* ein Kampf, diesen Verlag zu *erhalten*, so lange es geht. Es ist eben *keine* Seifenfabrik, um die hätte es sich nicht gelohnt. Nein – und Ihr Marx, lieber Herr Tagger, sind Sie mir nicht böse darum, ist die einzige Figur in dem von mir geliebten und bewunderten Stück, die Sie nicht mit gleicher dichterischer Objektivität und Gerechtigkeit gestaltet haben, wie alle anderen. Gibt es diesen Marx, so wäre er ganz unwichtig. Die, auf die es allein ankommt, die Siegelmanns und viele andere Typen, leiden und kämpfen, erfüllt von Idealen und Hoffnungen. Der Weg nach draußen ist ihnen versperrt. Ihre Worte dringen nicht zu ihnen. Verlohnt es sich um diese nicht? Auch kritische Auseinandersetzung ist nötig. Wir hören sie nur nicht. Aber sie steckt uns im Blut, und wir wissen, daß draußen unsere Freunde

arbeiten. Sie und wir haben ein Ziel, das uns vereinigt. Darum keine gewaltsamen Trennungen aus Mißverstehen oder Einseitigkeit, und nicht solche Worte: ›Tatsächlich ist es ja auch schwer, sich vorzustellen, daß ein Verlag weiter in Deutschland arbeiten kann, ohne gleichgeschaltet zu sein.‹ Daß es schwer ist, gut. Aber die Tatsache besteht und geht aus unseren Büchern etc. hervor. Trennen Sie also nicht unsere Verbindung. Es ist geradezu ein Vergehen gegen die Millionen Deutschen, wenn Sie sich vom innerdeutschen Literaturkomplex lösen, wie Sie sagen. Ein Jeder sollte sehen, sich für diese Menschen zu erhalten, denn wofür, für wen schreiben Sie denn, wenn nicht für diese, die eines Tages Ihre Ideen verwirklichen sollen und werden ...
                                        Ihr Bermann.«
(Anm.: Dr. Bermann-Fischer wanderte im April 1936 zuerst nach Wien, später nach Stockholm aus und setzte den Verlag mit den Werken der inzwischen in Deutschland verbotenen Autoren unter dem Namen Bermann-Fischer Verlag fort.)

Die Uraufführung
Am 13. Juni 1933 bat die Direktion des Zürcher Schauspielhauses Bruckner um Überlassung des neuen Stücks. Treibende Kraft war Gustav Hartung, der – wohl im August – schrieb: »Ich bekam jetzt erst von der Direktion die vier ersten Bilder Ihrer ›Rassen‹, die mich hingerissen haben: durch die Sicherheit im Auffangen der Psychopathen-Stimmung, die Ressentiments-Losigkeit und die Auffindung des dramatischen Standpunkts.« Bruckner machte am 24. Oktober 1933 Hartung folgende, seine Rollenvorstellungen charakterisierende Besetzungsvorschläge: Helene: Sibylle Binder, Karlanner: Hans Schweikart, Siegelmann: Peter Lorre, Tessow: Typ Wieman, Rosloh: Typ Wernicke, Marx: Horwitz oder Steckel, v. Werfen: Brausewetter- oder Rudolf Forster-Typ.
Die Textfassung der Uraufführung ersetzte die ursprünglich entworfene siebente Szene (Karlanner ermordet Rosloh) durch einen Monolog Karlanners (»Litfaßsäulenmonolog«), in dem der Begriff des »ungenügenden Deutschen« großen Eindruck machte (Brief Hartungs an Bruckner vom 2. Oktober 1945, Bruckner-Archiv, Berlin).

»Litfaßsäulenmonolog«:
Dritter Akt   Szene 7   Straße nachts
Karlanner (in der Ladentür zwischen zwei Schaufenstern): Denk doch an mich. Nur mehr an dich. Nur mehr an mich? – Dein Gesicht ist

schmaler geworden. *(Klopft auf die Scheibe.)* Schmaler. *(Starrt sich an im Spiegelbild. Pause.)* Untertauchen, Karlanner, untertauchen? *(Lächelt.)* Nicht mehr. *(Atmet auf.)* Nicht mehr. *(Pfeift. Pause.)* Nicht mehr. Komm herauf, Karlanner, herauf, du ungenügender Mensch. *(Pfeift sich zu.)* Nur wieder herauf.
(Straßenkehrerkolonne.)
Du ungenügender Deutscher. *(Lacht.)* Da fegen sie die Zettel durch die Luft, die Überbleibsel des großen Tages, die Sprüchlein, mit denen sie uns erhitzt haben. Es kann einer der denkwürdigsten Tage Deutschlands werden? Er ist es geworden, Rosloh, zu Befehl. Daß ich dich nicht, bevor er noch anbrechen konnte, an Händen und Füßen gefesselt habe, Rosloh – ein ungenügender Deutscher war ich, zu Befehl.
(Straßenkehrerkolonne ab.)
Ein ungenügender Christ, das schon gar. *(Überstreicht das aufgemalte »Jude«.)* Ein ungenügendster Christ. Wie war es? Der Glaube an den Menschen, Siegelmann, verbietet dir, dich zu verstecken, Siegelmann? Hast dich ja doch versteckt. Hinter einem Autounfall hast du dich versteckt. Vor der Gewalt, Siegelmann, ist der Mensch nur mehr ein Haufen Brei auf zwei Beinen. Die Generalversammlung dieser Erdkugel möge beschließen, daß jeder, jeder, jeder von den Milliarden als Mensch zu respektieren sei. Zu respektieren. Keine Macht steht hinter dem Respekt, um so unerbittlicher muß der Beschluß sein. Wir haben uns vor ihm zu verneigen, um unserer Seele willen. Wird er durchbrochen, dann ist sofort jeder, jeder, jeder von den Milliarden nur mehr ein Stück Elend auf zwei Beinen. Das große Herz, der große Geist, die Schöpfer unseres Lebens: halte ihnen eine Kugel vor, schon sind sie nichts. Wir haben das Nichts aus ihnen gemacht. Wir haben damit das Nichts aus uns gemacht. Ich neige mich vor dir, Siegelmann, um meiner Seele willen.
(Klebekolonne zur nächsten Säule.)
(Sieht ihnen nach, Angst.) Ein neuer großer Tag bricht an, ein neuer von den denkwürdigsten Tagen. *(Klopft auf die Scheibe.)* Für uns? *(Schüttelt den Kopf.)* Wir sind ausgestoßen aus dem Rausch, endlich wieder ausgeschaltet. Lieber einer von jenen, die ein Schild zu tragen haben, aber ich, Heinrich Karlanner, bin wieder ich. *(Stärker:)* Tröste dich: wieder ich. *(Umarmt sein Spiegelbild.)* Tröste dich, du ungenügender Mensch, aber wieder ich. *(Laut hinüber:)* Gespenster. Siehst du, daß es Gespenster sind? *(Sie kleben unbekümmert.)* Ich sehe es. *(Nickt.)* Du siehst es. Nur der Massenmensch ist blind. Erbarme dich unser. *(Davon.)*

Bruckner nannte diesen Austausch der Mord- gegen eine Monologszene später (Brief vom 20. September 1945 an Hartung) »einen Fehler« und ließ 1938 bei der amerikanischen Aufführung wieder die Mordszene spielen. (Die in diesem Band gedruckte Fassung ist die von 1945, die Bruckner in den Band »Jugend zweier Kriege« aufgenommen hat.)
Die Uraufführung war gleichzeitig für das Zürcher Schauspielhaus, für Prag und Wien (Josefstadt, Otto Preminger) geplant, fand aber – aus politischer Ängstlichkeit – nur am 30. November 1933 in Zürich statt. Regie: Gustav Hartung, Karlanner: Emil Stöhr, Tessow: Joseph Zechell, Siegelmann: Ernst Ginsberg, Rosloh: Wolf Beneckendorff, Marx: Erwin Kalser, Helene: Sibylle Binder, ein Anführer: Heinrich Gretler, Staatsanwalt: Herrmann Wlach, Lehrerin: Therese Giehse, Chargierter: Kurt Kascnar, Landjäger: Marcel Mermino, Amtsgerichtsrat: Friedrich Braun, Obersekretär: Leopold Tyrluch.

Tagebucheintragungen Bruckners:
»29. 11. Generalprobe technisch völlig unfertig. Erschütternder Eindruck.
30. 11. Premiere, die Schauspieler haben vor Aufregung geschleppt, das Publikum mitgenommen und erschüttert, wie ich es noch nie erlebte. Am Schluß lang anhaltende Begeisterung, trotzdem es 3/4 12 war. Keinerlei Opposition.
1. 12. Presse ausgezeichnet. Die ›Zürcher Zeitung‹ scheint lange geschwankt zu haben. Gerade seit heute wurde sie wieder in Deutschland erlaubt.«
Aus Ernst Ginsbergs Erinnerungen an die Aufführung:
»Die innere Spannung, in der ich mich während der Premiere befand, war fast unerträglich. Und dann kam eine Stimme von der Galerie; es war, wie ich später erfuhr, ein junger Schweizer, dem es unfaßlich erschien, daß einer solches mit sich geschehen ließ. Er rief, er flehte mich an: ›Siegelmann, Siegelmann, so hilf dir doch!‹ Es war der Einbruch der Zeit ins Theater...« *(Zit. nach Curt Riess, »Sein oder Nicht-Sein«, Roman eines Theaters, Zürcher Schauspielhaus, S. 90)*
Die Proteste gegen die Aufführung, mit der die Geschichte des deutschen Theaters im Exil begann, setzten mit der dritten Aufführung ein. Zunächst waren es Proteste der nationalsozialistischen Bewegung in der Schweiz, der »Frontisten«, dann auch eine Intervention des deutschen Botschafters. Am 28. Dezember berichtet Bruckner: »Immer mehr Leute aus Deutschland sehen die ›Rassen‹.« Hartung: »... auch junge Nazis.« Ebenso viele bekannte Emigranten.
Brief von Heinrich Mann über die Aufführung:

18. Dez. 1933
11, rue du Congrès Nice (A. M.)

»Verehrter, lieber Herr Doctor,
noch stehe ich unter dem Eindruck Ihres Stückes; das ist etwas wunderbar Gutes, auf der bei Ihnen bekannten dramatischen Höhe. Außerdem schlägt und blutet darin das frische Erlebnis, darüber müssen wir nicht reden. Um so mehr bewundere ich, daß Sie diese Menschen, nach Ihrer kürzlichen Selbstenthüllung, schon gestalten und eine Welt, auf die wir doch nicht ganz gefaßt waren, theatralisch so sehr beherrschen konnten.
Ihr Held ist sehr ergreifend, er muß daher wahr sein. Wenn das nicht so wenige gewesen wären! – wie sein Freund bemerkt. Ich weiß Ihnen keine Figur und keine Scene zu nennen, die nachließe oder mehr als angemessen hervorträte. Die Strenge und Notwendigkeit des Baues und aller Mitwirkenden ist Ihre dramatische Besonderheit: Sie haben das heute wohl ganz für sich. Der Ausdruck des Gefühls in der Dialogführung, wie jeder nur noch sich selbst versteht und dann den andern erst wiederentdeckt – alles ist Hochspannung, und wenn schon ein Leser sie fühlt, von der Bühne her muß sie unwiderstehlich sein. Nehmen Sie vielen Dank, daß Sie mich an dem großen Abend, den das Züricher Theater gehabt haben muß, nachträglich im Geist teilnehmen ließen ...

Heinrich Mann«

(Abdruck mit Genehmigung des Aufbau-Verlages Berlin und Weimar)
Am 30. November 1933 schrieb Franz Theodor Czokor an Ödön von Horváth:
»Nie habe ich das, was über uns hängt, so deutlich gespürt als an jenem vernebelten Novemberabend der Premiere von *Rassen* im Zürcher Schauspielhaus. Von der Bühne herab schrieen und klagten Sätze, die man in Deutschland nicht mehr und bei uns in Wien nur gedämpft über die Lippen bringt, Worte, die den Teufel endlich beim Namen nennen, der sich auch kräftig auf den Schwanz getreten fühlt. Als der Vorhang zur Pause fiel und der aus Paris gekommene Bruckner stürmisch gerufen wurde, zischte neben mir eine fette Ratte mit borstigem Schädel und einem graugrünen Trachtenrock: ›Pfui! Pfui!‹ und rannte durch den begeistert klatschenden Zuschauerraum ab.
Dabei liefern *Rassen* bloß ein gelindes Exempel. Noch sind keine Synagogen darin verbrannt, keine Friedhöfe geschändet, und dem jüdischen Großkapital wird eine Unterstützung der Volksbewegung

entsprechend honoriert. Künftig freilich kommen Bruckners Helden nicht so billig davon mit einer Ausreise nach Palästina oder nur bespuckt und geprügelt wie sein Siegelmann! Daß das, was sich zwei Bahnstunden von hier abspielt, erst den Beginn unausdenkbarer Scheußlichkeiten bedeutet – das fürchtet man hier, und deshalb prasselte der Beifall so laut für den Dichter, der uns damit in dem letzten freien deutschen Raum so nachdrücklich gewarnt hat.
Leben wir neben unseren gepackten Koffern, mein Lieber, lernen wir Englisch, Nähen und Kochen. Und schreiben wir trotzdem unsere Stücke und unsere Bücher weiter – dann bedeutet alles, was sich in jener verwandelten Welt drüben abspielt, nichts als Stoff für uns, den wir vielleicht einmal zu formen haben.«

Aus dem Brief Gustav Hartungs an Bruckner vom 3. Januar 1934:
»Wir hatten heute die elfte Aufführung... die Einnahme war schlecht... die ›Rassen‹ werden übrigens autor- und aufführungsmäßig immer mehr als Tat gewertet: weil sie anderen Hoffnung machen, bei Inangriffnahme des ganzen Problemkreises doch die Öffentlichkeit erreichen zu können. Es sind in jeder Aufführung immer eine ganze Reihe Schriftsteller, heute z. B. Ludwig Marcuse, Mühlestein, Wiegand...«

»Die Rassen« wurden während des Dritten Reiches u. a. aufgeführt von der Jungen Deutschen Bühne in Brünn, von der Theatre Guild in New York, in Paris. Über den Besuch der Pariser Aufführung berichtet Hanns Johst in seinem Buch »Maske und Gesicht« (München 1935):
»Es ist nur ein Schritt von der Liebe zu den ›Rassen‹, mit denen Ferdinand Bruckner in acht Bildern auf dem Weg des Hasses, des Ressentiments und der Karikatur glaubt fertig zu werden. Er schreibt zu seinem Thema einen fabelhaften Dialog, mit jener aalglatten Note, wie ihn der Snobismus der Weltstädte schätzt. Das Thema selbst redet pathetisch an einer Logik vorbei, auf die das Ganze hinzielt: Ein Arier liebt eine Jüdin. Die Jüdin liebt den Arier. Dieser Konflikt... tötet den Arier! Einem Judenjungen werden die Hosenröhren abgeschnitten, und ein Plakat ›Ich bin ein Jude!‹ wird ihm angehängt, und derartig wird er... photographiert! Der Jude und die Jüdin, sie bleiben beide ihrer Rasse erhalten. Bruckner beweist also, was er sicher nicht wollte, daß der Arier an der Jüdin zugrunde geht, *quod non erat demonstrandum,* denn Herr Bruckner ist bestimmt kein Philoarier!
Gespielt wurde allerdings wunderbar. Die jungen Menschen bewegten sich im Fieber ihrer Pubertät. Sie spielten den schadhaften Text in

eine Landschaft voller Leidenschaft hinein. Das Publikum setzte sich zu achtzig Prozent aus Juden zusammen. Es führte sich danach auf! Auf jedes braune Hemd, es mochte noch so stumm auftreten, ergoß sich ein Pfui!-Sturm. Von dramatischer Beurteilung war keine Rede. Man demonstrierte gegen Hitler und das Dritte Reich.
Ich überprüfte an diesem Abend den deutschen Takt gegenüber dem französischen Nationalgefühl und diese französische Taktlosigkeit gegenüber dem deutschen Nationalgefühl.
Wir Wilden sind doch bessere Menschen!!«
Bruckner führte im amerikanischen Exil die Auseinandersetzung mit dem Zeitgeschehen fort, vor allem mit dem Stück aus dem besetzten Norwegen »Denn seine Zeit ist kurz« (1942) und dem Stück über die Verhältnisse in einem befreiten Land (Italien) und die Schwierigkeiten des gegenseitigen Verstehens: »Die Befreiten« (1944).
1945 sah Bruckner schon den historischen Zusammenhang zwischen seinen Zeitstücken. »Tatsächlich gehören ja die drei Dramen zusammen: ›Rassen‹ als erstes zeigt den Einbruch der Naziideologie, ›Seine Zeit‹ ihren Triumph und ›Die Befreiten‹ ihre Folgen.« »Rassen« erschienen dann als Schlußstück der Trilogie »Jugend zweier Kriege« nach »Krankheit der Jugend« und »Die Verbrecher« 1948 in der Universaledition Wien (und Aufbau-Verlag). Im Brief an Hartung vom 25. Dezember 1944 zählte Bruckner auch »Denn seine Zeit ist kurz« zum Zyklus »Jugend zweier Kriege«, dazu auch das gerade entstehende Schauspiel »Die Befreiten«. In diesen Zyklus gehört auch das Stück über die Nachkriegsjugend von 1948, »Früchte des Nichts«.
Die deutsche Erstaufführung der »Rassen« fand am 3. Januar 1948 in Berlin im Theater am Schiffbauerdamm statt (Regie: Erich Geiger). – Bruckner kehrte 1951 aus dem Exil nach Berlin zurück und wurde 1953 dramaturgischer Berater am Schiller-Theater in Berlin. Mit keinem seiner neuen Schauspiele: »Fährten«, »Heroische Komödie« (1948), »Napoleon der Erste« (1956), der Tragödie »Pyrrhus und Andromache« (1956), der zweiteiligen Tragödie »Der Kampf mit dem Engel« (1957) und »Der Tod einer Puppe« (1957) konnte er noch einmal die Erfolge erreichen, die er mit den Stücken der Trilogie »Jugend zweier Kriege« hatte. – Bruckner starb am 5. Dezember 1958.

Ernst Toller   Pastor Hall

Geschrieben 1938 während des Aufenthaltes in Frankreich. – Erste Veröffentlichung in engl. Sprache, übersetzt von Stephan Spender und Hugh Hunt: Random House, New York 1939. – Als Bühnenmanuskript im Bruno Henschel Bühnenvertrieb und Verlag, Berlin 1946. – Erste Veröffentlichung in deutscher Sprache in: »Stücke gegen den Faschismus«, Henschel-Verlag, Berlin 1970 (für die DDR). – Erste Veröffentlichung in der Bundesrepublik in diesem Band.
»Pastor Hall« ist Ernst Tollers letztes Schauspiel; im Exil, ein Jahr vor seinem Tode geschrieben, versucht es, die Verschiebung der politischen Kräfteverhältnisse nach 1933, die Methoden der neuen Machthaber und das mutige Verhalten einzelner Bürger ausländischem Publikum anschaulich zu machen. Es ist die Weiterführung des politischen Kampfstückes im Exil. Tollers letzter szenischer Erfolg auf dem Theater der Weimarer Republik war das Revolutionsstück »Feuer aus den Kesseln« gewesen (s. Band 2, S. 790). – Später geschriebene Stücke wie »Wunder in Amerika« (1930, zusammen mit Hermann Kesten über die Religionsstifterin Mary Baker-Eddy, Uraufführung: Nationaltheater Mannheim, 17. Oktober 1931) und das Justiz-Stück »Die blinde Göttin« (Uraufführung: Raimund Theater Wien, 31. Oktober 1932, Regie: Jürgen Fehling) kamen nicht mehr nach Berlin, obwohl Tollers Geltung als Enthusiast der Revolution, als Symbol menschlichen, gewaltfreien Verhaltens ungebrochen war und weit über Deutschland hinausging. In der zerfallenden Republik wurde er zum Warner vor den Nationalsozialisten. »Er sprach vor Arbeitern, in Theatern, im Rundfunk für die Rettung der Demokratie, gegen die Militärdiktatur der Reichswehr und die Vulgärdiktatur Hitlers. Er war einer der ersten, die in Hitler die große Gefahr für den Bestand und die Zukunft Deutschlands sahen. Er war einer der meistgehaßten Feinde der Nationalsozialisten.« *(Hermann Kesten in: »Meine Freunde, die Poeten«, Donau Verlag, Wien-München 1953, S. 159)* Die Übernahme der Staatsgewalt durch Hitler bedrohte ihn unmittelbar. – Ernst Niekisch über Tollers Weg in die Emigration:

»Anfang Februar 1933 rief mich Toller eines Tages an. Er fragte mich, was er tun solle. ›Lieber‹, riet ich ihm, ›verlasse schleunigst Deutschland. Nie werden dir die Nationalsozialisten das Wort vergessen, das du im »Berliner Tageblatt« geprägt hast, das Wort nämlich: »Das Heldenideal ist das dümmste aller Ideale.« Sie werden sich an dir rächen, wenn sie deiner habhaft werden.‹ Toller gab mir recht

und entschloß sich zur Emigration. Nie hörte er auf, sich nach Deutschland zu sehnen...« *(Gedruckt in: »Theater der Welt. Ein Almanach«, Bruno Henschel und Sohn, Berlin, 1949)*
Ende Februar 1933 ging Toller ins Exil (über Frankreich nach England), 1936 in die USA. Schon 1933 erschien im Querido-Verlag in Amsterdam der erste Teil seiner Autobiographie: »Eine Jugend in Deutschland«, 1935 ebd. der zweite Teil: »Briefe aus dem Gefängnis«. Beide Bücher waren entworfen als Erklärung der Vorgänge in Deutschland, als Abrechnung mit der schwachen Republik und als Warnung.
»Am Tag der Verbrennung meiner Bücher in Deutschland« schrieb Toller unter dem Titel »Blick 33« im Vorwort zu »Eine Jugend in Deutschland«:
»Wer den Zusammenbruch von 1933 begreifen will, muß die Ereignisse der Jahre 1918 und 1919 in Deutschland kennen, von denen ich hier erzähle.
Hatten die Menschen gelernt aus Opfern und Leiden, aus Niederbruch und Verhängnis, aus dem Triumph des Gegners und der Verzweiflung des Volkes, hatten sie Sinn und Mahnung und Verpflichtung jener Zeiten begriffen? ... Nein, in fünfzehn Jahren haben sie nichts gelernt, alles vergessen und nichts gelernt. Wieder haben sie versagt, wieder sind sie gestrandet, wurden gestäupt und geschunden. Sie haben das Volk vertröstet von Tag zu Tag, von Monat zu Monat, von Jahr zu Jahr, bis es, müde der Vertröstungen, Trost in der Trostlosigkeit suchte. Die Barbarei triumphiert, Nationalismus und Rassenhaß und Staatsvergottung blenden die Augen, die Sinne, die Herzen.
Viele haben gewarnt, seit Jahren gewarnt. Daß unsere Stimmen verhallten, ist unsere Schuld, unsere größte Schuld. Von falschen Heilanden erwartet das Volk Rettung, nicht von eigener Erkenntnis, eigener Arbeit, eigener Verantwortung. Es jubelt über die Fesseln, die es auf Geheiß der Diktatoren sich schmiedet, für ein Linsengericht von leerem Gepränge verkauft es seine Freiheit und opfert die Vernunft. Denn das Volk ist müde der Vernunft, müde des Denkens und Nachdenkens, was hat denn, fragt es, die Vernunft geschaffen in den letzten Jahren, was halfen uns Einsichten und Erkenntnisse? Und es glaubt den Verächtern des Geistes, die lehren, daß die Vernunft den Willen lähme, die seelischen Wurzeln zersetze, das gesellschaftliche Fundament zerstöre, daß alle Not, soziale und private, ihr Werk sei...
Überall der gleiche wahnwitzige Glaube, ein Mann, der Führer, der

Cäsar, der Messias werde kommen und Wunder tun, er werde die Verantwortung für künftige Zeiten tragen, aller Leben meistern, die Angst bannen, das Elend tilgen, das neue Volk, das Reich voller Herrlichkeit schaffen, ja, kraft überirdischer Sendung, den alten schwachen Adam wandeln. Überall der gleiche wahnwitzige Wunsch, den Schuldigen zu finden, der die Verantwortung trage für vergangene Zeiten, dem man das eigene Versagen, die eigenen Fehler, die eigenen Verbrechen aufbürden darf, ach, es ist das alte Opferlamm aus Urzeiten, nur daß heute statt Tieren Menschen zur Opferung bestimmt werden.

Die Folgen sind furchtbar. Das Volk lernt Ja zu sagen zu seinen niederen Instinkten, zu seiner kriegerischen Gewaltlust. Geistige und moralische Werte, in Jahrtausenden mühsam und martervoll errungen, sind dem Spott und Haß der Herrschenden preisgegeben. Freiheit und Menschlichkeit, Brüderlichkeit und Gerechtigkeit – vergiftende Phrasen, fort mit ihnen auf den Kehrichthaufen!

Lerne die Tugend des Barbaren, schießen, stechen, rauben, unterdrücke den Schwächeren, merze ihn aus, brutal und rücksichtslos, verlerne, des anderen Leiden zu fühlen, vergiß nie, daß Du zum Rächer geboren bist, räche Dich für die Kränkungen von heute, für die Kränkungen von gestern und für jene, die morgen Dich treffen könnten, sei stolz, Du bist ein Held, verachte friedliches Leben und friedlichen Tod, höchstes Glück der Menschheit ist der Krieg. Lerne, daß einzig Blut ein Volk formt und baut und erhöht ... Denn wir bestimmen, wer leben darf und wer sterben muß zu unserem Heil.

Und Europa?

Wie ein kleiner Makler, der auf die Kurse der Abendbörse wartet, auf neuen Gewinn und neuen Profit, und ein Erdbeben begräbt ihn mitsamt seiner Börse, so verharrt Europa. Weil tausend Kriegsspekulanten an Granaten und Bomben, an Giftgasen und Pestbazillen Milliarden verdienen, und diese Blutmilliarden nationale Werte heißen, schweigen die Völker. Der Arzt weiß, daß im Menschen, den physische und seelische Krisen erschüttern, und der nicht ein noch aus weiß, planlos verharrt, weglos umherirrt, Todeswünsche erwachen, die mächtiger und mächtiger werden, die ihn locken, sich besinnungslos zu verschleudern und dem Chaotischen zu verfallen. An dieser schweren Krankheit leidet das alte Europa. Im Tornado des Krieges, der mit steigenden Rüstungsaktien drohend sich kündet, stürzt sich Europa in den Abgrund des Selbstmords.

So war alles umsonst, geistige Bemühung und menschliche Not, ent-

sagende Arbeit der Edelsten und Opfer der Tapfersten, und uns bliebe nur der Weg ins Dunkel des tödlichen Schlafs?
Wo ist die Jugend Europas? Wo seid Ihr, meine Kameraden in Deutschland? Ich sehe die Tausende, die den Verlust der Freiheit, die Brandmarkung des Geistes lärmend und festlich feiern. Die Tausende, die betrogen und getäuscht, in Wahrhaftigkeit glauben, das Reich der Gerechtigkeit auf Erden sei nahe. Die Tausende, die sich sehnen, der geopferten Jugend Deutschlands in Flandern es gleich zu tun und jubelnd und singend in den Tod zu marschieren. Wo seid Ihr, meine Kameraden? Ich sehe Euch nicht, und doch weiß ich, Ihr lebt ... Wenn das Joch der Barbarei drückt, muß man kämpfen und darf nicht schweigen. Wer in solcher Zeit schweigt, verrät seine menschliche Sendung.«

Alle Bücher, die Toller im Exil veröffentlichte, bezog er auf das künftige freie Deutschland. »Dem Deutschland von morgen«, heißt es in der zweiten Auflage der »Jugend in Deutschland«. Das Schauspiel »Pastor Hall« ist »Gewidmet dem Tag, an dem dieses Drama in Deutschland gespielt werden darf«.

Auch im Exil war Toller ein Hauptrepräsentant der deutschen Schriftsteller (neben Thomas Mann, Stefan Zweig und Lion Feuchtwanger). Er verstand sich auch draußen als ein Kämpfer für ein künftiges, besseres Deutschland. 1934 hat er auf dem Schriftstellerkongreß in Moskau in der Debatte über den sozialistischen Realismus gegen einen Einheitsstil in der Literatur opponiert. 1936/37 machte er eine Vortragsreise zur Aufklärung des Auslands über Deutschland (Titel: »Hitler – the promise and the reality«), 1937 sprach er auf dem »Deutschen Tag« in New York zum Thema »Unser Kampf um Deutschland«, 1938 war er in Spanien an der Bürgerkriegsfront und wurde erschüttert vom Leid der spanischen Kinder; unmittelbar danach reiste er durch Europa, um eine Million Dollar zur Linderung der Not aller spanischen Kinder zusammenzutreiben (s. dazu Kesten, a.a.O.). Am 25. Juli 1938 sprach er auf dem letzten freien europäischen Schriftstellerkongreß in Paris. (Diese und die obenstehende Rede abgedruckt in: »Das Wort«, 3. Jg., 1938, Heft 10 und 2. Jg., 1937, Heft 6.)

Die Europareise 1938 erregte Toller sehr. Nicht nur der Besuch der spanischen Front, auch das Münchner Abkommen der Westmächte mit Hitler wegen des Sudetenlandes bestätigte seine Furcht, daß die Demokratien ihren Untergang selbst herbeiführen wollten. Damals erfuhr Toller aus Zeitungsberichten und Erzählungen auch vom Kampf der Kirchen gegen die nationalsozialistische Herrschaft, der Anfang 1938 im

Prozeß gegen den Pfarrer der »Bekennenden Kirche« in Berlin-Dahlem, Martin Niemöller, seinen Höhepunkt hatte. Er empfing Besuche ehemaliger Insassen nationalsozialistischer Konzentrationslager, vor allem den von Zenzi Mühsam, die ihm über den Besuch bei Tollers ehemaligem Freund Erich Mühsam (s. Band 1) im KZ Oranienburg, in dem Mühsam 1934 zu Tode geprügelt worden war, berichtete. (Daher Tollers Kenntnis der [frühen] KZ-Wirklichkeit im 2. Akt des Dramas.) Aus dieser neuen Berührung mit den deutschen Verhältnissen entstand das Schauspiel »Pastor Hall«, das von der Emigration als ein Stück über Niemöller aufgefaßt wurde, der als Repräsentant des kirchlichen Widerstands gegen das NS-Regime angesehen wurde. Die Niemöller-Anekdote im Stück gibt dafür einen Hinweis.

Der kirchliche Widerstand und der Niemöller-Prozeß
In der evangelischen Kirche in Deutschland hatte sich bald nach der Machtübernahme Hitlers, die von vielen evangelischen Kirchenmännern begrüßt worden war, weil »die nationale Revolution« auch als die Rettung des Christentums vor dem »atheistischen Bolschewismus« ausgegeben wurde, Widerstand geregt. Er wurde ausgelöst durch das Verhalten der »Glaubensbewegung Deutsche Christen« und die Art und Weise, wie deren Vertreter, der ostpreußische Wehrkreispfarrer Ludwig Müller, nach der Abdankung des zunächst zum ersten Reichsbischof gewählten Pfarrers Dr. Friedrich von Bodelschwingh am 23. Juli 1933 in einer allgemeinen Kirchenwahl zum Reichsbischof gewählt wurde. Die »Deutschen Christen« wollten eine christliche Kirche, die sich – unter Akzeptierung Jesu Christi als Führerfigur – von den jüdischen Grundlagen des Christentums getrennt hatte, und den Arierparagraphen in die Kirche einführen, der alle getauften Juden aus dem Kirchenverband ausgeschlossen hätte. In den Aufrufen der »Deutschen Christen« zu dieser Wahl hieß es: »Unser Ruf lautet: Baut die neue Kirche Christi im neuen Staat Adolf Hitlers ... Die ›Deutschen Christen‹ sind die SA Jesu Christi ... Sie sind alle Kameraden in der Front des christlichen und nationalen Sozialismus ...« Die NSDAP rief die evangelischen Gläubigen für die Reichshofs-Wahl im Parteiorgan, dem »Völkischen Beobachter«, zur Wahl der »Deutschen Christen« auf. – Im Widerstand gegen diese Einvernahme der evangelischen Kirche in die Interessen des neuen Staates bildete sich die »Bekennende Kirche«. Vorstufe dazu war der Aufruf des Pfarrers Martin Niemöller vom 21. September 1933, einen »Pfarrernotbund« zu bilden, in deren Verpflichtungserklärung es hieß: »1. Ich verpflichte mich, mein Amt als Diener des Wortes auf-

zurichten allein in der Bindung an die Hl. Schrift und an die Bekenntnisse der Reformation als die rechte Auslegung der Hl. Schrift.
2. Ich verpflichte mich, gegen alle Verletzungen solchen Bekenntnisstandes mit rückhaltlosem Einsatz zu protestieren.
3. Ich weiß mich nach bestem Vermögen mit verantwortlich für die, die um solchen Bekenntnisstandes willen verfolgt werden.
4. In solcher Verpflichtung bezeuge ich, daß eine Verletzung des Bekenntnisstandes mit der Anwendung des Arierparagraphen im Raum der Kirche Christi geschaffen ist.«

Mitte Januar 1934 gehörte dem »Pfarrernotbund« fast die Hälfte aller evangelischen Pfarrer an (7036). – Diese Zahl war um die Hälfte angewachsen nach jener großen Kundgebung der »Deutschen Christen« im Berliner Sportpalast, in der 20 000 Teilnehmer folgende Resolution angenommen hatten:

»1. Amtsenthebung aller Pfarrer, die nicht willens sind, an der deutschen Reformation im Sinne des Nationalsozialismus mitzuwirken,
2. Anerkennung des Führerprinzips nur hinsichtlich der äußeren Ordnung,
3. Einführung des Arierparagraphen,
4. Freimachen von allem Undeutschen in Gottesdienst und Bekenntnis, insbesondere vom Alten Testament und seiner jüdischen Lohnmoral,
5. Freimachen von allen orientalischen Einstellungen und Forderungen einer heldischen Jesusgestalt als Grundlage eines artgemäßen Christentums,
6. Wir bekennen, daß der einzige wirkliche Gottesdienst für uns der Dienst an unseren Volksgenossen ist ...«

In der Auseinandersetzung der Vertreter des »Pfarrernotbundes« mit Hitler am 25. Januar 1934 war Niemöller, dem ein abgehörtes Telefongespräch vorgehalten wurde, vor die übrigen Pfarrer getreten und hatte Hitler entgegnet: »Sie haben erklärt: Die Sorge für das deutsche Volk überlassen Sie mir. Dazu muß ich erklären, daß weder Sie noch sonst eine Macht in der Welt in der Lage sind, uns als Christen und Kirche die uns von Gott auferlegte Verantwortung für unser Volk abzunehmen!«

Damit war der Konflikt formuliert, aber die Mehrheit der in der Unterredung anwesenden Pfarrer distanzierte sich von Niemöller, am 31. Januar 1934 unterwarfen sich alle evangelischen Kirchenführer dem am 1. Oktober 1933 bestätigten Reichsbischof Müller. Der »Pfarrernotbund« leistete weiter Widerstand und veranlaßte am 31. Mai die »Bekenntnissynode« und die dort verabschiedete »Barmer theologische Er-

klärung«, die als Entstehungsurkunde der »Bekennenden Kirche« gilt. Darin hieß es – gegen die »Deutschen Christen«, aber auch gegen die Ideologie des totalen Staates: »Wir verwerfen die falsche Lehre, als solle und könne der Staat über seinen besonderen Auftrag hinaus die einzige und totale Ordnung des menschlichen Lebens werden und also auch die Bestimmung der Kirche erfüllen.« Die folgende Reichsbekenntnissynode im Dahlemer Gemeindehaus (Oktober 1934) kündigte den Gehorsam gegen »die Männer, die sich der Kirchenleitung im Reich und in den Ländern bemächtigen«, und rief zur Ausbildung einer neuen Kirchenorganisation auf. Sie verstärkte den Entschluß, »allein auf den Grundlagen des evangelischen Bekenntnisses zu beharren«. Damit begann ein Kirchenkampf, der vor allem von der »Bekennenden Kirche« geführt wurde, mit dem Verlesen von Hirtenbriefen und deren Verbot durch das zuständige Ministerium. Verhaftungen von Pfarrern setzten ein, so daß die »Vorläufige Leitung der evangelischen Kirche in Deutschland« im Mai 1936 an Hitler eine Protestschrift richtete, in der gegen die Gefahr der Entchristlichung des Staates sowie gegen die Inhaftierung von Hunderten von Pfarrern und die Behinderung von Gottesdiensten durch Redeverbote u. a. protestiert wurde. Das Protestschreiben war von der »Vorläufigen Leitung« unterzeichnet, zu der auch Niemöller gehörte. – Niemöller war einer der engagiertesten und unerschrockensten Prediger in diesen Jahren des kirchlichen Widerstandes. Seine Predigten vom Herbst 1936 an spiegeln die immer deutlichere Auseinandersetzung zwischen dem Glauben, der sich auf das Hakenkreuz, und dem, der sich auf das Kreuz beruft. Das folgende Zitat aus der letzten Predigt Niemöllers (27. 6. 1937) vor seiner Verhaftung gibt einen Begriff, wie die Pfarrer sprachen und wie sie im totalitären Staat provozierten:

». . . Die Bedrängnis wächst, und wer das Trommelfeuer des Versuchers in dieser letzten Woche über sich hat ergehen lassen müssen, der denkt anders als noch vor drei Wochen. Ich denke daran, wie am Mittwoch die Geheime Polizei in die verschlossene Friedrichwerdersche Kirche eindrang und im Altarraum acht Mitglieder des dort versammelten Reichsbruderrates festnahm und abführte; ich denke daran, wie gestern in Saarbrücken sechs Frauen und ein männliches Gemeindeglied verhaftet worden sind, weil sie ein Wahlflugblatt der Bekennenden Kirche auf Anweisung des Bruderrates verbreiteten. Ich sage: Wer das weiß und wer das wirklich mit durchleidet, der ist nicht mehr weit von jenem Wort des Propheten, der spräche am liebsten auch: ›Es ist *genug* – nein, es ist ja schon zu viel! –, so nimm nun, Herr, meine Seele!‹

Und wer, wie ich vorgestern abend, in einem Abendmahlsgottesdienst nichts anderes neben sich sieht als drei junge Stapoleute, die von Amts wegen die Gemeinde Jesu Christi bei ihrem Beten, Singen und Predigen auszukundschaften haben, drei junge Männer, die gewiß auch einmal auf den Namen des Herrn Jesus Christus getauft wurden und die gewiß auch einmal am Konfirmationsaltar ihrem Heiland die Treue gelobt haben und die nun von Amts und Dienst wegen dazu bestellt sind, der Gemeinde Jesu Christi nun Fallen zu stellen, den läßt die Schmach der Kirche so leicht nicht los, der kommt mit einer frommen Redensart und einer protestantischen Begeisterung nicht darüber hinweg; den mag das eine schlaflose Nacht kosten, in der er sicherlich davon umgetrieben wird, und er möchte ein aus der Tiefe kommendes: ›Herr, *erbarme* dich!‹ sprechen.

Und wir denken daran, daß heute drüben in der Annenkirche die Kanzel leer bleibt, weil unser Bruder und Pastor Fritz Müller mit 47 andern christlichen Brüdern und Schwestern unserer evangelischen Kirche um kirchlicher Dinge willen in Haft gehalten wird, und wir denken zugleich daran, daß es nun in der Kirche, bis in die sogenannte bekennende Kirche und bis in unsere Gemeinde hinein, heißt: ›Sie werden ja wohl nicht ganz unschuldig sein; irgendetwas Politisches werden sie ja wohl schon auf dem Kerbholz haben.‹ Und nun geht es los in der Presse, mit den Diffamierungen, und in der heute beginnenden Woche werden die ersten Schnellverfahren kommen.

Ja, meine lieben Freunde, was denn nun? Fröhlich und getrost? Oder verzagt und eingeschüchtert? Da hilft uns doch wohl nichts anderes mehr, als daß wir uns auf das Wort verlassen von dem gekreuzigten Heiland und uns an diesen Gekreuzigten selbst halten und in einem einfältigen und darum gewissen Glauben sprechen lernen, das Anfangs-ABC des christlichen Glaubens:

In meines Herzens Grunde
Dein Nam und Kreuz *allein*
Funkelt *all* Zeit und Stunde,
Drauf kann ich fröhlich sein!

Und es mag dann noch ein weiter Weg sein, wie aus dem Fröhlichsein-*können* das Fröhlich-*sein* wird, daß wir wirklich fröhlich sind wie die Apostel, die *fröhlich* von des Rates Angesicht gingen, weil sie gewürdigt waren, um Christi willen Schmach zu leiden. Es mag ein gutes Stück Anstrengung kosten, fröhlich zu sein darüber, daß wir leiden dürfen; dieser Weg geht sich nicht leicht, und dieser Weg ist kein Spaziergang; ein Weg ohne Schatten, auf dem es heißt: ›Wer mir

folgen will, der verleugne sich selbst und nehme sein *Kreuz* auf sich *täglich*.‹ Es mag gut sein, daß das kein Spaziergang ist und daß sich das wohl nicht von heute auf morgen lernen läßt. Und das mag *gut* sein, damit wir nicht unsere frommen Stimmungen, unsere Überzeugungstreue, unsern Mannesmut, und wie die Götzen alle heißen, mit dem *Glauben* verwechseln, der eine Gnadengabe Gottes ist.«

Im Herbst 1937 wurde Niemöller verhaftet, am 1. Februar 1938 begann der Prozeß gegen ihn in Berlin, am 2. März wurde das Urteil gesprochen, das nach Niemöllers Verteidigungsrede und unter Berufung auf seine nationale Gesinnung (auch seine Tätigkeit als U-Boot-Kapitän und als Freikorpsführer in den Ruhrgebietskämpfen) nur sieben Monate Festungshaft verfügte, die durch die Untersuchungshaft verbüßt waren. Bei Verlassen des Gerichts wurde Niemöller auf Hitlers Veranlassung jedoch von der Gestapo verhaftet und ins KZ Sachsenhausen (nördlich von Berlin) eingeliefert, wo er bis in den April 1945 gefangengehalten wurde. – Niemöllers Verhaftung erregte 1938 viel Aufsehen. Er galt als der Führer des kirchlichen Widerstands. Als 1939 in der Schweiz Niemöllers letzte 28 Predigten erschienen (»Dennoch getrost«, hsg. v. »Schweizerischen Evangelischen Hilfswerk für die Bekennende Kirche in Deutschland«, eine Publikation, von der Niemöller nichts wußte), hieß es im Geleitwort: »Pfarrer Martin Niemöller ... ist immer noch ein Gefangener. Es sind ziemlich genau zwei Jahre, seit er in seinem Kerker liegt. Man weiß darum: er sollte ein stiller, ein vergessener Mann werden. Das Gegenteil ist geschehen, sein Name als der eines treuen Zeugen ist unvergessener und brennender als je bei all denen, die nicht nur die äußere, die die innere Geschichte unserer Zeit miterleben ...«

Auf die Berichte von diesem Widerstand stieß Toller; ein deutscher Emigrant berichtete Toller ausführlich von den Auseinandersetzungen, der später Toller, wie Kurt Pinthus bestätigt, noch mit einem Prozeß wegen Plagiat drohte, da er sich den Stoff zur Bearbeitung vorbehalten wollte. – Niemöllers Person ist freilich nur als eine allgemeine in »Pastor Hall« eingegangen, blieb aber die Bezugsfigur. Niemöller zu Tollers Stück:

»Persönlich bin ich davon überzeugt, daß zwar mein Erleiden und Erleben für Ernst Toller die Idee wie das Bild für seinen ›Pastor Hall‹ abgegeben haben mögen. Aber ›wiedererkennen‹ kann ich mich in dem Bild dieses Helden in seinem Drama durchaus nicht. Dagegen hat diese zweite Lektüre (Anm. d. Hsg.: 1974, nach der ersten Lektüre nach dem Krieg) mich doch recht stark angepackt. Die Atmo-

sphäre des Ganzen sowohl wie auch die Reaktionen der im Drama geschilderten Personen sind durchaus wahr und überzeugend. – Und schließlich bin ich ja auch nur einer unter vielen ›Pastoren‹ gewesen, die ein gleiches oder ähnliches Schicksal durchzumachen hatten. Ich habe auch bei dieser zweiten wie bei der ersten Lektüre an andere, mir wohlbekannte Kollegen denken müssen, auch an solche, die die Prüfungszeit des Dritten Reiches nicht lebendig überstanden haben, wie vor allem an meinen im KZ gestorbenen (oder umgebrachten?) westfälischen Amtsbruder Steil, an Pfarrer Schneider-Dickenschied und an Pfarrer Sylten.« (*Brief Martin Niemöllers a. d. Herausgeber v. 28. April 1974*)

1939 hat Toller »Pastor Hall« in New York vor einem Zirkel geladener Gäste vorgelesen – in der ersten Fassung. Anschließend wurde vor allem der zu kurze, auf Herzversagen zurückgehende Tod des Pastors bemängelt. – Toller schrieb danach einen zweiten Schluß, der die Figur des Pfarrers in einen unerschrockenen Kämpfer umdeutet.

Das Stück fand zunächst keine Aufnahme auf einer Bühne. »Es war scheußlich für ihn, daß sein letztes Stück – das er für eines seiner allerbesten hielt – nicht gespielt werden sollte.« (*Klaus Mann im Brief an Hermann Kesten vom 25. Mai 1939, in: H. Kesten, »Deutsche Literatur im Exil«, Fischer Taschenbuch Nr. 1388, S. Fischer Verlag, Frankfurt 1972*) – Toller hatte im Mai 1938 neue Pläne zu einer Reise nach Europa, er sah den Krieg kommen und wollte in Europa sein. Toller erhängte sich kurz vor der Abreise, am 22. Mai 1939, mittags, in seiner Wohnung in New York.

»Pathetisch und tragisch wie sein Leben war, pathetisch und tragisch war sein Tod – inmitten der nüchternen beklemmenden Umstände, die New Yorks Presse nicht verschwieg. Sie unterrichtete uns darüber, daß er sich an der Brause seines Badezimmers erhängt hatte. Der Gürtel des Bademantels war von grüner Farbe. Erst hieß es, Toller habe mehrere tausend Dollar auf der Bank liegen, dann stellte sich heraus, daß er bettelarm war ... Die Freunde, Erika und Klaus Mann, taten, was nun an Traurigem zu tun geblieben war.« (*Bodo Uhse im Vorwort zu »Toller, Ausgewählte Schriften«, Verlag Volk und Welt, Berlin 1961*)

Der auch seine Freunde überraschende Tod Tollers war die Konsequenz aus einer Kette von Enttäuschungen und Verdüsterungen, die sich aus den Entwicklungen der Zeit, dem Hineintreiben in einen Krieg, dem Sieg des Faschismus in Spanien, Hitlers Einmarsch in die Tschechoslowakei, ergaben, wohl aber auch aus seiner Ehe. »Wie hat Toller in

den Jahren des Exils gelitten – um Deutschland, um Europa, um die Leidenden. Er hatte politische Klugheit und sah mit klarem Blick in die blutige Zukunft. Er fuhr von Land zu Land, sprach, schrieb, warnte, beschwor – und sah den riesigen Schatten Hitlers über dem Welthimmel emporsteigen.« *(Kesten, a.a.O., S. 162)* – »Es war die Zeit, die ihn durch seine eigene Hand tötete. Sein Werk mag nicht das größte sein, das von seiner Generation geschaffen wurde. Sein Schicksal aber ist typisch für eine Generation, die aufgrund ihrer Überzeugungen entwurzelt und über die ganze Erde verstreut wurde und der das Einstehen für ihre Überzeugungen mehr bedeutete als die Ausbeutung ihres Talents.« *(Erwin Piscator, »Mein Freund Toller«, in: Schriften 2, Henschel Verlag Berlin; s. a. die Briefe an Klaus Mann und Ludwig Marcuse in Hermann Kesten, »Deutsche Literatur im Exil«, S. Fischer Verlag, TB 1388, S. 73-83)*

Aufführungen
Eine Szene aus »Pastor Hall« führte die Freie Bühne von Hermann Greid – die deutsche Exil-Bühne – in Stockholm am 24. und 25. Februar 1944 in einer politischen Melange »Was mancher nicht kennt« auf.
»Pastor Hall« wurde 1940 in England verfilmt und ist, wie die Verfilmung von Friedrich Wolfs »Professor Mamlock«, einer der wichtigsten deutschen Exil-Filme.
Die Uraufführung von »Pastor Hall« fand am 24. Januar 1947 im Deutschen Theater in Berlin statt. Gespielt wurde die erste Fassung. Regie führte Thomas Engel (der Sohn des Regisseurs Erich Engel). – Die Uraufführung war verbunden mit einer Gedenkfeier für Ernst Toller, bei der Günther Weisenborn die Gedenkrede hielt.

Aus der Rezension der »Berliner Zeitung« vom 26. Januar 1947:
»Aber wenn die sozusagen bürgerliche Wohlsituiertheit der Konflikte den Blick auf die deutsche Situation (das Stück spielt um 1935) verengt, die Gewalt des Stoffes bleibt groß genug, um die Perspektive wiederherzustellen. Wie Toller, der Emigrant, von draußen her das KZ sieht und malt, diese schauerliche Vision ist blutige Wirklichkeit. Der zweite Akt, der Akt im KZ: hier hat das Stück die Schwere seines unmenschlichen Themas, die Schwere des aufrüttelnden menschlichen Appells. Hier ist Toller ein Dichter, weil er nur eine Wirklichkeit nachbuchstabiert, von der sein Ahnungsvermögen überwältigt wird. Was er ahnend erspürt, hat die volle Realität des Gesichts. Diese Elendsbil-

der, zugleich Bilder des unzerstörbaren Widerstandes gegen das Elend, sprechen eine Sprache, die nicht mißverstanden werden kann.
Es ist immer wieder nötig, diese Sprache zu hören. Es ist immer wieder nötig, das Unbegreifliche zu begreifen. Das war möglich in Deutschland. Es darf niemals wieder möglich sein. Toller hat es gesehen, obwohl er nicht dabei war. Sein Stück ist dem Tag gewidmet, an dem es in Deutschland gespielt werden darf. Aber es genügt nicht, daß man es heute spielen darf. Seine Absicht ist erst erreicht, wenn jeder Zuschauer begreift, warum man es heute spielt. Wenn er begreift, unter welche Vergangenheit der Schlußstrich zu machen ist. Wenn er erkennt, mit welchen Gewalten abgerechnet werden muß. Heute und in aller Zukunft.«

Gerhart Hauptmann Elektra

Dritter Teil der »Atriden-Tetralogie«, geschrieben zwischen 1940 und 1944. 1. Teil: »Iphigenie in Aulis«, 2. Teil: »Agamemnons Tod«, 4. Teil: »Iphigenie in Delphi«. – Niederschrift in verschobener Reihenfolge: »Iphigenie in Delphi« vom 14. 7. bis 11. 9. 1940, »Iphigenie in Aulis« vom 14. 9. 1940 bis 13. 7. 1942, »Agamemnons Tod« vom Juli 1942 bis 11. 9. 1942, »Elektra« vom 6. 10. 1944 bis 4. 11. 1944.

Die »Atriden-Tetralogie« ist die Summe der langen, 1907 mit der Griechenlandreise begonnenen Beschäftigung Hauptmanns mit der griechischen Antike und seine deutlichste Antwort auf die Kriegsjahre und deren Menschenschlächterei. Die Niederschrift begann neun Monate nach Beginn und endete sechs Monate vor dem Ende des Zweiten Weltkriegs. – Sie ist zugleich seine überzeugendste Dichtung in der »großen Form«, die nach dem Ende des Ersten Weltkrieges mit den Untergangstragödien »Der weiße Heiland«, »Indipohdi« und dem »Veland« begonnen, aber ohne Resonanz geblieben war. Obwohl Hauptmann seinen großen Namen als dramatischer Dichter in den zwanziger Jahren nur 1932 mit der bürgerlichen Tragödie »Vor Sonnenuntergang« noch einmal bestätigen konnte, war er – ein Freund Eberts und Rathenaus – der geistige Repräsentant der bürgerlichen Weimarer Republik. Die Feiern zu seinem 70. Geburtstag vom 14. bis 20. November 1932 bestätigten diese seine Geltung, der Empfang beim Reichspräsidenten Hindenburg die Ehrung durch den Staat. Carl Zuckmayer sagte in der Festrede am 14. November 1932 in Berlin: »Seit Gerhart Hauptmann die Fülle seiner Gesichte, seiner Gestalten über die deutsche Bühne aussäte, eine Saat, deren Frucht noch lange nicht erschöpft und abgeerntet ist – seitdem ist noch nicht wieder die Gnadenstunde des großen Dramas für uns angebrochen, seitdem formt sich nur spärlich und vereinzelt das dramatische Bild einer Welt, die selbst allzusehr zum Schauplatz tragischer Erschütterung geworden ist.« Im Münchner Nationaltheater hielt Thomas Mann im Dezember 1932 die Festrede. Hauptmanns 70. Geburtstag war das letzte dichterische Fest in der Republik, an dem sich das geistige Deutschland noch einmal in der Verehrung Hauptmanns traf; viele waren darunter, die Wochen später schon ins Ausland fliehen mußten.

Dieser Geltung wegen richtete sich auf Hauptmanns Verhalten zur Machtübernahme Hitlers die besondere Aufmerksamkeit. Hauptmann war bis zum April 1933 außer Landes in Rapallo. Da er sowohl zur

erzwungenen Demissionierung Heinrich Manns als Präsident der preußischen Akademie (15. Februar) wie zum Ausschluß von Wassermann, Schickele, Kellermann, Leonhard Frank, Georg Kaiser, Alfred Mombert und Fritz von Unruh aus der Akademie wie auch zum Reichstagsbrand (27. Februar 1933) schwieg, erschien er bald als Zauderer und als der Unentschiedene.

Thomas Mann notierte am 9. Mai 1933 in sein Tagebuch:

»Die Neugestaltung der Akademie, aus der alle irgendwie europäisch angehauchten Mitglieder ausgetreten... Nur Hauptmann nicht, der Mann der Republik, der Freund Eberts und Rathenaus, den Juden erhoben und groß gemacht haben. Er hat am ›Tag der Arbeit‹ auf seinem Hause die Hakenkreuzflagge hissen lassen. Er mag sich poetisch vorkommen. Es gefällt ihm, zu konversieren mit Gescheiten, mit Tyrannen. Mit Gescheiten! Er weist ein Martyrium von sich, zu dem auch ich mich nicht geboren fühle, zu dem aber meine geistige Würde mich unweigerlich beruft.«

Behl notierte im Juli 1933 in Hiddensee als Ausspruch Hauptmanns: »Meine Epoche beginnt mit 1870 und endigt mit dem Reichstagsbrand.«

Hauptmanns deutliche Neutralität veranlaßte die NS-Presse 1933 schon zu Angriffen gegen den Dichter; dann veröffentlichte das »Berliner Tageblatt« am 11. November 1933 ein Votum Hauptmanns zur Reichstagswahl vom 12. November, mit der die Frage verbunden war, ob der Austritt Deutschlands aus dem Völkerbund und damit die neue Politik gebilligt werde. Hauptmanns Antwort lautete: »Ich sage ja!«

Wie groß der Schock dieser Option für die inzwischen ins Exil gegangenen Schriftsteller war, zeigt Alfred Kerrs Reaktion im Londoner Exil, der im Juli 1933 in seiner polemischen »Diktatur des Hausknechts« geschrieben hatte: »Dieser gar edle Dichter des Altruismus kriecht vor den Machthabern... und vergißt die Opfer... Er, er, er hat die Pflicht, anders zu sein, auch wenn halb Deutschland etho-skrophulös ist.« Als Hauptmann am 15. November 1933 an der Eröffnung der Reichskulturkammer teilnahm, schrieb Kerr seine 1934 in Paris veröffentlichte (später freilich halb widerrufene) Abrechnung mit dem ehemaligen, auch in allen Niederlagen von ihm verteidigten Freund, »Gerhart Hauptmanns Schande«: »Es gibt seit gestern keine Gemeinschaft zwischen mir und ihm, nicht im Leben und nicht im Tod. Ich kenne diesen Feigling nicht. Dornen sollen wachsen, wo er noch hinwankt. Und das Bewußtsein der Schande soll ihn würgen in jedem Augenblick. Hauptmann, Gerhart, ist ehrlos geworden... Sein Andenken soll verscharrt sein unter Disteln; sein Bild begraben in Staub.«

C. F. W. Behl berichtet dazu:

»Gerhart Hauptmann hat beim Anbruch des ›Dritten Reiches‹ Deutschland nicht verlassen, weil er – so sagte er mir einmal – als alter Mann sich der Möglichkeit nicht berauben wollte, in seiner Heimaterde begraben zu werden, und weil er, der Weltdichter, doch des unmittelbaren Zusammenhangs, der immer sich erneuernden Berührung mit eben dieser Heimaterde als dem heimlichen Quell seiner Produktivität nicht entraten konnte... Ich darf es bezeugen, daß Hauptmann im Innersten seines Herzens und seiner Seele eine tiefe, instinktive Abneigung, einen eingeborenen Widerwillen gegen den Nazismus, seine Methoden und Erscheinungsformen gehegt hat, daß aber eine gewisse mimosenhafte Scheu vor Realitäten, sobald sie ihm irgendwie bedrohlich und gefährlich schienen, diesen großen unbestechlichen Realisten des Blicks beherrschte, die ihn wohl in den zwölf Jahren des deutschen Unheils gerade deshalb nicht verließ, weil er vor der namenlosen Furchtbarkeit der tief erschauten und erkannten Realität immer wieder erschrak«... Das Werk »ist durch alle zwölf Jahre nazistischer Gewaltherrschaft innerlich unversehrt und unbefleckt hindurchgegangen. Aber der Widerschein des Grauens und der Verzweiflung an allem Menschlichen liegt unverkennbar auf fast jeder Dichtung aus dieser Zeit... Wer Hauptmanns Dichtungen im letzten Jahrzwölft mit hat entstehen sehen, der weiß, daß vieles aus der höllischen Düsternis der Zeit – vielleicht unbewußt oder halbbewußt – in die Schöpfungen seiner Phantasie eingegangen ist.« *(C. F. W. Behl, »Gerhart Hauptmann und der Nazismus«, in: »Berliner Hefte«, 7/1947)*

Günter Grundmann berichtet in »Begegnungen eines Schlesiers mit Gerhart Hauptmann« (Hamburg 1953) über Hauptmanns Verhalten:

»Warum er schwieg, glaube ich im Lauf der folgenden Jahre in manchem auf die politische Folgeerscheinungen der nationalsozialistischen Diktatur gerichteten Gesprächen mit ihm erahnt zu haben. Er, der die Schwelle des achten Lebensjahrzehntes bereits überschritten hatte, wußte nur zu gut in seiner Weisheit des Alters, daß man die aus der Tiefe aufsteigenden dämonischen Mächte mit Protesten nicht entmachten könne, daß man ihren unheilschwangeren Lauf nicht zu hemmen, das in ihnen waltende Gesetz nicht aufzuheben vermöge. Er sah in dem, was sich vor seinen Augen im Körper des deutschen Volkes vollzog, schicksalhafte Bestimmung, und er hatte eine zu große Ehrfurcht vor dem Rätsel des Schicksalhaften, um ihm in den Arm zu fallen. Weder Furcht noch Mitleid entscheiden im Leben die Hand-

lungen der großen Menschen, sondern allein ihr Wissen um die ehernen Gesetze von Schuld und Sühne. Gerhart Hauptmann schwieg – aber als sich zum Ende neigte, was damals begann, war seine große Tetralogie der Iphigenie abgeschlossen, in der er, der Dichter, in der Sprache, die ihm allein gegeben ist, sich zum unerbittlichen und unaufhaltsamen Ablauf jener ehernen Gesetze bekannte, denen weder der einzelne Mensch noch ein ganzes Volk entrinnen können. Er sah vom ersten Augenblick an die Unaufhaltsamkeit im Ablauf des Dämonischen, in Adolf Hitler nur ein Werkzeug – und er schwieg.«
Hauptmann, der befürchten mußte, selbst in der ihm gewährten Freiheit überwacht zu werden (s. Katalog der Marbacher Gerhart-Hauptmann-Ausstellung, 1962, S. 366 – »Manchmal denke ich ... alle meine Lebensäußerungen werden überwacht.«), war trotz aller Hofierung durch das NS-Regime – er war der einzige im Reich verbliebene, international anerkannte Schriftsteller – auch Objekt seiner Verachtung. Unter den Akten Alfred Rosenbergs im Nürnberger Prozeß befand sich folgender vom 2. Juli 1942 datierter Brief Rosenbergs an Goebbels, der sich auf die mit vielen Festaufführungen im Reich begangene Feier zu Hauptmanns 80. Geburtstag bezieht (mitgeteilt von Behl, a.a.O.):

»Sehr geehrter Parteigenosse Dr. Goebbels! Ihrem Brief in der Angelegenheit Gerhart Hauptmann entnehme ich, daß wir uns in dessen Beurteilung einig sind. Es ist selbstverständlich, daß eine an sich starke Dichterpersönlichkeit in eine Gesamtschau der deutschen Literatur- und Geistesgeschichte eingebaut werden muß und daß sein 80. Geburtstag dazu Gelegenheit bietet. Wenn rein persönliche Ehrungen damit verbunden sein sollten, so habe ich, wie gesagt, dagegen keine Einwendungen. Immerhin scheint mir die Tatsache, daß Sie jedem deutschen Theater ein Stück von Hauptmann zur Aufführung übergeben, praktisch doch eine kulturpolitische Propaganda *für* Gerhart Hauptmanns *Werk* zu bedeuten, und die durch diese Tatsache gegebenen Begleitartikel in den Zeitungen könnten leicht das ihrige dazu beitragen, *ein durchaus nicht nationalsozialistisches Bild* von der Persönlichkeit Hauptmanns entstehen zu lassen. Ich bitte Sie deshalb, Ihren Beschluß in der Zahl der Aufführungen und Auswahl der Werke doch noch einmal zu überprüfen und rechtzeitig die Presse darauf aufmerksam zu machen, *nicht* etwa Gerhart Hauptmann als einen Dichter *unserer* Form zu feiern. Eine *merkbare Temperiertheit* der Presseaufsätze und eine Anzahl gutgearbeiteter *kritischer* Artikel erscheinen mir durchaus angebracht, um regulierend zu wirken. Ich wäre Ihnen verbunden, wenn Sie mich gelegentlich Ihre Stellung-

nahme zu diesem Vorschlag wissen ließen. Heil Hitler! Alfred Rosenberg.«

Thomas Mann schrieb über Hauptmanns Situation zu dessen Tod:
»Für ihn durfte sich durch die ›Machtergreifung‹ nichts ändern. Er wollte sich die Repräsentation nicht nehmen lassen, wünschte seinen achtzigsten Geburtstag wie seinen siebzigsten zu begehen... Nun war er wirklich der ›arme Herr Hauptmann‹ und hat, isoliert, verbittert und von den Nazis auch noch verhöhnt für seine Willigkeit zum Kondeszendieren, gewiß unsäglich gelitten in der Stickluft, dem Blutdunst des Dritten Reiches, unsäglich sich gegrämt über das Verderben des Landes und Volks seiner Liebe. Seine späten Bilder zeigen die Züge des Märtyrers, der er nicht hatte sein wollen...«

Die dichterische Auseinandersetzung mit dem NS-Regime hatte Hauptmann im Juni 1934 begonnen, als in Neustadt (Oberschlesien) sein alter jüdischer Freund Max Pinkus, Kommerzienrat, Inhaber der Fränkelschen Leinwandfabriken und ein großer Kunstfreund, starb (19. Juni 1934). Hauptmann und seine Frau waren, da alle sich unter dem antisemitischen Druck zurückzogen – auch die Stadt Neustadt von ihrem Ehrenbürger –, als einzige Nichtjuden zum Begräbnis gefahren. Am 1. Februar 1937 schrieb Hauptmann über dieses Erlebnis, in dem er die Schicksalhaftigkeit jüdischer Existenz gespürt hatte, sein im Dritten Reich verstecktes, 1947 von der BBC (deutscher Dienst) zum ersten Mal gesendetes dramatisches Requiem »Die Finsternisse«.

Die »Atriden-Tetralogie« ist das Schlußstück der etwa in »Till Eulenspiegel«, dem »Meerwunder«, der »Tochter der Kathedrale« oder im »Großen Traum« weitergeführten, immer wieder verschlüsselten Auseinandersetzung. Darüber C. F. W. Behl in »Hauptmann und der Nazismus«:

»In den letzten fünf Jahren hatte, im Schatten des Zweiten Weltkrieges konzipiert, die Atridentragödie den Dichter nicht aus ihrem Banne gelassen... Es läßt sich nicht verkennen, daß die ungeheure Verkettung von Hybris, Blutschuld und tragischer Verblendung, dieser unwiderstehliche Sog des Schicksals, dem die Menschen in all ihrem Halbgottwahn rettungslos verfallen, ihre hinreißende dramatische Vergegenwärtigung dem Erleben der Hitler-Zeit und des Hitler-Krieges mitverdanken. So konnte es kommen, daß im Jahre 1943 eine englische Zeitung die ›Iphigenie in Aulis‹ unmittelbar als ein ›Stück gegen Hitler‹ und die Figur des tochterschlachtenden, von seiner kriegerischen Sendung wahnbesessenen Agamemnon als ein Spiegelbild des deutschen Volkstyrannen charakterisierte. Nicht ohne tiefe

psychologische Berechtigung, wenn auch von einer *bewußten* Tendenz keine Rede sein kann. Es erklärt sich alles zwanglos aus dem ›Unbewußt-Wirkenden‹ in der Schaffensweise Gerhart Hauptmanns, zu dem er sich immer wieder bekannt hat.«

Die Auseinandersetzung mit der Zeit war für Hauptmann ein dichterisches, kein politisches oder literarisch-aktionistisches Problem. Als Mitte der zwanziger Jahre der Dramatiker Ernst Toller bei Hauptmann zu Gast war, stellte sich zwischen ihnen die Frage nach dem Tendenz- und dem dichterischen Drama. Rudolf Kayser berichtet in den »Erinnerungen an Hauptmann« (Katalog der Marbacher Hauptmann-Gedächtnisausstellung 1962, S. 360):

»Eines Abends waren Ernst Toller und ich im Hauptmannschen Hause eingeladen. Recht plötzlich ging das Gespräch auf politische Fragen über. Tollers Gesichtsausdruck zeigte Befremden. Hauptmann bemerkte es und wandte sich an ihn: ›*Ich sehe, Herr Toller, daß Sie mit mir nicht einverstanden sind. Sagen Sie, bitte, offen Ihre Bedenken.*‹ Toller zögerte und sagte schließlich: ›*Ich dachte nur: Ich bin beim Dichter der »Weber«.*‹

Das war für Hauptmann das Stichwort, um leidenschaftlich sein eigenes Werk zu interpretieren. ›*Die Weber*‹, sagte er, ›*sind ein Drama ohne Tendenz.*‹ Nur Mitleid mit den Leidenden und Hungernden hätte ihn geleitet, als er dieses Drama schrieb. Er wollte sein Gefühl für menschliches Unglück und Unrecht ausdrücken, keineswegs aber den Glauben an eine revolutionäre Ideologie und an den gewaltsamen Umsturz der Gesellschaftsordnung.«

Die tiefe Bindung Hauptmanns an das menschliche Unglück, an die Abgründe des Leidens öffnete ihm den Blick für die antike Tragödie. Als er 1907 Griechenland besuchte, hatte er sich von ihrem Ursprung und ihren Formen einen Begriff gebildet, den er 1908 im »Griechischen Frühling«, gültig für sein ganzes Leben, so formulierte:

»Die Götter waren grausame Zuschauer. Unter den Schauspielen, die man zu ihrer Ehre darstellte – man spielte für Götter und vor Göttern, und die griechischen Zuschauer auf den Sitzreihen trieben, mit schaudernder Seele gegenwärtig, Gottesdienst! –, unter den Schauspielen, sage ich, waren die, die von Blute triefen, den Göttern vor allen anderen heilig und angenehm. Wenn zu Beginn der großen Opferhandlung, die das Schauspiel der Griechen ist, das schwarze Blut des Bocks in die Opfergefäße schoß, so wurde dadurch das spätere höhere, wenn auch nur scheinbare Menschenopfer nur vorbereitet: das Menschenopfer, das die blutige Wurzel der Tragödie ist ...

Tragödie heißt: Angst, Not, Gefahr, Pein, Qual, Marter, heißt Tücke, Verbrechen, Niedertracht, heißt Mord, Blutgier, Blutschande, Schlächterei – wobei die Blutschande nur gewaltsam in das Bereich des Grausens gesteigert ist. Eine wahre Tragödie sehen, hieß, beinahe zu Stein erstarrt, das Angesicht der Medusa erblicken, es hieß, das Entsetzen vorwegnehmen, wie es das Leben heimlich immer, selbst für den Günstling des Glücks, in Bereitschaft hat ...«

Die Beschreibung scheint fast für die »Atriden-Tetralogie« entworfen.

Die Arbeit an »Iphigenie in Delphi« wurde – kurz nach Beginn des Zweiten Weltkriegs – ausgelöst durch die Lektüre folgender Notiz Goethes im Tagebuch der »Italienischen Reise« (18. Oktober 1786, Bologna): »Heute früh hatte ich das Glück, von Cento herüberfahrend, zwischen Schlaf und Wachen den Plan zur Iphigenie auf Delphos rein zu finden. Es gibt einen fünften Akt und eine Wiedererkennung dergleichen nicht viel sollen aufzuweisen sein. Ich habe selber darüber geweint wie ein Kind und an der Behandlung soll man hoffe ich das Tramontane erkennen.« Goethes Handlungsentwurf für eine »Iphigenie auf Delphos« setzte als dramatische Schlußszene, daß der Mord Elektras an Iphigenie verhindert und das Unheil von den Atridenkindern abgewendet wird. Goethe: »Gelingt sie, so ist nicht leicht etwas Größeres und Rührenderes auf dem Theater gesehen worden.« Diese Iphigenie blieb ungeschrieben. Im Brief an Zelter vom 23. Februar 1817 aber hatte Goethe schon auf die von Hauptmann später aufgegriffene Zyklus-Idee hingewiesen: »Eine zyklische Behandlung hat viele Vorteile, nur daß wir neueren uns nicht recht darein zu finden wissen.«

Über Goethes Anregung auf Hauptmann referierte Paul Kersten schon im »Berliner Lokalanzeiger« vom 9. November 1941 unter dem Titel »Besuch bei Gerhart Hauptmann«:

»In Goethes ›Italienischer Reise‹, die mit der Überfülle ihrer Gedanken immer wieder Anregungen gibt und in die ich mich oft vertiefe, findet sich die Notiz über das ›Argument der Iphigenia von Delphi‹. Auf diesen Plan Goethes machte mich erneut ein Programmheft des Deutschen Theaters in Prag aufmerksam. Ich wurde von jenem Projekte sehr stark gefesselt, die Idee Goethes, nach einer der ›Fabulae‹ des römischen Grammatikers Hyginus Iphigenie und Orest nach der Heimkehr im Apollotempel zu Delphi Elektra begegnen zu lassen, nahm mich gefangen. So schrieb ich denn im Sommer des vorigen Jahres auf Hiddensee in einer, wie mir scheinen will, besonders günstigen Schaffensperiode das Werk gleichsam in einem einzigen Wurfe, unaufhaltsam zum Ende stürmend ...«

Zur Entstehungsgeschichte der Tetralogie gab Hubert Razinger in der Gesamtedition (»Die Atriden-Tetralogie«, Propyläen Verlag, 1959) Bericht; es heißt darin:

»Unterm 11. September 1940 berichtet uns C. F. W. Behl in seinem Tagebuch (›Zwiesprache mit Gerhart Hauptmann‹, Kurt Desch Verlag, München 1949) von dem großen Ereignis, wie Hauptmann, in glücklich-stolzem Schöpfergefühl, ›gleichsam in Trance lange Versreihen herunterdiktierend‹, und angeregt durch eine Aufzeichnung Goethes in der ›Italienischen Reise‹ ... eine ›Iphigenie in Delphi‹ geschaffen habe. Behl las an jenem Abende die Dichtung vor. ›Wir waren uns sogleich bewußt, daß der alte Gerhart Hauptmann nun einen Gipfelpunkt seines reichen, vielfältigen Lebenswerkes erreicht hatte.‹ Man spürt das Erleben des historischen Augenblicks, und Hauptmann selbst mag nicht anders empfunden haben ... Schon im September 1940 aber war das Anfangsstück der Tetralogie, war *Iphigenie in Aulis* begonnen worden. Man mag es wie eine freundliche Fügung des Schicksals betrachten, daß das Delphi-Drama als erstes geboren und vollendet war; wäre es umgekehrt gewesen und wäre der Dichter nach den ersten drei Stücken der Tetralogie etwa erst 1944 oder später an das vierte, bedeutendste der Dramen gekommen, die Frage liegt wirklich nahe, ob er dann, unter den niederwuchtenden Ereignissen der zusammenstürzenden Zeit, die innere Kraft zum feierlich-harmonischen Abschluß des Ganzen, der aber der Tetralogie erst ihre höchste Begründung und ihre Weihe gibt, gefunden hätte ... Es war nur drei Tage nach der Vorlesung der vollendeten ›Iphigenie auf Delphi‹ in Kloster auf Hiddensee, daß ihm der Entschluß noch nicht zu einer aischyleischen Trilogie, wohl aber zu einer ›Iphigenie in Aulis‹ kam. ›Ein innerer Zwang läßt mich nicht los‹, sagte er unterm 14. September 1940 zu Behl, ›die Voraussetzung für die letzte Opfertat Iphigeniens zu gestalten‹, und schon am 1. Februar 1941 liegen zwei Akte vor, vom Schluß sogar einige Fassungen; noch ist es ihm in jenen Tagen unklar, wie er die Rettung Iphigeniens glaublich herbeiführen soll. Durch Thetis, die besorgte göttliche Mutter Achills? Etwa, indem Achill, in Liebe zu Iphigenie entflammt, die Geliebte zu Schiff entführe, dann aber von seiner Mutter erfährt, daß er nur Iphigeniens Retter sein dürfe, nicht mehr? ›Ohne Einmischung göttlicher Mächte, meinte Hauptmann, werde es wohl auch bei ihm nicht abgehen‹, so heißt es in Behls Agnetendorfer Tagesbericht vom 1. Februar 1941. An ein Erscheinen der Thetis in einer Silberwolke wird vorübergehend gedacht. Als aber am 5. August 1941 auf Kloster

das nun schon in sechster Fassung vorliegende Werk verlesen wird, ist die Entscheidung doch anders und natürlicher gefallen. Thetis ist verschwunden, dafür kommt ein taurisches Tempelschiff, das Iphigenie zum Dienste der harten Göttin nach Tauris bringt. Der deus ex machina der Alten ist damit gefallen, aus dem Mythos ist ein modernes, ein überzeitlich gültiges Drama geworden... Am 13. Juli 1942 ›stehen‹ alle fünf Akte, die ›endgültige Form‹ scheint gefunden, das Stück hat nun eine neue Achse, den dritten, nach Mykene verlegten Akt erhalten, und schon auch steht es für den Dichter fest, daß eine eigene Agamemnon-Tragödie wird folgen müssen, in der, wie es ja dann auch geschehen wird, Kassandra und Thestor, der Vater des Priesters Kalchas, eine wesentliche Rolle spielen sollen. Schon auch wird, im Hinblick auf die Möglichkeit einer ›Orestie‹, der Gedanke einer Tetralogie erwogen, in der nur für ein Motiv der Sage ›kein Platz sein wird‹, für eine ›Iphigenie auf Tauris‹, die in der delphischen Iphigenie ja gleichsam mit eingeschlossen ist. Unterm 25. März 1943 meldet Behl aus Agnetendorf eine neunte, gestraffte Fassung – inzwischen waren, in der Festschrift zum 80. Geburtstag, die ersten vier Szenen des ersten Aktes der achten Fassung veröffentlicht worden; in ihnen hatte er noch den Geist des gesteinigten Palamedes erscheinen und sprechen lassen: es kann kein Zweifel sein, daß die neunte Fassung einen Fortschritt gegenüber ihrer Vorläuferin darstellt. Nichts ändern aber mehr Einwände Müthels aus Wien, der das Werk zu drohend und zu deprimierend fand. Er hält Müthel die düstere Art der antiken Tragödie entgegen, Aischylos und Sophokles hätten nichts ›von einer heiteren Götterwelt‹ gewußt, und er bezeichnet als das seinem eigenen Gefühl nach Stärkste an dem Drama ›die Erweckung Iphigeniens durch die erotische Phantasmagorie um Achill zur Liebe und zum Opfertod‹. Am 20. Juni 1943, da er sich mit dem Briefe Müthels auseinandersetzt, fallen wesentliche Worte. Wenn Müthel, so tat er dar, von einem ›blutigen Präludium zum trojanischen Kriege‹ spreche, so habe er recht, aber er fügt hinzu: ›Und wie sollte es denn auch anders sein?‹ Oder er meinte: ›Einige antike Schriftsteller nennen als Grund des Festliegens der Griechenflotte in der aulischen Bucht den Sturm, andere die Windstille. Ich finde die Windstille viel unheimlicher. Es gibt nichts Lastenderes, Bedrückenderes als einen ewig blauen Himmel.‹ Am 22. Juli 1943 wird Hauptmann, in Dingen der Metrik nie orthodox, unmutig, da der Korrektor an Stellen genaueres Einhalten des Versmaßes fordert. Der Dichter entscheidet sich in solchen Fällen immer für den natürlicheren, vor allem den drama-

tischeren Ton, und erklärt souverän: ›Überschüssige oder fehlende Versfüße habe ich oft ganz absichtlich nicht in Ordnung gebracht.‹ ... Aus der Freude an der gelungenen ›Iphigenie in Aulis‹ ergibt sich wie von selbst der Plan zu ›Agamemnons Tod‹, im Juli 1942 wird mit der Arbeit begonnen, und schon am 20. August können (Erhard) Kästner und Behl fertige Szenen lesen, schon ›zeichnen sich die Konturen der Tragödie klar und einfach ab‹, am 11. September ist die Arbeit fertig, die der Dichter zunächst aber noch nicht als endgültig betrachtet zu haben scheint, im Jänner 1944 denkt er daran, das Ganze zu überarbeiten, am 2. August 1944 aber läßt er sich die im Spätsommer 1942 entstandene Fassung – die zweite genannt, wenn man unter der ersten einzelne lose Szenen versteht – vorlesen, und siehe da: er kann sich durchaus und endgültig für sie entscheiden und kommt, aus seiner Freude am glücklich gewonnenen Werk, auf den Einfall, nun auch noch, so ganz dann der Linie der Alten folgend, ein Satyrspiel zu schreiben. Dazu ist es nicht mehr gekommen ... Noch aber fehlte das letzte Verbindungsstück, noch mußte die grausigste Handlung, Klytämnestras Ermordung durch den Sohn und die Rache an Ägisth, gestaltet werden, noch gab es keine ›Elektra‹. Und doch lebte sie schon in Hauptmanns Seele und formte sich schon in seinem Geist, und Mahnungen von außen begegnen sich mit solchen von innen. Zunächst geht die Arbeit an anderem weiter: am ›Neuen Christophorus‹ vor allem, oder an der Novelle ›Mignon‹, deren letzte Fassung im August 1944 abgeschlossen wird. Dann aber kommt es wie ein plötzlicher Durchbruch: am 6. Oktober 1944 beginnt der im 83. Lebensjahr Stehende die ›Elektra‹ zu schreiben, am 4. November, nach einer Arbeitszeit von 29 Tagen, ist der Akt, mit einer Selbständigkeit den Vorlagen gegenüber, die nur genial genannt werden kann, vollendet, und es bedarf keiner Änderung mehr, die Säule fügt sich in den Tempelbau. Pylades ist nun, nach Hauptmanns persönlich-souveräner Konzeption, erst wirklich einbezogen in den Ring des Tragischen, er ist es, der Ägisth durchbohrt, und Orestes tötet seine Mutter, als sie ihn angefallen, ihn zu erwürgen. Pylades, bei Goethe noch nicht mehr als des Orestes hellerer Freund, ist nun selbst Schicksalsträger geworden; die Verdichtung aber der blutig-schauerlichen Schicksalsstimmung auf der Szene ist von bannender Größe ...«
Wenige Wochen nach Abschluß der »Elektra«, Anfang Februar, reiste Hauptmann nach Dresden und erlebte am 13. und 14. Februar 1945 die Bombenangriffe feindlicher Flugzeuge auf die von Flüchtlingen überfüllte Stadt und deren Zerstörung: ein Inferno ohnegleichen. Seine Rede

zum Untergang der Stadt, die am 29. März 1945, fünf Wochen vor Kriegsschluß, über den Rundfunk verlesen wurde, bezeugte Hauptmanns Leiden an den Ereignissen der Zeit:
»Wer das Weinen verlernt hat, der lernt es wieder beim Untergang Dresdens. Dieser heitere Morgenstern der Jugend hat bisher der Welt geleuchtet. Ich weiß, daß in England und Amerika gute Geister genug vorhanden sind, denen das göttliche Licht der Sixtinischen Madonna nicht fremd war und die von dem Erlöschen dieses Sterns allertiefst schmerzlich getroffen weinen.
Und ich habe den Untergang Dresdens unter den Sodom- und Gomorra-Höllen der englischen und amerikanischen Flugzeuge persönlich erlebt. Wenn ich das Wort ›erlebt‹ einfüge, so ist mir das jetzt noch wie ein Wunder. Ich nehme mich nicht wichtig genug, um zu glauben, das Fatum habe mir dieses Entsetzen gerade an dieser Stelle in dem fast liebsten Teil meiner Welt ausdrücklich vorbehalten.
Ich stehe am Ausgangstor des Lebens und beneide alle meine toten Geisteskameraden, denen dieses Erlebnis erspart geblieben ist.
Ich weine. Man stoße sich nicht an dem Wort weinen: die größten Helden des Altertums, darunter Perikles und andere, haben sich seiner nicht geschämt.
Von Dresden aus, von seiner köstlich-gleichmäßigen Kunstpflege in Musik und Wort sind herrliche Ströme durch die Welt geflossen, und auch England und Amerika haben durstig davon getrunken. Haben sie das vergessen?
Ich bin nahezu dreiundachtzig Jahre alt und stehe mit einem Vermächtnis vor Gott, das leider machtlos ist und nur aus dem Herzen kommt: es ist die Bitte, Gott möge die Menschen mehr lieben, läutern und klären zu ihrem Heil, als bisher.
29. März 1945, Agnetendorf«
Als am 9. Mai 1945 russische Truppen das schlesische Agnetendorf besetzten, erhielt Hauptmann für sein Haus Wiesenstein von der ihm freundliche Aufmerksamkeit bezeugenden russischen Besatzungsmacht einen Schutzbrief. Anfang Oktober 1945 formulierte er aus dem schon an Polen gegebenen Schlesien noch einen »Aufruf an das deutsche Volk«, in dem es hieß: »Es gibt keinen Augenblick, in dem ich nicht Deutschlands gedenke... Und so hoffe ich fest, noch an der allgemeinen Wiedergeburt voll teilnehmen zu können.« – Das Angebot des russischen Obersten Sokolow, im Zuge der Evakuierung Schlesiens von deutschen Einwohnern nach Berlin zu übersiedeln, brauchte nicht mehr akzeptiert zu werden. Hauptmann starb – 83 Jahre alt – am 6. Juni 1946 in Agnetendorf.

Die Uraufführungen
der beiden Eckstücke der Tetralogie, der beiden »Iphigenien«, wurden schon wegen ihrer dichterischen Substanz große Theaterereignisse im Reich. – Die Uraufführung der »*Iphigenie in Delphi*« fand am 15. November 1941 im Staatlichen Schauspielhaus Berlin statt (Regie: Jürgen Fehling, Bühnenbild: Rochus Gliese, Iphigenie: Hermine Körner, Elektra: Maria Koppenhöfer, Orest: Bernhard Minetti, Pylades: Gustav Knuth, Oberpriester Pyrkon: Friedrich Kayßler, zwei junge Priester: Franz Nicklisch, Ulrich Haupt). Ähnlich hoch gewertet und besetzt war die Aufführung im Burgtheater am 15. Februar 1942, Regie: Lothar Müthel, Bühnenbild: César Klein, Iphigenie: Maria Eis, Elektra: Liselotte Schreiner, Orest: Heinz Woester, Pylades: Curd Jürgens, Oberpriester Pyrkon: Raoul Aslan, zwei junge Priester: Helmut Krauß, Hans Lietzau. »*Iphigenie in Aulis*«: Uraufführung Burgtheater Wien, 15. November 1943. Regie: Lothar Müthel, Bühnenbild: César Klein, Agamemnon: Ewald Balser, Klytämnestra: Käthe Dorsch, Amme: Maria Eis, Iphigenie: Käthe Braun. – Es war die letzte Uraufführung und der letzte große Erfolg eines Hauptmannschen Werks zu Lebzeiten Hauptmanns. (Im September 1944 wurden alle deutschen Theater wegen der Kriegslage geschlossen.) – »*Agamemnons Tod*« und »*Elektra*« wurden erst nach Kriegsschluß uraufgeführt. »Agamemnons Tod« wurde am 28. Juli 1946 über den Drahtfunk des amerikanischen Sektors in Berlin ursgesendet. – Uraufführung beider Stücke: Kammerspiele des Deutschen Theaters Berlin, 10. September 1947. Regie: Heinz Wolfgang Litten, Klytämnestra: Gerda Müller, Agamemnon: Walther Süßenguth.
(Die gesamte »Atriden-Tetralogie« faßte Erwin Piscator 1962 zu einem Abend zusammen. Mit dieser um- und bestrittenen Inszenierung, die Hauptmanns Stück auf den politischen Hintergrund seiner Entstehungszeit zurückzuführen versuchte, eröffnete am 7. Oktober 1962 die letzte Piscator-Direktion in Berlin.)
Reinhold Schneider, selbst ein Verfolgter des NS-Regimes, schrieb zur Tetralogie am 7. Dezember 1949 in der »Neuen Zeitung«:
»... Mit dem Thema des durch die Schuld erkauften, mit Schuld überzahlten Sieges traf Hauptmann in die Mitte des Geschehens jener furchtbaren Jahre; todesdunkle Untergangsstimmung ist über die Tragödien gebreitet: ›der Wahnsinn herrscht‹; ›einst war ein Reich, man hieß es Griechenland‹; ›die Erde hat gebebt. Der Menschen Städte erzittern, fürchten ihren Untergang‹. ›Dies ist kein Tag wie andre: Sternenklar ist draußen zwar die Nacht, allein Gewölk der Schicksalsgötter macht uns fast ersticken.‹ So verdüstert sich die Bühne die-

ses Alterswerkes bis zu den letzten Worten Klytemnästras: ›Die Welt soll endlich sterben: sie wie wir.‹ Erst das Opfer Iphigenies in Delphi geschieht im Angesichte eines ›schwer erkämpften, neuen, wahren Morgens‹. Nachdem die sich den Ihren entziehende, dem Gotte sich opfernde Tochter Agamemnons im Heiligtum entschwunden, nun wahrhaft ›ins Göttliche hineingestorben‹ ist, wie sie sagt, darf Pylades das Licht grüßen und die ungeheuren Worte sagen: ›Der Gott hat die Erinnyen verjagt.‹ . . . Wir suchen nach Dichtungen, die uns vor Augen stellen, was sich im Verborgenen begeben hat; nach Dichtungen, die mit der unabweisbaren Gewalt der szenischen Handlung uns selber und unser Volk einfordern zur sittlichen Läuterung, zur Auseinandersetzung mit dem Mißbrauch der Macht und des Menschen mit dem eigentlichen, brennenden Problem der von uns erlittenen Geschichte, aber auch nach Dichtungen, die uns mit einer Verheißung beschenken, sofern die Läuterung wirklich gewollt wurde, wirklich vollzogen ist. Ein solches Werk hat uns Gerhart Hauptmann hinterlassen; es steht schon jenseits des bürgerlichen Theaters, dem er sein Leben, seine mächtige Gestaltungskraft, sein leidenschaftlich mitfühlendes Herz gewidmet hat. Mag manche Einzelheit uns befremden oder auf Widerspruch stoßen; es bleibt erschütternd, mit welchem Ernste der Dichter in einer zusammenbrechenden Welt – die ja zu einem Teil seine Welt war –, um uns stärkende Bilder gerungen hat; wie er, gegen Ende seines Lebens, noch einmal bewußt das Geschichtliche aufgegriffen hat, in dessen siegverheißender Strömung er am Aufgang seiner Bahn gestanden. Noch einmal sucht er die Gewissen zu erschüttern, versetzt er uns in das Reich der Nemesis, an das er zu Anfang seines Weges das soziale Gewissen verwies:
Die Kraft der Wandlung überwältigt uns,
so euch wie mich: was wir vorhin gewesen,
das sind wir nicht mehr.«

Günther Weisenborn   Die Illegalen

»Drama aus der deutschen Widerstandsbewegung«. Im Herbst 1945 in Berlin-Schmargendorf »niedergeschrieben als Denkmal der Schafottfront«. Bühnenmanuskript Aufbau-Verlag, Berlin 1946. – Erste Veröffentlichung in: Weisenborn, »Historien der Zeit« (drei Stücke), Aufbau-Verlag, Berlin 1947. – Erste westdeutsche Veröffentlichung: »Die Illegalen«, Verlag R. Piper & Co., München 1948.

Weisenborns Schauspiel war das erste, das sich nach dem Zusammenbruch des Dritten Reiches mit der Widerstandsbewegung gegen Hitler beschäftigte. Es verstand sich als Denkmal für die Opfer. – Mit den »Illegalen« begann Weisenborn 1945 den Rückgriff auf das aktuelle Zeitstück der zwanziger Jahre. Er hatte damals mit seinem Schauspiel über die Katastrophe eines amerikanischen U-Boots, »U-Boot S 4« (Uraufführung Volksbühne Berlin, 16. Oktober 1928), selbst eines der frühesten Zeitstücke geschrieben, die unmittelbar auf aktuelle Vorkommnisse antworteten. Weisenborn (geb. am 10. Juli 1902 in Velbert, Rheinland) war im Umkreis Erwin Piscators (s. Band 2) groß geworden; von ihm hatte er das politische Engagement in der Literatur übernommen. Sein Stück »SOS oder die Arbeiter von Jersey. Ein Passionsspiel aus unserer Barbarei« (1930, Urauff. 16. Februar 1931 in Coburg), der Studentenroman »Barbaren« und die Arbeit mit Bertolt Brecht an der Dramatisierung von Gorkis Roman »Die Mutter« (Uraufführung 16. Januar 1932, Gruppe junger Schauspieler, Berlin) führten ihn zu den linksengagierten Schriftstellern der Weimarer Republik. Bei der öffentlichen Bücherverbrennung am 10. März 1933 vor der Humboldt-Universität in Berlin brannte auch sein Roman »Barbaren«. Weisenborn emigrierte nach New York, doch veröffentlichte er, z. T. unter Pseudonym Foerster – Munk, in Deutschland 1934 erfolgreiche Schauspiele wie »Die Neuberin« (Urauff. 24. Mai 1935, Deutsches Künstlertheater Berlin), das Robert-Koch-Stück »Die guten Feinde« (1937) und Romane wie »Das Mädchen von Fanö« (1935) oder »Die Furie« (»Roman aus der Wildnis«, Rowohlt 1937).

1937 kehrte Weisenborn aus der Emigration nach Deutschland zurück. Als der Schauspieler Heinrich George, der 1928 die Hauptrolle in Weisenborns »U-Boot S 4« gespielt hatte, im Herbst 1938 Intendant des erneuerten Schillertheaters in Berlin wurde, rief er Weisenborn zu sich als Chefdramaturg; 1941 wechselte Weisenborn über in den Großdeutschen Rundfunk. Damals hatte er bereits Kontakte zu der Widerstands-

gruppe »Rote Kapelle«, die von dem Oberleutnant im Reichsluftfahrtministerium, Harro Schulze-Boysen, und dem Oberregierungsrat im Reichswirtschaftsministerium, Arvid Harnack, mit und zur Unterstützung der Sowjetunion organisiert wurde. Regierungsbeamte, Schriftsteller und Professoren bildeten den inneren Kern der Gruppe, die wichtige militärische Informationen (Rüstungsdaten, Angriffsplanungen) nach Moskau funkte und mit ihren anderen Mitgliedern Flugblatt-Aktionen (wie die gegen die Berliner Ausstellung »Das Sowjet-Paradies«) unternahm, die Schulze-Boysen in seiner Offiziersuniform oft begleitete und mit der Dienstpistole schützte. 1942 flog die illegale Widerstandsgruppe auf. Auch Weisenborn wurde verhaftet und kam nach neun Monaten Einzelhaft für zwei Jahre in das Zuchthaus Luckau, »die Welt der Verlorenen, der Todeszellen, der Klopfzeichen«. Über diese Beteiligung am illegalen Widerstand, die auch den Stoff der »Illegalen« abgibt, und jene Haft berichtete Weisenborn in seinem »Memorial« (1948, gleichzeitig bei Desch, München, und im Aufbau-Verlag, Berlin):

»Nachdem H. (Harro Schulze-Boysen, Anm. d. Hsg.) mich wochenlang genau geprüft und ich meine Zustimmung gegeben hatte, ›mir das mal anzusehn‹, lud er mich eines Abends in seine Wohnung ein. Hier saß ein kleiner, dunkelhaariger Mann mit Brille, eines jener intelligenten Arbeitergesichter aus dem Ruhrgebiet, der Walter genannt wurde, und Kurt, ein junges, helles Künstlergesicht mit kurzen, blonden Haaren und einem gewissen reinen Fanatismus in den Augen.

Es war der erste Treff, das erste illegale Zusammensein. Wir sprachen über allgemeine Dinge, dann kamen wir auf das Regime zu sprechen. Es war 1937. ›Wenn Sie dagegen sind, müßten Sie dann eigentlich nichts dagegen tun?‹ fragte der, der Kurt hieß. H. blickte mich gespannt an, als sei ich sein Sohn in einer Schulprüfung.

Ich nickte zaghaft. Nun sprachen wir darüber, ob es Sinn habe, etwas dagegen zu tun. Es sei doch fast aussichtslos. Das Risiko sei unmenschlich. Aber wenn viele, wenn Hunderttausende etwas tun, sieht es dann nicht ganz anders aus?

Hier saßen vier junge Männer an einem Tisch, auf dem Teetassen standen, und am Ende gaben sie sich alle die Hand. Als ich ging, duzten wir uns. Sie waren Männer, die Mut hatten und mir Mut gemacht hatten ...

Ich war kaum vier Wochen in der Gruppe, als Gisela von der Gestapo verhaftet wurde.

Es gab fieberhafte Arbeit. Es mußten Pakete mit Flugblättern nachts

zu anderen Adressen gebracht werden. Ich fuhr mit meinem Wagen hinter H.s Wagen her, der erfahrener war als ich und Ausschau hielt. Wenn er dreimal hintereinander das Bremslicht aufleuchten ließ, sollte ich sofort wenden oder abbiegen. Es ging alles gut.
Am Tag packten wir. Wir planten eine Flucht nach Holland, wo wir einen Freund hatten. Aber dann bekam H. Winke, die ihm bewiesen, daß die Gefahr an uns vorüberging. Er wurde von der Gestapo verwarnt, die nichts von unserer eigentlichen Tätigkeit erfahren hatte. Wir atmeten auf... Als ich ihm mitteilte, daß ich eventuell am ›Großdeutschen Rundfunk‹ in der Informationsabteilung angestellt werden könne, sagte H.: ›Das mußt du unbedingt annehmen.‹
Es war im November 1941, und ich hatte bis dahin als freier Schriftsteller gelebt. Eine große Chance wartete dort für unsere Gruppe. Ich wurde angestellt und gewöhnte mich an die kontrollierende SS, aber ich war zutiefst entsetzt, als ich in den ersten Wochen einen gründlichen Einblick in die gewitzten Techniken und die emsigen Praktiken der NS-Entstellung bekam. Hier in der Weißglut der Nachrichtenzentrale, ständig am Draht von Goebbels und Fritzsche gelenkt, bekam ich eine fürchterliche Bestätigung von der absoluten Verruchtheit des Naziregimes. Die geheimen Anweisungen in ihrer nackten Brutalität, die DNB-blau-Kommentare, die geheimen Lageberichte der SS, die I-Tendenzen, ein hitziger Lügenabsud, dessen Extrakt täglich durch sechzehn Millionen Radioapparate in die Ohren unseres Volkes geträufelt wurde und der jedes oppositionelle Gefühl des wehrlosen Volkes betäubte und seine vernichterischen Instinkte alarmierte. ...
Der Abteilungsleiter im Funkhaus gab mir eine der üblichen Greuelmeldungen und sagte: ›Dies muß unbedingt gebracht werden. Anordnung von oben!‹ Die Nachricht besagte, daß im letzten Jahr in der Sowjetunion 32 000 Ärzte getötet worden seien, um damit die Vernichtung der bürgerlichen Intellektuellen dort zu dokumentieren.
Ich diktierte die Nachricht, fügte jedoch eine Null hinzu, wie man das in der Zerstreutheit eben tut. Die Sekretärin merkte nichts. Die Nachricht ging auf Wachs und über den Sender. Abends verkündete der Großdeutsche Rundfunk also in sechs Sprachen, daß in einem Jahr nicht weniger als 320 000 Ärzte in Rußland getötet worden seien.
Jeder Dummkopf mußte merken, daß es soviel Ärzte in einem Land nicht gibt, daß unmöglich jeden Tag 800 Ärzte getötet werden können, daß diese ganze Meldung eine gemeine Lüge war, daß der Großdeutsche Rundfunk gemeine Lügen verbreitete.

Es gab natürlich ein heftiges Nachspiel, aber es blieb beim Diktierfehler. Diese Meldung wurde prompt von Moskau und London aufgegriffen und diente als Beweis für die Lügenhaftigkeit des Berliner Rundfunks. Der gewaltige Großdeutsche Rundfunk wurde bloßgestellt durch eine einzige Null.

O., ein Bekannter, teilte mir im August 1942 unter dem Siegel des Vertrauens mit, daß ein Freund von ihm, ein junger Soldat, einen Koffer bei ihm untergestellt habe. In dem Koffer seien politische Schriften, Broschüren, Manuskripte. Die Sache komme ihm nicht geheuer vor. Ob ich mir den Koffer nicht einmal ansehen wolle. Ich weiß, daß eine illegale Gruppe bei Gefahr ihr Material bei angesehenen, unpolitischen Bürgern unterstellt. Der Fall lag anscheinend vor. Welcher Art mochte jene Gruppe sein? Gut, ich fahre mit ihm in seine Wohnung. Wir öffnen den Koffer, ich knie davor und sehe mir die Papiere an. Im gleichen Augenblick ist mir, als stürze das Haus über mir zusammen. Es ist das Material unserer eigenen Gruppe. Es ist in Sicherheit gebracht, also ist Gefahr!

Es ist H.s persönliches Material, ich erkenne seine Doktorarbeit, seine Entwürfe, Notizen, seine Schrift. Was ist mit H.? Ich bin kalt vor Schrecken und stehe auf. Es gelingt mir, meine Panik vor O. zu verbergen. Er bemerkt nichts Außergewöhnliches an mir. Wir trinken Kaffee und reden über gleichgültige Dinge. Er erlaubt mir, einige Schriften mitzunehmen. Er solle den Koffer gut verborgen halten, ja keinem zeigen, nicht darüber sprechen. Ich gehe. Von einer Telefonzelle rufe ich H. im Luftfahrtministerium an. Man sagt mir, er sei auf einer Dienstreise. Wann er zurückkehre? Das sei ganz unbestimmt. Verhaftet. Und Verhaftung des Kopfes. Also: Alarm! . . .

Es klopfte laut an unsere Ateliertür am Wittenbergplatz in Berlin. Wir wurden wach, es war noch dunkel, fünf Uhr.

Ich öffnete die Tür, vier Männer drangen herein, Zivilisten, die Hände in den Manteltaschen. ›Kriminalpolizei‹, sagte einer. Er war der Gestapokommissar.

Sie verteilten sich sofort, einer kontrollierte den Radioapparat. Wir mußten uns anziehen.

›Sie müssen beide mitkommen‹, sagte der Kommissar, ›es kann etwas länger dauern. Packen Sie einen Koffer.‹

Joy packte einen Handkoffer.

›Sie denken wohl, Sie kommen in eine Gemeinschaftszelle‹, schnauzte er sie an. ›Packen Sie nur zwei Koffer.‹

Wir packten zwei Koffer. Als Joy stolperte, sagte der Kommissar:

›Falln Se langsam, dann ham Se mehr Jenuß davon!‹ Sie stand wie eine Flamme, voller schneidender Verachtung.

Zwei der Männer blieben in der Wohnung. Unten warteten zwei Privatautos mit zwei Fahrern in Zivilkleidung. Die Hausbewohner starrten durch alle Gardinen. Sie wurde in das erste Auto gebracht und abgefahren. Der Kommissar setzte sich zu mir und sagte dem Fahrer: ›Na, dann wollen wa mal.‹ Man fuhr mich in die Prinz-Albrecht-Straße, wo ich mit dem Lift in den Keller gebracht wurde. Und in die Zelle.

An jenem Tag hatten die Gestapoleute noch jenen forschen, umgänglichen Ton, mit dem sie Vertrauen zu erwecken suchten, jenes ›wat denn ... wat denn ... nö, mein Lieber ... es geht alles vorüber ...‹
Es ging alles vorüber.

Die Vernehmung war nicht gut verlaufen, die letzten Aussichten für mich waren dahin, denn es lag eine zweite Aussage gegen mich vor. Und zwei Aussagen brauchte das Gericht für sein Todesurteil. Die erste Aussage war von mir durch nichts mehr zu erschüttern, denn der Aussagende war bereits hingerichtet. Aber die zweite Aussage stammte von einem, der noch lebte, ja, der ebenfalls im Gestapokeller lag. Und zwar neben mir in Zelle 8, es war K.

Es war eine Aussage, die für ihn nicht sehr entscheidend war, sie war ihm anscheinend bei dem tagelangen Frage-und-Antwort-Spiel mit unterlaufen. Und er ahnte sicher nichts von der Tragweite dieser Aussage für mich. Er ahnte nicht, daß sie mich im buchstäblichen Sinn des Wortes vernichten würde. Der Kommissar oben hatte seine zweite Aussage gegen mich, er rieb sich die Hände, und das Gericht hatte damit automatisch ein Todesurteil für mich. Es war alles in Ordnung.

Ich saß eine Zeitlang zerschmettert und feige auf dem Stuhl, bereit, mich aufzugeben, von dem wochenlangen Kampf der Gehirne erschöpft. Gut, da habt ihr mich!

Die Mauer war vielleicht dick, wie ein Arm lang ist. Ich betrachtete sie. K. mußte seine Aussage zurückziehen, dann war die alte Situation wiederhergestellt. Ich mußte ein System finden, um mit ihm zu klopfen. Ich mußte ihm hinüberklopfen, wie meine Lage war.«

Weisenborn wurde erst 1945 durch die russischen Truppen aus der Haft befreit, für kurze Zeit war er Bürgermeister von Luckau, ging dann nach Berlin. Er gründete dort mit dem Regisseur Karlheinz Martin das Hebbel-Theater, das im westlichen Sektor Berlins in den ersten Nachkriegsjahren eine führende Rolle spielte, und gab zwei Jahre lang die

satirische Zeitschrift »Ulenspiegel« heraus. Seine wichtigste Arbeit wurde die Niederschrift der »Illegalen«.

Die neue Aufgabe der Bühne formulierte Weisenborn im Oktober 1945 so:

»Die wichtigste Funktion der Bühne, neben dem Vergnügen, ist die öffentliche Erschütterung, ist das in Verantwortung orchestrierte Erlebnis eines Dramas. Die Szene soll uns allen helfen, sehen und denken zu lernen, die Szene soll wieder Meinungen, Bewegungen der gehorsam steif gewordenen Gehirne, innere Erregung, Vernunft und damit Impulse geben, die Dichtung unserer Zeit ist Ende und Anfang zugleich.«

Das war die 1933 aufgegebene dramaturgische Position des Zeitstückes der zwanziger Jahre.

Das Stück

»Die Illegalen« wurden deswegen unmittelbar bedeutsam, weil sie noch 1945 das gerade dem Krieg entkommene, uninformierte Volk über den Widerstand gegen Hitler aufzuklären versuchten. Das Vorwort zur Buchausgabe formuliert ausdrücklich: »Dieses Schauspiel möge den Anstoß geben, daß die Taten der illegalen Organisationen überall in der Öffentlichkeit berichtet und diskutiert werden.« Friedrich Luft schrieb in seiner Einführung zur Buchausgabe unter dem Titel »Helden ohne Heroik«, der »Die Illegalen« gegen die »heroische« Dramaturgie des NS-Staates stellte, zum Autor und zum Stück:

»Hier ist einer, der durch die Hölle eines ›Tausendjährigen Reiches‹ gegangen ist und sich nicht festhielt an den kleinen Lügen, mit denen sich die meisten von uns über ihr Gewissen hinweghalfen, das täglich hätte schreien müssen. Einer ist mit seiner Gruppe Illegaler aufgestanden gegen das Ungetüm der Gewalt und Verkehrtheit. Der Koloß hielt alle Macht in den Händen und erstickte jeden, der sich ihm feindlich zu nähern versuchte, um ihm auch nur einen Nadelstich zu versetzen. Günther Weisenborn ist in die Gefängnisse und die Zuchthäuser dieses blutigen und gnadenlosen Tyrannen eines falschen Staates gewandert. Und er hat die Männer verloren, die mit ihm ausgegangen waren, das scheinbar Sinnlose zu wagen. Die Freunde ließen ihr Leben auf dem Schafott. Helden, deren Namen, bevor ihr Haupt fiel, in die Gosse geworfen und mit dem Unrat der Lüge überschüttet wurden. Unheldische Helden, die keinen Orden gewärtigen konnten, keinen Ruhm und keine lobende Erwähnung. Keinen Lohn hatten sie zu erwarten für das Todesmutige, das sie taten . . .«

Die Uraufführung

Die Uraufführung der »Illegalen« fand am 21. März 1946 im »Studio 1946« des Hebbel-Theaters in Berlin statt (Regie: Franz Reichert). Danach ging das Stück über fast alle deutschen Bühnen. Paul Rilla schrieb in der »Berliner Zeitung« am 23. März 1946 über die Aufführung:

»Günther Weisenborn, der Dramatiker und Erzähler, gehört zu den Überlebenden der illegalen deutschen Widerstandsbewegung gegen Hitler. Er hat in Berlin während des Krieges politisch gekämpft, wurde 1942 verhaftet und erst am Kriegsende aus dem Zuchthaus Luckau befreit. Das Stück ›Die Illegalen‹ ist das erste politische Zeitstück, das diese innere Front des in Deutschland geführten Kampfes zeigt, aus dem Blickwinkel des Beteiligten zeigt ...

Die Tatsache, daß die illegale Arbeit, wie sie hier geschildert wird, ohne unmittelbare Folgen geblieben ist, daß sie weder die innere deutsche Situation verändern, noch den Verlauf des Kriegs beeinflussen konnte, diese Tatsache erschwert die Position des Dramatikers. Weisenborn hat die Schwierigkeit gesehen. Er läßt den Sprecher des Geheimsenders in seinem letzten Appell das praktische Ziel preisgeben. Nicht mehr Widerstand, der den totalen Zusammenbruch abwendet, sondern der unvermeidliche totale Zusammenbruch als das Fazit, aus dem künftig die Lehre gezogen werden muß. Weisenborn überspringt die damalige Situation und landet in der Gegenwart, für die der illegale Kampf im Krieg nur noch die Bedeutung des aufrüttelnden heroischen Beispiels hat.

Daher, was diesen Kampf selbst betrifft, jene Gefühlskonflikte, die den Mangel an politischer Perspektive überspielen. Daher auch die Reduzierung auf das Abenteuer – mit dem naiven Stolz des »illegalen« Spezialjargons und mit illuminierten Kampfmethoden, deren Romantik einer realen Kontrolle keineswegs standhält. Ohne einen Blick auf die Wirklichkeit vermöchte man es aus den Unstimmigkeiten im Stücke selbst nachzuweisen, daß sich auf solchen Schleichpfaden indianerhaften Manövrierens der illegale Kampf nicht abgespielt haben kann. Selbst die glänzend gebaute Szene bei der Gestapo leidet unter sorgloser Motivierung.

Das Stück bleibt im Stoff brüchig. Dennoch ein wichtiges Stück – das Stück eines Dichters. Seine Stärke ist die Stärke des inneren Gesichts. Mögen die Vorgänge nicht stimmen, der Ton stimmt. Es kam Weisenborn weniger darauf an, wirkliche Kämpfe zu zeigen, als den Heroismus des isolierten und hundertfach bedrohten Kampfwillens zu

gestalten. Eines Kampfwillens, der sich immer wieder im Anlauf erschöpfen muß, weil das Ziel immer wieder ins Nebelhafte entweicht. Die Bedeutung wie die Tragik dieser deutschen Widerstandsbewegung ist damit in ihren wahren Proportionen am Ende doch erkannt. Der Widerstand, der sich in kleine Gruppen aufsplittert, weil längst der Augenblick verpaßt war, zu einer großen Organisation der sozialen Kräfte durchzustoßen. Der Widerstand, der vom Gefühle genährt, von einem todesmutigen Freiheitsdrang beflügelt wird, aber zu methodischer Erkenntnis und praktischer Strategie keinen Zugang mehr findet. Daß es nicht nur die 'unwillkürlich dramatische Bewegung ist, die die Gewichte verlagert, daß vielmehr bewußte Gestaltung am Werk war, möchte man gerade dem wachsamen politischen Instinkt Weisenborns zutrauen.

Weisenborn ist ein Dramatiker. Er hat das Gehör für die Stimm- und Gefühlslage der sachlichen und erregenden menschlichen Ausspra-che, für die Spannungen und Lockerungen des zurückgehaltenen und des ausbrechenden Tons. Die Kneipe, das möblierte Zimmer, der Vernehmungsraum bei der Gestapo: nicht naturalistisches Stenogramm, sondern Knappheit und Farbigkeit, Schärfe und spielerischer (gelegentlich auch verspielter) Witz. Von hier aus ergeben sich von selbst jene rhythmischen Sprachsteigerungen, die mit saloppem, hemdärmeligem Pathos auch über sentimentale Klippen hinwegkommen und noch die musikalische ›Einlage‹ als natürliche Interpunktion setzen. Weisenborn hat früher mit Brecht zusammengearbeitet. Er verdankt dieser Kollektivarbeit den gegenständlichen Balladenton des Chansons, die refrainartigen Stichworte und vor allem die szenische Phantasie, die von den Mitteln des Theaters Gebrauch macht, ohne ihnen die Sache unterzuordnen . . .

Die Aufführung, von Franz Reichert sehr lebendig und mit intensivem Bemühen um die besonderen Stilelemente des Stückes inszeniert, läßt nur den Ausgleich zwischen sprachlich herausgehobenen und dialogisch gleitenden Partien vermissen. Der Gesprächston verliert sich manchmal, anstatt in genauer Akzentuierung den direkten Gefühlsanruf vorzubereiten. Aber die Szene bei der Gestapo mit dem ausgezeichneten Otto Eduard Hasse, mit Franz Nicklisch und der überzeugenden SS-Physiognomie Hans Wiegners ist in ihrer zugleich grellen und gemütlichen Bösartigkeit von beklemmender Wirkung . . .

Das aufwühlende Thema gelangt in den starken Elementen des Stückes wie der Darstellung zu aufwühlender Wirkung. Ein nirgends gleichgültiger, oft erregender Theaterabend. Der beste Start für das

›Studio 1946‹. Ein großer Erfolg des Dramatikers Weisenborn, der zum Schluß stürmisch gerufen wird.«

Weisenborn hat die Leistungen der Widerstandsbewegung gegen Hitler seit 1946 nicht nur ins Bewußtsein gehämmert, er hat die Grundlagen zu ihrer Erforschung mit gelegt, noch in den sechziger Jahren über sie gesprochen oder aus ihrem Geist an den Zuständen der Nachkriegsgesellschaft Kritik geübt. Er war der Meinung, daß nur die Widerstandsbewegung ein anderes Bild von dem nach 1945 geächteten Volk geben könne. Am 11. Mai 1946 sprach er vor den ehemaligen Häftlingen des KZ Sachsenhausen zum ersten Jahrestag ihrer Befreiung im Hebbel-Theater über die Deutsche Widerstandsbewegung (gedruckt in: »Der Aufbau«, Berlin 1946, S. 571 ff.). Am 9. Dezember 1946 antwortete er in der Zeitung der amerikanischen Besatzungsmacht, der »Neuen Zeitung«, auf eine Äußerung von Dr. Gabriele Strecker, die in einem Interview der »New York Times« vom 15. Oktober 1946 gesagt hatte, es habe keine deutsche Widerstandsbewegung gegeben, mit einem Aufsatz: »Es gab eine deutsche Widerstandsbewegung«, der durch seine Fakten, seinen Impuls Situationen und Hintergrund der »Illegalen« verdeutlicht:

» ... Einige kurze Tatsachen mögen den Unwissenden zunächst einen Einblick geben in den wilden, verbissenen Kampf der Widerstandsorganisationen um ihr Vaterland, gegen den Verräter ihres Vaterlandes.

Nach einem Gestapo-Geheimbericht wurden im Olympiajahr 1936 in Deutschland 11 687 Personen wegen illegaler Linkspropaganda verhaftet, dazu kamen 17 168 Verfahren wegen Heimtücke. Das sind fast 30 000 Deutsche, die der Gestapo in einem einzigen Jahr zum Opfer fielen. Da aber auf jeden Verhafteten nach unseren Erfahrungen meist einige kamen, die nicht verhaftet wurden, darf man in jenem Jahr auf 60 000 bis 80 000 Deutsche rechnen, die Widerstand geleistet haben, das sind sechs bis acht Divisionen, das ist eine Armee. Im Jahre 1936 wurden von der Gestapo nach einem ihrer Geheimberichte eineinhalb Millionen Flugblätter erfaßt (genau 1 643 200). Da die von der Gestapo erfaßten Flugblätter jedoch nur ein Teil der überhaupt verbreiteten sind, darf man im Jahre 1936 mit rund 3 000 000 Flugblättern rechnen. Es gab also im Olympiajahr mehr illegale Flugblätter als Parteimitglieder.

Im gleichen Jahr wurden an Betriebsgruppen ausgehoben: In Berlin 9, darunter eine bei Osram, eine in Schöneberg mit 130 Verhaftungen, eine in Steglitz mit 45, eine in Südost mit 116 Mann. Ferner fielen

Gruppen in Görlitz (100), Hamburg (130), Liegnitz, Schwelm (64), Köln (92), Emden (102), Magdeburg, Frankfurt (10), Jena, Leipzig, Dortmund, Darmstadt, Hannover (216), in Potsdam (81 Mann Reichsbanner), in München (23) und so weiter. Fast in allen Städten fielen Gruppen aller antinazistischen Parteirichtungen der Gestapo zum Opfer. Aber jeder Erfahrene weiß, daß die Gestapo stets nur einen Teil erfaßte. Es war ein ständiges Aufwachsen von Gruppen zu beobachten, und nur mühsam wurde die Gestapo mit ihnen fertig. In Berlin gab es während der zwölf Jahre Hunderte von Gruppen, so die Gruppe Sens, Behrend (60), Mahnke (170 Angeklagte), Ott, Köhn, Kowalke, Klein, Altmann, die Studentengruppe ›Rote Standarte‹ und so weiter. In Magdeburg gab es die ›Tribüne‹, in München die Studentengruppe, in allen Städten schlossen sich todesmutige Antifaschisten zusammen. Allein in Berlin wurden im Januar 1941 nach Lageberichten der Gestapo 43 Illegale verhaftet, im Februar 32, im März 41. Sie stiegen an und erreichten im August die Zahl von 1308 Verhaftungen. Natürlich griffen die Verhaftungen mit dem sich verschärfenden Widerstand in den nächsten Kriegsjahren immer mehr um sich. Die Gestapo arbeitete immer verzweifelter, aber auch die Widerstandsorganisationen kämpften auf immer breiterer Front, immer erfolgreicher, immer entschlossener. Nach weiteren Gestapoberichten kann man wahrscheinlich mit rund 800 bis 1000 Verhaftungen Illegaler in Deutschland während jedes einzelnen Monats der Hitlerzeit rechnen.

Aus den einzelnen Gruppen gab es große Organisationen der Widerstandsbewegung, die sich über ganz Deutschland erstreckten. Hier ist vor allem die Gruppe Uhrig zu nennen, die rund 10 000 Mann umfaßte und mit 74 Funktionären arbeitete, ferner der Römerkreis mit etwa 120 Hingerichteten, dann die ›Europäische Union‹, deren Mitglieder, hauptsächlich deutsche und ausländische Arbeiter, in die viele Tausende gingen, die 3000 Mann starke KDF-Gruppe (Kampf dem Faschismus) in Hamburg. Die ›Schulze-Boysen-Harnack-Gruppe‹ schließlich, der rund 600 Menschen angehörten, von denen zwei Drittel an das Schafott traten, Offiziere, Künstler, Arbeiter, Ärzte, erstreckte sich von Brüssel bis Berlin. Besonders sei die mächtige Saefkow-Gruppe genannt, die einen zentralen Zusammenschluß aller nazifeindlichen Organisationen versuchte und deren Kontakte von Hamburg bis Tirol gingen. Sie war die stärkste. Ihre Mitgliederzahl ging in die Zehntausende. Sie hatte etwa 500 Hingerichtete. Es sei auch nicht die sozialistische Gruppe ›Neubeginnen‹ vergessen, die ebenfalls über ganz Deutschland verbreitet war und deren Mitgliederzahl in

die Tausende ging. Dabei sei die 20.-Juli-Gruppe nicht besonders erwähnt, da sie allgemein bekannt ist.

Dies sind nur einige Tatsachen, aber bald werden alle Organisationen ihre Einzelberichte gesammelt und zu Gesamtberichten verarbeitet haben, die in Kürze der Öffentlichkeit vorgelegt werden dürften.

Diese Zahlen mögen vorläufig beweisen, daß die Äußerung von Frau Gabriele Strecker eine leichtfertige war. Aber was sie als Vertreterin der deutschen Frauen im Ausland ganz besonders bewegen müßte, das ist die ungeheure Beteiligung der deutschen Frauen an der Widerstandsbewegung, und der Heldenmut, mit dem sie reihenweise in den Tod gingen. Hier sind Tausende von hingerichteten Frauen aller Parteirichtungen von Lilo Hermann bis zur Gräfin Erika von Brockdorff-Rantzau Beweise dafür, daß der Satz jener Frau Strecker unrecht ist und unrecht tat. Diese Frauen waren Arbeiterinnen, Studentinnen, Künstlerinnen, Ärztinnen. Sie waren Mütter, sie waren Geliebte und sie wurden oft gefoltert. Zwei junge Frauen, die während unseres Prozesses in der Gestapozelle Mutter wurden, kamen nach einigen Wochen auf das Schafott. Die Kinder wurden von der Gestapo weggegeben. Es gab zahllose Frauen, die sich selbst belasteten, um ihre Männer zu entlasten, Frauen, die Selbstmord begingen, um nichts Belastendes gegen andere aussagen zu müssen, Tausende von Frauen, die mit blassem, leuchtendem Gesicht ihren Weg in die Finsternis gingen, um ihr Vaterland zu retten. Es gab herzbewegende Konflikte, Heldentaten, Liebesbeweise, kameradschaftliche Opfer bis in den Tod hinein. Nie war der Mensch größer, als in den deutschen Kellern jener Welt, in der der Mensch am kleinsten war.

Die Widerstandsbewegung war eine verheimlichte Armee gegen Hitler, die von 1933 bis zur Kapitulation täglich viele Tote hatte und deren erlittene Haftjahre eine astronomische Zahl ergeben würden. Ich weiß nicht, ob Frau Strecker jemals eine Woche hinter Gittern verbracht hat. Dort hätte sie jedenfalls zahlreiche Mitglieder der Widerstandsbewegung kennengelernt. Nicht umsonst hatte Hitler 88 Konzentrationslager mit Millionen von oppositionellen Menschen, nicht umsonst waren alle Gefängnisse und Zuchthäuser überfüllt mit politischen Gefangenen. Wenn die deutsche Widerstandsbewegung nicht gewesen wäre und die Macht Hitlers nicht ständig empfindlich gestört hätte, so wäre der Krieg, der sowieso verloren war, beträchtlich später zu Ende gegangen. Und das hätte uns Deutschen und allen Kriegsführenden weitere Hunderttausende von Toten gekostet.

Der Vergleich mit den Widerstandsbewegungen in Frankreich, Nor-

wegen, Jugoslawien und anderen Ländern ergibt folgende Tatsachen: In jedem der genannten Länder hatte die Gestapo nur einige Jahre Zeit, in Deutschland hatte sie zwölf Jahre Zeit. In jedem der genannten Länder stand die Gestapo völlig neuen Akten, Menschen, Methoden und Sprachen gegenüber, in Deutschland kannte sie alle diese Dinge genau. In jedem der genannten Länder hatten die Widerstandsgruppen ständigen Kontakt mit dem Ausland, in Deutschland war eine Gruppe ganz auf sich allein gestellt. Ihre Situation war isoliert, war fast aussichtslos.

Die deutsche Widerstandsbewegung wird in der Geschichte der Freiheitskämpfe der Welt eine besondere Rolle spielen, da noch niemals die Waffen so ungleich verteilt, noch niemals in der Welt das Todesrisiko, der Sterbekoeffizient so entsetzlich waren. Die Energie, die Unerschrockenheit, die Geschicklichkeit, das Genie und die reine Weltliebe der deutschen Widerstandskämpfer ist der Bewunderung der Welt wert. Das Ansehen unseres Vaterlandes in der Welt wird sich danach richten, was die Welt über den Kampf der Deutschen gegen die Nazidiktatur erfährt.

Darum denke ich, es ist Zeit, endlich einmal der deutschen Widerstandsbewegung Gerechtigkeit widerfahren zu lassen. Ich ergreife hierzu das Wort nur unwillig, da sich sonst niemand rührt. Ich nehme an, daß die Überlebenden zu überlastet sind. Ich persönlich habe nicht die Absicht, als ein Held der Widerstandsbewegung in die deutsche Geschichte einzugehen, ich war nur ein kleines Rad im Getriebe, aber ich bin Zeuge. Und ich spreche hier im Namen zahlreicher Kameraden, die tot sind und deren Taten nicht vergessen werden dürfen. Sie sind das heimliche, das bessere Deutschland gewesen. Sie kämpften bis zum Tode gegen den Hochverrat, gegen den Menschenverrat der Nazis.

Hitlers Politik, die politischen Massenprozesse in Einzelprozesse aufzuteilen und die Prozesse gegen Widerstandsgruppen auf das brutalste zu verheimlichen, hatte großen Erfolg, so daß bei vielen Verurteilten nicht einmal die Angehörigen etwas über die betreffenden Gruppen erfuhren. Mein eigener Vater fragte mich, nachdem ich drei Jahre hinter Gittern gelebt hatte, bei unserem Wiedersehen: ›Warum haben sie dich eigentlich verhaftet?‹ Ein Brief der Familie eines hingerichteten Arztes fragt bei mir an, wann, wo und weshalb dieser Familienvater getötet worden sei. Viele Prozesse liefen unter ›Geheim‹. Wer darüber sprach, verfiel der Anklage ›der Feindbegünstigung‹, die automatisch die Todesstrafe zur Folge hatte. Auf diese Art erreichte die Schrek-

kensjustiz, daß die Prozesse tatsächlich geheim blieben, daß die Familien, daß das eigene Volk und daß die ganze Welt sogar noch heute in absoluter Unkenntnis darüber sind, daß es eine mächtige Widerstandsbewegung in Deutschland gab.

Auf das entschiedenste ist darum im Namen unseres neuen Deutschlands, im Namen der deutschen Widerstandsgruppen und im Namen von Zehntausenden von Kameraden und Kameradinnen, die fielen, eine derart leichtfertige Äußerung, wie die von Frau Gabriele Strekker gemachte, zurückzuweisen.

Noch liegt der Hitlernebel über der Widerstandsbewegung, aber er weicht bereits. Unsere Suchkolonnen haben sich in das fahle Gebiet der verschwiegensten aller Fronten, der deutschen Schafottfront, begeben. Und ihre Berichte stimmen überein: Es gab eine deutsche Widerstandsbewegung, und sie war stark.

Günther Weisenborn«
Auch in seiner Rede an der Sorbonne, Paris (1948), über »Die Aufgaben der deutschen Schriftsteller« ging er auf den Widerstand, besonders der Intellektuellen und ihre Opfer, ausführlich ein. (»Wenn die deutsche Widerstandsbewegung nicht gewesen wäre, so hätte der Krieg wahrscheinlich länger gedauert. Der lautlose Krieg war ein echter Krieg mit schweren Menschenverlusten, mit Offensiven und Einkreisungsmanövern, es war der Krieg an der Schafottfront.« – *Gedruckt in: »Hamburger Bibliographien«, Band 10, »Günther Weisenborn«, hsg. v. Ilse Brauer und Werner Kayser, Hans Christians Verlag Hamburg.*) – 1953 erschien dann Weisenborns auf dem Material von Ricarda Huch fußende Dokumentation über den Widerstand im Dritten Reich, »Der lautlose Aufstand« (Rowohlt Verlag). – Die nach 1940 einsetzende Aufarbeitung des Materials über den deutschen Widerstand, aber auch die Konzentration auf den Wiederaufbau und das Einsetzen der neuen Verdrängungsprozesse entzogen den »Illegalen« ihre Eindrucks- und Wirkungskraft (s. dazu die Rezension von Gunter Groll nach einer Aufführung im Studio des dramatischen Theaters in München am 30. September 1948 in der »Süddeutschen Zeitung«).

Weisenborns »Die Illegalen« halfen 1946 jedoch, die neue gesellschaftskritische Funktion des Theaters wieder zu begründen. Sein in der Gestapohaft geschriebenes, zusammen mit den »Illegalen« veröffentlichtes Schauspiel »Babel« über den Untergang eines Reiches (uraufgeführt in Konstanz und Weimar) hatte kaum Erfolg. Weisenborn – der sich gegen den Verdacht einer Brecht-Epigonie zu wehren hatte – versuchte in den fünfziger Jahren mit seiner Theorie der »ortlosen Dramaturgie« die Büh-

ne von der neuen Überlastung mit Dekoration zu bewahren, um die Fabel allein zur Aktivierung des Zuschauers wirken zu lassen. Die nach den »Illegalen« geschriebenen Stücke »Die spanische Hochzeit« (1949), die erfolgreiche »Ballade vom Eulenspiegel, vom Federle und der dicken Pompanne« (1949), die Komödie »Drei ehrenwerte Herren« (1951), »Zwei Engel steigen aus« (1954) und »Lofter oder das verlorene Gesicht« (1958) und die beiden Stücke über die Atomverseuchung der Welt, »Göttinger Kantate« (1956) und »Die Familie von Nevada« (1958), sowie die Komödie »15 Schnüre Geld« (1959) sind schon Bestand der Geschichte des Nachkriegsdramas.

In dem 1965 geschriebenen Schauspiel »Walküre« behandelte er den Stoff vom Aufstand der Offiziere gegen Hitler am 20. Juli 1944 noch einmal; aus dem Jahr 1968 stammt ein Fragment »Klopfzeichen«, das sich abermals mit der Widerstandsbewegung beschäftigt. – Günther Weisenborn nannte sich in seinen 1964 geschriebenen Aufzeichnungen eines Außenseiters (»Der gespaltene Horizont«) einen »Partisan der Menschlichkeit«. Als er am 35. Jahrestag von Hitlers Machtergreifung 1968 im Münchner Deutschen Museum eine »Rede an die Jugend« hielt, beschwor er noch einmal die Erinnerung an die Verbrechen des Dritten Reiches und die Widerstandsbewegung gegen die damals spürbare Radikalisierung nach rechts (»Was haben wir Älteren zu spät gelernt? Mißtrauen gegen rechts!«). Seine Rede (gedruckt in: »Welt der Arbeit«, 9. Februar 1968) ging unter im Tumult der rechtsradikalen NPD; dies erklärt, warum er 1968 noch einmal an einem Widerstandsdrama arbeitete. – Weisenborn starb am 26. März 1969 in Berlin-Charlottenburg.

QUELLENNACHWEIS

Hanns Johst *Schlageter* (alle Rechte beim Autor), Heinrich Zerkaulen *Jugend von Langemarck* (alle Rechte bei Irmtraut Geyer-Zerkaulen), Friedrich Bethge *Marsch der Veteranen* (alle Rechte gemeinsam bei Ingeborg Bethge, Uta Bethge und Vincent Bethge), Erwin Guido Kolbenheyer *Gregor und Heinrich* (Orion-Heimreiter-Verlag GmbH, Heusenstamm), Eberhard Wolfgang Möller *Das Frankenburger Würfelspiel* (alle Rechte bei Alice Möller), Curt Langenbeck *Der Hochverräter* (alle Rechte bei Michael Langenbeck), Hans Rehberg *Der Siebenjährige Krieg* (alle Rechte bei Maria Rehberg), Ferdinand Bruckner *Die Rassen* (Gustav Kiepenheuer Bühnenvertriebs-GmbH, Berlin, alle Aufführungsrechte für Bühne, Funk, Film, Fernsehen), Ernst Toller *Pastor Hall* (published by arrangement with the copyright owner, Sidney Kaufman, 14 Fairway Close, Forest Hills, New York 11375), Gerhart Hauptmann *Elektra* (aus: Gerhart Hauptmann, Sämtliche Werke, Centenarausgabe, Band 3, Propyläen Verlag, Berlin), Günther Weisenborn *Die Illegalen* (© 1955 by Verlag Kurt Desch, München).

Leo Balet/ E. Gerhard

Die Verbürgerlichung der deutschen Kunst, Literatur und Musik im 18. Jahrhundert

Herausgegeben und eingeleitet
von Gert Mattenklott

Ullstein Buch 2995

L. Balet und E. Gerhard entwerfen die soziale Bedeutungslehre eines ästhetischen Stilwandels. Die Stilformen der Kultur des 18. Jahrhunderts werden als Widerspiegelung der sich wandelnden Interessen und Bedürfnisse der bürgerlichen Klasse in den verschiedenen Phasen ihrer Emanzipation im Schoße des Feudalismus dargestellt.

Ullstein Materialien

Gaston Bachelard

Poetik des Raumes

Ullstein Buch 3136

Inhalt: Einleitung · Das Haus · Haus und All · Die Schublade, die Truhen und die Schränke · Das Nest · Die Muschel · Die Winkel · Die Miniatur · Die innere Unermeßlichkeit · Die Dialektik des Draußen und des Drinnen · Die Phänomenologie des Runden · Anmerkungen

Bachelards Studien könnten der Ausgangspunkt einer Forschungseinrichtung sein, die eine rechtverstandene »vergleichende Literaturwissenschaft« neu mitbegründen hilft.

Ullstein Materialien

Hannah Arendt

Rahel Varnhagen

Lebensgeschichte
einer deutschen Jüdin
aus der Romantik

Ullstein Buch 3091

Hier ist eine große »innere Biographie« entstanden, eine genau dokumentierte und zugleich romanhaft spannende Darstellung eines romantischen Frauenschicksals. »Es hat lange kein Buch gegeben, in dem leidenschaftlichster Anteil am Thema zu solcher Objektivität gebändigt ist. 1933, schon mit dem Bewußtsein des Untergangs des deutschen Judentums geschrieben, legt es Gesetzlichkeiten bloß, die nicht nur Rahel betreffen.«
   Frankfurter Allgemeine Zeitung

Ullstein Materialien

Gilles Deleuze

Proust und die Zeichen

Ullstein Buch 3520

Keineswegs auf Proust beschränkt, entfaltet dieses Buch die tiefe Verschlungenheit des Denkens über Zeichen mit dem Bilden von Zeichen (etwa in der Metaphorik). Dabei stellt es gegenüber anderen Versuchen einen erheblichen Erkenntnisfortschritt dar.

Ullstein Materialien